Klaus R. Zimmermann

Begründung und Dokumentation eines für Kinder mit Rechenschwierigkeiten entwickelten integrativen Förderkonzepts

**Verlag
Dr. Köster**

Berlin

D 11
(Dissertation Humboldt-Universität zu Berlin)

Bibliografische Information Der Deutschen Bibliothek

Die Deutsche Bibliothek verzeichnet diese Publikation in der Deutschen Nationalbibliografie; detaillierte bibliografische Daten sind im Internet über http://dnb.ddb.de abrufbar.

Diese Schrift wurde von der Humboldt-Universität zu Berlin, Mathematisch-Naturwissenschaftliche Fakultät II, Institut für Mathematik, als Dissertation angenommen.

1. Auflage April 2005
Copyright 2005 by Verlag Dr. Köster
10965 Berlin

Verlag: Dr. Hans-Joachim **Köster**, Eylauer Str. 3, 10965 Berlin
Tel.: 030/ 76403224   Fax: 030/ 76403227

e-mail: verlag-koester@t-online.de   www.verlag-koester.de

ISBN 3 - 89574 - 559 - 6

Vorwort

Schwierigkeiten von Kindern im Rechnen werden bislang in der Literatur sowie in der Terminologie der beteiligten Personen häufig als „Dyskalkulie" oder „Rechenschwäche" bezeichnet, die durch Teilleistungsschwächen oder Wahrnehmungsstörungen, d.h. im Kinde liegenden Defiziten, verursacht werden. Im Gegensatz hierzu verwende ich in dieser Arbeit den Begriff der Rechenschwierigkeiten im Sinne von anhaltenden, systematisierbaren und subjektiven Fehlleistungen von Kindern, vor allem im arithmetischen Grundlagenbereich.

Das hier entwickelte Frankfurter Integrative Therapie-Konzept (FIT) für Kinder mit Rechenschwierigkeiten verbindet fachdidaktische, entwicklungspsychologische, emotionale und soziale Elemente. Damit schließt diese Arbeit eine Lücke, die in Theorie und Praxis der Förderung von Kindern besteht. Während es im Bereich der Lese-Rechtschreibschwierigkeiten seit langem vielfältige theoretische Untersuchungen und abgesicherte praktische Erkenntnisse gibt, ist der Bereich der Rechenschwierigkeiten erst seit einiger Zeit ins Blickfeld gerückt. Dazu haben auch Untersuchungen beigetragen, nach denen – je nach Definition – zwischen drei und 15 Prozent der Grundschüler Rechenstörungen haben.

Ich freue mich, die von mir gewonnenen Erfahrungen nun einer breiteren Öffentlichkeit vorstellen zu können. Damit verbinde ich die Hoffnung, dass mein Konzept bei einer größeren Anzahl von Kindern mit Rechenschwierigkeiten Anwendung findet und dazu beiträgt, ihre mathematische Kompetenz zu verbessern.

Mein besonderer Dank gilt Frau Prof. Dr. R. Valtin vom Institut für Erziehungswissenschaften und Herrn Prof. Dr. W. Schulz vom Institut für Mathematik an der Humboldt-Universität zu Berlin, die diese Arbeit im Rahmen einer Promotion betreut haben. Ihre fachlichen Hinweise und Anregungen waren für mich bei der inhaltlichen und formalen Gestaltung der Arbeit äußerst hilfreich.

Die Transkription der Tonbandaufnahmen durch Frau Loew war eine große Hilfe. Für die Unterstützung bei den abschließenden Schreibarbeiten danke ich Frau Ch. Schnee.

Sehr herzlich bedanken möchte ich mich auch an dieser Stelle bei meiner Frau Ingrid. Sie hat meine Arbeit sowohl durch intensive inhaltliche Diskussionen als auch emotional unermüdlich unterstützt und mir über viele Hürden hinweg geholfen.

Last not least bedanke ich mich bei den Kindern und ihren Eltern für das Vertrauen, dass sie mir entgegengebracht haben.

Frankfurt a. M. im März 2005   Klaus R. Zimmermann

Inhalt

Einleitung und Aufgabenstellung

Seit nunmehr über 10 Jahren befasse ich mich im Rahmen der außerschulischen Förderung in Frankfurt gezielt mit Rechenschwierigkeiten (im Folgenden mit RS abgekürzt) von Kindern und Jugendlichen. Ich bin dabei auf ein erschreckend großes Maß an Unkenntnis und Unsicherheit auf Seiten der Unterrichtenden in den Schulen, auf Ängste bei den betroffenen SchülerInnen[1] und auf Verzweiflung bei deren Eltern gestoßen. Während es im Bereich der Lese-Rechtschreib-Schwierigkeiten von Kindern und Jugendlichen (im Folgenden abgekürzt mit LRS) umfangreiche theoretische Grundlagen für ein kognitiv-entwicklungspsychologisches Modell (Valtin 2003, 43) gibt und dank des Beschlusses der Kultusministerkonferenz (im Folgenden mit KMK abgekürzt) aus dem Jahre 1978 in allen Bundesländern Erlasse und Richtlinien zur Förderung anzutreffen sind, ist das im Bereich der RS nicht der Fall. Während ich diese Arbeit verfasste, hat die KMK am 4.12.03 neue „Grundsätze zur Förderung von Schülerinnen und Schülern mit besonderen Schwierigkeiten im Lesen und Rechtschreiben" verabschiedet, die als Basis für die Übernahme der bisherigen Ländererlasse dienen sollen. Leider hat die KMK nicht, wie vorgesehen und u.a. von mir gutachterlich unterstützt (Zimmermann 2002), die Förderung bei Rechenschwierigkeiten aufgenommen. Nur in vier von 16 Bundesländern gibt es Erlasse und Richtlinien, die das Rechnen einbeziehen (Naegele 2001a, 101, Stand 2002). Daher ist bei RS die Verunsicherung und Hilflosigkeit auch besonders groß. Hinzu kommt, dass es im Vergleich zu Förderangeboten für LRS-SchülerInnen bisher wesentlich weniger Angebote für Kinder mit RS gibt (vgl. Angebote im Internet z.B. über die Portale Google oder AltaVista). Darüber hinaus ist davon auszugehen, dass bei einem großen Teil der aufgeführten Anbieter die erforderlichen fachlichen Qualifikationen fehlen (Lorenz 2003b). Zudem beschränkt sich nach meiner Erfahrung die schulische Förderung - soweit sie überhaupt stattfindet - in der Regel leider nur auf Wiederholung und kleinschrittiges Durcharbeiten des aktuellen Schulstoffes ohne Passung an den Entwicklungsstand des Kindes.

Mein Vorgehen bei der Förderung eines Kindes mit RS basiert auf dem FIT-Konzept (Abkürzung für Frankfurter Integrative Therapie[2]), einem pädagogisch-psychologischen Ansatz, der für LRS-Kinder entwickelt wurde (Naegele 2001b, 204 ff.) und den ich für RS

---

[1] Die ständige Verwendung weiblicher und männlicher Bezeichnungen ist schlecht lesbar und benötigt viel Platz. Daher benutze ich im Plural das große I, um beide Geschlechter einzubeziehen. Schüler und Schülerin wechsele ich ab, es sei denn, das Geschlecht wird ausdrücklich genannt. Bei Lehrern verwende ich in der Regel die weibliche Form, da im Grundschulbereich überwiegend Frauen unterrichten.

[2] Verwendet wird der Begriff Therapie im Sinne von Herzka (zit. aus Wintsch 1998, 204): „Therapie ist ein Geschehen zwischen zwei (oder mehr) Personen, die miteinander in gegenseitige Beziehung treten ... Dank dieser Beziehung entsteht ein therapeutischer Beziehungsraum, in welchem das Kind, der Jugendliche, das Eigene seiner Person zur Entfaltung bringen kann, gefördert durch das mit Intuition und Fachwissen verbundene Interesse der therapeutischen Fachkraft an diesem Entfaltungsprozess."

modifiziert und ergänzt habe. Ermutigt durch zahlreiche Therapieerfolge begann ich, dieses Konzept intensiver auszuarbeiten. Neben der Analyse der mir zugänglichen Fachliteratur habe ich Therapiestunden dokumentiert, zum Teil auf Kassette aufgenommen, transkribiert und anschließend ausgewertet. Damit war die Grundlage für die vorliegende Arbeit gelegt, die eine theoretische Begründung eines sich in der Praxis bewährten Konzepts zur Förderung von Kindern mit RS geben will. Es werden die Durchführung, der Verlauf und die Ergebnisse von Therapien an Fallbeispielen beschrieben. Anhand dieser Fallbeispiele sollen die therapeutischen Möglichkeiten des FIT-Konzepts aufgezeigt werden.

Schwierigkeiten von SchülerInnen in Mathematik werden in der Fach- und Elternliteratur des letzten Jahrzehnts sowie in der Terminologie von LehrerInnen, Eltern und SchülerInnen häufig als „Dyskalkulie" im Sinne einer „Rechenschwäche" beschrieben, die durch „Teilleistungsschwächen" oder „Wahrnehmungsstörungen" verursacht würden. Dabei werden die Begriffe nicht eindeutig definiert. So ist bei E. Berger nachzulesen: „Teilleistungsschwächen sind Störungen der Wahrnehmung, der Motorik bzw. der Integrationsprozesse in beiden Bereichen (intermodal und sensomotorisch), die oft nicht als solche, sondern in Form von Zustandsbildern scheinbarer geistiger Behinderung oder Verhaltensstörung zutage treten" (Berger 1977, 14). A. J. Ayres, auf die sich die Vertreter dieses Konzepts immer wieder berufen, beschreibt unter der Überschrift „Störungen der sensorischen Integration" im Detail die verschiedenen Arten von Integrationsstörungen der sinnlichen Wahrnehmung. Dabei definiert sie sensorische Integration als „die sinnvolle Ordnung und Aufgliederung von Sinneserregung, um diese nutzen zu können. Diese Nutzung kann in einer Wahrnehmung oder Erfassung des Körpers oder der Umwelt bestehen ..." Des Weiteren schreibt sie: „Störungen der sensorischen Integration sind die Grundlage für viele, wenn auch nicht alle Lernstörungen" (Ayres 1984, 260/61). A. Fritz, G. Ricken und K. D. Schuck stellen unter der Überschrift „Teilleistungen und Lernprozesse" (2003, 292) ausführlich verschiedenen Definitionen und Konzeptionen von Teilleistungsschwächen vor und setzen sich kritisch damit auseinander. Sie übernehmen zunächst die von Steinhausen (1992, 5), der Teilleistungsschwächen definiert als „relativ isoliert auftretende Defizite oder Verzögerungen von Funktionen, die von der Reifung des ZNS abhängen". Sie üben u.a. Kritik am Konzept der sensorischen Integration und verweisen auf Untersuchungen, nach denen sich Therapieerfolge bei der Behandlung nach Ayres nur selten - vor allem im Hinblick auf die Schulleistungen - einstellen (Fritz u.a. 2003, 239). Als Konsequenz für Schule und Unterricht stellen die AutorInnen aufgrund ihrer Argumentation abschließend fest: „Pädagogische Professionalität ist in der Schaffung entsprechender Entwicklungsräume und Kooperationsbeziehungen gefragt und nicht die Pathologisierung menschlicher Subjektivität" (2003, 307). R. Röhrig, der sich mit den unterschiedlichen Theorien zur „Rechenschwäche" auseinandersetzt, kritisiert die vielen Definitionen dieses Begriffes und behauptet: „In erster Linie konstruieren sie sich einen Gegenstand, den es so gar nicht gibt. Aus Rechenfehlern deduzieren sie (die so genannten Experten, Anm. d. Verf.) eine Rechenschwäche, die in nichts als einem Namen für denselben Sachverhalt besteht: Schüler machen Fehler. Diese so genannte Rechenschwäche wird auf Ursachen zurückgeführt, die eine defekte, quasi natürliche Potenz im Menschen dafür verantwortlich machen, hieße sie nun „minimale celebrale Dysfunktion (MCD) oder Teilleistungsschwäche" (Röhrig 1996, 157). Eine medizinisch orientierte Sichtweise lässt auch die von der WHO in der Internationalen Klassifikation psychischer Störungen ICD-10 angegebene Definition F 81.2[3] erkennen. „Die von der Weltgesundheitsorganisation so gefasste Rechenschwäche scheint ein weit verbreitetes Phänomen zu sein, was durch die Tatsache gestützt wird, dass international je nach Untersuchungen (und damit engerer oder weiterer Definition) 3 bis 7 Prozent der Grundschüler als extrem rechenschwach klassifiziert werden. Mit einer förderungsbedürftigen Rechenstörung sind sogar 15 Prozent der Schüler anzusehen" (Lorenz 2003a, 15). In der Praxis des schulischen Alltags in Deutschland hat diese Sichtweise viele Anhänger, obwohl es in der Fachliteratur bereits seit den 90er Jahren des letzten Jahrhunderts Ansätze gibt, die, wie H. Bauersfeld feststellt, stattdessen „individuelle Dispositionen und Persönlichkeitsentwicklung, familiäre und schulische Sozialisation, Curriculum und Unterrichtswirklichkeit (einschließlich der Funktion der LehrerInnen und MitschülerInnen) in eine Diagnose einzubeziehen versuchen". Allerdings stellt Bauersfeld dabei ausdrücklich heraus, dass es zu diesem Problemfeld leider keine einheitliche Theoriebasis gebe, was zu widersprüchlichen Folgerungen „mit im Einzelfall gelegentlich dramatischen Folgen" führen könne (Bauersfeld 1996, 10).

Zur Abgrenzung gegenüber einer medizinisch orientierten Sichtweise verwende ich in der vorliegenden Arbeit durchgehend den Begriff „Rechenschwierigkeiten" (RS[4]). Diese äußern sich in anhaltenden, subjektiven und systematisierbaren Fehlleistungen, vor allem im arithmetischen Grundlagenbereich (z.B. im Zusammenhang mit dem kardinalen und ordinalen Zahlbegriff, bei den vier Grundrechenarten, beim Umgang mit dem Stellenwertsystem).

---

[3] „F81.2 Rechenstörung
Diese Störung beinhaltet eine umschriebene Beeinträchtigung von Rechenfertigkeiten, die nicht allein durch eine allgemeine Intelligenzminderung oder eine eindeutig unangemessene Beschulung erklärbar ist. Das Defizit betrifft die Beherrschung grundlegender Rechenfertigkeiten wie Addition, Subtraktion, Multiplikation und Division, weniger die höheren mathematischen Fertigkeiten, die für Algebra, Trigonometrie, Geometrie und Differential- sowie Integralrechnung benötigt werden (Dilling u.a. 1992, 260).

[4] In diesem Zusammenhang werden die Begriffe „Rechnen" und „Mathematik" synonym benutzt, da sich diese Arbeit ausschließlich mit der Mathematik des Primar- und Sekundarbereiches beschäftigt.

Wie bei Schwierigkeiten im Lesen und (Recht)Schreiben gibt es auch bei Rechenschwierigkeiten aufgrund der verschiedenen Theorieansätze unterschiedliche Therapieformen.

Im LRS-Bereich fasst R. Valtin die empirischen Studien zur Fördermöglichkeit im Wesentlichen in folgenden Kategorien zusammen:

- „Interventionen im Bereich der Neurologie,
- psychologische Programme (psychotherapeutische und psychomotorische Verfahren, Funktionstrainings),
- spezifische pädagogische Verfahren (lerntheoretisch orientierte Ansätze, kognitive Ansätze, Morphemmethode),
- umfassende Trainingsprogramme (die z.B. ein Elterntraining beinhalten),
- Präventionsstudien sowie
- Berichte über die Wirkung schulischen Förderunterrichts".

Hierbei hebt R. Valtin besonders hervor: „Nach wie vor erfreuen sich Funktionstrainingsprogramme großer Beliebtheit. Die Annahme, dass Funktions- und Teilleistungsschwächen wesentlich zur Legasthenie beitragen, ist jedoch empirisch widerlegt" (Valtin 2003, 42).

Zur Rolle neurologischer Erklärungen bei Lernschwierigkeiten in Mathematik äußert sich H. P. Ginsburg, dessen entwicklungspsychologischer Ansatz in dieser Arbeit vorgestellt und in Teilen verwendet wird (vgl. I.1.5), wie folgt: „Unmittelbare Beweise für eine Verbindung zwischen gestörten kognitiven Prozessen und bestimmten neurologischen Störungen oder teilweisen Hirnschädigungen liegen kaum vor. Zum jetzigen Zeitpunkt stehen somit keine nützlichen Theorien für die Erklärung von Lernschwierigkeiten in Mathematik zur Verfügung" (Ginsburg 1997, 18).

Eine wissenschaftliche Analyse von O. Thiel (2001) über Zusammenhänge von Lernschwierigkeiten in Mathematik und basalen Fähigkeiten des Menschen zeigt auch, dass empirische Untersuchungsergebnisse im Bereich der RS bis heute ausstehen. Für die Hypothese, dass „die Förderung von Basisfunktionen[5] ... bei rechenschwachen Kindern, bei denen Störungen der entsprechenden Basisfunktionen diagnostiziert wurden, zur Überwindung der Rechenschwäche beiträgt" (Thiel 2001, 37), findet er nach intensivem Studium der derzeitigen Literatur zum Thema Rechenschwäche keine Bestätigung. Das Fazit seiner Arbeit ist: „Aus den Evaluationsstudien des Basisfunktionstrainings können keine

---

[5] „Komplexe Tätigkeiten des Menschen (Funktionen des menschlichen Organismus) setzen sich aus einzelnen Faktoren, den so genannten Basisfunktionen zusammen" (Thiel 2001, 28). So setzt sich z.B. die komplexe Funktion des Nachzeichnens einer optisch vorgegebenen Figur „aus vielen einzelnen Basisfunktionen zusammen, die zusammenspielen müssen, damit das Nachzeichnen fehlerfrei gelingen kann" (Thiel 2001, 29).

für die Rechenschwächetherapie relevanten Schlüsse gezogen werden, da sie sich nicht auf Rechenschwächetherapien oder rechenschwache Grundschüler beziehen und die Zusammenhänge zwischen den Basisfunktionen und anderen komplexen kognitiven Leistungen von ganz anderer Art sein können, als dies zwischen den Basisfunktionen und den Anforderungen des Mathematikunterrichts der Fall ist" (Thiel 2001, 65).

H. Grissemann, der innerhalb seines pädagogisch-therapeutischen Trainingsprogramms bei Dyskalkulie (Grissemann/Weber 2000, 74 ff.) sehr ausführlich visuelle Wahrnehmungstrainings vorstellt, muss bei der Frage nach dem Zusammenhang von Wahrnehmungsübungen und Dyskalkulie feststellen: „Im Rahmen dieser visuellen Erfassungsstörungen zeigen sich auch Störungen bei der Erfassung des Körperschemas und der räumlichen Orientierung bzw. in der Erfassung von Raum-/Lagebeziehungen. Ob diese Auffälligkeiten einen ätiologischen Zusammenhang mit Dyskalkulie haben oder als Kovarianzphänomen zu deuten sind, ist bis anhin noch nicht nachgewiesen worden" (Grissemann/Weber 2000, 15).

Auch J. H. Lorenz, der Funktionsübungen explizit in seine Therapieangebote für gestörte mathematische Lernprozesse einbezieht, konstatiert dazu: „Außerschulische Trainingsprogramme wie die Programme nach Frostig oder Ayres können zwar die Orientierungsstörung vermindern, benötigen aber einen längeren Zeitraum, bis sich Auswirkungen im schulischen Bereich bemerkbar machen. Bis dahin haben sich im Allgemeinen gravierende Lücken und Misskonzeptionen ausgebildet, die die Schulbiographie des Kindes belasten" (Lorenz 1996, 30). In ihrem „Handbuch des Förderns im Mathematikunterricht" stellen J. H. Lorenz und H. Radatz (1993, 175) im Kapitel „Spezifische Trainingsverfahren außerhalb der Schule" Folgendes klar: „Hat die Anschauungsstörung ein kritisches Ausmaß angenommen oder wird sie so spät erkannt, dass der Erfolg mit Mitteln des herkömmlichen Unterrichts wahrscheinlich nicht mehr erreicht werden kann, dann müssen spezifische Übungsverfahren durchgeführt werden". Dazu zählen sie die Förderprogramme von F. Affolter (1977) (modalitätsspezifische Wahrnehmungen, intermodale Wahrnehmung, seriale Integration), M. Frostig (1972) (visuomotorische Koordination, Figur-Grund-Wahrnehmung, Wahrnehmungskonstanz, Wahrnehmung der Raumlage, Wahrnehmung räumlicher Beziehungen), A. J. Ayres (1979) (Störungen in der Form- und Raumwahrnehmung) sowie die Programme von D. Johnson und H. R. Myklebust, N. C. Kephart und W. M. Cruickshank (Lorenz/Radatz 1993, 175-177).

Ausführliche Beschreibungen verschiedener Methoden und verwendeter Materialien bei derartigen Funktionstrainings finden sich sowohl bei I. Milz als auch bei H. Grissemann/A. Weber. Die Letztgenannten geben unter dem Abschnitt „Pädagogisch-therapeutische Trainings zu den Stufen des Aufbaus, der Verinnerlichung und der Anwendung von Operationen" (Grissemann/Weber 2000, 74) Beispiele und Anleitungen zu visuellen

Wahrnehmungstrainings an. Als Beispiel zum Bereich Figur-Grund-Wahrnehmung zeigen sie ein Übungsblatt mit sich überschneidenden Umrisszeichnungen von Figuren, die mit verschiedenen Farben nachzuziehen sind. Als Beispiel zum Bereich der Wahrnehmung räumlicher Beziehungen geben sie einen gezeichneten Streckenzug auf einem Punktfeld an, der auf einem darunter angegebenen gleichen Punktfeld nachzuzeichnen ist (Grissemann/Weber 2000, 95/96).

Bei I. Milz werden unter dem Abschnitt „Heilpädagogische Möglichkeiten zur Behandlung von Teilleistungsschwächen im Bereich des mathematischen Denkens" (Milz 1997, 121 f.) Anwendungsbeispiele für die „Körperarbeit zur Förderung rechenschwacher Kinder" vorgestellt. So wird z.B. zur Förderung der visuellen Wahrnehmung für den Bereich der Figur-Grund-Unterscheidung aufgeführt: „Seifenblasen zerschlagen oder auffangen" (Milz 1997, 148). Für den Bereich des Erfassens räumlicher Beziehung wird als Beispiel aufgeführt: „Ein Kind wird von einem Partner mit geschlossenen Augen einen Parcours entlanggeführt, um einen Stuhl herum, über ein Kissen, unter einem Tisch hindurch, usw. Dann soll mit offenen Augen der Parcours auf dieselbe Art und Weise nachgegangen werden" (Milz 1997, 151). Dies sind Beispiele für Wahrnehmungsübungen, die in keinem direkten Zusammenhang zu mathematischen Inhalten stehen, jedoch in der Förderung von Kindern mit RS eingesetzt werden.

Im Gegensatz dazu soll in dieser Arbeit nachgewiesen werden, dass solche Trainingsprogramme zur Behandlung von Wahrnehmungs-/Teilleistungsstörungen für den Erwerb der fehlenden mathematischen Einsichten unnötig sind. So lange ein Nachweis offen ist, muss davon ausgegangen werden, dass der Transfer von Funktionsübungen auf mathematische Einsichten ähnlich negativ aussieht wie bei LRS (Valtin 1972, Klicpera-Gasteiger/Klicpera 1995). Für besonders problematisch halte ich es, wenn eine „Rechentherapie" ausschließlich aus derartigen Trainingsprogrammen besteht. Letzteres machen z.B. Fördereinrichtungen wie der „Verein zur Förderung wahrnehmungsgestörter Kinder" in Frankfurt.[6] Diese Einrichtung empfiehlt u.a. einem Kind mit „erheblichen Rechenstörungen aufgrund einer Dyskalkulie" nach Durchführung umfangreicher Tests eine Therapie, die keine Förderung der kognitiven mathematischen Schwierigkeiten vorsieht, sondern vorschlägt, die visuelle Wahrnehmungsstörung weiter abzuklären, sowie eine Ergotherapie mit verbundener sensorischer Integrationstherapie und eine Psychotherapie zur Stärkung des Selbstwertgefühls und Reduzierung der Ängstlichkeit durchzuführen (s. Anhang, Anlage 1: Gutachten eines Instituts für Wahrnehmungsstörungen).

---

[6] Wahrnehmungsverarbeitungsstörungen, worunter Dyskalkulie gezählt wird, wird definiert als die Störung von Prozessen „der Aufnahme von Sinnesreizen (sehen, hören, riechen, schmecken, tasten), der Übertragung ins Gehirn und schließlich der Verarbeitung in entsprechenden Reaktionen/Handlungen" nach den „gegenwärtigen neurophysiologischen Erkenntnissen" (Hessisches Landesinstitut für Pädagogik 2001, 4).

Das Hauptziel dieser Arbeit besteht darin, das FIT-Konzept vorzustellen und seine Effektivität und Grenzen bei der Förderung von RS-Kindern aufzuzeigen, wobei auf den Einsatz von Funktionstrainings verzichtet wird. Rechenschwierigkeiten bei Kindern werden im FIT-Konzept in Analogie zu LRS als „Lernentwicklungsstörung" begriffen, „ergänzungsbedürftig um eine kognitiv-entwicklungspsychologische Perspektive" (Valtin 2001, 33).

Ausgangspunkt meiner Überlegungen zur Entwicklung eines derartigen Förderkonzepts sind Beiträge aus der Fachliteratur, die geeignet sind, diese Sichtweise zu untermauern. Vorangestellt wird deshalb in Kapitel I eine Literaturanalyse mit der Darstellung theoretischer Ansätze über die Entwicklung des mathematischen Denkens und daraus abgeleiteter didaktischer Prinzipien.

Zunächst werden einige spezielle Fragestellungen behandelt (Absatz I. a., b.). Im Absatz I. c. wird auf die Bildungsstandards im Fach Mathematik der 4. Jahrgangsstufe (Kultusministerkonferenz 23.4.04) und auf die Internationale Grundschul-Lese-Untersuchung (IGLU) und ihre Erweiterung um Mathematik (IGLU-E) hingewiesen. Die Ergebnisse der IGLU-Studie sind positiver ausgefallen als die der Sekundarstufe, wie sie in TIMSS (Third International Mathematics and Science Study) und PISA (Programme for International Student Assessment) vorgelegt wurden. „Am Ende der 4. Jahrgangsstufe müssen die Schülerinnen und Schüler in Deutschland internationale Vergleiche nicht scheuen" (Bos u.a. 2003, 2). Dieses Ergebnis hat auch die Diskussion über die Kompetenz von GrundschülerInnen im mathematischen Bereich belebt.

Im letzten Absatz (I. d.) wird das unter dem Begriff „Mengenlehre" zusammengefasste Unterrichtsprinzip und die hiermit zusammenhängenden unterschiedlichen Einführungswege der natürlichen Zahlen näher beleuchtet. Anschließend wird die Stadientheorie J. Piagets mit ihren Charakteristika für die Vorschul-, Grundschul- und Sekundarschul-Stufe (I.1.1) beschrieben. Während nach Piaget für die Denkentwicklung zwei grundlegende Prozesse (Entwicklung und Lernen) wichtig sind (I.2.1), betont H. Aebli die Abhängigkeit der Denkentwicklung von Erziehungsbedingungen (I.1.2). Zu seinem Anliegen gehört der Aufbau von Denkoperationen durch „operative Durcharbeitung" und „Verinnerlichung" auf verschiedenen Stufen der Denkentwicklung. Einen Schritt weiter geht J. Bruner. Nach ihm vollzieht sich die Denkentwicklung nicht in zeitlich abgestuften Stadien, sondern gleichzeitig auf verschiedenen Darstellungsebenen (I.1.3), wobei die Sprache eine wichtige Funktion übernimmt. Die Denkentwicklung wird - nach Bruner - durch eine immer bessere Koordination dieser Ebenen gefördert. In ähnlicher Weise betrachten J. Lompscher/J. P. Galperin die Wechselbeziehungen zwischen den von ihnen beschriebenen Erkenntnisebenen als wichtige Triebkraft der geistigen Entwicklung (I.1.4). Dabei betonen auch sie die besondere Rolle der Sprache und heben die Bedeutung der Anfangsetappe im Lernen bei SchülerInnen mit Rechenproblemen hervor.

Da letztlich die Beiträge aller genannten Autoren in den Abschnitten I.1.1 bis I.1.4 auf J. Piagets Untersuchungen zurückgehen, werden spezifische Ansätze aus seiner Entwicklungstheorie, die besonders wichtig erscheinen, ausführlicher dargestellt (I.2). Es ist bekannt, dass in der Literatur immer wieder Berichte zu finden sind (Case 1999, 28; Maier 1990, 84), die sich kritisch mit J. Piaget auseinandersetzen. Dabei beziehen sich die Einwände vor allem auf dessen Vorstellung, dass die Denkentwicklung des Kindes sich spontan, langsam und abhängig vom Lebensalter vollziehe und seine Annahme, dass sie ausschließlich mit Hilfe der Äquilibration erfolge. Dennoch halte ich Piagets Untersuchungen zur Denkentwicklung von Kindern auch bei der Förderung von RS-Kindern für äußerst aussagekräftig.

Da in der außerschulischen Therapie das Gespräch eine herausragende Stellung einnimmt, werden allgemeine Ansätze zur Gesprächsführung im Abschnitt I.3 zusammengestellt. Ein historischer Rückblick auf die Gesprächsführung bei Sokrates und Platon kann m.E. auch Antworten zum Sinn und Zweck des Gesprächs als Mittel zum Verstehen eines mathematischen Stoffs geben. Ergänzt werden diese Ausführungen durch kritische Betrachtungen des Unterrichtsgesprächs bei H. Gaudig und B. Otto.

Ein wichtiger relevanter Interventionsansatz bei RS ist die remediale Strategie von R. Case. Sie verbindet die von ihm entwickelte Neo-Piaget'sche Theorie mit Elementen der Gedächtnispsychologie (Informationsverarbeitungsansatz). Diesen Interventionsansatz hat er vor allem für Kinder mit mathematischen Schwierigkeiten entwickelt, bei denen die üblichen schulischen Lehrmethoden versagten (I.4).

Einen Ansatz zum Erkennen von Lernschwierigkeiten in Mathematik, ebenfalls aus entwicklungspsychologischer Sicht, beschreibt H. P. Ginsburg. Er untersucht die Umstände, unter denen Kinder trotz angemessener rechnerischer Fähigkeiten in US-amerikanischen Schulen erhebliche Lernschwierigkeiten entwickelt haben. Dabei steht im Mittelpunkt seiner Betrachtung das Erkennen der verschiedenen Lernschwierigkeiten mit Hilfe des Einsatzes „einfühlsamer" Methoden. Im Rahmen seiner so genannten Lehrversuche benutzt H. P. Ginsburg die von L. Wygotski entwickelte Methode, bei Kindern das Potential ihrer nächsten Entwicklung festzustellen (I.5).

Nach der Literaturanalyse werden im Kapitel II die Inhalte des Förderansatzes - FIT - im Einzelnen vorgestellt. Das FIT-Konzept, ein integrativer Förderansatz, besteht aus

- Grundsätzen, die sich aus den Ansätzen zur kindlichen Denkentwicklung, dargestellt im Kapitel I, ergeben (Abschnitte II.1 - II.4) und aus

8

- Bausteinen, mit denen wesentliche Inhalte des Konzepts realisiert werden (Abschnitt II.5).

Zunächst werden aus den Beiträgen zur mathematischen Denkentwicklung von J. Piaget, H. Aebli, J. Bruner und J. Lompscher/P. J. Galperin eine Reihe von Grundsätzen zusammengestellt (II.1). In engem Zusammenhang hiermit stehen die Grundsätze der lerntherapeutischen Gesprächsführung, die aus den Elementen der Gesprächsführung bei Sokrates/Platon und den spezifischen Ansätzen der Piagetschen Entwicklungstheorie extrahiert wurden (II. 2).

Im nachfolgenden Abschnitt (II.3) werden Grundsätze spezieller Förderstrategien angegeben, die die vorangegangenen im mathematischen Bereich erweitern. Sie betreffen zum einen das Erkennen der Mengeninvarianz auf der Grundlage der Untersuchungen von J. Piaget und J. Bruner und zum anderen diejenigen, die sich aus der remedialen Strategie von R. Case ergeben.

Die wichtigsten Grundsätze aus H. P. Ginsburgs Beitrag zum Erkennen von Lernschwierigkeiten enthält der nächste Abschnitt (II.4). Diese beschränken sich auf die Schlüsselbereiche mathematischen Lernens, die Bereiche der nächsten Entwicklung und die Rolle des Kontextes.

Im letzten Abschnitt des zweiten Kapitels (II.5) werden die Bausteine des FIT-Konzepts für Kinder mit RS im Einzelnen vorgestellt. Zunächst werden die Schwerpunkte des Beratungsgesprächs beschrieben, das anstelle formaler Tests als Grundlage für eine Therapie dient (II.5.1). Danach werden die wichtigsten mathematischen Themenbereiche behandelt, die zur Förderung der mathematischen Kompetenz notwendig sind. Besonders herausgestellt werden die Abweichungen von den traditionellen Unterrichtspraktiken. Welche mathematische Kompetenz im Einzelfall aufzubauen ist, hängt natürlich von der besuchten Jahrgangsstufe des Kindes und seinem Lernstand ab. Insoweit handelt es sich hier nur um eine allgemeine Darstellung der wichtigsten arithmetischen Themen im Rahmen des FIT-Konzepts. Hinsichtlich der zu erreichenden Lernziele (Haller/Meyer 1995, 537) beziehe ich mich auf den Hessischen Rahmenplan Grundschule, da diese für Frankfurter Schulen gelten. Gemäß der föderalen Struktur des deutschen Bildungswesens hat jedes Bundesland eigene Richtlinien oder Empfehlungen für den Mathematikunterricht auf der Grundlage von KMK-Beschlüssen (Kultusministerkonferenzen 1958, 1976 und 2001) verabschiedet. Die Kultusminsterkonferenz hat es sich zur Aufgabe gemacht, „einen Grundbestand von Einheitlichkeit" in unserem pluralen Bildungssystem zu schaffen (Fritz u.a. 2003, 106). Sie hat mit ihren Beschlüssen eine Vereinheitlichung in den Kernbereichen der Bildungsinhalte in allen Bundesländern erwirkt. Das gilt z.B. für die schriftlichen Rechenverfahren, die mit Hinweis auf die entsprechenden KMK-Beschlüsse hier eingehend beschrieben werden (vgl.

II.5.2.6.3 Schriftliche Rechenverfahren). Insoweit stellt die Begrenzung auf den Hessischen Rahmenplan keine wesentliche Einschränkung der Allgemeinheit dar.

Zum Erkennen der psychischen Bedürfnisse des Kindes (II.5.3) ist es erforderlich, dessen ungelöste innere Konflikte aufzudecken, so dass entsprechende Hilfen angeboten werden können. Um dem Kind die notwendige Sicherheit und Geborgenheit zu vermitteln, ist die gleichbleibende Struktur der Therapiestunden von großer Bedeutung. Für den Therapeuten bedeutet dies eine permanente Herausforderung. Der Kontakt zu den Eltern wird im Rahmen des FIT-Konzepts intensiv gepflegt. Insbesondere wird den Eltern - in der Regel leider nur der Mutter - regelmäßig erläutert, wie und welche häuslichen Übungen für ihr Kind sinnvoll sind. Auch das Gespräch mit der Lehrerin, die Verständnis für die Schwierigkeiten ihrer SchülerInnen aufbringen sollte, ist für den Verlauf der Therapie sehr hilfreich (II.5.5). Wichtige Hilfsmittel für eine Therapie sind geeignete Arbeitsmaterialien, zu denen Spiele und Bücher gehören (II.5.6).

Im Kapitel III wird ein Beratungsgespräch ausführlich beschrieben. Dabei ist der Teil, der die Untersuchung der Lernschwierigkeiten des Kindes betrifft, wörtlich protokolliert und kommentiert. Ziel dieser Eltern-Kind-Beratung war nicht die Vorbereitung auf eine Therapie, sondern Aufklärung über den Entwicklungsstand des Kindes in Mathematik und Ansatzpunkte für Übungen zum Aufbau der fehlenden Kompetenzen. Die Eltern suchten konkrete Hilfen für ihre Tochter, da sie von der Diagnose „Teilleistungsschwäche" im psychologischen Untersuchungsbericht des Frankfurter Universitätsklinikums ohne praktische Vorschläge frustriert waren.

In Kapitel IV werden Therapien und Stundenverläufe exemplarisch vorgestellt, um aufzuzeigen, wie das im Kapitel II dargestellte Förderkonzept in die Praxis umgesetzt wird. Die meisten Kinder der beschriebenen Therapien kamen mit medizinisch orientierten Diagnosen und Empfehlungen für Funktionstrainings und Wahrnehmungsübungen in unser Institut.

Abschnitt IV.1 beschreibt ausführlich die Therapie der achtjährigen Schülerin S.[7] , die zu Therapiebeginn eine zweite Grundschulklasse besucht. Die externe Diagnose hat eine Wahrnehmungsstörung mit einer visuell-motorischen Teilleistungsstörung ergeben und entsprechende Übungen empfohlen. Es werden der Therapieaufbau und die Therapieergebnisse der über 130 Stunden verlaufenden Therapie dargestellt. Ergänzt wird diese Darstellung durch die Beschreibung von drei Einzeltherapiestunden mit

---

[7] Alle Namen wurden anonymisiert. Stattdessen werden Anfangsbuchstaben (z.B. S., H., D.) verwendet.

mathematischen Themen nach dem FIT-Konzept zu unterschiedlichen Zeitpunkten mit Protokollen[8] samt Kommentaren.

Abschnitt IV.2 stellt die Therapie der zehnjährigen Schülerin H. vor, die zu Therapiebeginn eine vierte Grundschulklasse besucht. Auch hier liegt eine externe Diagnose vor, die H. eine Teilleistungsstörung mit zugrunde liegender Funktionsschwäche bescheinigt. Obwohl die Therapie bereits nach 70 Stunden aus finanziellen Gründen beendet werden muss, sind die Ergebnisse sehr positiv. Diese Darstellung, die analog zur ersten Therapie aufgebaut ist, enthält auch Einzel-Therapiestundenbeschreibungen, in denen neben der Behandlung mathematischer Themen zusätzlich die Feststellung der Mengeninvarianz, ein Gespräch mit der Schülerin und eine Spielsequenz (Taschengeldspiel) protokolliert und kommentiert werden.

In den Stundenbeschreibungen und Kommentaren der Abschnitte 1 und 2 des Kapitels IV wird jeweils in Klammern der Bezug zu den maßgeblichen Abschnitten des Kapitels II (Begründung des FIT-Konzepts) hergestellt.

Abschnitt IV.3 stellt weitere 13 Therapien (8 Mädchen und 5 Jungen) mit charakteristischen und prägnanten Merkmalen vor, die in verkürzter Form dargestellt werden. Auch diese Therapien sind nach dem FIT-Konzept des Kapitels II durchgeführt worden. Es handelt sich um Therapien, die in einem bestimmten Zeitabschnitt ab Ende der 90er Jahre im Institut für Lernförderung in Frankfurt von mir begonnen und in der jeweils angegebenen Zeit abgeschlossen wurden.

Im Kapitel V werden die Ergebnisse der Arbeit ausführlich diskutiert. Es wird abschließend das Anliegen der Arbeit herausgestellt und die beschriebenen Therapien werden analysiert. (V.1). Daran schließt sich eine Bewertung der Beratungsgespräche an (V.2). Nach einer zusammenfassenden Betrachtung der Therapien (V.3) werden die wichtigsten Ergebnisse aufgeführt, die sich aus der Anwendung der Grundsätze (V.4) und Bausteine (V.5) des FIT-Konzepts ergeben. Die Arbeit endet mit didaktischen und methodischen Empfehlungen für die Förderung von Kindern in der Grundschule in Arithmetik (V.6). Sie untermauern die grundlegenden Zielsetzungen für einen verbesserten Mathematikunterricht in der Grundschule, die im Zusammenhang mit der Diskussion um die internationalen Vergleichsstudien genannt wurden und m.E. unverändert gelten, nämlich

„- die kompetente Lehrerin/den kompetenten Lehrer stärken,

- jedem Kind gerecht werden,

- fachliches Wissen und Können aufbauen" (Bobrowski/Grassmann 2002, 4).

---

[8] Es handelt sich um Transkriptionen von Tonbandaufnahmen, die wörtlich wiedergegeben werden.

I. Theoretische Ansätze zur Entwicklung und Förderung des mathematischen Denkens bei Kindern - Literaturanalyse

Einleitend werden im Absatz I. a. die wesentlichen Ziele des Therapiekonzepts für Kinder mit LRS vorgestellt, das als Ausgangsbasis für das FIT-Konzept für RS-Kinder dient. Des Weiteren wird das wichtige Prinzip der Passung erläutert (Absatz I. b.) und aktuelle Definitionen des Begriffs der mathematischen Kompetenz vorgestellt (Absatz I. c.).

a.   Therapiekonzept für LRS- Kinder

Wie bereits einleitend erwähnt, ist das in dieser Arbeit verwendete integrative Therapiekonzept FIT abgeleitet von einem für die Förderung von Kindern mit LRS entwickelten Konzept (Naegele 2001a, 290 ff.). Die wesentlichen Ziele der therapeutischen Arbeit nach diesem Konzept sind:

- „Schaffen neuer Motivation für das Lesen und Schreiben ... in einem positiven, stimulierenden Umfeld,
- Erkennen der Bedürfnisse und Nöte des Kindes und die Durchführung gezielter Hilfe,
- Aufbau der fehlenden schriftsprachlichen ... Grundlagen und Einsichten,
- Vermittlung geeigneter Lern- und Arbeitsstrategien sowie Entspannungstechniken,
- Ausbau der persönlichen Stärken, Entwicklung von Selbstvertrauen und Selbstständigkeit" (Naegele 2001a, 292).

Grundlegend bei beiden Konzepten ist die Annahme, dass für Lernschwierigkeiten die unterschiedlichsten Gründe in Frage kommen, die mit den spezifischen Lernprozessen bei Kindern zusammenhängen. Diese Lernprozesse werden erfahrungsgemäß in ärztlichen und psychologischen Untersuchungen nur selten berücksichtigt. In der Regel werden Schwierigkeiten im Bereich der LRS - wie im Rechnen - durch Entwicklungsrückstände verursacht, die häufig im Anfangsunterricht entstehen. Auf Grund der Analyse des Wissensstandes des Kindes werden die fehlenden Kenntnisse in der Therapie nach dem FIT-Konzept schrittweise aufgebaut, Problemlösungsstrategien entwickelt und das Selbstvertrauen durch Gespräche, Spiele und Lernerfolge verbessert (Naegele 2001b, 204 ff.).

b.   Prinzip der Passung

Zur Steigerung der Lernmotivation erfolgt in den Therapien nach dem FIT-Konzept eine Orientierung an dem von Heckhausen entwickelten „Prinzip der Passung" (Heckhausen 1982, 584). Danach muss die gestellte Aufgabe, „um Aufmerksamkeit und tätige Bemühung des Kindes auf sich zu ziehen, einen dosierten Schwierigkeitsgrad haben, der den sachstrukturellen Entwicklungsstand des Kindes um ein Geringes übersteigt. Momentaner Fähigkeitsstand und Aufgabenanforderung müssen fortlaufend aufeinander passen, zwischen beidem muss ‚Passung' sein" (Heckhausen 1969, 209). Mittlere Schwierigkeitsgrade, „bei denen ein Erfolgs- oder Mißerfolgsausgang ungefähr gleich wahrscheinlich ist" (Heckhausen 1969, 195), regen die Leistungsmotivation am stärksten an. Um für eine größere Gruppe von SchülerInnen eine optimale Passung zu erzielen, „sucht man ... nach Möglichkeiten, die den Schülern selbst die Wahl des von ihnen bevorzugten Schwierigkeitsgrades und Lerntempos freistellen und die selbstgesteuerte Bildung kleinerer Gruppen im Klassenverband erlauben" (Heckhausen 1982, 585). Mit Blick auf den mathematischen Anfangsunterricht kommt in diesem Zusammenhang eine Studie der Universität Potsdam zu der Schlussfolgerung: „Es ist offensichtlich notwendig, sich immer wieder von der Lernausgangslage der Kinder zu überzeugen ... Eine solche Analyse der Lernausgangslage muss in einen differenzierten Unterricht münden, der sowohl Unter- als auch Überforderung vermeidet" (Grassmann u.a. 2003, 82).

c.   Mathematische Kompetenz

Ein wesentlicher Bestandteil des FIT-Konzepts für die Förderung von RS-Kindern ist der Aufbau mathematischer Kompetenz, die für das Erreichen der mathematischen Lernziele z.b. nach dem Hessischen Rahmenplan Grundschule (Hessisches Kultusministerium 1995, 150 ff.) erforderlich ist. Von der Zielsetzung her unterscheidet sich deshalb die angestrebte Kompetenz der Kinder mit RS nicht von derjenigen, die alle GrundschülerInnen besitzen sollten. Die Zielsetzungen des Mathematiklernens in der Grundschule für die Jahrgangsstufe 4 sind in einem neuen KMK-Entwurf (23.4.04) über Bildungsstandards im Fach Mathematik deutlich formuliert worden. Danach darf das Mathematiklernen „nicht auf die Aneignung von Kenntnissen und Fertigkeiten reduziert werden. Das Ziel ist die Entwicklung eines gesicherten *Verständnisses* mathematischer Inhalte ..." Hervorgehoben wird hierbei die Verbindung zwischen allgemeiner (z.B. Probleme mathematisch lösen) und inhaltsbezogener (z.B. Zahlen und Operationen) mathematischer Kompetenz. Die Entwicklung der mathematischen Grundbildung hängt nicht nur davon ab, *welche* Inhalte unterrichtet wurden, sondern in mindestens gleichem Maße davon, *wie* sie unterrichtet wurden ..." (KMK-Entwurf 2004, 7). Das entspricht auch der Vorstellung, die der Förderung der mathematischen Kompetenz im Rahmen des FIT-Konzepts zugrunde liegt. Eine weitere aktuelle Definition der mathematischen Kompetenz für SchülerInnen am Ende der 4. Jahrgangsstufe findet sich in den Ergebnissen der Internationalen Grundschule-Lese-Untersuchung (IGLU), die in Deutschland u.a. um den Bereich Mathematik erweitert wurde (Bos u.a. 2004). Dieser

Untersuchung der mathematischen Fähigkeiten liegt „eine theoretische Rahmenkonzeption zu Grunde, wie sie in Walther et al. (2003) beschrieben ist. Für die Testkonstruktion maßgebend war dabei eine an Winter (1995) orientierte Auffassung von mathematischer Grundbildung. In deren Zentrum stehen die Fähigkeiten

- zum Anwenden von Mathematik in außermathematischen Situationen,
- zur Bearbeitung innermathematischer Fragestellungen mit den ihnen eigenen sprachlichen Mitteln, Darstellungsformen, Begriffen und Theorien,
- zur Bewältigung von mathematischen Aufgabenstellungen mit ‚Barriere', für die nicht unmittelbar abrufbare Lösungsverfahren zur Verfügung stehen, sondern Lösungen erst ‚auf eigenen Wegen' entwickelt werden müssen" (Bos u.a. 2004, 118).

Auf der Basis dieser Rahmenkonzeption wurden in IGLU Testaufgaben aufgenommen, bei denen Sachaufgaben auf außermathematische Situationen anzuwenden, innermathematische Fragestellungen zu bearbeiten und Barrieren durch Problemlösefähigkeiten zu überwinden waren. „Ein großer Teil der Testaufgaben ist direkt an den in Deutschland gültigen Lehrplänen ausgerichtet" (Bos u.a. 2004, 120). Die genannte Auffassung von mathematischer Grundbildung ist deshalb auch vergleichbar mit den Anforderungen, die im Hessischen Rahmenplan Grundschule festgelegt sind und auf den im FIT-Konzept Bezug genommen wird. Die mathematische Kompetenz, wie sie im Rahmen des FIT-Konzepts angestrebt wird, ist aus pragmatischen Gründen im Einzelnen durch die Inhaltsfelder und Verfahren gekennzeichnet, die im folgenden Kapitel II (vgl. II.5.2 Förderung der mathematischen Kompetenz) beschrieben sind. Die dort angegebenen Inhaltsfelder und Verfahren sind anpassungsfähig an spezielle Unterrichtskonzeptionen.

d.   Unterrichtskonzept „Mengenlehre"

Bekanntlich wurde zwischen Anfang der 70er bis Mitte der 80er Jahre des vorigen Jahrhunderts ein Unterrichtskonzept verwendet, das unter dem Schlagwort „Mengenlehre" bekannt wurde. Dieses Konzept zeichnete sich durch einen charakteristischen Einführungsweg zum Aufbau des Zahlbegriffs aus und durch den Versuch einer breit angelegten kognitiven Förderung der SchülerInnen. Dies führte zu einem Bruch in der Gestaltung der Lehrbuchinhalte für den Mathematikunterricht. So begannen die Lehrbücher für den Anfangsunterricht mit einem pränummerischen Teil (Merkmale von Dingen, Bildung von Mengen, Mächtigkeit von Mengen). Die natürlichen Zahlen und der Umgang mit ihnen (vorwärts-, rückwärtszählen, Einsatz des Zählens bei der Addition/Subtraktion, Größenvergleiche) wurden erst im späteren Verlauf des Anfangsunterrichts eingesetzt. Der Ordinalzahlaspekt wurde nur gelegentlich angesprochen. Die Mächtigkeitsvergleiche von Mengen dienten als Grundlage für die Einführung der natürlichen Zahlen als Kardinalzahlen.

Die Besonderheit dieser Reform des Mathematikunterrichts lag u.a. auch in der Art ihrer Einführung, nämlich durch staatliche Verordnung und nicht durch gewachsene Einsicht und Überzeugung der Unterrichtenden. Dies war wohl eine der Ursachen für das Scheitern der Reform in der Praxis (Radatz/Schipper 1983, 46). Die Kritik an Unzulänglichkeiten der Reform steigerte sich zu lautstarken öffentlichen Protesten. In der Folgezeit wurden deshalb die Lehrpläne vor allem für den Anfangsunterricht wieder grundlegend geändert und in der Öffentlichkeit wurde unter dem Schlagwort „Abschaffung der Mengenlehre" polemisiert (Padberg 1996, 39). Zu den Kritikern der Mengenlehre gehörten die Eltern, die ihren Kindern nicht mehr bei den Hausaufgaben helfen konnten, und die LehrerInnen, die dieser Konzeption unvorbereitet gegenüber standen. Ihre Kritik bezog sich auf folgende Punkte:

- Verselbstständigung der Inhalte und verfrühte Formalisierung,
- einseitiger Aufbau des Zahlbegriffs,
- Vernachlässigung des Rechnens.

Insbesondere der letzte Kritikpunkt erwies sich als berechtigt, da durch diese Vorgehensweise nicht an die Vorkenntnisse der Schulanfänger angeknüpft und damit ihre Motivation negativ beeinflusst wurde. Es gibt Untersuchungen, wonach fast alle Schulanfänger fähig sind, mindestens bis fünf und darüber hinaus bis zehn zu zählen (Radatz/Schipper 1983, 47 f.). Die Kinder erwarten jedoch, auch in der Schule ihre Kenntnisse einsetzen zu können. Auch neuere Untersuchungen zeigen, dass die Fähigkeit der Schulanfänger bei der Ziffernkenntnis, beim Rückwärtszählen und bei der Addition von den Lehrerinnen „in der Tendenz eher unter- als überschätzt" wird (Grassmann 1999, 15). Bei der Begründung für den Einführungsweg „Mengenlehre" wurden aus der Vielzahl der Experimente Piagets zur Entwicklung des Zahlbegriffs die Versuche zur Mengeninvarianz mit diskreten Mengen ausgesucht. Das hing mit dem besonderen Einführungsweg und der Behandlung der natürlichen Zahlen zusammen. Für diesen Zugang ist die Gleichmächtigkeit von Mengen von zentraler Bedeutung. Damit sie überprüft werden kann, ist das Erkennen der Mengeninvarianz eine grundlegende Voraussetzung. Hieraus wurde gefolgert, dass vor der Behandlung der natürlichen Zahlen die paarweise Zuordnung von Mengen gründlich mit den SchülerInnen zu üben ist. Bei dieser Vorgehensweise blieb weitgehend unberücksichtigt, dass der größte Teil der Schulanfänger bereits eine Zählkompetenz besitzt und die Mächtigkeitsvergleiche zählend bewältigt. Die Kritiker stellten sich in diesem Zusammenhang auf den Standpunkt, dass für den größten Teil der SchülerInnen deshalb die Behandlung von Mächtigkeitsvergleichen überflüssig sei. Sie stellten die Frage, ob es überhaupt von großer Bedeutung für den Arithmetikunterricht sei, wenn Kinder den Test zur kardinalen Invarianz nicht bestehen. Diese Betrachtungsweise führte unter anderem dazu, dass in den Schulbüchern der pränummerische Teil mit der Einführung der Kardinalzahlen häufig ersatzlos gestrichen und dafür die Zahlen und die Arbeit mit ihnen von Beginn an in den Mittelpunkt gestellt wurde (Padberg 1996, 37).

Im Anfangsunterricht trat nun an Stelle einer bis dahin zu einseitigen Behandlung der Kardinalzahlen eine zu einseitige Behandlung der Zählzahlen. Auch wenn in der Literatur vor einer Einseitigkeit gewarnt und eine aspektreiche Einführung des Zahlbegriffs (Zählzahl, Kardinalzahl, Ordnungszahl, Maßzahl, Operator) gefordert wurde (z.b. Müller/Wittmann 1977, 173) und einige Schulbücher dies auch berücksichtigten (z.b. Nussknacker 1, 1991), wird dieser Gesichtspunkt in der Schulpraxis häufig vernachlässigt.

1. Theorien zur Denkentwicklung und didaktische Prinzipien

Eine knappe, aber sehr übersichtliche Darstellung grundlegender Theorieelemente zur Denkentwicklung von Kindern, die für das Mathematiklernen besondere Bedeutung haben, findet sich bei Zech (1986, 91 ff.) Er gibt einen Überblick, wie sich das kindliche Denken entwickelt und welche didaktischen Prinzipien für den Mathematikunterricht an Schulen sich hieraus ableiten lassen. Er geht dabei aus von Piagets Stadientheorie, die modifiziert und ergänzt wird durch die Theorien von Aebli, Bruner und Lompscher/Galperin. Anhand dieser Übersicht werden im Folgenden die einzelnen Theorieansätze unter Heranziehung der Originalliteratur zunächst ohne Folgerungen im Hinblick auf ihre Verwendungsmöglichkeit im außerschulischen Förderbereich näher vorgestellt. Erst im anschließenden Kapitel II werden aus diesen Ansätzen Folgerungen in Form von Grundsätzen gezogen, die zusammen mit den im selben Kapitel beschriebenen Bausteinen das FIT-Konzept bilden.

1.1 Piagets Stadien der Denkentwicklung

Piaget beschreibt die für ihn wichtigsten Entwicklungsabschnitte des kindlichen Denkens wie folgt:

- „Die sensomotorische Periode dauert bis ungefähr zum Alter von anderthalb Jahren mit einer ersten Teilperiode der Zentrierung des Subjekts auf den eigenen Körper ... gefolgt von einer zweiten, in der die Pläne der praktischen Intelligenz objektiviert und den Bedingungen des Raumes angepasst werden".
- „Die Periode der Vorstellungsintelligenz ... mit einer ersten präoperatorischen Teilperiode (ohne Reversibilität und Erhaltung ...), die im Alter von ungefähr anderthalb bis zwei Jahren ... beginnt. Daran schließt sich (mit etwa sieben bis acht Jahren) eine zweite Teilperiode an, die gekennzeichnet ist durch die Anfänge operatorischer Gruppierungen in ihren verschiedenen konkreten Formen und mit ihren verschiedenen Arten von Erhaltung".

-    „Schließlich gibt es die Periode aussagenlogischer oder formaler Operationen. Auch sie beginnt mit einer Teilperiode, in der sich die Operationen ordnen (11 bis 13 Jahre), und ihr folgt eine andere Teilperiode, die die Ausformung der allgemeinen Kombinatorik ... bringt" (Piaget 1983, 41).

Er betont dabei, dass die Reihenfolge dieser Perioden stets gleich bleibt, auch wenn es Beschleunigungen und Verzögerungen in der Entwicklung gibt, die von spezifischen Umweltfaktoren abhängen. So können pädagogische Interventionen die Entwicklung beschleunigen oder vervollständigen, aber sie können die Reihenfolge nicht verändern (Piaget 1983, 44). Nach Piagets Auffassung vollzieht sich die Entwicklung weitgehend „nur in den spontanen (nicht ‚von außen' durch andere geleitete) Erfahrungen, die das Kind in seiner natürlichen Umwelt in Auseinandersetzung mit seinem materiellen und sozialen Milieu sammelt" (Montada 1970, 27).

Die für das Vor- und Grundschulalter und die Sekundarstufe charakteristischen Stadien können wie folgt zusammengefasst werden:

a) Das präoperatorische Stadium (bis 6 Jahre), bei der die Denkleistung sehr stark an konkrete Handlungen und unmittelbare Vorstellungen gebunden ist. In diesem Stadium ist das Kind noch nicht in der Lage,
-    aus der Vorstellung heraus z.b. verschieden lange Stöcke der Länge nach aneinander zu reihen (Kompositionsfähigkeit) und
-    zu erkennen, dass eine verformte Tonkugel nicht mehr Substanz hat als die Ausgangsform (Mengeninvarianz) (Zech 1986, 95).

Nach Piaget wird die Mengeninvarianz von Kindern dann erkannt, wenn sie in der Lage sind, zwei Dimensionen (z.B. Länge und Breite einer verformten Kugel) und die Umkehrung (z.B. die Herstellung der Ausgangsform aus einer verformten Kugel), also die Kompensation und Reversibilität, in ihre Betrachtung einzubeziehen (Piaget/Inhelder 1977, 74-77).

b) Das Stadium der konkreten Operationen (7 bis 11 Jahre), bei denen die Denkleistung immer noch an konkrete Vorstellungen gebunden, aber bereits „kompositionsfähig" und „mengeninvariant" und damit auch „reversibel" ist. Piaget nennt genau derartige Denkhandlungen „Operationen".

c) Das Stadium der formalen Operation (ab 12 Jahre), in der die Denkleistung nicht mehr an konkrete Vorstellungen gebunden, sondern bereits deduktiv formal-abstrakt erfolgen kann (z.B. wenn a > b und b > c, dann a > c).

Dabei sind die Altersangaben nur grobe Durchschnittswerte.

Eine praktische Folge hieraus für den Mathematikunterricht ist „das Prinzip der Stufengemäßheit nach Piaget" (Zech 1986, 113), d.h. die Entwicklungstendenz des Denkens vom Konkret-handelnden zum Formal-abstrakten.

Dieses Prinzip gilt nach Aebli (vgl. I.1.2) auch dann, wenn man der von Piaget unterstellten Altersabhängigkeit nicht folgt. Insbesondere jüngeren Kindern sollte hiernach mit Hilfe von strukturiertem Material eine geeignete „mathematische" Umgebung geschaffen werden, in der sie spielend-konstruktiv durch eigene Aktivität und Erfahrung lernen - dynamisches Prinzip von Dienes (Dienes 1969, 31-49).

Eine weitere wichtige Erkenntnis hieraus für die pädagogische Arbeit ist m.E. die Feststellung Piagets, dass das Stadium der konkreten Operationen, in dem sich Grundschüler befinden sollten, die Kenntnis der Mengeninvarianz (vgl. II.3.1) voraussetzt. Die Einsicht des Menschen, dass eine bestimmte Menge gleich bleiben kann, auch wenn ihre äußere Form verändert wird, ist „ein mächtiger Gedanke, nicht bloß im wissenschaftlichen Denken, sondern auch im alltäglichen Verhalten ... Ohne Invarianzbegriffe gäbe es wohl weder einen gesunden Menschenverstand noch eine Wissenschaft" (Bruner 1988, 223).

1.2 Operative Verfahren nach Aebli

Aebli hält Piagets Theorie der Denkentwicklung auch für die pädagogische Intervention bei Kindern für bedeutsam. „Aber nirgends lesen wir bei Piaget, daß eine Vernachlässigung einer pädagogischen oder didaktischen Aufgabe irgendeinen Entwicklungsrückstand erzeugt hätte" (Aebli 1989, 89). Aebli hat deshalb selbst die didaktischen Folgerungen aus der Psychologie Piagets untersucht. So sind z.B. für ihn die Stadien Piagets auch eine notwendige Aufeinanderfolge von Entwicklungsschritten, aber ohne die weit gehende Abhängigkeit vom Alter des Kindes. Für Aebli ist die Denkentwicklung stärker von verschiedenen Variablen abhängig (Aebli 1989, 47 ff.), z.B.
-   von der Komplexität und der Anschaulichkeit des Lerngegenstandes,
-   vom Lernprozess selbst, z.B. der Zeitdauer und der Wiederholung,
-   von der Motivation.

Letztere muss nach Aebli (1989, 62) „in der gesamten Gleichung der geistigen Leistung eine ... zentrale Stellung zugewiesen werden".

Aebli hat mit einer umfangreichen Versuchsanordnung - dem Relief-Versuch an Zürcher Volksschulen - (Aebli 1989, 101-116) empirisch festgestellt, dass die Leistungsfähigkeit von Schülern gefördert wird durch die
-   Verbesserung der Anschaulichkeit des verwendeten Materials und

18

- Wiederholungen des gleichen Vorganges.

Er betont deshalb die didaktischen Methoden, die erforderlich sind, um bei Kindern die mathematischen Denkprozesse zu fördern und zu festigen.

Zum Aufbau von Denkoperationen, die im Sinne Piagets kompositionsfähig und reversibel sind, gehört nach Aebli eine „Verinnerlichung" und eine „operative Durcharbeitung".

Eine neue Denkoperation ist dabei dann „verinnerlicht", wenn sie nicht nur konkret ausgeführt, sondern auch in der Vorstellung vollzogen werden kann.

Die Verinnerlichung erfolgt dabei in drei Hauptstufen:

- „der effektive Vollzug der Operation am wirklichen Gegenstand",
- „die Vorstellung der Operation auf Grund ihrer bildlichen Darstellung",
- „die Vorstellung der Operation auf Grund der ziffernmäßigen, algebraischen oder sprachlichen Darstellung" (Aebli 1981, 162 ff.).

Damit eine Denkoperation klar verständlich und beweglich gehalten wird, ist die operative Durcharbeitung, d.h. eine Form des konkreten, sinnbezogenen Übens, erforderlich. Dazu zählt Aebli die Betrachtung der Operation unter verschiedenen Gesichtspunkten, z.B. die Umkehrung und die Variation der Lösungswege (Aebli 1981, 158/159).

Nach Aebli ist demnach eine Denkoperation, z.B. die Addition, dann vom Kind vollständig erworben, wenn die Kommutativität, Assoziativität und die Reversibilität (Subtraktion) erfasst, variiert und kontrolliert werden kann.

Aus den kurz skizzierten Überlegungen Aeblis ergeben sich als Grundprinzipien für den Mathematikunterricht (Zech 1986, 113):

- das Prinzip der Verinnerlichung, wonach mathematische Operationen die Stufen der „Verinnerlichung" schrittweise zu durchlaufen haben und
- das Prinzip der operativen Durcharbeitung, wonach das Verständnis für mathematische Operationen durch vielfältiges Zusammensetzen (z.B. Umkehraufgaben, Nachbaraufgaben, Probeaufgaben) durchgearbeitet wird.

1.3   Darstellungsebenen nach Bruner

Die weitestgehende Modifikation der Stadientheorie Piagets ist die Brunersche Theorie der Darstellungs-(Repräsentations-)Systeme. Danach kann jedes Problem - und damit auch mathematische Probleme - auf mehrfache Weise dargestellt werden:

- eine enaktive Repräsentation „durch eine Zahl von Handlungen, die geeignet sind, ein bestimmtes Ziel zu erreichen",

- eine ikonische Repräsentation „durch eine Reihe zusammenfassender Bilder oder Graphiken, die eine bestimmte Konzeption versinnbildlichen, ohne sie ganz zu definieren",
- eine symbolische Repräsentation „durch eine Folge symbolischer oder logischer Lehrsätze, die einem symbolischen System entstammen, in dem nach Regeln oder Gesetzen Sätze formuliert und transformiert werden" (Bruner 1974, 49).

Die Herausbildung der dritten Repräsentationsebene beruht - nach Bruner - auch auf der Übertragung von Erfahrung in Sprache. Dabei kommt es nicht auf die Sprache selbst an, sondern auf den Gebrauch der Sprache als Mittel zum Denken (Bruner 1974,19/20). Die Denkentwicklung vollzieht sich nach Bruner nicht auf zeitlich abgestuften Ebenen wie bei Piaget, sondern die drei Darstellungssysteme können nebeneinander bestehen und stehen in engster Wechselbeziehung zueinander. „Ein jedes (Anm. des Verf.: Repräsentationssystem) kann aber auch zum Teil in das andere übersetzt werden, und gerade dies liefert eine wichtige Triebkraft für die geistige Entwicklung ..., daß überall dort ein ernsthaftes Ungleichgewicht entsteht, wo zwei Darstellungssysteme nicht übereinstimmen, und daß das Kind seine Methoden des Problemlösens dann entscheidend revidiert ..." (Bruner 1988, 33).

Ein Beispiel dafür, dass die Diskrepanz zwischen verschiedenen Darstellungsebenen eine wichtige Triebkraft der Denkentwicklung sein kann, ist die von Bruner beschriebene umfangreiche Versuchsreihe zur Invarianz der Flüssigkeitsmenge (Bruner 1988, 223). Ausgehend von dem bekannten Versuch Piagets (Piaget/Inhelder 1977, 74/75) mit Kindern im voroperativen Alter wird z.B. eine Flüssigkeitsmenge von einem schmalen Glas in ein breiteres Glas geschüttet. Um eine Irritation des Kindes zu vermeiden, wird das breitere Glas gegenüber den Blicken des Kindes abgeschirmt. In diesem Fall nehmen dann - nach Bruner - die meisten Kinder Invarianz der Flüssigkeitsmengen an. Die sprachlich-symbolische Repräsentation wird durch die Abschirmung quasi erzwungen. Wird anschließend der Versuch ohne Abschirmung wiederholt, gerät diese Repräsentation mit der ikonischen Repräsentation in Konflikt. Dieser „Konflikt der Darstellungsmodi" führt - nach Bruner - zu einer Fortentwicklung des Denkens insoweit, als bei einer Wiederholung des Versuchs ohne Abschirmung die Kinder häufig auch von der Invarianz der Flüssigkeitsmenge ausgehen. Bruner räumt allerdings auch Misserfolge ein (Bruner 1988, 248). Piagets Vorstellung, nach der erst die Kompensation und die Reversibilität bei Kindern das Erkennen der Mengeninvarianz ermöglichen (vgl. I.1.1), hat Bruner mit seiner Versuchsreihe in Frage gestellt. Nach seiner Meinung können das Kompensations- und das Reversibilitätsargument „erst dann wirksam werden, wenn sich das Kind die anfängliche

Gleichheit der betreffenden Mengen ständig vor Augen zu halten vermag". Beide Argumente hängen „von der Aufrechterhaltung einer Art ursprünglicher Identität in beiden Versionen eines Ereignisses ab" (Bruner 1988, 225). In seinen Untersuchungen stellte Bruner fest: Kinder, die sagen, dass in zwei verschieden großen Gefäßen „gleich viel" Wasser sei, sagen in der Regel auch, dass es „dasselbe" Wasser sei. Umgekehrt urteilen viele Kinder, es sei zwar „dasselbe" Wasser, aber nicht „gleich viel" (Bruner 1988, 229). Bruner nimmt deshalb an, dass das Erkennen der Identität eine notwendige, aber keine hinreichende Voraussetzung für das Erkennen der Mengeninvarianz ist. Um diese bei Kindern festzustellen, ist eine intensive Beobachtung der Reaktionen und Antworten der Kinder erforderlich. Auch ist ein möglicherweise unterschiedliches Verständnis der verwendeten Begriffe, z.B. „dasselbe", „gleich viel" oder „mehr Wasser", zu bedenken.

Im Gegensatz zu Piaget vertritt Bruner darüber hinaus die Hypothese: „Jedes Kind kann auf jeder Entwicklungsstufe jeder Lerngegenstand in einer intellektuell ehrlichen Form erfolgreich gelehrt werden". Dabei ist die Struktur des Lerngegenstandes in der Art und Weise darzustellen, „wie das Kind Dinge betrachtet" (Bruner 1973, 44).

Nach Bruners Überzeugung entwickelt sich das Denken durch ein immer besseres Zusammenwirken der Darstellungsebenen, das durch äußeren Einfluss verstärkt werden muss und nicht von alleine geschieht. „Es gibt keinen inneren Antrieb zur Entwicklung ohne einen entsprechenden äußeren Zug, denn bei der Spezies Mensch ist die Entwicklung angewiesen auf äußere Verstärkung oder Kräfte ebenso wie auf diese selbst" (Bruner 1988, 26).

In Bezug auf die Wechselbeziehung der verschiedenen Darstellungsebenen bezeichnet man die Übergänge zur Handlung als „Enaktivierung", die zum Bild als „Ikonisierung", die zur Sprache als „Verbalisierung" bzw. zum Zeichen als „Formalisierung". Im Sinne von Bruner kommt es darauf an, alle Übergänge der Darstellungsebene zu pflegen, und zwar nicht nur die „Abstraktionen", d.h. der Übergang von der ersten Ebene zur dritten, sondern auch die „Konkretisierung", d.h. der Übergang von der dritten zur ersten Ebene.

Auch aus der Theorie der Darstellungsebenen Bruners werden für den Mathematikunterricht Prinzipien formuliert:

- das Prinzip der Variation der Darstellungsebenen, wonach die „Konkretisierung" und die „Abstraktion" zwischen den Darstellungsebenen zu pflegen ist,
- das Prinzip der Variation der Veranschaulichungsmittel, wonach die konkreten Handlungen möglichst auf verschiedene Weise veranschaulicht werden sollten, und

- das aus dem Abschirmversuch abgeleitete Prinzip der Abschirmung, wonach die Denkentwicklung durch Abschirmung von auffälligen, aber nicht wesentlichen Handlungsteilen gefördert werden kann (Zech 1986, 108/115).

1.4 Ebenen der Erkenntnis nach Lompscher/Galperin

Ausgehend von Überlegungen Piagets, aber noch stärker als Aebli und Bruner, machen Lompscher/Galperin die Denkentwicklung „zu einer Sache gesteuerter Einwirkung genauer Planung und Lenkung" (Zech 1986, 109).

Damit stellen auch sie die pädagogischen Interventionen bei der geistigen Entwicklung in den Mittelpunkt ihrer Betrachtung. Lompschers Ebenen der Erkenntnisfähigkeit fußen vor allem auf den Untersuchungen Galperins zur „ etappenweise(n) Ausbildung geistiger Handlungen" (Lompscher 1975, 36). Galperin unterscheidet fünf Etappen, wobei insbesondere die erste Etappe - die Orientierungsgrundlage - von besonderer Bedeutung ist. „Die Schüler sollen von Anfang an wissen, was in ihrem Bereich wesentlich ist, worauf es ankommt, und sie sollten das Instrumentarium erhalten, um diesen Bereich selbst zu analysieren und die Orientierungsgrundlage für konkrete einzelne Handlungen selbst aufbauen zu können" (Lompscher 1975, 37). Eine intensive und u.U. länger dauernde Anfangsetappe kommt - nach Galperin - besonders den Schwächeren zugute, die nicht in der Lage sind, eine Orientierungsgrundlage selbst aufzubauen (Lompscher 1975, 38).

Nach Lompscher kann fast jede Erkenntnisfähigkeit in Abhängigkeit von der realen Situation des Kindes, seinem Entwicklungsniveau und der speziellen Aufgabenstellung auf unterschiedlichen Ebenen - die starke Bezüge zu denen von Piaget, Aebli und Bruner aufweisen - vor sich gehen:

- der praktisch gegenständlichen Handlung,
- der unmittelbaren Anschauung, z.B. einer Handlung oder einer zeichnerischen, bildlichen Darstellung und deren gedanklicher Durchdringung,
- der mittelbaren Anschauung, d.h. der Vorstellung von einer bekannten Handlung oder zeichnerischen Darstellung. Sie ermöglicht, sich von der Wirkung auffälliger aber unwichtiger Merkmale zu befreien.
- der sprachlich-begrifflichen Erkenntnis (Lompscher 1975, 57/58).

Dabei nimmt - ausgehend von der obersten Ebene der praktisch-gegenständlichen Handlung - jeweils die Rolle der Sprache zu und die Rolle der Anschauung ab.

Lompscher betont - ähnlich wie Bruner - besonders die Übergänge von einer Ebene zur anderen. „Die Ebenen liegen nicht isoliert neben- oder übereinander, sondern sind durch vielfältige Beziehungen und Übergänge miteinander verbunden" (Lompscher 1975, 58).

Die Besonderheit der Erkenntnisebenen Lompschers im Gegensatz zu den Verinnerlichungsstufen Aeblis und zu den Darstellungsebenen Bruners liegt darin, dass er zwischen der Ebene der unmittelbaren Anschauung sichtbare Anschauungsmittel und der Ebene der mittelbaren Anschauung ohne sichtbare Anschauungsmittel (jedoch mit einer Vorstellung davon) sehr deutlich unterscheidet.

2. Spezifische Aspekte aus Piagets Entwicklungstheorie

Auch wenn heute eine Reihe von Untersuchungsergebnissen, die die Abhängigkeit der Stufen der Denkentwicklung vom Alter eines Kindes in Frage stellen (Aebli 1989, 89), so sind die im Folgenden aufgeführten Teile von Piagets Theorie zur Denkentwicklung hilfreich im Rahmen von pädagogischen Interventionen bei RS-Kindern. Dabei spielt bei einer RS-Therapie das Lernen im engeren Sinn, das durch bestimmte Situationen, z.B. äußere Verstärkung durch den Therapeuten hervorgerufen wird, auch eine große Rolle. Es geht auch über Piagets Intentionen hinaus, wenn ein Äquilibrationsprozess, wie er nachfolgend beschrieben wird, durch pädagogisch-didaktische Maßnahmen eingeleitet wird.

2.1 Zusammenhang von Denkentwicklung und Lernen

Die beschriebene Stadientheorie (vgl. I.1.1) Piagets wirft natürlich die grundlegende Frage auf, wie sich das kindliche Denken von einem Stadium zum anderen entwickelt und sich das Lernen im Einzelnen vollzieht. Piaget geht davon aus, dass sich das geistige Wachstum auf zwei grundlegende Prozesse gründet, nämlich

a. die Entwicklung, die zum eigentlichen Lernen führt und die sich spontan und vital vollzieht, sowie

b. das Lernen im engeren Sinne, das durch bestimmte Situationen hervorgerufen wird und auf sie beschränkt bleibt (Piaget 1983, 46; Ginsburg/Opper 1993, 213).

Wegen der grundsätzlichen Bedeutung dieser Prozesse - auch für einen pädagogischen Förderansatz - werden diese hier näher beleuchtet.

Zu a.
Die Entwicklung wird nach Piaget (Piaget/Inhelder 1977, 113 ff., Ginsburg/Opper 1993, 223 ff.) durch vier Faktoren bestimmt:

- die Reifung, d.h. die Ausbildung der organischen Strukturen nach den Erbanlagen (zentrales Nervensystem, Gehirn, Sprachorgan usw.),

23

- die Erfahrung oder der Umgang mit Gegenständen (physikalische Erfahrung, logisch-mathematische Erfahrung),
- die soziale Vermittlung, d.h. der Einfluss von Eltern, Lehrern und anderen Kindern bei besonderer Bedeutung des Sprechens und des Lesens,
- die Äquilibration, d.h. die sich selbst regulierenden Prozesse des Kindes.

Von besonderem Interesse hierbei sind die logisch-mathematischen Erfahrungen, die auf den Stufen der kognitiven Entwicklung wichtig sind, „auf denen logische Ableitung oder Berechnung noch nicht möglich ist ... Zu diesen Erfahrungstyp gehört auch der handelnde Umgang mit Objekten ... Doch die so gewonnene Erkenntnis beruht nicht auf den physischen Eigenschaften dieser Objekte, sondern auf den Eigenschaften der Handlungen, welche an ihnen vorgenommen werden" (Piaget 1983, 65). Als Beispiel hierfür verweist Piaget auf ein Kind, das Steinchen zählt und sie zufällig in eine Reihe legt und sowohl beim Zählen von rechts als auch von links die gleiche Anzahl feststellt. Das Kind hat eine logisch-mathematische Erfahrung, nämlich die Unabhängigkeit der Anzahl von der Anordnung gemacht. Piaget nennt eine derartige Erfahrung „reflektierende Abstraktion", die den Schlüssel „zu dem Problem des konstruktiven Charakters der Äquilibration durch Selbstregulation darstellt" (Piaget 1983, 79).

Der letzte Entwicklungsfaktor, die Äquilibration, ist - nach Piaget - die wesentliche Grundlage für das geistige Wachstum. Dabei verwendet er den Gleichgewichtsbegriff, den er der Physik entliehen hat. Unter Gleichgewicht versteht er keinen Ruhezustand zwischen dem Kind und der Umwelt, sondern einen aktiven Ausgleich. Das Kind versucht, die Ereignisse seiner Umwelt nach Maßgabe seiner eigenen Strukturen zu integrieren (Assimilation) und sich selbst entsprechend den Anforderungen der Umwelt anzupassen (Akkommodation) (Piaget 1983, 32 ff). Zum Thema Äquilibration und kognitive Strukturen führt Piaget (1983, 73) aus: „So erscheint es als sehr wahrscheinlich, daß der Aufbau der Strukturen vor allem das Werk einer Äquilibration ist, welche nicht durch das Gleichgewicht zwischen entgegengesetzten Kräften, sondern durch Selbstregulation definiert ist. Äquilibration besteht also in einer Reihe aktiver Reaktionen des Subjekts auf externe Störungen, die in unterschiedlichem Maße wirksam sein oder antizipiert werden können".

Wenn das Kind - nach Piaget - zunächst eine einfache, nicht zum Erfolg führende Strategie zum Lösen seiner Aufgabe anwendet, dann probiert es eine zweite aus, bis es schließlich zu einer befriedigenden Lösung des Problems und damit zu einem Gleichgewicht mit der Umwelt kommt. Piaget (1983, 74) erläutert dies am Beispiel der Verformung einer Tonkugel zu einer Wurst vor dem Kind (vgl. I.1.1 a). Zunächst konzentriert sich das Kind auf die Länge der Wurst, eine einfache, aber unzutreffende Strategie. Danach konzentriert es sich auf die

Dicke der Wurst, dann schwankt es zwischen beiden Möglichkeiten hin und her, bis es schließlich beide Dimensionen in seine Betrachtung einbezieht und damit zur wahrscheinlichsten Strategie gelangt. Piaget bezeichnet das Fortschreiten von einer Strategie zur anderen als Folgewahrscheinlichkeit. Nach Piaget (Piaget: Äquilibration and the development of logical structure, zit. Ginsburg/Opper 1993, 220) gibt es zwei Gründe für das Kind, jeweils die wahrscheinlichste Strategie anzuwenden: „Die Heftigkeit des Reizes", d.h., wenn die falsche Strategie dem Kind auffällig ist (Länge der verformten Tonkugel) und sich eine andere Strategie (Dicke der verformten Tonkugel) aufdrängt „und die Unbefriedigtheit", d.h., wenn das Kind keine Gewissheit über die gewählte Lösung erfährt. Erst die endgültige Strategie löst die Konflikte, die sich aus der Anwendung ungeeigneter Strategien ergeben.

Zu b.

Piaget unterscheidet zwei Formen des Lernens: das Lernen im engeren Sinne und das Lernen, das sich aus dem Äquilibrationsprozess ergibt. Das erstere bezieht sich auf das Lernen in besonderen Situationen durch wiederholte Beobachtung oder äußere Verstärkung, wenn z.B. ein Kind einem geformten Klumpen Ton eine bestimmte andere Form gibt und dabei die Konstanz seines Gewichtes feststellt, ohne unbedingt zu wissen, warum das Gewicht konstant bleibt. Es hat dann ein auf die besondere Situation bezogenes Gesetz erkannt, ohne es von sich aus auf neue Situationen übertragen zu können (Piaget 1983, 46; Ginsburg/Opper 1993, 221).

Die intellektuelle Entwicklung ist nicht eine Folge des Lernens im engeren Sinne, sondern umgekehrt verursacht die Entwicklung das Lernen. Das wirkliche Lernen des Kindes stellt sich als Folge seiner Entwicklung ein, d.h. wenn seine kognitive Struktur ausreichend vorbereitet ist, um Erklärungen und Verstärkungen der Erwachsenen zu assimilieren. Nur das Lernen, das sich aus einem Äquilibrationsprozess ergibt, führt - nach Piaget - zu einer neuen Denkstruktur, die stabil, dauerhaft und verallgemeinert werden kann. Beim Lernen reguliert das Kind sein Verhalten durch Veränderung seiner Strategien selbst und bestimmt sein Lerntempo. Einfache äußere Verstärkung, wie sie in der Schule häufig angewandt wird, wirkt sich danach nicht ausreichend positiv auf das Lernen aus (Piaget 1983, 70 ff.; Ginsburg/Opper 1993, 222).

Obwohl die Äquilibrationstheorie Piagets überzeugend wirkt, weisen Ginsburg und Opper (1993, 225) auf eine Reihe von Unzulänglichkeiten hin:

-   Wenn z.B. das Kind seine Strategien wechselt, weil es subjektiv unzufrieden ist, bleibt die Frage offen, wodurch dieses Unbefriedigtsein hervorgerufen wird. Weshalb verwendet das Kind diese Strategien dennoch über längere Zeit?

- Es gibt bislang nicht genügend empirische Untersuchungen, die belegen, dass die „Unbefriedigtheit" und die „Reizstärke" maßgebend für den Strategiewechsel sein könnten.

- Piaget geht von einer Wahrscheinlichkeitsfolge beim Äquilibrationsprozess aus. Das würde aber bedeuten, dass es eine Zufallsverteilung nebeneinander existierender Ereignisse (Strategien) geben müsste. Das Kind verwendet jedoch zunächst die eine und dann die andere Strategie.

2.2 Didaktische Folgerungen aus dem Äquilibrationsansatz

Obwohl die Äquilibrationstheorie Piagets eine Reihe von Fragen aufwirft, trägt sie grundlegend zum Verständnis der Denkentwicklung von Kindern bei, aus der auch Folgerungen für die praktisch-pädagogische Arbeit gezogen werden können. Allerdings ist sein Ansatz umstritten, nach der die Lehrenden warten müssen, bis sich eine bestimmte Struktur in der spontanen Erfahrung des Kindes gebildet hat, die dann pädagogisch zu nutzen ist, wie Montada hervorhebt (Montada 1970, 28).

Nach Montada kann als Ursache des Äquilibrationsprozesses ein mangelndes Gleichgewicht angesehen werden. Er unterscheidet verschiedene Kategorien eines mangelnden Gleichgewichts, die durch einen Äquilibrationsprozess zu überwinden sind (Montada 1970, 38). Für die vorliegende Arbeit sind zwei Kategorien Montadas für die pädagogisch-didaktische Arbeit interessant und hilfreich:

1. Ungleichgewicht durch Problemstellungen und Fragen
   Jede Problemstellung und jede Frage, die von einem Kind nicht befriedigend gelöst bzw. beantwortet werden können, stellen ein Ungleichgewicht im Sinne Piagets dar. Dieses Ungleichgewicht kann zu einem Äquilibrationsprozess führen. Dieser Prozess wird jedoch nur dann ausgelöst, wenn die Problemstellung oder die Frage vom Kind auch verstanden werden. Wird die Problemstellung bzw. Frage nicht verstanden, gibt es keinen Widerspruch zu der unbefriedigenden Lösung und es wird kein Äquilibrationsprozess ausgelöst (Montada 1970, 39/40), d.h. in diesen Fällen wird der Erfahrungsschatz des Kindes nicht erweitert.

2. Ungleichgewicht durch fehlschlagende Assimilationsversuche
   Jedes Kind verfügt nach Montada über verschiedene Assimilationsschemata (Montada 1970, 39). Wenn z.B. ein Kind (in Anlehnung an das von Montada gewählte Beispiel einer zu zählenden Schafherde) eine ungeordnete Menge von Muggelsteinen zählen will (Zählschema) und dies misslingt, so muss es erst eine Ordnung herstellen. Entweder legt es die jeweils gezählte Steine zur Seite oder stellt eine andere Ordnung (z.B. 2er Reihen)

her. Das Kind bewältigt somit diese Situation, indem es das Zählschema mit dem Schema des Ordnens kombiniert.

Wie Montada in diesem Zusammenhang hervorhebt, muss ein fehlgeschlagener Assimilationsversuch durch ein anderes Assimilationsschema des Kindes festgestellt werden. Hieraus ergibt sich für Montada das didaktische Vorgehen: „Auch um einem Kind zu zeigen, was es nicht kann, was es falsch gemacht hat, muss man seine Assimilationsschemata kennen. Man wird die Fehler, die es macht, nur mit den Assimilationsschemata erklären können, die es besitzt. Es reicht in der Regel nicht, zu sagen: ‚falsch', es reicht also nicht aus - wie in der traditionellen Lernpsychologie - eine ‚negative Verstärkung' zu geben, es sollte vielmehr gesagt werden, inwiefern das Verhalten falsch ist" (Montada 1970, 41). Das Aufzeigen eines Fehlers wird vom Kind nur dann verstanden, wenn Begriffe und Verfahren verwendet werden, die dem Entwicklungsstand des Kindes angemessen sind.

3.   Allgemeine Ansätze zur Gesprächsführung

Neben den Theorien zur Denkentwicklung und den mathematisch-didaktischen Prinzipien, wie sie in den vorangegangenen Abschnitten beschrieben worden sind, spielen auch allgemeine Ansätze zur Gesprächsführung im Rahmen des FIT-Konzepts eine wichtige Rolle.

So hat sich die Gesprächsführung des Sokrates, wie sie von Platon im Menon (1991) aufgezeichnet worden ist, als eine gute Ausgangsbasis auch in RS-Therapien erwiesen. Damit wird die in den schulischen Unterrichtsgesprächen häufig anzutreffende Überbetonung der Belehrung und Ergebnisorientierung vermieden. Diese lassen den tatsächlichen Wissensstand des Kindes außer Acht und berücksichtigen nicht genügend die zum Ergebnis führenden kindlichen Gedankengänge.

Das „sokratische Gespräch" (Mäeutik)[9] ist - beginnend um die Mitte des 18. Jahrhunderts - immer wieder Vorbild für das schulische Unterrichtsgespräch gewesen (Schwarz, H. 2000, 46). Es verlangt jedoch in besonderer Weise einen pädagogisch geschulten, kompetenten Gesprächsleiter, der sein eigenes Wissen in den Hintergrund stellt und sich mehr als Suchender fühlt. Sein Hauptanliegen ist das Wohl des einzelnen Kindes. Dieser hohe Anspruch des sokratischen Gespräches führte wohl immer wieder dazu, diese Form des Unterrichtsgesprächs zu „vergessen". Im Folgenden gebe ich eine kurze Darstellung der mir

---

[9] „Auf Platon zurückgehende Bezeichnung für die von Sokrates angewandte Methode, einem Gesprächspartner durch geschickte Fragen zu neuen (d.h. ihm bisher unbewussten), durch eigenes Nachdenken gewonnenen Erkenntnissen zu verhelfen" (Meyers Neues Lexikon, 1980, Band 5, 169).

wesentlich erscheinenden Elemente der Gesprächsführung des historischen Sokrates, dann die Ergänzung durch Platon und schließlich einige zusätzliche Hinweise zum Unterrichtsgespräch nach Gaudig und Otto.

Diese Ausführungen bilden die theoretische Grundlage für die im Kapitel II.2 beschriebenen Grundsätze der lerntherapeutischen Gesprächsführung.

3.1 Elemente der Gesprächsführung bei Sokrates und Platon

Das sokratische Gespräch, fußend auf der „Muße" des männlichen ionischen Bürgers, setzt sich nach H. Schwarz (2000, 20 ff.) aus sechs Faktoren zusammen:

- der Impuls: Er wird ausgelöst durch den Anspruch auf Wahrheit bei Sokrates, der sich auf der Suche danach gegen jede Scheinwahrheit und den häufig anzutreffenden Widerspruch zwischen Wort und Wirklichkeit wendet. Er versucht jeden, der glaubt, Wissender zu sein, durch Fragen in Widersprüche zu verwickeln.

- die Struktur: Sokrates verharrt nicht in der Ablehnung der Scheinwahrheit, sondern versucht systematisch seinen Gesprächspartner zu einer Aussage, von deren Richtigkeit dieser überzeugt ist, zu ermutigen. Er geht dann dieser Meinung durch gezieltes Fragen nach, um schließlich an geeigneter Stelle des Gesprächs diese Aussage mit einer Alltagswahrheit oder bekannten Tatsache zu vergleichen und sie so in Frage zu stellen.

  Das Gespräch ist demnach so strukturiert, dass es nicht durch einfache Belehrung, sondern durch folgerichtige Entwicklung der Gedanken mit Hinweis auf allgemein bekanntes Wissen zum Scheinwissen des Gesprächsteilnehmers führt.

- die Ironie: Sokrates gibt sich als Gesprächsführer den Anschein des Nichtwissenden und stärkt damit die Sicherheit des Gesprächspartners so, dass dieser seine wirkliche Meinung nicht verbirgt. In Wahrheit ist Sokrates durch die Exaktheit seiner Fragen wissender als der vermeintlich wissende Partner. „Durch Sokrates' Fiktion des Nichtwissens wird der Gesprächspartner in seiner Sicherheit gestärkt und gibt durch seine Aussage dem Sokrates Gelegenheit, das Frageverfahren anzusetzen und ihn sein Nichtwissen einsehen zu lassen" (Schwarz, H. 2000, 24).

- die „sokratische Wende im Gespräch": Sokrates führt das Gespräch vom Diskutieren über Randprobleme weg zum Wesentlichen, z.B. zum Nachdenken über die „Seele der jungen Leute" (Schwarz, H. 2000, 26).

- die Aporie: Mit der Ratlosigkeit und der Erkenntnis des Nichtwissens beendet Sokrates das Gespräch ohne erkennbares Ergebnis. Dabei geht Sokrates davon aus, dass der Partner durch sein Nichtwissen zum Wissenmüssen geführt wird, d.h. zum Beginn des Aufbaus eines neuen Wissens.

An dieser Stelle weist H. Schwarz bereits darauf hin (2000, 29), dass sich „nach unserer Erfahrung viele Menschen mit dem Nichtwissen begnügen, z.b. weil sie erkannt haben oder ahnen, dass das Wissen für sie nicht lebensnotwendig ist". Andererseits lässt - nach Schwarz - das sokratische Gespräch erkennen, dass es besser sein kann, auf ein Ergebnis zu verzichten, als Ergebnisse im Unterricht festzuhalten, die nicht verstanden wurden.

- Außerintellektuelle Faktoren: Sokrates wendet sich an jeden Einzelnen „wie ein Vater oder älterer Bruder" (Schwarz, H. 2000, 21). Das Wohl des Einzelnen steht im Mittelpunkt seiner Betrachtung.

In Platons „Menon" (1991) wird der Prozess des Lernens am überzeugendsten an der Fragestellung der Lehrbarkeit und dem Wesen der Tugend dargestellt. Er demonstriert in einem Lehrgespräch zwischen Sokrates und einem Knaben, dass wahres Wissen nicht aus reiner Belehrung, sondern „von innen heraus" durch Erinnerung geweckt werden muss. Zunächst verläuft das Gespräch - wie bei Sokrates selbst - bis zur Aporie und dem Willen, mehr zu wissen. Hiermit ist für Platon das Gespräch aber nicht abgeschlossen. Er zeigt beispielhaft auf, wie der Lernprozess im Gespräch in Frageform weitergeführt werden kann. Sokrates geht schrittweise vor und überzeugt sich während des Gesprächs laufend, das der Knabe die Fragen auch versteht. So führt er in folgerichtigen Schritten zum gesuchten Ergebnis einer geometrischen Aufgabe. Dabei betont Sokrates mehrmals, dass der Knabe nicht durch Belehrung zu seinem Wissen gekommen ist. „Sokrates: Ohne daß ihn also Jemand lehrt, sondern nur ausfragt, wird er wissen, und wird die Erkenntnis nur aus sich selbst hervorgeholt haben" (Platon 1991, 59). H. Schwarz weist darauf hin, dass Sokrates natürlich nicht das Ergebnis aus dem Knaben herausgefragt hat, sondern es „durch Form und Inhalt seiner Fragen nahe gelegt hat" (Schwarz, H. 2000, 44). Wichtig ist hierbei der Umstand, dass die Antworten dem Knaben nicht vorgesagt wurden, sondern ihm durch Sokrates' Fragen verständlich geworden sind.

Stefan Meyer (1993, 21) bringt den Dialog des Sokrates im „Menon" mit dem Knaben über ein geometrisches Problem direkt in Zusammenhang mit der Rechenschwäche, um damit seine Kritik am Dyskalkuliekonzept zu verdeutlichen. Er vertritt die Auffassung, dass es sich hierbei - ähnlich wie bei der Legasthenie - um Alltagsmythen des Bildungswesens (Meyer 1993, 9) handelt und die üblichen Methoden „der Dyskalkulietherapeuten" den Kindern nicht helfen, ihre Rechenschwierigkeiten zu überwinden (Meyer 1993, 51 ff.).
Meyer fasst in seiner Abhandlung das fingierte Gespräch des Sokrates mit Menon über die Frage, ob Rechenschwäche heilbar sei, so zusammen: „Wenn zum Beispiel jemand die Addition: zwei plus drei gleich vier rechnet, dann wird das falsche Resultat in der Schule oft

einfach korrigiert. Viele Lehrer üben aber noch einmal von Grund auf. Sie lassen die Kinder die Operation handeln, bildhaft darstellen und die symbolischen Beziehungen zwischen den Zahlen vom Kind vorzeigen. Beide Formen der Korrektur, die kurze wie die intensive, lassen die Meinung entstehen, dass die Kinder die richtige Vorstellung besitzen. Dies wird die Kinder während ein paar Rechenproben begleiten, bis sie wieder allmählich davongegangen sind. Aber es wird kein Lehrer und kein Therapeut Erkenntnis lehren können, noch wird die Nicht-Erkenntnis durch Korrektur oder Therapie in Erkenntnis umgewandelt. Das ‚Aha, jetzt hab' ich's' kommt vom Geist des Kindes aus" (Meyer 1993, 62).

3.2 Das Unterrichtsgespräch bei H. Gaudig und B. Otto

In Bezug auf das Unterrichtsgespräch wendet sich Gaudig gegen einen Unterricht, „der den Lernenden in straffer Gedankenführung durch den Lehrer gebunden hält" (Gaudig 1930, 452). Zur Bildung einer selbstständigen Persönlichkeit fordert Gaudig eine „freie geistige Tätigkeit" (Gaudig 1928, 33). Um diese bei Schülerinnen zu erreichen und diese damit auch zu einer freien Gesprächsführung zu befähigen, schlägt Gaudig Folgendes vor: Man beginnt mit unfreien und endet mit freien Formen der Gesprächsführung. Zunächst ist eine starke Bindung des Kindes an die Anweisungen und das Beispiel der Lehrerin erforderlich, die in Stufen reduziert wird. Schließlich gibt die Lehrerin nach Möglichkeit Anregungen, damit die Schülerinnen sich selbst helfen können (Selbstkorrektur).

Wird bei Gaudig noch der Anspruch erhoben, den Stoff zu bestimmen, den die Schülerinnen dann „frei" bearbeiten und auch die Methoden festzulegen, die sie anwenden sollen, so geht B. Otto darüber hinaus. Otto sieht das „geistige Wachstum" sich auf „natürliche Art und Weise" (Otto 1913, 66) im Gespräch entwickeln, das durch freie Stoffauswahl ungezwungene Fragen und Antworten aus dem Bedürfnis des Kindes heraus entstehen lässt. Otto betont, dass im Gespräch das behandelt werden sollte, was dem innersten Interesse des Kindes entsprechend zu klären sei.

4. Die remediale Strategie von Case

Die kognitive Entwicklungstheorie von Case kann auch als Neo-Piagetsche-Theorie angesehen werden. Case schreibt hierzu: „Der von mir vorgeschlagene Ansatz bestand in einer restrukturierten Version einer Theorie, die zuvor Pascal Leone verfolgt hatte. Seine Theorie wiederum war eine Überarbeitung der Theorie Piagets" (Case 1999, Vorwort XXVIII). Fußend auf Piaget beschreibt Case auch die geistigen Funktionen auf unterschiedlichen

Stufen der Entwicklung (Case 1999, 87 ff.). Diese Entwicklungsmethode verwendet er zum „Aufbau remedialer Unterrichtsentwürfe, d.h. Instruktionen für Kinder, bei denen besondere Lernbeeinträchtigungen vorliegen oder die allgemein retardiert und deshalb entwicklungsmäßig hinter ihren Altersgenossen zurückgeblieben sind" (Case 1999, 440). Seine remedialen Unterrichtsentwürfe enthalten Aspekte eines Informationsverarbeitungsansatzes, wonach das menschliche Gedächtnis als Informationsverarbeitungsprozess beschrieben wird (Sander 1998, 40).

Case erläutert seinen remedialen Unterrichtsentwurf am Beispiel des Ablesens der Uhrzeit. Dazu entwirft er u.a. Ziele für ein Curriculum. „Diese Ziele waren anfangs mit einer sehr vereinfachten Aufgabe zum Ablesen der Zeit erfüllt: eine Aufgabe, deren Ziele klar formuliert waren und die eine Denkstufe enthielt, welche die Kinder bereits bewältigen konnten. Sodann wurde diese Aufgabe fortschreitend in einem Kontext ausgearbeitet, in dem die benötigten einleitenden Operationen einfach waren und mit sehr viel Training und Praxis versehen werden konnten" (Case 1999, 442).

Wenn die Schwierigkeiten von Schülerinnen auf Ursachen zurückzuführen sind, die auftreten können, wenn die üblichen Lehrmethoden nicht angemessen und die Probleme eher im kognitiven als im motivationalen Bereich liegen, so können - nach Case - folgende Ursachen vorliegen (Sander 1986, 61):

- Die Schülerinnen haben vorgefasste Strategien oder Begriffe, die zwar begründbar sind, aber zu vereinfacht (oversimplified), wodurch das Verstehen der richtigen Strategien oder Begriffe erschwert wird.
- Die Anforderungen an das Arbeitsgedächtnis der Schülerinnen übersteigen die verfügbare Kapazität, wodurch sie die Informationen des Unterrichts nicht bewältigen können.

Nach der Informationsprozesstheorie werden im Arbeitsgedächtnis (Kurzzeitspeicher) die gefilterten Informationen gespeichert, die von hieraus in das Langzeitgedächtnis gelangen. Dabei ist die Kapazität des Arbeitsgedächtnisses begrenzt und es kann nur jeweils eine Handlungseinheit pro Zeiteinheit ablaufen.

Wenn einer der genannten Gründe zutrifft, können die Schwierigkeiten durch nachstehende Schritte reduziert werden.

4.1   Fehleranalyse

Zunächst ist zu untersuchen, welche Fehler bei einer Rechenaufgabe gemacht werden und welche falschen Begriffe und Strategien diesen zu Grunde liegen. Bei einer Gruppe von SchülerInnen, denen die gleichen Aufgaben vorliegen, wäre eine systematische, aber zu einfache Strategie dann wahrscheinlich, wenn immer die gleichen falschen Antworten gegeben werden. Bei allein arbeitenden Kindern würden sich die falschen Antworten bei mehreren gleichen Aufgaben ergeben müssen. Bei unklaren Strategien kann man sie befragen, warum sie in dieser Art vorgehen (Sander 1986, 63). Wie Untersuchungen zum Umgang mit Fehlern im Mathematikunterricht jedoch zeigen, haben viele SchülerInnen Angst, im Gespräch Fehler offen zu legen, und müssen deshalb „lernen und erleben, dass Fehler zum Lernen gehören und dass es selbstverständlich ist, Fehler zu machen" (Bobrowski/Grassmann 2003, 8).

4.2   Fehlstrategien verdeutlichen

Mit Hilfe der Fehleranalyse müssen die Schülerinnen dazu gebracht werden, Handlungen durchzuführen, die ihnen die Unangemessenheit des Vorgehens verdeutlichen und ihnen ermöglicht, angemessene Strategien zu entwickeln. Case empfiehlt hierzu, die Aufgabe so zu gestalten, dass es ihnen unmittelbar einsichtig wird, ob ihre bisherige Strategie richtig oder falsch war. Hierzu helfen Aufgaben aus ihrer Erfahrungswelt.

Eine einleuchtende Methode, Kindern Fehlstrategien zu verdeutlichen, besteht darin, bei jedem Schritt das Kind ohne äußere Hilfe den Grund seines Vorgehens benennen zu lassen. Wenn das Kind dazu nicht in der Lage ist, kann man es mit Fragen dazu bringen oder mit einer kurzen erläuternden Darstellung. Als weitere Möglichkeit wird laut Case die Methode des lauten Denkens genannt, nach der die Lehrkraft die falsche Strategie ausführt und sich wundert, warum sie nicht zum Erfolg führt. Die Lehrkraft „entdeckt" dann den Grund und versucht, eine andere Lösung zu finden (Sander 1986, 64).

4.3   Unterrichtsprinzipien

Die von Case empfohlenen Prinzipien für Kinder, die große Schwierigkeiten mit den üblichen Unterrichtsmethoden haben, können folgendermaßen zusammengefasst werden (Sander 1998, 42):

Eine schwierige Aufgabe wird mit einer auf seine Grundstruktur reduzierten Fragestellung eingeführt. Die Fragestellung muss so gestaltet sein, dass sie unmittelbar einsichtig macht, dass die bislang verwendete Strategie falsch ist (Konfliktinduzierung). Dadurch wird die Entdeckung einer angemessenen Lösungsstrategie erleichtert.

Die Anforderungen an das Arbeitsgedächtnis werden reduziert, indem die Anzahl der Informationseinheiten, auf die sich die Aufmerksamkeit der Schülerin richtet, verringert wird. Die grundlegenden Operationen zur Durchführung der richtigen Lösungsstrategie werden geübt (Automatisierung).

5. Ginsburgs Ansatz zum Erkennen und Überwinden von Lernschwierigkeiten

Ausführlich behandelt Ginsburg aus entwicklungspsychologischer Sicht (Ginsburg 1997) die Fragen:

- Wie können Kinder mit Lernschwierigkeiten erkannt werden?
- Wie können die vielen verschiedenen kognitiven Faktoren aussehen, die bei Lernschwierigkeiten eine Rolle spielen?

Zum Erkennen der Lernschwierigkeiten weist Ginsburg darauf hin, dass zunächst diejenigen Kinder identifiziert werden müssen, die „echte" Lernschwierigkeiten haben. Das kann geschehen, indem die schulische Unterrichtspraxis beobachtet, kindliches Verhalten in isolierten Lernsituationen untersucht und Antworten im schulischen Förderunterricht ausgewertet werden. Ginsburg schließt diejenigen Kinder aus seiner Betrachtung aus, „deren Versagen auf unangemessene Beschulung, mangelnde Motivation und andere nicht-kognitive Faktoren zurückgeführt werden kann" (Ginsburg 1997, 18). Seine in den folgenden Absätzen 5.1 bis 5.5 ausgeführten Überlegungen sind auch für die Entwicklung eines Förderansatzes bei RS-Kindern hilfreich.

Zur Untersuchung des mathematischen Denkens hält er Leistungstests, wie sie in US-amerikanischen Schulen verwendet werden, für ungeeignet. Nach Ginsburg liefern Ergebnisse mathematischer Tests nur einen allgemeinen und groben Überblick über mathematisches Lernen. Reichhaltigere Erkenntnisse biete demgegenüber die Methode des „kognitiven, klinischen Interviews" (Ginsburg 1997, 10). Mit ihr können verschiedene Schlüsselbereiche mathematischen Lernens identifiziert werden.

5.1 Fünf Schlüsselbereiche mathematischen Lernens

Für Ginsburg sind folgende fünf Bereiche für mathematisches Versagen bedeutsam:

- Viele Kinder verstehen nicht, worauf sich mathematische Symbole und Begriffe beziehen (z.B. Plus- und Minuszeichen) bzw., was sie bedeuten.
- Rechenfehler von Kindern sind häufig das Ergebnis fehlerhafter, systematischer Strategien (z.B. bei Minusaufgaben wie 66 – 24 wird immer abgezogen, d.h. bei stellenweiser Subtraktion 40 – 2 gerechnet).
- Kinder haben oft eine ungeeignete Vorstellung von dem, was Mathematik bedeutet, z.B., dass ohne viel nachzudenken schnell Antworten gegeben werden müssen.
- Kinder rechnen einen Großteil der Mathematikaufgaben mechanisch, d.h., ohne die zu Grunde liegenden Gedankengänge zu verstehen.
- Es besteht bei vielen Kindern keine Einsicht in den Zusammenhang zwischen informeller und formaler Mathematik (Ginsburg 1997, 10-12).

Dabei versteht Ginsburg unter informeller Mathematik das unvermeidliche Resultat des Kontaktes der Kinder mit Größen der Umwelt, der zur Konstruktion einer elementaren Form mathematischen Wissens führt (z.B. sie hören ihre Eltern zählen, sehen Zahlen am Telefon, auf Häusern, Bussen usw.). Dabei konstruieren Kinder aktiv Begriffe, Strategien und Denkweisen (z.B. sie addieren nach dem Verfahren „alles durchzählen" oder „weiter zählen"). Ginsburg versteht unter formaler Mathematik die geschriebene, kodifizierte Stoffsammlung, wie sie in der Schule gelehrt wird.

Nach Ginsburg vermehren sich die Schwierigkeiten aus den genannten Schlüsselbereichen, die auch bei normalen Kindern auftreten, „tendenziell über die Jahre hinweg ... die Kinder werden immer verwirrter und verlieren darüber all ihr ursprüngliches Interesse und ihre Motivation" (Ginsburg 1997, 15).

5.2 Verschiedene Lernschwierigkeiten

Ginsburg leitet aus der Komplexität mathematischen Lernens ab, dass es wahrscheinlich keine einzelnen kognitiven Störungen als Ursachen gebe, sondern viele verschiedene Lernschwierigkeiten (Ginsburg 1997, 20). Vermutlich unterscheiden sich die Schwierigkeiten bei einzelnen Stoffgebieten, z.B. beim Zählen, von den Schwierigkeiten, die sich bei anderen, z.B. bei der Äquivalenz ergeben. Deshalb müssen die individuellen Verstehensprozesse bei einzelnen mathematischen Stoffgebieten, z.B. der Addition, untersucht werden.

Hierzu orientiert sich Ginsburg an den genannten Schlüsselbereichen mathematischen Lernens, in dem er untersucht:

- Hat das Kind angemessene Vorstellungen über die Addition, die getrennt sind von den formalen Rechenverfahren der Schule?
- Wendet das Kind eine unübliche oder gar keine Strategie beim Lösen der Additionsaufgabe an?
- Hat das Kind die grundlegenden Zahleigenschaften verstanden?
- Hat sich das Kind die grundlegenden mathematischen Begriffe und Symbole erschlossen (z.b. bei der Addition vergrößert sich die Anzahl der Elemente)?
- Kann das Kind die Verbindung zwischen informeller und formaler Mathematik herstellen? (Ginsburg 1997, 20/21)

5.3 „Einfühlsame" Methoden

Ginsburg verweist auf so genannte einfühlsame Methoden zur Untersuchung komplizierter Problemlöseverfahren. Er empfiehlt, sich nicht nur darauf zu beschränken, was gewöhnlich als „wissenschaftlich" bezeichnet wird, wie z.B. standardisierte Tests.
Ginsburg plädiert für die Methoden

- des lauten Denkens (vgl. II.3.2),
- des klinischen Interviews (eine nicht standardisierte flexible Befragung der Kinder), der Mikrogenese (eine wiederholte Beobachtung und Befragung einzelner Kinder über einen längeren Zeitraum) und der Ethnografie (eine detaillierte Beobachtung in der natürlichen Umgebung und Kultur des Kindes) (Ginsburg 1997, 22).

Die Methode des klinischen Interviews ist von Piaget entwickelt und erstmals angewandt worden. Piagets klinische Methode ist sehr flexibel und steckt den allgemeinen Rahmen für das Interview ab, ohne es auf eine standardisierte Form festzulegen. Das Hauptziel der Methode besteht darin, dem Denken des Kindes zu folgen, es nicht zu beeinflussen oder ihm den Standpunkt der Erwachsenen aufzuzwingen (Ginsburg/Opper 1993, 124/125).

5.4 Lehrversuche

Nach Ginsburg sind so genannte Lehrversuche eine wichtige Methode zur Untersuchung von Lernschwierigkeiten. Mit einer bestimmten Art von Lehrversuchen, der so genannten „Zone of proximal development" nach Wygotski, untersucht er die Beständigkeit von Lernschwierigkeiten (Ginsburg 1997, 22). Nach Wygotski ist der „Bereich der nächsten Entwicklung des Kindes" die „Divergenz zwischen dem geistigen Alter oder dem aktuellen Niveau der Entwicklung, das mit Hilfe selbständig zu lösender Aufgaben bestimmt wird, und dem Niveau, das das Kind bei der nicht selbständigen, sondern gemeinschaftlichen Lösung von Aufgaben erreicht" (Wygotski 1991, 236). Ginsburg beschreibt, wie Wygotskis Theorie des sozialen Lernens in den USA weiterentwickelt worden ist. „In einer Untersuchungsreihe ... gab die Analyse von Schülerfehlern bei einem Eingangstest dem Tester Anhaltspunkte für die Bereiche, in denen das Lernpotential angenommen werden kann. Daran anschließend legte der Tester dem Schüler eine Aufgabe aus einem Bereich vor, in dem er Schwächen zeigt, und gab Hilfestellungen, um den Problemlösungsprozess zu unterstützen. Diese reichten von allgemeinen metakognitiven bis hin zu aufgabenspezifischen Hinweisen. Über die Menge an Hilfe, die ein Schüler benötigt, kann die Lernfähigkeit innerhalb dieses Stoffgebiets abgeschätzt werden" (Ginsburg 1997, 22).

5.5 Rolle des Kontextes und Schwankungen mathematischer Lernschwierigkeiten

Wenn bei einem Kind mathematische Schwierigkeiten festgestellt werden, ist für ein umfassenderes Verständnis dieser Schwierigkeiten die Rolle des Kontextes zu berücksichtigen, d.h. der Einfluss der sozialen und kulturellen Umgebung des Kindes. Lernschwierigkeiten können in bestimmten Situationen auftreten und in anderen nicht. Als Beispiel gibt Ginsburg ein Kind an, das beim Spielen mit Kegeln problemlos addiert, jedoch nicht beim Rechnen mit Geld (1997, 22).

Ginsburg weist darauf hin, dass es Gründe für die Annahme gebe, dass auch Lernschwierigkeiten in Mathematik ähnlichen Schwankungen ausgesetzt seien wie beim Lesen und Schreiben. Der Mathematikunterricht ändert sich jährlich, und mit der Entwicklung des Kindes ändern sich seine kognitiven Fähigkeiten. Wenn sich im Laufe der Schulzeit die Stoffgebiete ändern (z.B. Rechnen mit natürlichen und später mit rationalen Zahlen), werden jeweils unterschiedliche kognitive Fähigkeiten gefordert, und Kinder mit speziellen kognitiven Defiziten können bei einigen Stoffgebieten Schwierigkeiten haben, bei anderen nicht. So kann ein kognitives Defizit abhängig sein von der Umgebung, dem Stoffgebiet und dem Alter. Es reicht demnach nicht, Kinder bei der Bearbeitung verschiedener Aufgaben zu beobachten, sondern man muss auch auf die weiteren Schwierigkeiten achten, wenn jährlich neue Stoffgebiete eingeführt werden (Ginsburg 1997, 23).

II. Begründung eines Förderansatzes für Rechenschwierigkeiten bei Kindern - FIT-Konzept

Ein Förderkonzept, das die theoretischen Grundlagen, die ich im vorangegangenen Kapitel vorgestellt habe, beinhaltet, habe ich in der Literatur nicht gefunden, obwohl es nach H. Bauersfeld (2003, 444) immer wieder Veröffentlichungen mit „ganzheitlichen Ansätzen" gibt. In diesem Kapitel stelle ich das FIT- Konzept für Kinder mit RS vor, das auf diesen Grundlagen fußt. Dazu werden aus den im Kapitel I beschriebenen Ansätzen Folgerungen für die praktische Förderarbeit gezogen, die zunächst in Form von Grundsätzen zusammengefasst werden. Diese Grundsätze sind Handlungsregeln für den Therapeuten in den einzelnen Therapie- und Beratungsstunden. Sie kommen je nach Entwicklungsstand des Kindes und dem Lernziel einer Therapiestunde zur Anwendung.

Der Begriff Grundsätze wurde gewählt, um eine Abgrenzung zu den Prinzipien herzustellen, die in der Mathematikdidaktik - wie in den Abschnitten I.1.1 - I.1.4 beschrieben - bereits verwendet werden (z.B. Prinzip der Stufengemäßheit, Prinzip der Variation der Anschauungsmittel). Die Grundsätze sind in dem Sinne übergreifend, als sie auch die genannten Prinzipien einschließen, soweit sie jeweils dem gleichen pädagogischen Ziel dienen. Des Weiteren sind diese Grundsätze nicht isoliert zu betrachten, sondern ineinander übergehend. Aus Gründen der Übersichtlichkeit wurden einige zusammengefasst, die auch einzeln angewendet werden können.

Die Grundsätze betreffen

- die verschiedenen Beiträge zur mathematischen Denkentwicklung,
- die lerntherapeutische Gesprächsführung,
- spezielle Förderstrategien,
- das Erkennen von mathematischen Lernschwierigkeiten.

Das FIT-Konzept - ursprünglich für Kinder mit LRS entwickelt (vgl. I. a. Therapiekonzept für LRS-Kinder) - verbindet fachdidaktische, entwicklungspsychologische, emotionale und soziale Elemente und geht von der individuell unterschiedlichen Versagens- und Frustrationsgeschichte der Kinder aus.

Die Ziele von FIT für Kinder mit RS können in Anlehnung an die mit LRS wie folgt präzisiert werden:

- Erreichen der Lernziele der Jahrgangsstufe der Kinder im Mathematikunterricht der Schule, wie sie z.B. im Hessischen Rahmenplan Grundschule (Hessisches Kultusministerium1995) formuliert sind,
- Stabilisierung der Psyche der Kinder (Aufbau von Selbstvertrauen und Selbstwertgefühl, Eigenständigkeit, neue Motivation, Angstabbau),

- Verbesserung der sozialen Beziehung der Kinder im Elternhaus, in der Schule und im Freundeskreis.

Um diese Ziele erreichen zu können, umfasst das FIT-Konzept grundlegende Bausteine, die sich auf die Inhalte des LRS-Therapiekonzepts stützen (Naegele 2001b, 206/7). Dazu gehören

- das Erstellen eines individuellen Förderkonzepts,
- die Förderung der mathematischen Kompetenz,
- das Erkennen der psychischen Bedürfnisse,
- die Elemente der Therapiestruktur,
- die Arbeitsmaterialien.

Können bei einer Therapie die Ziele des FIT-Konzepts als weitgehend erreicht angesehen werden und ist die Beendigung der Therapie absehbar, so erfolgt

- eine verstärkte Anpassung an die schulischen Anforderungen durch entsprechende Auswahl der Aufgaben,
- der Einbau von Frustrationselementen (z.B. Verlieren können bei den Spielen),
- die allmähliche Ablösung vom Therapeuten durch Reduktion der Hilfen und Kontrollen,
- Hervorheben der Selbstständigkeit des Kindes und seiner Ablösung vom Therapeuten.

In den folgenden Abschnitten wird an den maßgeblichen Stellen jeweils in Klammern der Bezug zu den korrespondierenden Abschnitten von Kapitel I hergestellt.

1. Grundsätze aus den verschiedenen Beiträgen zur mathematischen Denkentwicklung

Die im Abschnitt I.1 geschilderten Beiträge zur Denkentwicklung bei Kindern basieren in zentralen Bereichen auf Überlegungen und Untersuchungen Piagets. Die Ergänzungen und Erweiterungen beziehen sich vor allem auf die konkrete Umsetzung im Mathematikunterricht und die stärkere Betonung pädagogischer Maßnahmen. Die aus diesen Beiträgen im Nachfolgenden abgeleiteten Grundsätze berücksichtigen die Unterschiede in der Betrachtung bei Piaget, Aebli, Bruner und Lompscher/Galperin (z.B. werden dort die Stufen der Denkentwicklung auch mit Stadien und Ebenen bezeichnet und unterschiedlich definiert) und fassen die Gemeinsamkeiten zusammen. Zu diesen Gemeinsamkeiten gehört z.B., dass alle Autoren bei ihrem stufengemäßen Aufbau der Denkentwicklung mit dem Handeln am konkreten Material beginnen. Im Übrigen lassen die Grundsätze die Überlegungen der genannten Autoren außer Acht, die für eine Förderarbeit nicht geeignet erscheinen (z.B.

Piagets Auffassung, dass die Denkentwicklung der Kinder im Wesentlichen spontan und ohne pädagogische Maßnahmen erfolgt).

1.1 Bedeutung des konkreten Handelns („be-greifen") und der intensiven Anfangs-etappe

Die beschriebenen Stadien, Stufen und Ebenen in den Beiträgen zur Denkentwicklung im Abschnitt I.1 fußen auf der Annahme, dass zu Beginn alle Denkleistungen der Kinder an konkretes Handeln mit Gegenständen und Arbeitsmaterialien („be-greifen") gekoppelt sind. Vor allem zu Therapiebeginn, aber auch im späteren Verlauf, brauchen sowohl die jüngeren als auch die älteren Kinder die Möglichkeit, mit konkretem Material zu hantieren, um einen Zugang zu mathematischen Aufgabenstellungen zu erhalten (vgl. I.1.1 Piagets Stadien der Denkentwicklung, dynamisches Prinzip nach Dienes).

Die Durchführung von Rechentherapien mit Kindern erfordert die Bereitstellung geeigneter Materialien. „Der Streit um das beste Material für den Anfangsunterricht ist so alt wie die Bemühungen, Kindern beim Rechnen zu helfen" (Floer 1996, 35). Es gibt sehr umfangreiche Zusammenstellungen und Beurteilungen von Materialien für die verschiedenen Zahlbereiche (Floer 1996, 33 ff., 57 ff., 83 ff.; Lorenz/Radatz 1993, 92 ff.). Dabei kommt es mehr auf die Qualität als auf die Quantität der Materialien an, da auch strukturierte Materialien, z.B. Dienes-Blöcke (Floer 1996, 84) ohne Anleitung nicht „selbstredend" sind und von Kindern zunächst „gelernt" werden müssen. Erst dann können diese aus den Eigenschaften der Handlungen mit dem Material Erkenntnisse im Sinne einer „reflektierenden Abstraktion" gewinnen (vgl. I.2.1 Zusammenhang von Denkentwicklung und Lernen zu a.). Zudem können nicht alle Kinder mit dem gleichen Material gleich gut arbeiten. Sie entwickeln im Laufe der Zeit bestimmte Vorlieben, die den Lernerfolg beeinflussen (vgl. I.1.3 Darstellungsebenen nach Bruner, Prinzip der Variation der Anschauungsmittel).

Nach Lompscher/Galperin (vgl. I.1.4 Ebenen der Erkenntnis nach Lompscher/Galperin) kommt der ersten Etappe bei der Ausbildung geistiger Handlungen eine besondere Bedeutung zu. Gerade Kinder mit Rechenschwierigkeiten benötigen mehr Zeit für die praktisch-gegenständlichen Handlungen. Das bedingt eine intensive und besonders gründliche Durchführung der ersten Abschnitte einer Therapie.

1.2 Erreichen der abstrakt-symbolischen Ebene („be-griffen haben")

Die letzte Stufe der kognitiven Entwicklung gilt in allen Beiträgen im Abschnitt I.1 als erreicht, wenn die Denkleistung abstrakt-symbolisch vollzogen werden kann und nicht mehr an Anschauungsmittel gebunden ist („be-griffen haben"). So muss z.B. nach Aebli hierzu die

„Verinnerlichung" durchgeführt sein, d.h. die Rechenoperation kann allein in der Vorstellung auf Grund der symbolischen, sprachlichen Darstellung vollzogen werden (vgl. I.1.2 Operative Verfahren nach Aebli, Prinzip der Verinnerlichung).

Die letzte Stufe ist nach Bruner dann erreicht, wenn für die Rechenoperationen sowohl die „Abstraktion" als auch die „Konkretisierung", d.h. die Übergänge der Darstellungsebenen, nachvollzogen werden können (vgl. I.1.3 Darstellungsebenen nach Bruner, Prinzip der Variation der Darstellungsebenen), z.b. die Addition/Subtraktion mehrstelliger Zahlen sowohl in Ziffernschreibweise als auch mit Hilfe von Veranschaulichungsmitteln (in konkreter oder zeichnerischer Form) und umgekehrt.

1.3 Verwendung zeichnerischer Darstellungen und der Unterscheidung zwischen unmittelbarer und mittelbarer Anschauung

Nach Aebli, Bruner und Lompscher/Galperin ist für ein Kind die Vorstellung einer Rechenoperation anhand zeichnerischer Darstellungen ein Zwischenschritt, um die letzte Stufe der symbolischen, abstrakten Erkenntnisebene zu erreichen. Es ist in einigen Fällen sehr viel einfacher, eine mathematische Aufgabenstellung durch eine Zeichnung darzustellen als durch eine konkrete Handlung. In bestimmten Fällen ist es praktisch überhaupt nur möglich, durch eine Zeichnung die Aufgabe nachzuvollziehen. Das gilt weitgehend für den Bereich der Textaufgaben in der Sekundarstufe (z.B. die Darstellung des Erweiterns und Kürzens bei Brüchen). Deshalb nimmt die nach Bruner benannte „Ikonisierung" bei mathematischen Problemstellungen - auch bei RS-Therapien - einen breiten Raum ein.

Die von Lompscher/Galperin vorgenommene Unterteilung in den Ebenen der unmittelbaren und mittelbaren Anschauung (vgl. I.1.4 Ebenen der Erkenntnis nach Lompscher/Galperin) ist bei konkreten Handlungen, aber auch bei der „Ikonisierung" mathematischer Aufgaben sehr hilfreich. Hat ein Kind z.B. mit einer zeichnerischen Darstellung eine unmittelbare Anschauung vom Kürzen von Brüchen einstelliger Zahlen gewonnen, so kann es sich mit Hilfe der mittelbaren Anschauung, d.h. der Vorstellung davon, auch ein Bild machen vom Kürzen mit größeren Zahlen, die nicht mehr gezeichnet werden können.

1.4 Verbesserung der Anschaulichkeit und Wiederholung der Aufgabenstellung

Aebli und Bruner (vgl. I.1.2 Operative Verfahren nach Aebli und I.1.3 Darstellungsebenen nach Bruner) beschäftigen sich auch mit der grundlegenden Frage, wie ein Kind möglichst erfolgreich von einer Stufe der Entwicklung zur anderen gelangt. Bei aller Unterschiedlichkeit gehen die Autoren davon aus, dass die Übergänge der Entwicklungsstufen nicht von selbst erreicht werden, sondern z.B. - nach Bruner - durch „äußeren Zug" verstärkt werden müssen. Nach Aeblis Relief-Versuch wird die Denkentwicklung durch eine Verbesserung der Anschaulichkeit der Darstellungsmittel gefördert. Auch die von Piaget angenommene Reizstärke und Unbefriedigtheit lässt sich danach positiv unterstützen. Dabei bedingen jedoch nicht nur Form, Farbe und Handlichkeit des Materials die Anschaulichkeit der Darstellungsmittel, sondern auch die möglichst genaue Passung an den Lerninhalt.

Die Untersuchungen Aeblis belegen des Weiteren, dass Wiederholungen von Aufgaben für eine Verbesserung des Lernniveaus förderlich sind. Diese Ergebnisse sind m.E. auch auf Rechenaufgaben anwendbar, wenn nicht die sogenannten „grauen Päckchen" oder „bunten Hunde" nach dem Reiz-Reaktions-Schema gemeint sind, die eine Vielzahl gleicher Aufgaben schematisch repetieren (Wittmann/Müller 2001, Bd. 1, 161). Sinnvoll sind vielmehr Wiederholungsübungen, die das Kind veranlassen, die Aufgaben im Sinne der operativen Durcharbeit (Assoziativität, Kommutativität, Reversibilität) zu durchdenken (vgl. I.1.2 Operative Verfahren nach Aebli, Prinzip der operativen Durcharbeitung).

1.5   Bedeutung der flexiblen Übergänge der Darstellungsebenen

Sowohl Bruner (vgl. I.1.3 Darstellungsebenen nach Bruner, Prinzip der Variation der Darstellungsebenen) als auch Lompscher/Galperin (vgl. I.1.4 Ebenen der Erkenntnis nach Lompscher/Galperin) befassen sich mit den Übergängen der Darstellungsebenen. Sie sehen im Wechsel zwischen den Darstellungsebenen eine wichtige Triebkraft für die geistige Entwicklung. Danach ergibt sich ein Ungleichgewicht (Konflikt) für das Kind bei einer Aufgabenstellung, wenn zwei von den drei Darstellungsebenen (enaktiv, ikonisch, symbolisch) nicht übereinstimmen und das Kind dann einen anderen Lösungsweg wählt. Das ist z.B. der Fall, wenn auf Grund der ikonischen Darstellung sich ein anderes Ergebnis zeigt, als das Rechnen mit Ziffern erwarten lässt oder umgekehrt.

2.   Die Grundsätze der lerntherapeutischen Gesprächsführung

Das sokratische Gespräch (vgl. I.3.1 Elemente der Gesprächsführung bei Sokrates und Platon) und die spezifischen Aspekte aus Piagets Entwicklungstheorie (vgl. I.2) bilden in der Förderarbeit nach dem FIT-Konzept eine grundlegende Basis für die lerntherapeutische Gesprächsführung. Diese beruht auch auf der von Piaget/Ginsburg (vgl. I.5.3 „Einfühlsame" Methoden) empfohlenen Methode des klinischen Interviews, einer nicht-standardisierten, flexiblen Befragung des Kindes. Aus diesen allgemeinen Ansätzen zur Gesprächsführung werden auch Grundsätze für die Förderarbeit extrahiert. Die einzelnen Grundsätze, die jeweils situationsbedingt eingesetzt werden, sind im Folgenden beschrieben:

2.1 Fragen und Antworten

Nur wenn eine Problem- oder Fragestellung verstanden wird, kann sie für das Kind ein Ungleichgewicht im Sinne Piagets herstellen. Deshalb ist es bei jeder Problem- oder Fragestellung wichtig, möglichst zu erreichen, dass sie auch verstanden wird und damit ein dauerhafter Lernprozess ausgelöst werden kann (vgl. I.2.1 Zusammenhang von Denkentwicklung und Lernen).

Bei jedem Gespräch sind Lob, Ermutigung und Bestätigung für das Kind sehr wichtig (vgl. I.3.1 Elemente der Gesprächsführung bei Sokrates und Platon). Es führt nicht weiter, eine unrichtige Antwort mit „das ist falsch" zu kommentieren. Ein Fehler wird vom Kind nur dann erkannt, wenn seine eigenen Begriffe und Vorgehensweisen im Gespräch verwandt werden. Ziel ist es, dass das Kind versuchen soll, sein Ergebnis selbst zu kontrollieren und gegebenenfalls einen neuen Weg zu finden (vgl. I.3.2 Das Unterrichtsgespräch bei H. Gaudig und B. Otto).

2.2 Impulse geben

Nicht nur Erwachsene, sondern auch Kinder benötigen häufig einen Anstoß, um ihr Wissen zu überprüfen (vgl. I.3.1 Elemente der Gesprächsführung bei Sokrates und Platon, Impuls). Sie glauben oft, bestimmte Aufgaben, sowohl schwieriger als auch einfacher Art, richtig rechnen zu können. Durch Fragen veranlasst kommen sie aber in Schwierigkeiten und verwickeln sich in Widersprüche, wenn sie ihren Rechenweg begründen sollen.

2.3 Gesprächsstruktur

2.3.1 Konflikterzeugung

Zur Lösung des Widerspruchs nach einem Impuls wird das Kind zunächst veranlasst, das Ergebnis seiner Überlegungen schriftlich festzuhalten und es auf seine Richtigkeit hin zu überprüfen. Durch gezielte Fragen und folgerichtige Entwicklung der Gedanken (ohne Belehrung) wird das Kind angeregt, seinen Rechenweg nachzuvollziehen (vgl. I.3.1 Elemente der Gesprächsführung bei Sokrates und Platon, Struktur). An geeigneten Stellen wird es aufgefordert, seine Ergebnisse oder Zwischenergebnisse mit ihm bekannten Tatsachen und Überlegungen zu vergleichen (vgl. I.4.3 Unterrichtsprinzipien).

2.3.2 Einleitung eines Äquilibrationsprozesses

Die Suche nach einer neuen, erfolgversprechenden Strategie zum Erreichen des Gleichgewichts kann - nach Piaget - durch das Phänomen der Reizstärke und der Unbefriedigtheit ausgelöst werden (vgl. I.2.1 Zusammenhang von Denkentwicklung und Lernen zu a.). Nach Bruner ist ein Ungleichgewicht zwischen den verschiedenen Darstellungsebenen eine Triebkraft zur Änderung der Strategie (vgl. I.1.3 Darstellungsebenen nach Bruner). Welche Möglichkeiten jeweils in Frage kommen, ergibt sich aus der besonderen Lernsituation. Da es nach Bruner „keinen inneren Antrieb zur Entwicklung ohne einen entsprechenden äußeren Zug" (Bruner 1986, 26) gibt, sind Hilfen anzubieten, die sich an den Grundsätzen aus den verschiedenen Beiträgen zur mathematischen Denkentwicklung (vgl. II.1) orientieren. Wenn diese dazu führen, dass der Entwicklungsstand des Kindes von ihm selbst kommentiert wird mit „Aha, jetzt hab' ich's", wie es Meyer beschreibt (vgl. I.3.1 Elemente der Gesprächsführung bei Sokrates und Platon), so ist davon auszugehen, dass eine neue Denkstruktur vorliegt. In jedem Fall ist - nach Piaget - ein Äquilibrationsprozess erforderlich, um eine neue, verallgemeinerungsfähige Denkstruktur zu erzeugen.

2.4 Zurückhaltung und Zielstrebigkeit

Die als „Ironie" bezeichnete Verhaltensweise des Sokrates (vgl. I.3.1 Elemente der Gesprächsführung bei Sokrates und Platon, Ironie) deckt sich nicht mit dem Ironie-Begriff im alltäglichen Sinn. Kinder setzen selbstverständlich ein größeres Wissen bei Erwachsenen voraus. Dieses Wissen sollte jedoch nicht besonders herausgestellt werden, denn die Zurückhaltung des Therapeuten kann beim Kind das Interesse am Weiterlernen wach halten, seine Sicherheit erhöhen und sein tatsächliches Wissen aufzeigen.

Manche Kinder neigen dazu, auf unwesentliche, ihnen vertraute Dinge im Zusammenhang mit der Lösung einer bestimmten Aufgabe auszuweichen. Dieses Ausweichen sollte nicht sofort unterbrochen werden. Es ist hilfreich, über einen Umweg, der für das Kind von Interesse ist, zur eigentlichen Aufgabe zurückzukehren (vgl. I.3.1 Elemente der Gesprächsführung bei Sokrates und Platon, Sokratische Wende).

2.5   Außerintellektuelle Faktoren

Es ist von ganz besonderem Wert für das Kind, wenn es merkt, dass sein Wohlergehen im Zentrum steht: Mir soll geholfen werden, meine Stärken werden anerkannt, es geht nur um mein Wohl (vgl. I.3.1 Elemente der Gesprächsführung bei Sokrates und Platon, Außerintellektuelle Faktoren). Dabei kann das Kind die Geborgenheit nicht nur durch die Sprache, sondern auch durch Tonfall, Mimik und Gestik des Lehrenden spüren. H. Ernst verweist darauf, dass Einfühlung oder Empathie mehr ist als genau zuzuhören, um die Gedanken und Gefühle eines anderen zu erkennen (Ernst 2001, 20).

2.6   Geleitete Gedankenführung

Die Kritik Gaudigs (vgl. I.3.2 Das Unterrichtsgespräch bei H. Gaudig und B. Otto) an einer zu strengen Gedankenführung des Unterrichtsgespräches mag für ältere Kinder ohne besondere Lernprobleme berechtigt sein. Kinder mit Rechenschwierigkeiten brauchen jedoch zunächst einen engen Rahmen. Das Ziel ist allerdings, auch bei Kindern mit Rechenschwierigkeiten im Gespräch eine „freie geistige Tätigkeit" zu ermöglichen. Eine wesentliche Aufgabe eines Förderunterrichts ist die Hinführung zur Selbstständigkeit und Selbstkorrektur. Nur wenn das Kind in der Lage ist, sich bei schwierigen Aufgaben selbst zu helfen, hat es die Möglichkeit, den Anschluss an das Klassenniveau zu erreichen.

2.7   Berücksichtigung der Interessen des Kindes und seiner Motivation

Ottos Auffassung (vgl. I.3.2 Das Unterrichtsgespräch bei H. Gaudig und B. Otto), dass ein Unterrichtsgespräch besonders dann nützlich ist, wenn es die innersten Interessen des Kindes betrifft, ist zuzustimmen. Allerdings ist es oft unmöglich, einen mathematischen Stoff mit den Interessen des Kindes in Übereinstimmung zu bringen. Sicher gibt es durchaus mathematische Themen, die ein Kind auch unmittelbar interessieren; häufig ist dies jedoch nicht der Fall. Das gilt für viele Stoffgebiete, die durch die Unterrichtspläne an den Schulen vorgegeben werden. Es muss deshalb neben den interessanten Gebieten auch das weniger Interessante thematisiert werden. Dabei können die Interessen des Kindes durch möglichst passende Auswahl der Hilfsmittel (z.B. Rechnen mit Geld, mit kindgerechten Computer-Programmen und anderem) und Aufgaben aus dem Umfeld des Kindes und des eigenen Erlebens (z.B. Wie viel Zentimeter bist du größer/kleiner als deine Schwester/dein Bruder?) berücksichtigt werden.

Insbesondere Aebli weist auf die besondere Bedeutung der Motivation im Lernprozess hin (vgl. I.1.2 Operative Verfahren nach Aebli. Eine gute Übersicht über die Begriffserklärung und die verschiedenen Motivationsmöglichkeiten (Motivation durch dosierte Diskrepanzerlebnisse, durch Nützlichkeitswert, Leistungsmotivation und soziale Motivation) gibt Zech (1986, 132 ff.).

3. Grundsätze spezieller Förderstrategien

In diesem Abschnitt werden Grundsätze spezieller Förderstrategien dargestellt, die sowohl im Beratungsgespräch (vgl. III. Beratungsgespräch mit der Schülerin A.) als auch in der Therapiestunde (vgl. IV. 1.1.2, 2.1.2 Diagnostische Ergebnisse) eingesetzt werden können.

3.1 Erkennen und Erreichen der Mengeninvarianz

Nach Piaget ist das Erkennen der Mengeninvarianz die entscheidende Voraussetzung für das Stadium der konkreten Operationen, in dem sich die Grund- und SekundarstufenschülerInnen befinden (vgl. I.1.1 Piagets Stadien der Denkentwicklung). Dabei wird nach seiner Auffassung die Mengeninvarianz von den Kindern dann beherrscht, wenn sie die Kompensation und die Reversibilität einer Transformation, z.B. bei der Verformung einer Tonkugel, erkennen. Allerdings sind nach Bruner diese Faktoren nur dann erfüllt, wenn auch die Identität der Mengen vom Kind erkannt wird. Nach Bruners Auffassung ist das Erkennen der Identität eine notwendige Voraussetzung für das Erkennen der Mengeninvarianz. Wenn demnach ein Kind sagt, dass in zwei Gefäßen von verschiedener Größe „gleich viel" Wasser sei und mit der Reversibilität und Kompensation argumentiert, kann sowohl nach Piaget als auch nach Bruner vom Erkennen der Mengeninvarianz ausgegangen werden. Sollte das Kind allerdings behaupten, es sei „dasselbe" Wasser, ist nach Bruner hiervon nicht unbedingt auszugehen. Dabei ist die vom Kind verwendete Begrifflichkeit jeweils zu bedenken (vgl. I.1.3 Darstellungsebenen nach Bruner).
Schwieriger ist die Frage zu beantworten, wie die Mengeninvarianz vom Kind zu erlernen ist, wenn sie nicht vorliegt, wie es bei Kindern mit RS häufiger vorkommt. Hierzu ist nach Piaget die Einleitung eines Äquilibrationsprozesses notwendig, der durch die „Reizstärke" (z.B. Dicke oder Länge des verformten Tons) und die „Unbefriedigtheit" (z.B. Ungewissheit über Gleichheit oder Ungleichheit der Menge) vorangebracht werden kann (vgl. I.2.1 Zusammenhang von Denkentwicklung und Lernen zu a.). Nach Bruner kann das Prinzip der „Abschirmung" (vgl. I.1.3 Darstellungsebenen nach Bruner) zum Erreichen der Mengeninvarianz hilfreich sein.

3.2   Fehleranalyse und „lautes" Denken

Die Analyse von Fehlern und deren zu Grunde liegenden Strategien und Begriffen, wie sie Case (vgl. I.4.1 Fehleranalyse) fordert, ist ein wichtiger Bestandteil einer Förderung und wird in der Literatur häufig beschrieben (Lorenz/Radatz 1993; 59-62; Krummheuer 1995, 20; Röhrig 1996, 24-50). Dabei sind hier nicht Flüchtigkeitsfehler oder Fehler durch Nichtwissen zu verstehen, die es natürlich auch gibt, sondern „eine erkleckliche Anzahl von Rechenmängeln verdankt sich einer konsequent und zielstrebig eingesetzten subjektiven Logik" (Röhrig 1956, 15). Deshalb sollten sowohl in Therapien als auch in Beratungsgesprächen derartige subjektive Strategien untersucht werden (z.B. durch falsche Antworten bei mehreren gleichartigen Aufgaben), um daraus Fördermaßnahmen ableiten zu können.

Um dem Kind seine Fehlstrategie zu verdeutlichen, empfiehlt Case (vgl. I.4.2 Fehlstrategie verdeutlichen), das Kind bei jedem Schritt den Grund seines Vorgehens nennen zu lassen und ihm durch entsprechende Fragen und erläuternde Darstellungen zu helfen.

Viele Ansätze zur Denkentwicklung betonen die besondere Bedeutung der Sprache als Hilfsmittel für die Entwicklung des Denkens (vgl. I.1.3 Darstellungsebenen nach Bruner und I.1.4 Ebenen der Erkenntnis nach Lompscher/Galperin). Hierbei kommt es neben der Formulierung durch die Lehrerin - wie Case es betont - auch auf das laute Denken durch das Kind selbst an. Wie eine Studie über die mathematische Kompetenz von Schulanfängern betont, sollen Kinder „zunehmend und von Beginn des Unterrichts an angehalten werden, über ihre Lösungswege, ihre geistigen Handlungen zu reflektieren ... Dieses Reflektieren muss dann in einer Verbalisierung des Lösungsweges münden ..." (Grassmann u.a. 2003, 82). Bei der Methode des „lauten Denkens" ist die Entwicklung der Ausdrucksfähigkeit und Sprachgewandtheit des Kindes zu berücksichtigen (Lorenz/Radatz 1993, 60). Es gibt Kinder, die es nicht gewöhnt sind, ihre Gedanken zu verbalisieren, da sie hierzu nicht genügend Gelegenheit erhalten. Die Methode des lauten Denkens entspricht auch derjenigen, die von Ginsburg (vgl. I.5.3 „Einfühlsame" Methoden) zur Problemerkennung vorgeschlagen wird. In allen Therapiestunden ist die sprachliche Vermittlung ein entscheidender Faktor, der zunehmend, d.h. mit wachsender Erkenntnis, die übrigen Darstellungen ersetzt. Der explizite Einbezug der verschiedenen Lernkanäle (Sehen, Hören, Sprechen) beeinflusst die Lernergebnisse positiv. Durch die Verbindung des gesprochenen Wortes mit den geschriebenen Zeichen und Symbolen erhöht sich das Verständnis und die Merkfähigkeit.

3.3 Konflikterzeugung durch Vereinfachung

Eine Möglichkeit, dem Kind seine Fehlstrategie zu verdeutlichen und damit einen Konflikt herzustellen, besteht - nach Case - (vgl. I.4.2 Fehlstrategie verdeutlichen) darin, das Problem auf seine Grundstruktur zu reduzieren. Durch die Vereinfachung der Aufgabenstellung soll das Kind in die Lage versetzt werden, selbst seine fehlerhafte Strategie zu erkennen.

Eine derartige Vereinfachung ergibt sich z.b. durch den Übergang vom Rechnen im Tausender- in den Hunderter- oder Zwanziger-Raum. Durch die Vereinfachung (hier z.b. der Zahlengröße) wird das Arbeitsgedächtnis des Kindes entlastet und die Konzentration auf das Wesentliche erleichtert. Dieses Vorgehen kann noch dadurch verbessert werden, dass die Aufgabenstellung aus der Erfahrungswelt des Kindes gewählt wird und damit seinen Interessen entgegenkommt (vgl. II.2.7 Berücksichtigung der Interessen des Kindes und seiner Motivation).

3.4 Automatisierung

Um eine verstandene Operation dauerhaft zu beherrschen, ist - nach Case - (vgl. I.4.3 Unterrichtsprinzipien) und nach allgemeiner mathematischer Lehr-Lern-Methode als letzte Stufe im Unterrichtprozess eine Automatisierung erforderlich (Lorenz 1996, 22). Auch Grissemann weist ausdrücklich darauf hin, dass die Übungen zur Automatisierung erst nach der Verinnerlichung im Sinne Aeblis im Zeichenbereich erfolgen kann (Grissemann/Weber 2000, 14).

Da in der Regel der zeitliche Rahmen für das gründliche Automatisieren nach dem „Begriffen haben" (vgl. II.1.2 Erreichen der abstrakten, symbolischen Ebene) in der Förderstunde nicht ausreicht und das Gelernte in regelmäßigen Abständen wiederholt werden muss (Wiederholungsschleifen), soll das Kind mit zusätzlichen häuslichen Aufgaben, auf die Woche verteilt, selbst diese Übungen durchführen. Ist die Beziehung zwischen Kind und Eltern weitgehend spannungsfrei, kann diese Automatisierung durch elterliches „Abfragen" unterstützt werden. Dabei geht es vor allem um das kleine „1+1" und das „1x1" ohne deren Beherrschung „nicht mit großen Zahlen, nicht mit Brüchen oder rationalen Zahlen gerechnet werden kann" (Grassmann 1999, 15).

4. Grundsätze zum Erkennen von mathematischen Lernschwierigkeiten

An Stelle der vielerorts verwendeten standardisierten Rechentests zum Erkennen mathematischer Lernschwierigkeiten plädiert Ginsburg für Methoden, die auf der Basis des „kognitiven klinischen Interviews" und des „lauten Denkens" (vgl. I.5.3 „Einfühlsame" Methoden) beruhen. Aus den wesentlichen Elementen seines Ansatzes können die folgenden Grundsätze extrahiert werden, die bei der Feststellung des mathematischen Lernstandes eines Kindes erfolgreich sind und förderdiagnostisch den Therapieverlauf begleiten.

4.1 Erkennen der Schlüsselbereiche mathematischen Lernens

Die von Ginsburg (vgl. I.5.1 Fünf Schlüsselbereiche mathematischen Lernens) beschriebenen fünf Schlüsselbereiche helfen, Lernschwierigkeiten in Mathematik zu erkennen. Bei Kindern mit RS können bei den verschiedenen mathematischen Stoffgebieten (vgl. I.5.2 Verschiedene Lernschwierigkeiten) in der Regel mehrere dieser Problembereiche diagnostiziert werden. Diese sind dann die Basis weiterer förderdiagnostischer Arbeit:

- Inwieweit sind grundlegende mathematische Symbole und Begriffe erschlossen?
- Welche fehlerhaften, systematischen Strategien werden verwendet?
- Welche falschen Vorstellungen von der Mathematik bestehen?
- Werden die Aufgaben durch mechanisches Rechnen gelöst?
- Kann eine Verbindung zwischen formaler und informeller Mathematik hergestellt werden?

4.2 Untersuchung „der Bereiche der nächsten Entwicklung"

Zu Ginsburgs sogenannten Lehrversuchen gehört die Weiterentwicklung der von Wygotski ausgearbeiteten Methode zur Feststellung des Bereichs der nächsten Entwicklung (vgl. I.5.4 Lehrversuche). Hiernach können die Kinder bei schwierigen Aufgaben vom Therapeuten mit abgestuften Hilfen von ihrem aktuellen Entwicklungsstand zu einem potenziellen Niveau geführt werden. Das ermöglicht einen Einblick in das Entwicklungspotential für die unmittelbare Zukunft des Kindes, der für die förderdiagnostische Arbeit wichtig ist. Im Verlauf der therapeutischen Arbeit werden diese Hilfen dann schrittweise reduziert.

4.3　Einfluss der Rolle des Kontextes

Die soziale und kulturelle Umgebung des Kindes sind wichtige Faktoren im Lernprozess. Ein Kind wird positiv in seinem Lernen und Selbstwert beeinflusst, wenn das Elternhaus und/ oder die Schule seine Entwicklung fördern (vgl. I.5.5 Rolle des Kontextes). Für ein Kind mit Lernproblemen ist es entscheidend, wie es seine Lernprobleme einschätzt und wie die Eltern und LehrerInnen diese Lernschwierigkeit werten (Ginsburg 1997, 24). Wenn Erwachsene Rechenschwierigkeiten z.B. als Dyskalkulie im Sinne einer Krankheit definieren, fällt es einem betroffenen Kind sehr schwer, einzusehen, weshalb es sich anstrengen soll. Diese negative Selbsteinschätzung kann zu einem Verlust der Motivation bis hin zur Blockade führen.

5.　Bausteine des FIT-Konzepts bei Rechenschwierigkeiten

Neben den dargestellten Grundsätzen beinhaltet das FIT-Konzept - wie bereits erwähnt - die folgenden sechs Bausteine:

- das Erstellen eines individuellen Förderkonzepts auf der Grundlage eines Beratungsgesprächs und ständiger förderdiagnostischer Analysen der Arbeiten des Kindes als Basis für neue Aktivitäten,
- darauf aufbauend eine am Entwicklungsstand des Kindes orientierte Förderung seiner mathematischen Kompetenz, das die spezifischen Interessen und Lernwege des Kindes berücksichtigt,
- Maßnahmen zum Erkennen der psychischen Bedürfnisse und Nöte des Kindes und die Durchführung gezielter Hilfen,
- eine für das Kind nachvollziehbare Therapiestruktur, die aus verschiedenen Elementen besteht,
- begleitende Gespräche mit den Eltern, LehrerInnen und mit den MitarbeiterInnen der Sozialämter, falls eine Finanzierung über das Jugendamt erfolgt,
- das Bereitstellen von Arbeitsmaterialien.

Im Einzelnen ist zu diesen Bausteinen festzuhalten:

5.1 Erstellen eines individuellen Förderkonzepts

Wie bei Kindern mit LRS (vgl. I. a. Therapiekonzept für LRS-Kinder) ist auch bei RS-Kindern das Beratungsgespräch die Grundlage weiteren Vorgehens und nicht die Durchführung formaler mathematischer Tests (vgl. I.5 Ginsburgs Ansatz zum Erkennen und Überwinden von Lernschwierigkeiten). Neben dem Erkennen der Lernschwierigkeiten ist das Ziel einer Beratung, dem Kind deutlich zu machen, was es bereits kann, und gleichzeitig den Eltern und auch dem Kind hilfreiche Informationen über den Entwicklungsstand und die vorliegenden Schwierigkeiten zu geben. „In diesem Gespräch geht es um die Rekonstruktion der bisherigen kindlichen Entwicklungsgeschichte unter bestimmten Fragestellungen, die Schule, Freizeit, Familie und Verhalten betreffen" (Naegele 2001b, 208). Sofern eine Therapie erforderlich erscheint, bilden die Ergebnisse der Anamnese die Grundlage des künftigen Vorgehens mit dem Kind. Das Gespräch wird durch die Informationen aus einem vor der Beratung ausgefüllten Anamnesebogen und die folgenden Unterlagen (s. Anhang, Anlage 2: Muster eines Schreibens an die Eltern) ergänzt:

- Kopien aller Schulzeugnisse,
- Brief des Kindes, in dem es etwas über seine Vorlieben und das, was es in der Schule gar nicht mag, berichtet,
- Klassenarbeiten in Mathematik des laufenden Schuljahres,
- Mathematikbuch, Schul- und Haushefte.

Die Fragen des Anamnesebogens (s. Anhang, Anlage 3: Muster eines Anamnesebogens) umfassen die Gründe für die Beratung, die frühkindliche, vorschulische und schulische Entwicklung des Kindes, die bisherige schulische und/oder außerschulische Förderung/Therapie sowie die Einschätzung der emotionalen Befindlichkeit des Kindes durch die Eltern. Schriftliche Arbeiten des Kindes, vor allem Klassenarbeiten, geben bereits einen Eindruck von fehlerhaften Rechenstrategien und fehlerhaftes Symbolverständnis (vgl. I.5.1 Fünf Schlüsselbereiche mathematischen Lernens), was allerdings auch mit der besonderen Stresssituation während der Klassenarbeiten zusammenhängen kann. Die Haushefte bieten oft nur einen begrenzten Einblick (z.B. Übersichtlichkeit, Fleiß) in den Lernstand des Kindes, da häufig die Eltern bei den Hausaufgaben helfen (sollen).

Um die Lernschwierigkeiten im Einzelnen zu erkennen, sind die folgenden Schwerpunkte zu berücksichtigen:

- die verschiedenen Lernschwierigkeiten (vgl. I.5.2) in unterschiedlichen mathematischen Stoffgebieten (z.B. Addition, Multiplikation),

- die fünf Schlüsselbereiche mathematischen Lernens (Symbole, Strategien, Vorstellungen, mechanisches Rechnen, informelle/formale Mathematik) (vgl. I.5.1 Fünf Schlüsselbereiche mathematischen Lernens),
- die Untersuchung des Entwicklungspotentials für die unmittelbare Zukunft in bestimmten mathematischen Stoffgebieten (vgl. I.5.4 Lehrversuche),
- die Rolle des Kontextes - soziale und kulturelle Umgebung - und die Einbeziehung des ganzen Kindes, z.B. die Eigensicht des Kindes zu seinen Schwierigkeiten (Introspektion) und die Vorstellung der Eltern und Lehrer von den Lernproblemen (vgl. I.5.5 Rolle des Kontextes).

Für die Form der Gesprächsführung (vgl. I.3 Allgemeine Ansätze zur Gesprächsführung) eignen sich Elemente des „Sokratischen Gesprächs" (vgl. I.3.1 Elemente der Gesprächsführung bei Sokrates und Platon), weil hierbei der Therapeut sein eigenes Wissen in den Hintergrund stellt und sich mehr als Suchender darstellt („Ironie"), die Interessen des Kindes als sein Hauptanliegen betrachtet („außerintellektuelle Faktoren") und des „klinischen Interviews", das dem Kind nicht den Standpunkt des Erwachsenen aufzwingt (vgl. I.5.3 „Einfühlsame" Methoden).

Ein wichtiger Faktor, um das Kind schon im Eingangsgespräch zu veranlassen, sein Wissen und vor allem sein Nichtwissen „preiszugeben", ist die Empathie (vgl. II.2.5 Außerintellektuelle Faktoren). Beginnend mit der Begrüßung wird dem Kind ein Gefühl des An- und Ernstgenommenwerdens vermittelt und so eine entspannte Atmosphäre geschaffen. Während des Gesprächs mit den Eltern kann das Kind malen - ohne thematische Vorgabe - und dabei zuhören. Manchmal gibt das Bild Hinweise auf die psychische Verfassung des Kindes. Das gemeinsame Gespräch wird durch kleine Pausen für das Kind unterbrochen, in denen es sich z.B. im Flur am Boxsack abreagieren kann, ein Knobelspiel spielt, puzzelt oder ein Quizspiel löst.

5.2   Förderung der mathematischen Kompetenz

Ausgehend vom Prinzip der Passung, nämlich „das Kind dort abholen, wo es steht" (vgl. I. b. Prinzip der Passung), erfolgt die Förderung der mathematischen Kompetenz eines RS-Kindes entsprechend den unter den Abschnitten II.1 bis II.4. formulierten Grundsätzen, die sich aus den Ansätzen des Kapitels I ergeben. Die individuelle Situation und die Ausgangslage des Kindes sowie der Therapieverlauf bestimmen, welche Grundsätze in der jeweiligen Stunde konkret berücksichtigt werden.

Ein Ziel der in dieser Arbeit vorgestellten Therapien nach dem FIT-Konzept ist es, dass die Kinder mit RS zunächst die Lernziele ihrer Jahrgangsstufe für den Mathematikunterricht der Grundschule erreichen. Ich beschränke mich dabei im Wesentlichen auf die Arithmetik, weil sich die Entwicklungsrückstände der von mir diagnostizierten und therapierten Kinder mit RS in erster Linie hierauf beziehen. Auf Schwierigkeiten in diesem Bereich sind die hauptsächlichen Verständnisprobleme der SchülerInnen zurückzuführen. Hinzu kommt, dass die arithmetischen Grundlagen den Kernbereich der Grundschulmathematik darstellen. Bei den älteren Kindern ist es das Ziel, ihre arithmetische Kompetenz soweit zu fördern, dass sie auch der jeweiligen aktuellen Leistungsanforderung in der Sekundarstufe genügt. Bezüglich der geometrischen Fragestellungen haben nach meiner Erfahrung RS-Kinder weniger Schwierigkeiten, zumal die Geometrie in vielen Bundesländern nicht als systematischer Lehrgang vorgesehen ist (vgl. Hessisches Kultusministerium 1995, 162).

Im Hinblick auf die arithmetischen Entwicklungsrückstände sind für die Förderung der mathematischen Kompetenz (vgl. l. c. Mathematische Kompetenz) die nachfolgenden Inhaltsfelder und Verfahren von grundlegender Bedeutung. Diese verbinde ich, soweit möglich, mit Hinweisen darauf, inwieweit das FIT-Konzept von schulischen Unterrichtspraktiken abweicht. Für den Sekundarstufenbereich ab der 5. Klasse, der hier nicht im Einzelnen behandelt wird, dienen mir die jeweiligen Lehrpläne und die im Unterricht verwendeten mathematischen Schulbücher als Leitfaden.

5.2.1 Zahlenräume und Zählfähigkeit

Als Zahlenräume der natürlichen Zahlen werden traditionell in der Grundschule
im 1. Schuljahr die Zahlen bis 20,
im 2. Schuljahr die Zahlen bis 100,
im 3./4. Schuljahr die Zahlen bis 1 Million behandelt (Krauthausen/Scherer 2003, 7).

Im Hessischen Rahmenplan Grundschule (Hessisches Kultusministerium 1995, 150) sind das 1./2. Schuljahr zusammengefasst und es wird der Zahlenraum bis 100 angegeben. Im Gegensatz hierzu gehe ich bei Kindern mit RS von ihren Vorkenntnissen aus und beginne auf dieser Basis, die Zahlenräume ganzheitlich und nicht kleinschrittig aufzubauen, wie es Grassmann (1999, 16) für den schulischen Anfangsunterricht empfiehlt.
Bei Kindern mit RS am Ende des ersten/Anfang des zweiten Schuljahres, das ist erfahrungsgemäß der früheste Zeitpunkt eines Therapiebeginns, ist im Allgemeinen die Zählfähigkeit (Aufsagen der Zahlwortreihe vorwärts und rückwärts, Schreiben und Lesen von Zahlen und Ziffern) mit den zugehörigen Zählprinzipien (Eindeutigkeit, stabile Ordnung,

Abstraktion, beliebige Reihenfolge) mindestens bis 20 ausgebildet. Sollten sich im Anfangsstadium der Therapie hier noch Unsicherheiten zeigen, werden diese aufgearbeitet. Weniger entwickelt als die Zählfähigkeit ist bei vielen Kindern mit RS das spontane Erfassen kleinerer Mengen und die unterschiedlichen Verwendungsmöglichkeiten der Zahlen als Kardinalzahlen, Ordinalzahlen, Maßzahlen u.a. Auf jeden Fall werden die Zahlenräume durch Darstellen der Zahlen mit geeignetem Anschauungsmaterial, z.B. Muggelsteine, Plättchen, Hundertertafeln, Tausenderbuch (Wittmann/Müller 2001, Bd. 1 und 2) und durch Vergleichen und Ordnen der Zahlen gründlich erarbeitet.

5.2.2 Kardinalzahlbegriff und Mengeninvarianz

Bei Kindern mit RS fehlt häufig eine Vorstellung vom Kardinalzahlbegriff, d.h., es fehlt die Erkenntnis, dass beim Abzählen die letzte Zahl die Anzahl (Mächtigkeit) der Menge angibt. Eine grundlegende Voraussetzung hierfür ist das Erkennen der Mengeninvarianz (vgl. I. d. Unterrichtskonzept „Mengenlehre"). Um festzustellen, inwieweit den Kindern diese wichtige Grundlage der Arithmetik vertraut ist, prüfe ich bei den Kindern oft schon im Beratungsgespräch ihre Fähigkeit, die Mengeninvarianz zu erkennen. Wird in der Beratung mehr Zeit für die Feststellung des Lernstandes bei umfangreicherem Stoff benötigt, erfolgt eine Überprüfung bei Therapiebeginn ohne Beisein der Eltern (vgl. I.1.1 Piagets Stadien der Denkentwicklung und I.1.3 Darstellungsebenen nach Bruner). Sofern die Kenntnisse über die Mengeninvarianz und den Kardinalzahlbegriff nicht ausreichend vorhanden sind, werden sie im Rahmen von FIT vermittelt.

5.2.3 Dekadischer Aufbau des Zahlensystems

Grundlegend für das Verständnis des Rechnens innerhalb des jeweiligen Zahlenraums ist die Kenntnis des dekadischen Zahlensystems und der zugehörigen Sprech- und Schreibweisen. Letztere sind im Deutschen fehleranfälliger als in anderen Sprachen (z.B. englisch, türkisch, italienisch). Im Deutschen werden nämlich die zweistelligen Zahlwörter - übernommen aus dem Arabischen - von rechts nach links gesprochen, aber umgekehrt geschrieben. Häufig kehren jedoch die Kinder die Schreibweise gegenüber der Sprechweise nicht um, d.h., sie schreiben erst die 8 und rechts daneben die 2 bei der Zahl 28. Bleibt das Kind auch nach Hinweis auf die „übliche Schreibweise" bei seinem Vorgehen, besteht für mich zunächst kein Anlass, diese Art der Notation zu berichtigen. Wichtiger ist es, auf die stellengemäße Anordnung der Ziffern je nach ihrem tatsächlichen Wert zu achten. Hilfreich hierbei ist eine - den älteren Kindern meist bekannte - Stellenwerttafel,

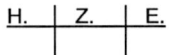

die mit geeignetem Material belegt wird. Ein erheblicher Teil aller Schüler (nicht nur die mit RS) vertauscht ohne äußere Einflussnahme die Ziffern bei der Schreibweise mehrstelliger Zahlen (z.B. 82 statt 28). Diese fehlerhafte Schreibweise ist, „sofern es rechtzeitig geschieht, leicht zu bekämpfen" (Padberg 1996, 64). Da Kinder mit RS dies oft nicht rechtzeitig genug vermittelt bekommen haben, besteht bei ihnen Nachholbedarf. Häufig wird bei der Diagnose einer Rechenschwäche (Dyskalkulie) das Vertauschen der Ziffern (invertierte Zahlen) zurückgeführt auf eine Rechts-Links-Diskriminationsschwäche (Serialitäts-Störung), d.h. eine organische Schwäche in Analogie zur Buchstabenvertauschung bei einer medizinisch definierten Legasthenie (vgl. Lorenz 2003, 322; 1996, 26). Empirische Untersuchungen dazu fehlen aber. Auf Grund meiner langjährigen Erfahrung halte ich diese Vertauschung der Ziffern nicht für ein Charakteristikum einer RS, sondern für einen mehr oder weniger lang andauernden Entwicklungsschritt, den viele Kinder durchlaufen.

Zur Grundkenntnis des dekadischen Zahlensystems gehören neben dem Stellenwertprinzip die Zahlbeziehung (z.B. Vorgänger, Nachfolger) und die Zahleigenschaft (z.B. gerade, ungerade). In der Schule wird häufig auch das Prinzip des fortgesetzten Bündelns (Krauthausen/ Scherer 2003, 15) ausführlich behandelt.

5.2.4 Die vier Grundrechenarten

Im Rahmen des FIT-Konzepts werden die vier Grundrechenarten schrittweise und weitgehend unter Beachtung ihrer Zusammenhänge aufgebaut (Operative Verfahren nach Aebli, Prinzip der operativen Durcharbeitung, vgl. I.1.2). Besonders die Rechenoperationen, die jeweils die Umkehrung der anderen darstellen (Addition/Subtraktion bzw. Multiplikation/Division), werden grundsätzlich in engem Zusammenhang und nicht, wie es häufig in der Schule geschieht, als gesonderte Stoffgebiete behandelt. Es wird auch darauf geachtet, dass die Rechenoperationen und ihre Symbole stets mit inhaltlichen Vorstellungen verbunden werden, wie es Grassmann u.a. (2003, 83) bereits für den Mathematikunterricht der Klasse 1 fordern.

Addition/Subtraktion

Ausgehend von bekannten Alltagssituationen der Kinder werden mit geeignetem Material das Hinzufügen und Zerlegen sowie das Wegnehmen und das Ergänzen im Sinne Aeblis „verinnerlicht" (Operative Verfahren nach Aebli, vgl. I.1.2). Gleichzeitig werden die simultane Anzahlerfassung bei Punktmengen, die Zahlerfassung und das Addieren und Subtrahieren im Kopf (5 + 4, 3 + 6, ..., 7 – 4, 9 – 5, ...) bis 10 systematisch erarbeitet.

„Zählenden Rechnern" wird im Zahlenraum bis 20 der Zugang zum Zehnerübergang durch Zerlegung der Operationsschritte erleichtert, z.B. mit Hilfe farbiger Muggelsteine (abwechselnd 5 rote, 5 blaue), die in zwei Zehnerreihen gelegt werden (Gerster 96, 149 ff.)

● ● ● ● ● ○ ○ ○ ○ ○

● ● ● ● ● ○ ○ ○ ○ ○.

Dabei wird vermieden, die Kinder vorschnell das Teilschrittverfahren bis 10 nachvollziehen zu lassen. Sie werden zu diesem Verfahren nur dann hingeführt, wenn sie die Zerlegungen und Ergänzungen bis 10 genügend beherrschen. Als Anknüpfungspunkt werden - soweit vorhanden - zunächst die eigenen Strategien der Kinder verwendet, nach denen sie häufig nicht direkt bis zum Zehner gehen, z.B. 7 + 5 = (7 + 2) + 3, und ihnen vertraute Zerlegungen benutzen z.B. 5 = 2 + 3.

Allerdings hat sich das Teilschrittverfahren, d.h. das Rechnen jeweils bis zum nächsten Zehner und dann den Rest (z.B. 7 + 5 = (7 + 3) + 2, 12 − 5 = (12 − 2) − 3) für das Rechnen über den Zehner als sicherer und schneller erwiesen als jede andere individuelle Strategie der Kinder. Da sich darüber hinaus die Strategien der Kinder oft von Mal zu Mal ändern, empfehle ich ihnen und den Eltern, das Teilschrittverfahren regelmäßig zu verwenden. Das Teilschrittverfahren, das implizit das Assoziativgesetz voraussetzt, wird auch in der Literatur empfohlen (vgl. Radatz/Schipper 1983, 69; Padberg 1996, 85).

Grundlegend für alle Additions-/Subtraktionsaufgaben - sowohl bei halbschriftlichem aber vor allem auch bei schriftlichem Rechnen - ist die sichere Beherrschung des kleinen Einspluseins (einschließlich des Einsminuseins) bis 20 (Wittmann/Müller 2000, Bd.1, 43).

Das Hinführen zum denkenden und anwendungsorientierten Rechnen (z.B. Sach-/Text-Aufgaben) gilt auch im Umgang mit Hunderter- und Tausenderzahlen. Dabei hat sich zur Erweiterung des Zahlenraumes die Einteilung des Anschauungsmaterials in Fünfergruppen als Unterstruktur (Wittmann/Müller 2001, Bd.2, Innenseiten des Umschlags) als nützlich und hilfreich gezeigt. Das Rechnen in größeren Zahlenräumen gelingt den Kindern dann, wenn ihnen die dekadischen Analogien und die operativen Beziehungen (Lorenz/Radatz 1993, 13) vertraut sind.

Multiplikation/Division

Auch hier wird im Rahmen des FIT-Konzepts angeknüpft an bekannte Situationen im Umfeld der Kinder mit multiplikativen Strukturen wie Verdoppeln und Halbieren. Dabei wird das Verständnis für die mathematischen Operationen durch „operative Durcharbeitung" (vgl. I.1.2 Operative Verfahren nach Aebli) gefördert. Herausgearbeitet werden mit dem Kind - ohne die Spezialbegriffe zu nennen - die zwei wichtigsten Aspekte der Multiplikation: der zeitlich-sukzessive Aspekt, d.h. die schrittweise Bildung des Produktes während einer bestimmten

Zeit (S. geht dreimal zum Bäcker und kauft jedes Mal 5 Brötchen), und der räumlich-simultane Aspekt, d.h. die Bildung des Produktes sofort als Ganzes (vor S. stehen 3 Teller mit jeweils 4 Brötchen). Dabei lässt insbesondere der letzte Aspekt deutlich die Ableitung der Multiplikation aus der Addition (4 + 4 + 4 = 3 • 4) erkennen. Das in der Literatur bei der Einführung der Multiplikation häufig noch angegebene Karthesische Produkt (Padberg 1996, 114) bleibt außer Acht, da es sich nur schwer mit Material darstellen lässt und nur die ersten beiden Aspekte im Rahmen des Grundschulstoffs zum Verständnis z.b. von Sach-/Text-Aufgaben wichtig sind. Ebenfalls gründlich erarbeitet werden die wichtigsten Aspekte der Division: das Aufteilen und Verteilen. Das Aufteilen geht von einer vorgegebenen Grundmenge und der Elementenanzahl einzelner Teilmengen aus (In der Klasse sind 21 Schüler, die in 7er-Gruppen aufgeteilt werden.). Das Verteilen geht von einer vorgegebenen Grundmenge und der Anzahl von Teilmengen aus (Die Klasse aus 21 Schülern wird auf drei gleich große Gruppen verteilt.). Diese verschiedenen Teilungssituationen werden mit unterschiedlichen Anschauungsmaterialien ausführlich erarbeitet, um auch hier für Sach-/Text-Aufgaben gerüstet zu sein. Dabei ist es nicht erforderlich, dass die Kinder beide Aspekte bewusst unterscheiden und benennen können. Aus den Heften und Arbeitsblättern der Kinder geht immer wieder hervor, dass die vier Situationen nicht oder nur unzureichend im Unterricht behandelt werden. Insbesondere bei der Division wird einseitig das Aufteilen bevorzugt.

Um die Multiplikations-/Divisionsaufgaben auch bei halbschriftlichem und schriftlichem Rechnen ausreichend schnell und sicher lösen zu können, ist die systematische Erarbeitung und die Kenntnis aller Aufgaben des kleinen Einmaleins erforderlich. Zur Automatisierung dieser Aufgaben ist es - je nach Vorkenntnis des Kindes - sinnvoll, mit den einfachen Aufgaben 1 • n, 2 • n, 5 • n und 10 • n (n = 1, 2, 3, ... 10) zu beginnen. Diese Kernaufgaben dienen dann als Unterstützung für die Ableitung der Ergebnisse schwierigerer Aufgaben. Ziel der Therapie ist es, dass das Kind möglichst bald mit Hilfe häuslicher Unterstützung die Einmaleins-Reihen gedächtnismäßig beherrscht. Hilfreich zur Erarbeitung sind eine Einmaleins-Tabelle als Gesamtüberblick (Wittmann/Müller 2000, Bd. 1, 1) und eine Lernkartei mit jeweils einzelnen Aufgaben und ihren Ableitungen auf jeder Karte (vgl. Gerster 1996, 160), z.B.

Vorderseite	Rückseite
5 • 4 =	5 • 4 = 20
6 • 4 =	6 • 4 = 24.

Beim Abfragen der Aufgaben wird möglichst frühzeitig der Zusammenhang zwischen jeder Einmaleins-Aufgabe (z.B. 5 • 4 = 20) und den zugehörigen Divisionsaufgaben hergestellt

(20 : 4, 20 : 5). Dieser Zusammenhang wird von den Kindern häufig nicht selbstständig erkannt, aber oft ohne Mühe gern nachvollzogen.

5.2.5 Rechengesetze

Für die „operative Durcharbeitung" der Grundrechenarten (vgl. I.1.2 Operative Verfahren nach Aebli) ist es erforderlich, die wichtigsten Rechengesetze für die natürlichen Zahlen a, b, c, gleich mit zu erarbeiten, was im Unterricht nach meinen Erfahrungen leider oft unterlassen wird. Hierzu gehören zur Addition und Multiplikation

- die Kommutativität (Tauschaufgaben)

  $a + b = b + a$, $a \bullet b = b \bullet a$

  (die Nichtkommutativität der Subtraktion und Division)

- die Assoziativität in der einfachen Form

  $(a + b) + c = a + (b + c)$

  $(a \bullet b) \bullet c = a \bullet (b \bullet c)$.

Für ältere Schüler ab der 4. Klasse wird auch die Distributivität der Multiplikation oder Division bezüglich der Addition oder Subtraktion thematisiert:

  $a \bullet (b + c) = a \bullet b \pm b \bullet c$

  $(a \pm b) : c = a : c \pm b : c$.

Das Distributivgesetz der Multiplikation bezüglich der Addition benötigen nicht nur die älteren, sondern auch jüngere Schüler für das große Einmaleins in Form der Zerlegung:

  $8 \bullet 13 = 8 \bullet 10 + 8 \bullet 3$.

Die Rechengesetze (Kommutativität/Assoziativität) werden den Kindern dadurch plausibel, dass sie mit Hilfe von Anschauungsmitteln und einfachen Zahlenbeispielen beide Seiten der Gleichungen getrennt berechnen. Das Distributivgesetz der Division bezüglich der Addition und Subtraktion benötigen die älteren Kinder vor allem bei der Bruchrechnung.

5.2.6 Rechenverfahren

Die Rechenverfahren im Rahmen des FIT-Konzepts sind - wie in der Grundschule - das Kopfrechnen, das halbschriftliche Rechnen und das schriftliche Rechnen, die je nach Lernstand des Kindes eingesetzt werden.

5.2.6.1 Kopfrechnen

Beim Kopfrechnen wird die Lösung der Rechenaufgaben ohne Notation von Zwischenergebnissen allein im Kopf errechnet. Es ist somit eine wichtige Basis für das halbschriftliche und schriftliche Rechnen. Hierzu gehören - wie bereits erwähnt - vor allem das „1 + 1" und das kleine „ 1 • 1". In der schulischen Praxis wird nach meinen Beobachtungen die Beherrschung des Kopfrechnens vorausgesetzt, aber nicht systematisch genug eingeübt. Problematisch ist immer wieder die methodische Gestaltung. Eltern, die mit ihrem Kind z.B. das Einmaleins üben, klagen häufig darüber, dass ihre Kinder die Ergebnisse schnell vergessen. Im FIT-Konzept wird deshalb viel Zeit für die Anschauungs- und Verstehensprozesse (vgl. I.1.3 Darstellungsebenen nach Bruner) verwendet. Erst wenn das Kind das Einspluseins und das Einmaleins „begriffen" hat und anwenden kann, wird mit der Automatisierung begonnen. Ein zu frühes Einsetzen des Auswendiglernens führt zu keinem Erfolg. So müssen die Kinder z.B. in der Lage sein, selbst Textaufgaben zu „Einmaleinsaufgaben" zu bilden (Ich gehe fünfmal in den Keller und hole jedes Mal drei Flaschen herauf.) und Ableitungsstrategien zu verwenden (Wenn 6 • 6 = 36 ist, muss 7 • 6 = 36 + 6 sein.). Hinsichtlich des Auswendiglernens der Einmaleins-Reihen hat sich die Verbindung zwischen laut gesprochenen Sätzen (sechs mal sechs ist sechsunddreißig) und der zahlenmäßig geschriebenen Aufgabe (6 • 6 = 36) immer wieder als hilfreich erwiesen. Diese klassische Strategie besteht darin, arithmetische Tatsachen im verbalen Gedächtnis zu speichern. Dehaene berichtet z.B. von einem italienischen Kollegen, der sehr gut englisch sprach, „aber beim Kopfrechnen murmelte er die Zahlen in seiner italienischen Muttersprache" (Dehaene 1999, 152).

5.2.6.2 Halbschriftliches Rechnen

Im Rahmen des FIT-Konzeptes nehmen halbschriftliche Rechenstrategien - die traditionell in der Schule nur als bald zu überwindende Vorstufe angesehen werden - einen breiten Raum ein. Im Gegensatz zum Ziffernrechnen der schriftlichen Rechenverfahren setzt das halbschriftliche Rechnen ein fundiertes Zahlenverständnis voraus. Wie Lompscher (1975, 37) hervorhebt, sollen „die Schüler von Anfang an wissen, was in ihrem Bereich wesentlich ist, worauf es ankommt ..." (vgl. I.1.4 Ebenen der Erkenntnis nach Lompscher/Galperin). Das halbschriftliche Rechnen ist genau genommen ein Kopfrechnen, das durch Notation einzelner Zwischenergebnisse abgestützt wird. Das Kind muss Rechengesetze anwenden können, die zu den jeweiligen Zahlen passen. Das halbschriftliche Rechnen entzieht sich weitgehend dem „mechanischen" Rechnen, wie es bei Kindern mit RS häufig anzutreffen ist und durch das Ziffernrechnen erleichtert wird. Ohne Zahlenverständnis lassen sich die immer wieder auftretenden Fehler schwer vermeiden, die insbesondere bei der Subtraktion auftreten, z.b. die spaltenweise vertauschte Unterschiedsbildung (Padberg 1996, 197).

Addition/ Subtraktion

Sofern ein Kind schon eigene Strategien zum halbschriftlichen Rechnen besitzt, liefern diese einen guten Einstieg. Es gibt viele Möglichkeiten, Additions-/Subtraktionsaufgaben nach eigenen Vorstellungen zu rechnen (Sondermann/Selter 1995, 165). Durch die Verbindung zwischen symbolischer Aufgabenstellung und der konkreten Handlung mit geeigneten Anschauungsmitteln oder Ikonisierung hat das Kind die Möglichkeit, die eigene Strategie zu überprüfen (vgl. I.1.3 Darstellungsebenen nach Bruner, Prinzip der Variation der Darstellungsebenen). Wird dabei die Addition nicht isoliert von der Subtraktion behandelt, zeigt sich die Zerlegung des zweiten Summanden bzw. des Subtrahenden als eine Strategie, die ausnahmslos zu einem erfolgreichen Ergebnis führt:

z.B.   26 + 18   26 – 18
       26 + 10 = 36   26 – 10 = 16
       36 + 8 = 44   16 – 8 = 8.

Da es kein Normalverfahren beim halbschriftlichen Rechnen gibt, sind auch andere Vorgehensweisen möglich. Viele Kinder versuchen stellenweise zu rechnen, d.h. Zehner und Einer getrennt. Wenden sie diese Strategie auch bei der Subtraktion an, kommt es zu einem Widerspruch, der zu klären ist:

z. B.   26 + 18   26 – 18
        20 + 10 = 30   20 – 10 = 10
         6 + 8 = 14   8 – 6 = 2 (da 6 – 8 „nicht geht").

Auch ohne Verständnis für den Subtraktionsvorgang kann diese Strategie sogar mit 10 – 2 = 8 zu einem richtigen Ergebnis führen. Mit den Kindern im 3./4. Schuljahr werden die erworbenen Kenntnisse des halbschriftlichen Rechnens, z.T. allerdings mit einem größeren Rechenaufwand, auch im erweiterten Zahlenraum angewandt, wobei Analogieschlüsse zu Hilfe gezogen werden. Dabei wird im Rahmen des FIT-Konzepts die Notation der Zwischenergebnisse solange beibehalten, bis das Kind die notwendige Sicherheit hat und von selbst auf das schriftliche Verfahren übergehen möchte. In der Schule wird dieser Schritt für viele Kinder zu früh vollzogen.

Multiplikation/ Division

Nach der gründlichen Behandlung des kleinen Einmaleins ist das große Einmaleins (einstellige mit zweistelligen natürlichen Zahlen, die kleiner oder gleich 20 sind), das wegen des Distributivgesetzes auf das kleine Einmaleins zurückgeführt werden kann

(z.B. 3 • 18 = 3 (10 + 8) = 3 • 10 + 3 • 8) gut vorbereitet. Auch hierbei wird der enge Zusammenhang beider Rechenoperationen thematisiert und das Verständnis mit geeignetem Material bzw. zeichnerischen Darstellungen unterstützt (vgl. I.1.3 Darstellungsebenen nach Bruner; I.1.4 Ebenen der Erkenntnis nach Lompscher/Galperin). Zum Einstieg in die halbschriftliche Multiplikation bietet es sich an, die Multiplikation von Einer- mit Zehnerzahlen (z.B. 3 • 80) zu verwenden. Dabei erweist es sich als notwendig, die in der Schule unter dem Schlagwort „eine Null anhängen" immer wieder zu beobachtende Vorgehensweise zu hinterfragen. Vielen Kindern bleibt unklar, dass damit die Multiplikation mit 10 verbunden ist (z.B. 80 = 8 • 10). Erst wenn dieses Wissen gefestigt ist, kann die Multiplikation mit natürlichen Zahlen, die keine vollen Zehner sind, aufgebaut werden. Ist die Strategie 3 • 80 = 3 • 8 • 10 für die Kinder nachvollziehbar, so ist der erste Schritt zur halbschriftlichen Multiplikation erreicht:

z.B.   3 • 83

    3 • 80 = 3 • 8 • 10 = 24 • 10 = 240

    3 •   3 =   9.

Hierbei ist - in Anlehnung an die Addition - die Zerlegung des zweiten Faktors eine nahe liegende Strategie. Durch die gründliche Erarbeitung des „1 • 1" und seiner Umkehrungen ist auch die halbschriftliche Division vorbereitet. Es fällt Kindern leichter, zunächst mit der Division von Zehnerzahlen zu beginnen (z.B. 100 : 20) und danach mit Zahlen, die keine vollen Zehner sind, zu rechnen:

z.B.   96 : 3

    90 : 3 = 30

     6 : 3 = 2.

Auch bei der Division wird der Lernprozess - soweit wie möglich - mit geeignetem Material und durch Ikonisierung unterstützt. Das Kind soll sich die Zwischenergebnisse so lange notieren, bis es ausreichend sicher ist. Zunächst werden Aufgaben ausgewählt, bei denen die Aufgaben „aufgehen", d.h., die im Bereich des Einmaleins liegen. Erst dann wird die Schwierigkeit schrittweise erhöht. Bei der Division mit Rest ergibt sich u.a. - wie in der Schule auch - die Frage nach der Schreibweise. Im Hessischen Rahmenplan Grundschule ist die Schreibweise „mit Rest" - z.B. 17 : 3 = 5 Rest 2 - verbindlich vorgegeben, obwohl sie als mathematisch unexakt in Frage gestellt werden kann (Padberg 1996, 147). Die sich aus dieser Schreibweise ergebenden Ungereimtheiten bezüglich der Gleichheitsaussage sind vor allem dann problematisch, wenn das Kind hierauf nicht ausreichend hingewiesen wird. Im

Rahmen des FIT-Konzepts wird von Beginn an das „=" Zeichen nicht als „ergibt" definiert. Mit Hilfe einer Waage erläutere ich die Bedeutung des Gleichheitszeichens damit, dass es anzeigt: Auf beiden Seiten ist „gleich viel". Nun widerspricht eine derartige Erklärung der genannten Schreibweise mit Rest. Dennoch verzichte ich bei jüngeren Kindern auf eine korrekte Schreibweise, wie sie sich von selbst bei der Bruchrechnung ergibt, z.B. 17 : 3 = 5 2/3, da die Schreibweise mit Rest der Vereinfachung dient. Auch die strenge Ableitung der Division durch Null ist bei Grundschülern nicht erforderlich, da im Allgemeinen die Frage hiernach nicht gestellt wird. Gegebenenfalls genügt ein weniger korrekter Hinweis, wonach es nicht sinnvoll ist, eine beliebige Menge durch eine Nullmenge zu teilen.

5.2.6.3 Schriftliche Rechenverfahren

Bei den schriftlichen Rechenverfahren wird nach bestimmten Konventionen (Algorithmen, Normalverfahren) auf der Basis des Stellenwertprinzips ziffernweise gerechnet. Das Operieren mit einstelligen Zahlen ermöglicht besonders leicht mechanisches Rechnen, d.h. ohne Verständnis der einzelnen Rechenschritte und ohne Vorstellung von der Zahlengröße. Bei „schwachen" SchülerInnen wird deshalb des Öfteren das rezepthafte Ziffernrechnen als „Rettungsanker" gesehen (Gerster 2003, 222). Sie verwenden vorgefasste Strategien, die das Verstehen erschweren (vgl. I.4 Die remediale Strategie von Case). Sofern Kinder mit RS diese Rechenverfahren anwenden, erfordert es größere Anstrengungen, sie zu überzeugen, zunächst das Kopfrechnen und anschließend das halbschriftliche Rechnen zu üben. Nur über diesen „Umweg" können die Schüler jedoch das richtige Verständnis für die schriftlichen Rechenverfahren erlangen. Ziel des FIT-Konzepts ist es natürlich auch, den Kindern das effizienteste Rechenverfahren - abgesehen vom Umgang mit dem Taschenrechner - zu vermitteln. Damit die Kinder mit RS möglichst bald Lernerfolge in der Schule erzielen, werden im Rahmen des FIT-Konzeptes die im Rahmenplan vorgeschriebenen - bzw. im Lehrplan der Schule angegebenen - schriftlichen Rechenverfahren behandelt. Schulische Erfolge stellen sich vor allem bei Klassenarbeiten oder Tests schneller ein, wenn das Kind nicht zwischen verschiedenen Verfahren schwankt, sondern ein Verfahren beherrscht.

Schriftliche Addition
Für die schriftliche Addition gibt es - im Gegensatz zur schriftlichen Subtraktion - im Hessischen Rahmenplan kein vorgeschriebenes Normalverfahren. Dennoch hat sich in der schulischen Praxis nach meiner Kenntnis weitgehend die dort beispielhaft angegebene Schreib- und Sprechweise für die Addition durchgesetzt:

z.B.

$$+\begin{array}{ccc} 3 & 4 & 5 \\ 1 & 6 & 8 \\ \hline 5 & 1 & 3 \end{array}$$

Diese Darstellungsform mit Übertrag ist übersichtlich und auch für das Nachvollziehen mit konkretem Material und in zeichnerischer Form gut geeignet (vgl. I.1.3 Darstellungsebenen nach Bruner). Die Addition ohne Übertrag kann auch bei Kindern mit RS wesentlich schneller behandelt werden als die Addition mit Übertrag, die eine intensivere Erarbeitung erfordert. Die Kinder benötigen ein ausreichendes Verständnis der Stellenwertschreibweise und müssen das kleine „1 + 1" automatisiert haben, um die Aufgaben zügig lösen zu können.

Bei der schriftlichen Addition achte ich besonders darauf, dass den Kindern bei der allgemein üblichen Sprechweise, beginnend mit den Einern (8 plus 5 ist 13, 3 hinschreiben und 1 merken) und weiter mit den Zehnern (6 plus 1 plus 4 ist 11, 1 hinschreiben und 1 merken) der tatsächliche Wert der jeweils notierten Zahl deutlich wird. Sie müssen - in Analogie zum halbschriftlichen Rechnen - erkennen, dass z.B. die erste Übertragszahl eine 10 und die zweite eine 100 ist. Dieses Wissen erleichtert später auch das Verständnis der schriftlichen Subtraktion und hilft, die bei vielen SchülerInnen anzutreffenden typischen Additionsfehler zu vermeiden, z.B. die Übertragungszahl in die Ziffernfolge des Endergebnisses zu übernehmen (Padberg 1996, 166).

Schriftliche Subtraktion

Für die Subtraktion ist durch KMK-Beschluss aus dem Jahre 1975 das Ergänzungsverfahren vorgeschrieben. Nach diesen Vorgaben arbeiten, soweit ich es erkennen kann, auch heute noch eine Vielzahl von Schulen, obwohl es einen neuen KMK-Beschluss vom 14.12.2001 gibt, wonach das Subtraktionsverfahren freigegeben ist (Schipper 2003, 108). Eine Typisierung des Subtraktionsverfahrens nach dem Abzieh- und Ergänzungsverfahren mit den verschiedenen Übertragungstechniken (Borge-, Erweiterungs- und Auffülltechnik) führt zu fünf Verfahren (Padberg 1996, 176). Nach dem bisherigen KMK-Beschluss, der auch die Sprechweise festlegt, konnte bei dem Ergänzungsverfahren nur die Erweiterungs- bzw. Auffülltechnik angewandt werden. Im Rahmen des FIT-Konzepts behandele ich in der Regel das Ergänzungsverfahren mit der Erweiterungstechnik, es sei denn, das Kind hat schon gewisse Fertigkeiten bezüglich der Auffülltechnik und bevorzugt diese. Bei der Einführung gehe ich auch stufenweise vor, d.h. es wird zunächst die Subtraktion ohne Übertrag und dann mit Übertrag behandelt. Die Verwendung der gut zu veranschaulichenden Erweiterungstechnik liegt dann nahe, wenn bereits beim Kopfrechnen Aufgaben behandelt werden, die das Gesetz von der Konstanz der Differenz beinhalten. Wenn Kinder passende Situationen aus ihrer Umwelt beschreiben, können diese besonders gut zur mathematischen Begriffsbildung des Unterschieds herangezogen werden, z.B. über die Unterschiede zu anderen Kindern (Geschwister, Freundinnen), im Alter, in ihrer Körpergröße, dem verfügbaren Taschengeld u.a. Nun ist nur noch ein kleiner Schritt nötig, um den Unterschied zwischen ihnen nach 10 Jahren, nach 10 cm Wachstum, nach 10 Euro mehr Taschengeld u.a. (Konstanz der Differenz) zu bestimmen. Mit der Bevorzugung der Erweiterungstechnik stehe ich allerdings im Gegensatz zu den Ergebnissen von Padberg, der bezüglich der bisher durch die KMK zugelassenen Subtraktionsverfahren der Auffülltechnik den Vorzug gibt (Padberg 1996, 194). Er begründet dies vor allem damit, dass bei der Erweiterungstechnik mit „Tricks" gearbeitet wird, die er zum einen in der Anwendung des Gesetzes von der Konstanz der Differenz sieht und zum anderen in der Addition von 10 Einheiten zum Minuenden und einer Einheit der nächst höheren Stelle zum Subtrahenden. Beides wird jedoch nach meiner Erfahrung von den Kindern nicht als „Trick" empfunden, wenn die mit diesen Operationen verbundenen mathematischen Hintergründe ausreichend gut vorbereitet sind.

Nach dem Hessischen Rahmenplan Grundschule (Hessisches Kultusministerium 1995, 152) soll den Kindern „die Gleichwertigkeit von Ergänzen und Wegnehmen zum Berechnen der Differenz ganz deutlich und das Ergänzen sehr geläufig sein". Nun ist die Schreibweise beim Wegnehmen oder Abziehen, bzw. beim Ergänzen gleich, aber die Sprechweise unterschiedlich. Zu Recht wird hierzu im Hessischen Rahmenplan darauf hingewiesen, dass die Sprechweise „von 8 bis 15 sind 7" für die kindliche Denkweise einleuchtender ist als die verkürzte Sprechweise „8 plus 7 ist 15" des Ergänzungsverfahrens. Deshalb rate ich den Kindern mit RS von dieser verkürzten Sprechweise ab.

An Übertragungstechniken wird vereinzelt neben der Erweiterungs- und Auffülltechnik noch die Borgetechnik vermittelt. Diese vermeide ich im Rahmen des FIT-Konzepts, weil sie das Entbündeln bei mehreren Nullen im Minuenden (z.B. 60,00 Euro - 48,23 Euro) und die Konkretisierung erschwert. Bei Kenntnis der Konstanz der Differenz bietet sich die Erweiterungstechnik mit der Sprechweise des Ergänzungsverfahrens an, z.B.

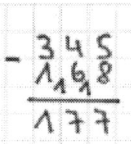

Hierbei achte ich - wie bei der Addition - darauf, dass bei der Sprechweise für die Einer (von 8 bis 15 sind 7, 7 hinschreiben und 1 merken) und für die Zehner (6 und 1 ist 7, von 7 bis 14

ist 7, 7 hinschreiben und 1 merken) die unterschiedlichen Werte insbesondere bei den jeweiligen Übertragungszahlen deutlich werden.

Dies bedeutet natürlich nicht, dass sich die Kinder bei jeder schriftlichen Additions-/Subtraktionsaufgabe die unterschiedlichen Werte der Übertragungszahlen ins Gedächtnis rufen müssen. Das macht auch kein Erwachsener. Die Kinder haben aber durch Kenntnis der Zusammenhänge immer die Möglichkeit, sich in kritischen Situationen (z.B. bei der Fehlersuche) selbst zu helfen.

Schriftliche Multiplikation

Für die schriftliche Multiplikation ist durch den Hessischen Rahmenplan Grundschule die allgemein in Deutschland übliche Notationsform auf Grund eines KMK-Beschlusses (Padberg 1996, 203) vorgeschrieben. Beide Faktoren können mehrstellig sein und in derselben Zeile stehen. Die Multiplikation beginnt mit der höchsten Stelle des zweiten Faktors. Die Teilprodukte werden ihrem Stellenwert entsprechend unter den zweiten Faktor gesetzt, wobei ich die zugehörigen Endnullen zur Verdeutlichung mitschreiben lasse. Nicht vorgeschrieben ist das Notieren der Behalteziffern beim Errechnen der Zwischenergebnisse. Es gibt verschiedene Möglichkeiten, diese Ziffern festzuhalten, damit sie von den Kindern nicht vergessen werden. Sollte das Kind eine Methode bevorzugen, bei der die Behalteziffer nicht unmittelbar neben der zugehörigen Ziffer steht, richte ich mich danach, sonst empfehle ich diese Vorgehensweise: z.B.

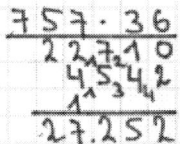

An diese komplizierte Form der Multiplikation, die nach dem Hessischen Rahmenplan für die 4. Klasse vorgeschrieben ist, können die Kinder mit RS nur durch längere, intensive Vorbereitung im Kopfrechnen und im halbschriftlichen Rechnen herangeführt werden. Andernfalls kann man nur ein mechanisches Ziffernrechnen mit den bekannten Fehlermöglichkeiten erreichen, z.B. eine falsche Anordnung der Teilprodukte (Padberg 1996, 220). Im Rahmen des FIT-Konzepts achte ich darauf, dass in größeren Zahlenräumen die Ergebnisse abgeschätzt und kontrolliert werden können. Das gelingt, wenn die schriftliche Multiplikation schrittweise zunächst ohne Übertrag (z.B. 132 • 3) und durch stellengerechte Schreibweise der Zahlen innerhalb einer Stellenwerttafel eingeführt wird. Erst nach der Multiplikation mit dem Vielfachen von Zehn ist der Übergang zu mehrstelligen Multiplikationen verständlich:

T	H	Z	E
	1	3	2	• 10.

In jeder Entwicklungsstufe sind zur Förderung des Verständnisses geeignete Sach-/Text-Aufgaben (z.B. S. kauft 3 Hefte für 1,36 Euro das Stück) erforderlich. Beim Rechnen mit Kommazahlen werden die gegebenen Größen zunächst in kleinere Einheiten (z.B. Euro in Cent) umgewandelt.

Schriftliche Division

Bei der schriftlichen Division gibt es in Deutschland im Gegensatz zur Multiplikation kein einheitliches Verfahren wegen der unterschiedlichen Schreibweise der Division mit Rest (Padberg 1996, 220). Der Hessische Rahmenplan Grundschule gibt vor: „Die schriftliche Division beschränkt sich auf das Teilen durch einstellige Zahlen als für alle Kinder verbindliches Lernziel. Im freien oder zusätzlichen Angebot kann mit zweistelligen Divisoren gerechnet werden" (ebd., 154). Auf Grund der Kompliziertheit der schriftlichen Division behandele ich im FIT-Konzept zusätzlich nur die Division durch Vielfache von 10 (z.B. 360 : 30). Im Übrigen richte ich mich bei der Division mit einstelligem Divisor nach der Schreibweise des Hessischen Rahmenplans:

$$579 : 8 = 72 \text{ Rest } 3$$
$$-56$$
$$\overline{19}$$
$$-16$$
$$\overline{3}$$

Voraussetzung für die fehlerfreie Anwendung dieses Algorithmus ist das Kopfrechnen, das halbschriftliche Rechnen und eine stellengerechte Notierung. Auch bei der schriftlichen Division ist die Förderung des Verständnisses geeigneter Sach-/Text-Aufgaben mit Aufteil- und Verteilsituationen wichtig und wird nach meinen Beobachtungen im Unterricht nicht ausreichend behandelt. Für noch kompliziertere Divisionen mit größeren Zahlen und zur Nachprüfung von Divisionsaufgaben stelle ich bereits Grundschülern den Taschenrechner zur Verfügung.

5.2.7 Taschenrechner

Im Gegensatz zu anderen Ländern wird der Taschenrechner in deutschen Grundschulen nur sehr selten eingesetzt (Padberg 1996, 297), obwohl er insbesondere die Division mit mehrstelligem Divisor, bei denen auch Erwachsene oft scheitern, sehr erleichtert. Der Einsatz des

Taschenrechners setzt allerdings voraus, dass er nicht nur dazu verwendet wird, auf möglichst bequemem Weg die Rechenaufgaben zu lösen. Er kann als sinnvolles Werkzeug bereits in der Grundschule dienen, wenn er vernünftig eingesetzt wird, z.b. beim Kopfrechnen und Überschlagsrechnen. Im Rahmen der FIT-Therapie verwende ich den Taschenrechner häufig zur Automatisierung der „1 + 1"- und „ 1 • 1"- Aufgaben, z.B. den „Little Professor" (Texas Instruments) mit verschiedenen Schwierigkeitsgraden. Um Zeit zu sparen überprüfen wir die häuslichen Übungen mit dem Taschenrechner. Dabei muss ich allerdings immer wieder feststellen, dass die Bedienung vielen Kindern nicht ausreichend vertraut ist. Ist ihnen der Umgang mit dem Taschenrechner geläufig, verwenden sie ihn gern, da sie dabei auf keine äußere Hilfe angewiesen sind und sich selbst kontrollieren können.

Die Verwendung des Taschenrechners ist jedoch nicht dazu geeignet, bei Kindern mit RS die grundlegenden Probleme zu beheben. Das liegt vor allem daran, dass er nicht dazu beiträgt, das Verstehen und Reflektieren zentraler Aspekte des Mathematiklernens zu fördern. Die Grenzen des Taschenrechners beim Mathematiklernen sind von Floer wie folgt beschrieben worden:

„- Er stellt keine konkreten Erfahrungen zum Aufbau von Zahlenvorstellungen und Zahlen-
  verständnis bereit.
- Er schafft keine Einsicht in die Grundideen des Stellenwertsystems und der
  Rechenverfahren.
- Er liefert keine Begründung für Rechengesetze und Zusammenhänge.
- Er ist nicht imstande, verschiedene Rechenwege zu entdecken und zu nutzen ..."
(Floer 1996, 133).

5.2.8 Sachrechnen

Das Sachrechnen wird von vielen Erwachsenen und Kindern mit dem Begriff Textaufgaben gleichgesetzt. Sachaufgaben haben jedoch vielseitige Zielsetzungen: komplexes und kreatives Denken zu schulen, mathematisches Können zu stabilisieren, Größen- und Mengenvorstellungen aufzubauen, mathematische Beziehungen aufzuzeigen. Ein weiterer wesentlicher Aspekt ist die Übersetzung von Sachsituationen in die mathematische Sprache, d.h. das Mathematisieren. Im Rahmen des FIT-Konzepts ist besonders dieser Aspekt ein wichtiges Lernziel. Anwendungsorientierte Aufgaben verbinden Situationen aus der Umwelt des Kindes mit mathematischen Begriffen und Rechenverfahren.

Zu den Funktionen des Sachrechnens (Krauthausen/Scherer 2003, 75) gehören

- Sachrechnen als Lernstoff
  Hierzu gehört der Aufbau des Wissens über Größen (Längen, Zeitspannen, Geldwerte,
  Gewichte, Flächen, Inhalte) und der Umgang mit ihnen, wie es auch im Hessischen

Rahmenplan (1995, 157 ff.) ausführlich beschrieben ist. In den Therapien für Kindern mit RS werden von mir diese Größen nur dann als selbstständiger Lernstoff behandelt, wenn es ausdrücklich vom Kind oder seinen Eltern gewünscht wird (z.b. Ablesen der Uhrzeit). Ansonsten werden die Größen im Zusammenhang mit der Behandlung der Grundrechenarten als Anwendungsbeispiele thematisiert. Zwischen Größen und Zahlen (Maßzahl und Kardinalzahl) bestehen Analogien, die ein derartiges Vorgehen rechtfertigen (z.B. Addition von Zahlen entspricht dem Aneinanderfügen von Größen, Subtraktion dem Abtrennen von Größen, Multiplikation dem Vervielfachen von Größen mit Zahlen, Division dem Teilen von Größen meist durch Zahlen).

- Sachrechnen als Lernziel, d.h. als Beitrag zur Umwelterschließung

Diese Funktion des Sachrechnens gilt als die anspruchsvollste für den schulischen Mathematikunterricht und seine übergeordneten Ziele. Bei permanenter Verknüpfung der Arithmetik mit der Umwelt (Kind-Umwelt-Rechnen) halte ich es nicht erforderlich, dieses als Lernziel einer RS-Therapie gesondert zu formulieren. Stärker hervorzuheben für den Förderunterricht ist das

- Sachrechnen als Lernprinzip

Hierbei sollen die durch Sachaufgaben hergestellten Bezüge zur Umwelt ausgenutzt werden, um das Interesse der Kinder zu wecken, das Verständnis zu fördern und ihre Kenntnisse und Fertigkeiten zu erhöhen. Das kann auf verschiedene Weisen geschehen, z.B. durch Verwendung der Sachaufgaben als Einstieg in Lernprozesse, zur Veranschaulichung von mathematischen Begriffen durch Verkörperung in Sachsituationen und zum Einüben mathematischer Begriffe und Verfahren (Krauthausen/Scherer 2003, 76). Im Rahmen des FIT-Konzepts dient darüber hinaus das Sachrechnen dazu, festzustellen, inwieweit die mathematischen Begriffe und Verfahren vom Kind verstanden und angewandt werden können. Zu diesem Verständnis gehört auch die Fähigkeit, eine Sachaufgabe selbst formulieren zu können, z.B. wenn eine Additions-/Subtraktions-Aufgabe vorgegeben wird. Sachaufgaben, die ein Kind selbst formuliert, zeigen, inwieweit es die Problemstellung erfassen und behandeln kann. Eine Sachaufgabe kann von einem Kind nur dann selbstständig gelöst werden, wenn es den Text erlesen und verstehen kann und die in der Aufgabe verwendeten Begriffe und die zu Grunde liegenden Rechenverfahren beherrscht.

In der Literatur gibt es eine Vielzahl von Klassifikationen des Sachrechnens: Sachbilder, eingekleidete Aufgaben, Textaufgaben und Denkaufgaben, Erfinden von Rechengeschichten, Sachprobleme, sachstrukturiertes Üben, Sachtexte (Krauthausen/Scherer 2003, 77 ff.).

Zu den für den Grundschulunterricht wichtigsten Typen von Sachaufgaben gehören die eingekleideten Aufgaben, die Sachrechenprobleme und Textaufgaben (Radatz/Schipper 1983, 130).

Bei den eingekleideten Aufgaben handelt es sich um in Worte gefasste Rechenoperationen, meist ohne echten Realitätsbezug. Der Sachinhalt ist nur scheinbar der Erfahrungswelt der Kinder entnommen. Ziel der eingekleideten Aufgaben ist im Allgemeinen die Anwendung und Übung von Rechenfertigkeiten und mathematischen Begriffen, die in Texte gefasst sind.

Bei den Sachrechenproblemen steht die Sache selbst und die Einsicht in den Sachzusammenhang im Vordergrund. Es handelt sich um die Anwendung mathematischen Wissens in realistischen Sachsituationen.

Textaufgaben sind Aufgaben in Textform, bei denen mehrere Zahlen oder Größen zueinander in Verbindung gebracht werden. Bei diesem Aufgabentyp wird die kindliche Lebenswelt meist verkürzt und wenig objektiv dargestellt. Textaufgaben bilden jedoch häufig den Schwerpunkt des traditionellen Sachrechnens in der Schule und werden daher auch in der Therapie eingesetzt. Vorrangiges Ziel soll die Förderung der mathematischen Fähigkeit unter Berücksichtigung des gesamten Sachverhalts bzw. Textes sein (Krauthausen/Scherer 2003, 82). Für die Kinder ist es meist schwierig, die Sachsituation aus dem Textzusammenhang zu verstehen und in einen mathematischen Ansatz zu übersetzen, z.B. in eine Gleichung mit einer Unbekannten. Krauthausen/Scherer (2003, 82) berichten, dass die Realitätsferne der Textaufgaben und die Art ihrer Behandlung, d.h. die wiederholte Verwendung immer gleichartiger Aufgabenstellungen, zu heftiger Kritik geführt haben.

Im Rahmen des FIT-Konzepts werden die Sach-/Text-Aufgaben - soweit wie möglich - realitätsnah gestaltet, obwohl Kinder durchaus unterscheiden können, ob eine Sachsituation realistisch oder konstruiert ist. Auch eine etwas künstliche und nicht unbedingt der kindlichen Lebenswelt entnommene Aufgabenstellung kann ihren Sinn bei der Förderung der Denkentwicklung haben. Ziel der Sach-/Text-Aufgabenstellung ist die Förderung der mathematischen Lösungsstrategien des Kindes. Entscheidend ist, ob die Aufgabe für das Kind so formuliert ist, dass es sie auf Grund der eigenen Umwelterfahrung versteht. Das Textverständnis und eine adäquate Lesefähigkeit sind grundlegende Voraussetzungen, um eine Sachaufgabe lösen zu können. Daher gehören die Förderung des Begriffsverständnisses und des Sinn entnehmenden Lesens von Texten zum FIT-Konzept. Darüber hinaus werden die Sach-/ Text-Aufgaben so gestaltet, dass sie im Sinne der „operativen Durcharbeitung" nach Aebli das Kind zu unterschiedlichen Aufgabenstellungen führen. Die in den schulischen Unterlagen der Kinder häufig anzutreffende Strukturierung der Sach-/Text-Aufgaben ohne Vorgabe der Fragestellung in Frage, Rechnung, Antwort, ist für die Kinder mit RS keine Hilfe. Im Gegenteil, die fehlende Frage führt zumindest in der

Anfangsphase zur Verwirrung. Hinzu kommt, dass die Aufgabenstellung oft nicht eindeutig und zu stark konstruiert ist. Sie verstellt den Blick für das Wesentliche. Hilfreich ist es, bei Sach-/Text-Aufgaben wichtige Begriffe (Schlüsselworte wie z.b. einkaufen - verkaufen) unterstreichen und die Aufgabe mit eigenen Worten formulieren zu lassen.

5.3 Erkennen der psychischen Bedürfnisse

Das Erkennen der individuellen psychischen Bedürfnisse und Nöte des Kindes gehört zu den grundlegenden Zielsetzungen förderdiagnostischer Arbeit (vgl. I. a. Therapiekonzept für LRS-Kinder). Als Gründe für eine Beratung nennen Eltern im Anamnesebogen vor allem schulisches Versagen in Mathematik sowie Auffälligkeiten im Sozialverhalten - Unruhe, Unkonzentriertheit, ängstliches oder aggressives Verhalten - sowie die Hilflosigkeit gegenüber den Hausaufgaben. „Für über die Hälfte aller Eltern stellt mangelnde Konzentrationsfähigkeit ihres Kindes den Hauptgrund für eine Beratung ... dar" (Naegele 2001b, 215).

Die Kinder haben in der Regel ungelöste innere Konflikte, die einer Konzentration auf das schulische Lernen im Wege stehen. Um diese emotionalen Konflikte aufzudecken, muss man sich während der Therapie ständig in das Denken des Kindes hineinversetzen. Die Frage muss sein: „Was fühlt das Kind und was hat das zu besagen?" Man sollte nach einer Antwort darauf suchen, „was von seinem Standort aus ein triftiger Grund ist", wie es Bettelheim (1982, 41) in Verbindung mit Leseproblemen von Kindern postuliert. Kinder haben seiner Erfahrung nach berechtigte Gründe für ihr Verhalten, die es aufzuspüren gilt. Die Gefühls- und Denkwelt des Kindes sollte immer mit einbezogen werden, was leider häufig in der Schule - und manchmal auch im Elternhaus - unterbleibt, in der Therapie jedoch wichtig ist. Deshalb beginnt jede Therapiestunde damit, dem Kind die Möglichkeit zu geben, seine persönlichen Erlebnisse mitzuteilen. Neben erfreulichen Anlässen gehören hierzu persönliche Probleme (z.B. Gesundheit), aktuelle und länger zurückliegende Familienereignisse, Trennung der Eltern, Adoption, Geschwisterrivalitäten, auch Auseinandersetzungen mit LehrerInnen und MitschülerInnen (vgl. IV.1.2 Therapieaufbau, einführendes Gespräch und Stressabbau). Bettelheim weist hierzu auf Folgendes hin: „Wenn wir in uns selbst nicht irgend etwas finden können, das dem, was im anderen vor sich geht, gleicht, können wir ihn nicht einfühlsam verstehen" (Bettelheim 1975, 133, zit. nach Gersprach 2002, 160). Danach ist es zumindest hilfreich, wenn der Therapeut selbst Kinder hat oder sich an seine eigenen Lernschwierigkeiten und seine Reaktionsweisen erinnern kann.

Auffälliges Verhalten von Kindern erfordert besonderes Einfühlungsvermögen, da z.B. motorisch unruhig reagierende Kinder leicht von ihrer Umwelt stigmatisiert werden. „Gerade motorisch unruhige Kinder entwickeln raffinierte und ihr Gegenüber anstrengende Mechanismen, um sich ihrer nicht verarbeiteten Erfahrungen zu entledigen. Wir müssen sie aushalten lernen ..." (Gersprach 2002, 163). Ähnliche Probleme, wenn auch anders gelagert, haben besonders ruhige Kinder, die ihren unverarbeiteten Konflikten mit Abschirmung begegnen und diese in sich hineinfressen, was sich dann in psychosomatischen Beschwerden äußert. Um solche unbewältigten Konflikte bearbeiten zu können, muss die helfende Person sensibel auf die Bedürfnisse des Kindes hören und Lösungswege anbieten, z.B. durch Aussprache, Gewinnen bei Spielen, motorisches Ausagieren, Rollenspiele, Spiele mit Puppenhaus, kathartisches Verbrennen von Arbeiten, Lesen von Büchern mit entsprechender Thematik.

5.4   Elemente der Therapiestruktur

Zu den Zielsetzungen therapeutischer Arbeit gehört das „Schaffen neuer Motivation ... in einem positiven, stimulierenden Umfeld" (vgl. l. a. Therapiekonzept für LRS-Kinder). Hierbei ist auf eine Balance aus Spiel, Gespräch, Entspannung und Lernen zu achten" (Naegele 2001a, 281).

Jede Therapiestunde nach dem FIT-Konzept hat deshalb eine bestimmte Struktur (Ritus), die der Therapie als Gerüst (scaffold) dient und je nach Situation und individuellen Bedürfnissen des Kindes in der Reihenfolge und Intensität geändert werden kann (Christenson 2000, 47). Zu dieser Struktur gehören folgende Elemente, die Teil des Therapieaufbaus jeder Stunde, sind (vgl. IV.1.2 Therapieaufbau):

- einführendes Gespräch über positive oder negative Ereignisse der vergangenen Woche und Stressabbau durch körperliche Bewegung, z.B. am Boxsack, mit dem Springseil, oder Balancierkreisel (vgl. IV.2.2.2 Stundenbeschreibung 10/01, Einführendes Gespräch und Stressabbau). Diese Einführungsphase erleichtert den Einstieg in die Therapiestunde und hilft, das Vertrauensverhältnis zwischen Kind und Therapeuten zu vertiefen (vgl. l. a. Therapiekonzept für LRS-Kinder; Naegele 2001b, 206):

- die Behandlung der mathematischen Themen in zwei etwa zeitgleiche Teile. Der erste Teil beginnt mit der Durchsicht der häuslichen Übungen der letzten Woche (vgl. IV.1.2.5 Stundenbeschreibung 9/00, erster Teil der Behandlung mathematischer Themen). Das Kind erläutert seinen Lösungsweg im Heft oder an der Tafel oder mit Hilfe mitgegebenen Materials, z.B. Muggelsteine, Spielgeld. Ältere Kinder prüfen zeitaufwändigere Rechnungen mit dem Taschenrechner nach.

Welche mathematischen Themen neu behandelt oder wiederholt werden, gibt der Therapeut vor, es sei denn, das Kind hat Fragen aus dem aktuellen Schulstoff der letzten Woche, die zu klären sind. In der Regel ergeben sich die Themen aus den Lernzielen und -schritten der einzelnen Therapieabschnitte (vgl. IV.1.2.1, IV.1.2.4, IV.1.2.7 Lernziele und -schritte des ersten, zweiten und dritten Therapieabschnitts). Die Therapieabschnitte (vgl. IV.1.2, IV.2.2 Therapie, Therapieaufbau und Stundenverläufe) sind meist durch die Ferien und die voraussichtliche Dauer der Therapie bestimmt.

- Entspannungs- und Lockerungsübungen (vgl. I. a. Therapiekonzept für LRS-Kinder; Naegele 2001b, 206) zwischen den einzelnen Lernphasen, z.B. nach dem Konzept der Jacobsonschen Muskelentspannung (vgl. IV.1.2.2 Stundenbeschreibung 2/00, Entspannungsübungen nach Jacobson). Hierdurch werden die Kinder ausgeglichener und können den Lernstoff besser erarbeiten.

- Automatisieren der Rechenoperationen (vgl. I.4.3 Unterrichtsprinzipien), um das „Begriffene" zu festigen und für das Kind verfügbar zu machen (vgl. IV.1.2.2 Stundenbeschreibung 2/00, Automatisieren der Rechenoperationen). Wenn ein Kind einen Lernerfolg erzielt hat, muss dieser in verschiedenen Variationen durchgearbeitet und wiederholt werden. Andernfalls wird das Gelernte bald wieder vergessen (vgl. I.3.1 Elemente der Gesprächsführung bei Sokrates und Platon, Dialog des Sokrates nach St. Meyer).

- Besprechung der Lektüre und Nacherzählen (vgl. IV.1.2.2 Stundenbeschreibung 2/00, Besprechung der Lektüre und Lernorganisation). Je nach Alter und Lesefähigkeit nimmt das Kind einen kurzen Text mit nach Hause zum Lesen, der in der nächsten Therapiestunde besprochen wird. Der Schwierigkeitsgrad der Texte wird an die Lesefähigkeit des Kindes angepasst. Durch das Nacherzählen wird das Verständnis des Gelesenen überprüft, eine wichtige Voraussetzung zum Verstehen von Sach- und Textaufgaben.

- Hilfen zur Organisation des Lernens und Arbeitens. Sie erleichtern das Lernen in der Schule und zu Hause, z.B. Arbeit mit Karteisystemen, richtiges Mitschreiben, Pausen einhalten, Wiederholungsschleifen statt großer Lernblöcke durchführen, Punktesystem zur Belohnung. Eine sinnvolle Lernorganisation lässt mehr Freude am Lernen und Erfolg aufkommen (vgl. I. a. Therapiekonzept für LRS-Kinder; Naegele 2003a, 202 ff.).

- gemeinsames Spiel am Tisch. Hierbei hat das Kind eine weitgehend freie Auswahl aus der Vielzahl der zur Verfügung stehenden Brettspiele (vgl. IV.2.2.2 Stundenbeschreibung 10/01, Taschengeldspiel). Durch das Spiel kann das Kind seine Fähigkeiten erproben und entfalten sowie sprachliche, sachliche, soziale und unter Umständen rechnerische Erfahrungen sammeln (vgl. Therapiekonzept für LRS-Kinder; Naegele 2003b, 144 ff.).

An Computerspielen steht für Kinder mit Rechenschwierigkeiten zurzeit leider nur eine kleine Anzahl von geeigneten Computerprogrammen (z.b. The learning Company, Rechenkünstler auf Schatzsuche) zur Verfügung (Zimmermann 2001, 240). Die Mehrzahl der auf dem Markt angebotenen Computerspiele eignen sich eher für Kinder, die keine besonderen Probleme in Mathematik haben.

5.5 Gespräche mit Eltern und LehrerInnen

Ein wichtiger Bestandteil des FIT-Konzepts ist das regelmäßige Elterngespräch (vgl. I. a. Therapiekonzept für LRS-Kinder; Löffler u.a. 2001, 193). Bringen die Eltern die Kinder zur Therapiestunde, so ergeben sich hierbei automatisch Gelegenheiten. Kommen die Kinder allein oder liegen keine besonderen Anlässe vor, so werden mit den Eltern ca. alle drei Monate gesonderte Gespräche vereinbart, bei denen entweder die Eltern allein oder mit ihrem Kind anwesend sind. Ziel der Gespräche ist ein Austausch über die aktuelle Situation des Kindes sowie Besonderheiten und Veränderungen in der Familie, in der Schule und in der Therapie. Außerdem wird den Eltern die Art und Weise des zusätzlichen Übens mit ihren Kindern erläutert. Letzteres setzt allerdings ein weitgehend spannungsfreies Verhältnis zwischen Eltern und Kind voraus. Liegt dies noch nicht vor, werden mit dem Kind direkt Übungen vereinbart, die zur Aufrechterhaltung der Motivation mit Belohnungsprogrammen gekoppelt werden. Zu den Übungen, die von den Eltern zu Hause mit den Kindern durchzuführen sind, gehören z.b. das Einspluseins bis Zwanzig und das kleine Einmaleins (Wittmann/Müller 2001, Bd.1, 33 ff.,110 ff.). Zum Automatisieren dieser Grundkenntnisse für die vier Grundrechenarten mit natürlichen Zahlen sind regelmäßige Wiederholungsschleifen erforderlich, um sie vom Kurzzeit- in das Langzeitgedächtnis zu verankern (vgl. I.4 Remediale Strategie von Case; Vester 1975). Hierzu zeige ich den Eltern, wie sie z.b. durch das Zuwerfen eines Balles bei jeder Aufgabe, um das Rechnen mit den Fingern zu vermeiden, das Kopfrechnen trainieren können. Damit die Eltern ihre Kinder nicht überfordern oder ihnen ungeeignete Aufgaben geben, erhalten sie Übungsblätter mit Rechenaufgaben. Die Kinder sollen insgesamt nicht länger als 10 bis 15 Minuten pro Tag üben. Darüber hinaus erhalten die Eltern praktische Tipps zur Förderung der Lern- und Arbeitstechniken ihres Kindes und Hinweise auf geeignete Spiele (Naegele 2001a).

Bestandteil des FIT-Konzepts ist auch der Kontakt zur Schule und die Zusammenarbeit mit den Klassen-/FachlehrerInnen (vgl. I. a. Therapiekonzept für LRS-Kinder; Löffler u.a. 2001, 193). Viele LehrerInnen stehen zunächst einer außerschulischen Förderung kritisch gegenüber. Erst wenn sie merken, wie die Arbeit nach dem FIT-Konzept hilft, kann meist mit Hilfe von direkten Gesprächen ein abgestimmtes Vorgehen verabredet werden. Es darf jedoch nicht verschwiegen werden, dass es auch LehrerInnen gibt, die RS mit mangelnder

Intelligenz bzw. Faulheit des Kindes gleichsetzen und jeglicher Diskussion unzugänglich sind.

Mitunter möchten aber Eltern einen Kontakt zwischen Therapeut und Schule vermeiden, da sie dadurch Nachteile für ihr Kind in der Schule befürchten. Es gelingt nicht immer, Eltern von den Vorteilen der Zusammenarbeit von Schule und Therapieeinrichtung zu überzeugen. Da es in den meisten Bundesländern noch keine gesonderten Erlasse und Richtlinien für Hilfen bei Rechenschwierigkeiten gibt (vgl. Naegele 2003c, 21 ff.), müssen die LehrerInnen überzeugt werden, RS-Kindern ähnliche Unterstützung zu gewähren, wie sie für LRS-Kinder auf Grund der LRS-Ländererlasse bestehen. Es bleibt zu hoffen, dass die Kultus-Minister-Konferenz in nächster Zeit auch neue Beschlüsse zur Förderung von Kindern mit Rechenschwierigkeiten verabschieden wird.

5.6   Arbeitsmaterialien

Für die Durchführung der Therapie nach dem FIT-Konzept sind vielfältige Arbeitsmaterialien unabdingbar, damit die Kinder spielend-konstruktiv durch eigene Aktivität und Erfahrung lernen können (vgl. I.1.1 Piagets Stadien der Denkentwicklung, dynamisches Prinzip nach Dienes). Hierzu gehören zum einen Materialien für das konkrete Handeln bei Rechenaufgaben, wie sie im Abschnitt II.1.1 (Bedeutung des konkreten Handelns) beschrieben sind und zum anderen Bücher, Spiele (z.B. Brettspiele) und Computerprogramme. Dabei kann bei Spielen und Computerprogrammen zum Teil auf spezielle Materialien für RS-Therapien zurückgegriffen werden (vgl. Zimmermann 2001, 237). Für die Förderung des Textverständnisses bei RS-Kindern werden auch Bücher verwendet, die zur Verbesserung der Lesefähigkeit bei Kindern mit LRS geeignet sind. Unsere Praxis hat im Laufe der Jahre eine große Sammlung von Bilder-, Kinder- und Jugendbüchern angeschafft, die derzeit rund 2.500 Bücher umfasst. Dabei sind die Bücher für die Kinder, die am Beginn einer Therapie stehen, besonders sorgfältig nach folgenden Kriterien ausgesucht:

- altersgerechte, relevante Inhalte,
- äußere Aufmachung, die neugierig macht,
- übersichtliche Gliederung und Textgestaltung,
- Wortwahl, die der Wirklichkeit der Kinder angepasst ist,
- Illustration, die das Textverständnis unterstützt und motiviert,
- ausreichende Schriftgröße für langsame Leser.

Die am häufigsten verwendeten Bücher (Lieblingsbücher), auch für Kinder mit RS, sind unterteilt in

- Bücher für Leseanfänger, die durch die Buchgestaltung motivieren,
- Bücher für jüngere Kinder mit einfachen und für ältere Kinder mit schwierigeren Texten,
- Trost spendende Bücher, die von Kindern mit Lernschwierigkeiten handeln.

Alle Bücher sind nach den Anfangsbuchstaben der Autoren, und zusätzlich nach bestimmten Kriterien (Bilderbücher, Natur, Gedichte, Märchen, fremde Länder, Geschichte) geordnet (vgl. Naegele 2001a, 177).

Die Spiele (Brett-, Karten- und Tischspiele) sind geordnet nach unterschiedlichen Kriterien

- für jüngere Kinder (ab ca. sechs Jahren) z.B. Aktions- und Reaktionsspiele, Schreib- und Lesespiele, Rechenspiele, Denkspiele,
- für ältere Kinder (ab ca. elf Jahren) z.B. komplexere Denkspiele, Strategiespiele, wobei die älteren Kinder sich häufig die einfacheren Reaktionsspiele aussuchen.

Für die Auswahl der Spielesammlung war bestimmend, dass die Spiele auch für nur zwei Personen geeignet sind und unterschiedliche Schwierigkeitsgrade dem Kind das Gewinnen ermöglichen. In vielen Fällen wird die Spielanleitung gemeinsam mit dem Kind so abgeändert, dass sie den Bedürfnissen des Kindes und dem begrenzten Zeitrahmen entsprechen. Derzeit stehen uns ca. 300 Brett- bzw. Tischspiele zur Verfügung. Die Spiele sind wichtig, damit die Kinder

- positive Erfahrungen sammeln und durch ermutigende und vergnügliche Situationen ihr beschädigtes Selbstwertgefühl verbessern können,
- neue Motivation erhalten und im Spiel ihre Aggression, Resignation, Müdigkeit oder Unkonzentriertheit weicht und sie sich wohl fühlen,
- spielend lesen und unter Umständen rechnen lernen.

III. Dokumentation eines Beratungsgesprächs mit den Eltern und der Schülerin A.

Herr und Frau M. kommen mit ihrer Tochter A. auf Anraten der Frankfurter Universitätsklinik im Oktober 2001 zu einem Beratungsgespräch in unsere Praxis. Zur Vorbereitung des Gesprächs haben die Eltern den ihnen vorher übersandten Anamnesebogen ausgefüllt und die gewünschten Unterlagen beigefügt (vgl. II.5.1 Erstellen eines individuellen Förderkonzepts) und uns eine Woche vor dem Termin zugestellt.

1. Allgemeine Informationen und Gründe für die Beratung

A., 9;5 Jahre alt, besucht seit acht Wochen die 4. Klasse einer Frankfurter Grundschule. Seit Beginn der 4. Klasse beobachten die Eltern bei A. verstärkt Probleme im Rechnen. A. zeige sich beim Rechnen unkonzentriert, weine und traue sich nichts zu. Die Noten der letzten Klassenarbeiten sind seit der 3. Klasse „mangelhaft". Bis dahin waren die Zeugnisnoten in Mathematik „befriedigend". Nach Meinung der Lehrerin sind ihre Leistungen sehr schwankend. Eine „Rechenschwäche" könne die Lehrerin nach Aussagen der Eltern jedoch nicht erkennen. Die Eltern sind dennoch beunruhigt. Sie befürchten eine weitere Verschlechterung in den Mathematikleistungen und damit negative Auswirkungen auf die Gesundheit ihrer Tochter, zumal diese bis vor einem halben Jahr wegen Epilepsie behandelt wurde. Seither gebe es aber keine Auffälligkeiten. Die Eltern haben A. in der Universitätsklinik untersuchen lassen und einen psychologischen Untersuchungsbericht erhalten (s. Anhang, Anlage 4: Bericht der J. W. Goethe-Universität, Frankfurt). Dort sind eine Teilleistungsschwäche und Dyskalkulie festgestellt und weitere Untersuchungen empfohlen worden (vgl. III.5 Externe Diagnose).

2. Soziale Umgebung des Kindes

Soweit bei dem Beratungsgespräch erkennbar, kümmern sich beide Eltern liebevoll um ihr einziges Kind (vgl. II.4.3 Einfluss der Rolle des Kontextes). Die Mutter, nicht berufstätig, betreut die Tochter nach dem Schulbesuch. Der Vater, Facharbeiter, kümmert sich in seiner Freizeit auch um seine Tochter. A. macht ihre Hausaufgaben im Beisein der Mutter und lässt sich bei den Rechenaufgaben gern helfen, wie sie betont. Die von der Klinik attestierte Dyskalkulie beunruhigt die Eltern. A., die in allen Fächern - außer in Mathematik - gute Noten hat, geht gern zur Schule. Ihr bereitet das Ergebnis des Tests der Uniklinik offenbar keine Probleme. Sie ist bereit, mehr zu üben, damit ihre „schlechten" Noten wieder besser werden. Sie nimmt momentan an einem Mathematikförderkurs in der Schule teil, zu dem sie auch gerne geht. Ihrer Schilderung ist zu entnehmen, dass in diesem Kurs lediglich der Stoff der Klasse kleinschrittig wiederholt wird.

3. Untersuchung der Rechenschwierigkeiten

Bereits vor Beginn des Beratungsgesprächs habe ich die Unterlagen (Schulzeugnisse, Mathematik-Hefte, -Bücher, -Arbeiten) durchgearbeitet, die mir die Eltern zur Vorbereitung des Gesprächs übersandt hatten. Hierzu gehörte auch ein Brief der Schülerin an mich (im geschlossenen Umschlag), der mir Informationen über ihre psychische Situation geben soll. Dem Schreiben entnehme ich, dass ihre ablehnende Haltung dem Rechenunterricht gegenüber recht ausgeprägt ist, jedenfalls stärker, als sie später im Beisein der Eltern zugeben möchte. Das Studium der Unterlagen ermöglicht mir, die Fragen im Beratungsgespräch gezielter zu stellen (vgl. II.2 Grundsätze der lerntherapeutischen Gesprächsführung).

Da A. sich aufgeschlossen verhält und die Eltern der Beratung positiv gegenüber stehen, stellt sich bereits bei der Begrüßung eine entspannte Atmosphäre ein. Nachdem ich die Zielsetzung der Beratung erläutert habe, bespreche ich mit den Eltern noch eine Reihe von Fragen, die aus dem ausgefüllten Anamnesebogen offen geblieben sind. Währenddessen darf A. malen. Ohne thematische Vorgabe malt sie eine bunte Landschaft und hört dabei interessiert zu. Nach dieser Vorbereitung wende ich mich direkt an A. und verschaffe mir einen Überblick über ihre mathematische Kompetenz. Dazu erlauben mir die Eltern und A., das nachfolgende Interview des wichtigsten Gesprächsteils aufzunehmen. Um die Lernschwierigkeiten in Mathematik festzustellen, untersuche ich ihre Probleme in den unterschiedlichen mathematischen Stoffgebieten und berücksichtige die Schlüsselbereiche mathematischen Lernens, wie sie im Rahmen des FIT-Konzeptes vorgesehen sind (vgl. II.4 Grundsätze zum Erkennen von mathematischen Lernschwierigkeiten).

Protokoll	Kommentar
Z.: Es gibt in der Schule verschiedene Arten zu rechnen, welche Arten kennst du denn? A.: plus, minus, geteilt und mal	Da nach den Anamneseunterlagen A. Probleme derzeit vor allem im arithmetischen und weniger im geometrischen Bereich hat, beschränke ich mich hierauf *(vgl. II.4.1 Erkennen der Schlüsselbereiche mathematischen Lernens)*.
Z.: Richtig, das sind die vier Grundrechenarten. Ich würde gern von dir wissen, was du davon schon kannst und wo deine Probleme liegen. Wir fangen ganz einfach an. Wir haben hier eine Dose *(die Mutter reicht sie herüber)*. Darin sind Muggelsteine. Du nimmst vier Steine und ich nehme drei Steine. Wie viel Steine haben wir zusammen?	Um A.s Wissensstand festzustellen, beginne ich mit dem Lernstoff des Anfangsunterrichts und verbinde die mittelbare Anschauung, d.h. der Vorstellungen vom Hantieren mit Muggelsteinen mit dem Kopfrechnen *(vgl. I.1.4 Ebenen der Erkenntnis nach Lompscher/Galperin, mittelbare und unmittelbare Anschauung)*. Ich vermute, dass A. meine Fragen bei diesem Vorgehen gut versteht *(vgl. II.2.1 Fragen und Antworten, II.5.2.4 Die vier*

A.: sieben	*Grundrechenarten).*
Z.: Stimmt. Du nimmst dir neun Steine, ich nehme mir sieben Steine, wie viel haben wir zusammen?	A. hält die Hände unter dem Tisch und zögert etwas.
A.: mhm, 16	
Z.: Wie bist du darauf gekommen?	Bei der Addition über den Zehner (9 + 7) frage ich nach dem Vorgehen *(vgl. II.3.2 Methode des lauten Denkens).*
A.: weil ich gerechnet habe ...	
Z.: Ja, wie hast du gerechnet, womit hast du angefangen?	
A.: mit neun	
Z.: Und was hast du dann gemacht?	
A.: sieben dazu gerechnet	
Z.: Wie hast du das gemacht?	
A.: mit den Fingern	
Z.: Ja, erzähl doch mal wie. Also neun hast du erst einmal und dann? Kannst du mir zeigen, wie du das gerechnet hast?	
A.: *(zählt mit den Fingern über dem Tisch)* zehn, elf, zwölf, dreizehn, vierzehn, fünfzehn, sechzehn	A. zählt bei dieser Aufgabe über den Zehner, indem sie mit dem kleinen Finger der rechten Hand beginnt und mit dem der linken Hand weiter zählt *(vgl. II.5.2.6.1 Kopfrechnen).*
Z.: Danke! Nun stell dir vor, jeder von euch hat Steine, der Papa, die Mama und du. Du hast drei Steine, der Papa hat vier und die Mama hat fünf Steine. Wie viel Steine sind das zusammen, wie rechnest du das?	Bei der nächsten Aufgabe (3 + 4 + 5) bestätigt sich, dass A. die Addition bis zehn im Kopf beherrscht und über den Zehner zählend - wie beschrieben - rechnet.
A.: *(benötigt längere Überlegungszeit)* zwölf Steine sind das	A. nimmt die Hände wieder unter den Tisch und zeigt nicht, ob sie die Finger bewegt.
Z.: Ja, wie hast du das gerechnet?	
A.: ohne Finger, nur im Kopf	Hier gehe ich davon aus, dass ihre Aussage nur zum Teil richtig ist. Offenbar möchte sie das Fingerrechnen verbergen.
Z.: Toll, wie denn? Also drei und dann?	
A.: drei und vier ist sieben	
Z.: Richtig! Dann kommen noch fünf dazu, wie machst du das?	
A.: äh ... zwölf	Da A. bereits gerechnet hat, nennt sie mir nun das Ergebnis noch einmal und bestätigt, über zehn wieder einzeln gezählt zu haben *(vermutlich mit den Fingern!).*
Z.: Drei und vier weißt du, aber wenn dann die fünf dazu kommt, rechnest du dann sieben plus eins, zwei, drei, usw.	
A.: mhm *(zustimmend)*	
Z.: Damit kommst du sicher hin. Und was ist drei plus drei?	Nun wiederholte ich nur Aufgaben bis zehn, die A. ohne zu zählen lösen kann.

A.: drei mal drei ist ...	
Z.: Nein, so weit sind wir noch nicht, drei plus drei.	
A.: ach so, ist sechs	
Z.: Das weißt du auch, und was ist sieben plus drei?	
A.: *(ohne Zögern)* ist gleich zehn	
Z.: Hast du das gezählt oder wusstest du das jetzt so?	
A.: hab nachgedacht	
Z.: Hast nachgedacht! Und was ist fünf plus fünf?	
A.: fünf und fünf ist zehn	
Z.: Sieh, das weißt du. Jetzt wird es etwas schwerer, acht plus acht? A.: *(zählt leise und bewegt leicht die Finger)* ... ist 16 Z.: Ja, du zählst lieber mit den Fingern, wenn du über den Zehner rechnest. Hast du diesen Ausdruck „über den Zehner rechnen" schon mal gehört? Kennst du den Begriff Zehner (*A. schweigt*)? Gehen wir noch ein Stückchen weiter, was ist denn 20 und 30?	Bei der Aufgabe „8 + 8" frage ich nach, ob ihr der Begriff „über den Zehner rechnen", wie er häufig in der Schule verwendet wird, vertraut ist *(vgl. II.4.1 Erkennen der Schlüsselbereiche mathematischen Lernens, Symbole und Begriffe)*. Da A. schweigt, wechsle ich das Thema *(vgl. 5.2.4 Die vier Grundrechenarten, Addition)*.
A.: plus oder minus? Z.: Plus. A.: 20 und 30 ist 50 Z.: und 60 plus 20? A.: 80 Z.: Okay, da brauchst du gar nicht zu zählen, das kannst du im Kopf. Was ist 20 plus acht? A.: 100 äh ... Z.: Nicht 20 plus 80, ich habe vielleicht nicht deutlich gesprochen? 20 plus acht. A.: ach so, 20 und acht ist 28? Z.: ja, 30 plus sechs? A.: 36 Z.: Ja, und was ist 23 plus zehn? A.: ist gleich 33	Nun überprüfe ich dekadische Analogien bis 100, die ihr ohne weiteres gelingen auch beim Wechsel zwischen Zehnern und Einern (20 + 30, 60 + 20, 20 + 8, 30 + 6, 23 + 10) rechnet A. ohne Finger. *(vgl. II.5.2.3 Dekadischer Aufbau des Zahlensystems)*.

Z.: Richtig. Jetzt wird es wieder schwieriger. Was ist 17 plus 18? Sag mir erst einmal, wie du das rechnest, vielleicht schreibst du es auf! A.: erst 20 ... Z.: Kannst du es im Kopf oder willst du es aufschreiben? A.: im Kopf Z.: Gut, im Kopf. Also: Sag mir bitte, wie du es machst, ich möchte das gerne wissen. Ich bin ein neugieriger Mensch. A.: äh, zwei Zehner zusammenrechnen Z.: gut, dann bist du bei? A.: 20, und dann mit den Fingern weiter rechnen Z.: Und wie rechnest du sieben plus acht?	Bei der nächsten Aufgabe (17 + 18) interessiert mich ihre Strategie, die sich vom bisherigen Vorgehen jedoch kaum unterscheidet (erst die Zehner im Kopf addieren und dann die Einer mit den Fingern zählen) *(vgl. II.5.2.6.2 Halbschriftliches Rechnen).*
A.: ja *(zählt leise mit den Fingern),* ist gleich 15 und dann haben wir 35. Z.: Es ist völlig richtig. Kannst du das auch schriftlich oder rechnet ihr das immer im Kopf? A.: mal so und mal so	Nun zeigt A. offen ihre Hände und zählt mit dem rechten Mittelfinger beginnend.
Z.: Ich habe in deinem Heft gesehen, dass ihr auch schon mit größeren Zahlen rechnet. ... Schreib doch die Aufgabe 32 plus 43 hin. A.: Ich hab keinen Stift. Z.: Davon hab ich reichlich, wie du siehst! Da hast du einen Dreiecksstift, den kann man gut in der Hand halten, dann verkrampft man nicht. A.: Welche Aufgabe? Z.: 32 plus 43 A.: schriftlich oder? Z.: Wie du möchtest *(A. schreibt die Zahlen untereinander und rechnet laut).* A.: drei plus zwei *(schreibt fünf als Einer)* und vier plus drei Z.: sind? A.: sieben *(schreibt sieben als Zehner)* Z.: Ja, was kommt also raus? A.: 75	Nun bin ich gespannt, ob sie bei der nächsten Aufgabe (32 + 43), die sie schriftlich rechnen möchte, ihre Strategie *beibehält (vgl. II.4.1 Erkennen der Schlüsselbereiche mathematischen Lernens, übliche und unübliche Strategien).* Jetzt rechnet sie erst die Einer und dann die Zehner zusammen, wie es bei der schriftlichen Addition üblich ist.

Z.: Richtig, du kannst sicher auch schon mit Hundertern rechnen, nicht? Rechne bitte 321 plus 287. Du schreibst die Zahlen richtig von links nach rechts *(A. schreibt die Zahlen untereinander und rechnet dabei laut)*. A.: Sieben plus eins ist acht *(schreibt acht als Einer)*. Z.: ja A.: acht plus zwei ist zehn, zwei plus eins ist drei plus drei ist sechs *(schreibt Null als Zehner und sechs als Hunderter)* Z.: Sehr gut, was kommt raus?	Die nächste Aufgabe soll zeigen, ob sie die gleiche Strategie auch bei der Addition dreistelliger Zahlen mit Zehnerübergang anwendet. Dabei fällt auf, dass A. die Zahlen stellengerecht schreibt und nicht so wie sie gesprochen werden *(vgl. II.5.2.6.3 Schriftliche Rechenverfahren)*. A. addiert automatisch zu den zwei Hundertern noch die gemerkte Eins als Hunderter dazu.
A.: 608.	
Z.: Richtig, warum hast du hier so eine kleine Eins hingeschrieben? A.: weil ich die übertragen muss Z.: Warum musst du die denn übertragen? A: weil das Ergebnis zehn ist Z.: Was heißt das? *(A. sieht mich an und versteht die Frage nicht.)* Betrachten wir diese Zahl!	Nachdem A. die Aufgabe völlig korrekt gerechnet hat, frage ich nach dem Hunderter, den sie mit der kleinen Eins merkte. Auch diese Frage beantwortet sie. Dennoch vermute ich, dass ihr die Bedeutung dieser „Merkzahl" bei der Addition mehrstelliger Zahlen nicht klar ist *(vgl. II.4.1 Erkennen der Schlüsselbereiche mathematischen Lernens, mechanisches Rechnen)* und ihr die Verbindung der Zahl mit einer konkreten Vorstellung davon Probleme bereitet. *(vgl. II.5.2.1 Zahlenräume)*
Z.: Da steht die Zahl 321. Nehmen wir an, das sind 321 Personen. Was bedeutet dann diese zwei hier *(zeigt auf die Ziffer zwei der Zahl 321)*? A.: ist nur eine ... *(schweigt)* Z.: Für wie viel Personen steht diese zwei?	Da ihr bei Zahlen unter zehn die Verbindung zwischen einer Zahl und der Vorstellung, es handle sich um eine Anzahl von Personen geläufig ist, verbinde ich nun die Zahl 321 mit der Vorstellung, es handele sich um eine Anzahl von Personen (ich setze das Wort Personen hinter die Zahl) und frage nach der Bedeutung der Ziffer zwei in dieser Zahl.
A.: das ist gar keine Person ... Z.: sondern? A.: eine Zahl.	A.s Bemerkung, „das ist gar keine Person" zeigt mir, dass es ihr nicht gelingt, diese dreistellige Zahl mit der Anzahl von Personen in Verbindung zu bringen. Es ist eben nur „eine Zahl".
Z.: Ja, und wenn diese Zahl 321 Personen bezeichnen soll, was bedeutet diese Ziffer *(zeigt auf die Eins in 321)*? Das hier ist eine Eins und bedeutet eine Person. Aber was bedeutet die Zwei an dieser Stelle der Zahl 321? A.: die ist in der Mitte Z.: Ja, warum hast du sie in die Mitte geschrieben? A.: vielleicht, weil es eins, zwei, drei geht	Auch als ich ihr die Hilfestellung gebe, die Ziffer eins steht für eine Person, kann sie mir nicht sagen, was die zwei in der Zahl 321 bedeutet. „Die ist in der Mitte" *(vgl. II.5.2.3 Dekadischer Aufbau des Zahlensystems)*.
Z.: Aha, das hast du gut gesehen. Was bedeutet denn diese Drei? Sind das drei Leute? Warum hast du die Drei da vorne hin geschrieben und nicht da hinten? A.: Sagst du es mir?	Überraschend für mich die Antwort, es handele sich um die Ziffern eins, zwei, drei, was mir bisher nicht aufgefallen war. Das zeigt, dass die Zahl 321 für A. nur die Zusammenstellung von Ziffern ist, ohne die Stellenwerte der Zahl zu kennen *(vgl. II.4.1 Falsche Vorstellung von der Mathematik)*.

Z.: Ich möchte nur wissen, ob du dir vorstellen kannst, was die Zahl bedeuten kann. Ich sehe, dass es dir noch schwer fällt. Wenn man mit großen Zahlen rechnet, muss man nämlich wissen, was die einzelnen Stellen bei einer Zahl bedeuten. Du hast ja die Aufgabe richtig ausgerechnet. Jetzt lass uns mal tief Luft holen! Dann rechnet es sich leichter *(kleine Pause)*.	Ich verzichte darauf, A. zu belehren und weise lediglich auf die Schwierigkeiten hin und darauf, dass sie die Aufgabe ja richtig gelöst hat, um ihre Motivation zu erhalten *(vgl. II.2.7 Berücksichtigung der Interessen des Kindes und seiner Motivation)*.
Z.: Kannst du auch subtrahieren, abziehen? Nimm dir acht Steine aus der Dose. Gib mir fünf ab, wie viel behältst du? A.: Meinst du, wie viel Steine ich in der Hand habe? Ich habe drei übrig. Z.: Ja, du hast drei übrig. Wenn du neun hast und gibst mir sechs? A.: ähm, hab ich immer noch drei	Wie bei der Addition beginne ich die Subtraktion mit Werten unter zehn und verbinde diesmal die Rechnung mit der konkreten Handlung *(vgl. II.1.1 Bedeutung des konkreten Handelns, II.5.2.4 Die vier Grundrechenarten, Addition/Subtraktion)*. A. greift in die Dose und gibt mir sechs Steine.
Z.: Völlig richtig, das hast du mit den Steinen gut gerechnet. So, jetzt hast du 15 und gibst mir sieben ab *(A. schreibt die Zahlen untereinander)*. Schriftlich kannst du das besser rechnen? Wie rechnest du das? A.: von sieben bis 15 Z.: sieben bis 15 ist? Hm ... A.: *(zählt leise mit den Fingern)* acht	Bei der Aufgabe 15 – 7 greift A. nicht in die Dose und schreibt die Zahlen gleich untereinander, wie sie es von der Subtraktion in der Schule her kennt und ergänzt bis 15. Dabei wendet sie wieder die Strategie des Zählens mit den Fingern an.
Z.: Richtig. Jetzt nehmen wir 25 Steine und du gibst dem Papa neun ab. A.: hab ich vier ... äh 14, nee, ... schreib ich lieber auf Z.: ist vielleicht besser A.: minus ... *(schreibt untereinander stellengerecht 25 - 9)*. Z.: Neun gibst du dem Papa, wie rechnest du das jetzt? A.: neun bis 25 ... A.: *(rechnet leise)* 15	Die nächste Aufgabe kann sie auch problemlos in eine Subtraktionsaufgabe umsetzen. Dabei versucht sie es erst im Kopf zu rechnen und dann schließlich schriftlich, wobei sie nicht stellenweise, d.h. mit den Einern beginnend, vorgeht und sich dabei verzählt.
Z.: 25 minus neun sind 15? A.: Ist es richtig? Z.: Wie kann man das nachprüfen? A.: noch mal nachrechnen Z.: Ja, gibt's noch eine andere Möglichkeit?	Ich kommentiere das Ergebnis nicht, um zu sehen, welche Möglichkeiten sie hat, die Rechnung zu überprüfen *(vgl. II.4.1 Erkennen der Schlüsselbereiche mathematischen Lernens)*.
A.: Fünf plus neun ist ... Z.: Warum rechnest du fünf plus neun? Welche Fünf hast du genommen?	Hier ist ihr in Erinnerung, dass man eine Subtraktionsaufgabe durch die Addition des Minuenden und der Differenz überprüfen kann.

A.: äh, 15 plus neun	
Z.: Ach so, jetzt rechnest du ...	
A.: 15 erst mal, dann noch neun dazu *(zählt leise)*. Oh, falsch, es sind 26. Z.: sind 26? A.: Die Aufgabe geht doch gar nicht! Z.: Warum geht die nicht? Weshalb kannst du von 25 Steinen nicht neun Steine abgeben? A.: hä ... *(ist verwirrt)*	Als sie sich dabei verzählt „falsch, es sind 26", ist sie völlig verwirrt und denkt, sie hätte eine Aufgabe vor sich, die man nicht mit „minus" rechnen kann.
Z.: Du hast dich nur verrechnet. Rechnen wir die Aufgabe noch einmal zusammen im Kopf. 25 minus fünf ist? A.: ist gleich 20 Z.: Nun hast du bereits fünf von den neun weggenommen, wie viel musst du noch abziehen? A.: Äh, ich muss noch vier wegnehmen. Z.: Richtig, und was ist nun 20 minus vier? A.: ist gleich 16	Um ihr wieder Mut zu machen, rechne ich jetzt mit ihr zusammen und es zeigt sich, dass A. bei geringer Hilfe das Potential hat, diese Aufgabe im Kopf zu rechnen *(vgl. II.4.2 Untersuchung der Bereiche der nächsten Entwicklung).*
Z.: Jetzt hast du das richtige Ergebnis ohne zu zählen, zufrieden? A.: *(nickt)* Z.: Was ist denn 60 - 40? A.: ach so ..., 20 Z.: Ja, und was ist 66 minus fünf? A.: 61	A. strahlt, als ich das Ergebnis bestätige. Um sie zu weiterem Rechnen zu ermutigen, gebe ich ihr gleich eine einfachere Aufgabe, die sie sofort löst.
Z.: Na guck mal, hervorragend, alles im Kopf! Kannst du auch mit großen Zahlen rechnen? Schreib mal auf 138 - 219. A.: Wie viel?	
Z.: 219. Wie rechnest du das? Sag mir erst einmal, kann man diese Aufgabe überhaupt rechnen *(schreibt die Zahlen untereinander und reagiert nicht auf die Frage)*? A.: Ich rechne nun von neun bis 18. Z.: sind? A.: neun *(zählt leise und schreibt neun als Einer)* Z.: Ja, das weißt du auch ... A.: und eins plus eins bis drei ist eins *(schreibt Eins als Zehner)*	Abschließend gebe ich ihr noch eine Subtraktionsaufgabe, bei der ich, ohne es zu wollen, die Zahlen vertausche. Ich frage aber gleich nach, ob man diese Aufgabe überhaupt rechnen kann. A. ist jedoch so auf die großen Zahlen fixiert, dass sie auf meine Frage nicht achtet und die Zahlen einfach untereinander schreibt und rechnet. Nun interessiert mich, wie sie mit dieser Situation umgeht und ob sie selbst merkt, dass es nach ihrer Methode nicht zu rechnen geht *(vgl. II.3.2 Fehleranalyse und „lautes" Denken, II.5.2.6.3 Schriftliche Rechenverfahren, Subtraktion).* Sie rechnet nun ganz mechanisch die Einer und Zehner nach der Ergänzungsmethode und wendet dann eine vereinfachte Strategie an, indem sie die

Z.: ja ... und dann?	Hunderterziffern vertauscht *(2 - 1) (vgl. I.4 Die remediale Strategie von Case, Oversimplified-Strategie)* und als Ergebnis zu einem Tausender kommt.
A.: Null kommt da hin *(schreibt unter dem Strich 1019)*	
Z.: Warum kommt dahin eine Null?	Nun frage ich nach der Null in ihrem Ergebnis. A. bleibt bei ihrer Tausenderzahl und beachtet weiterhin nicht das Minuszeichen.
A.: weil das ne Tausenderzahl ist	
Z.: Dann zeig mir mal die Tausenderzahl.	
A.: *(zeigt auf die Eins der vierten Stelle)* da	
Z.: Stimmt, das ist ein Tausender. Ich muss dir ein Geheimnis verraten! Diese Aufgabe kann man gar nicht rechnen, weil man nicht eine größere Zahl von einer kleineren abziehen kann. Das kannst du mal mit deinen Freundinnen ausprobieren. Wollen wir zum Schluss noch eine richtige Minusaufgabe rechnen?	Nun beendete ich die Situation, indem ich mein „Geheimnis" lüfte. Danach gebe ich ihr noch eine „richtige" Aufgabe, die sie ohne Probleme rechnen kann. Dadurch bleibt A. weiterhin motiviert und macht nach der Entspannungsübung weiter.
A.: ja	
Z.: Rechne bitte 78 - 69! Was kommt raus?	
A.: *(schreibt die Zahlen auf und zählt leise)* neun	
Z.: Richtig, siehst du, das kannst du! Machen wir erst eine Pause! Ich zeige dir ein paar Entspannungsübungen, die dir beim Lernen helfen können. Wir probieren sie gleich alle zusammen, auch deine Eltern. Erst mal ballen wir die Hände fest zusammen, während wir leise bis sechs zählen ... Nun schütteln wir sie kräftig aus *(alle tun es und wir wiederholen die Übung)*. Na, sind deine Finger schön warm geworden *(A. nickt)*? Können wir noch ein bisschen weiter machen? Jetzt fehlt uns noch das Malnehmen und Teilen, stimmt's.	Nun mache ich mit allen Anwesenden eine Muskelentspannungsübung nach Jacobson *(vgl. W. Johnen, Muskelentspannung nach Jacobsen, S. 35)*.
Das Malnehmen können wir auch mit der Dose üben. Stell dir vor, du fasst dreimal in die Dose rein und jedes Mal nimmst du vier Steine raus. Wie viel Steine hast du dann insgesamt herausgenommen? Kannst du die Aufgabe noch mal wiederholen? Bitte sag nicht gleich das Ergebnis, das ist gar nicht so wichtig. Erklär mir erst einmal, was du tust.	Bei der Überprüfung der Multiplikation beginne ich wieder mit der Vorstellung einer konkreten Situation und lasse mir ihr Vorgehen erklären *(vgl. II.3.2 Lautes Denken)*, um sicher zu sein, dass sie die Aufgabe auch verstanden hat *(vgl. II.2.1 Fragen und Antworten, II.5.2.4 Die vier Grundrechenarten, Multiplikation/Division)*.
A.: Ich hab einmal vier Steine, dann hab ich noch mal vier Steine und dann habe ich noch mal vier Steine.	
Z.: Richtig, du greifst dreimal rein, nimmst jeweils vier Steine raus. Wie viel Steine hast du rausgenommen? Wie rechnest du das?	
A.: im Kopf	
Z.: Und was rechnest du? Plus oder minus, malnehmen oder geteilt?	Ich nenne bewusst alle vier Grundrechenarten, um ihre Antwort nicht zu beeinflussen *(vgl. II.2.4 Zurückhaltung und Zielstrebigkeit)*.
A.: plus	
Z.: Und wie rechnest du das Plus?	Obwohl ich ihr eingangs sagte „wir nehmen mal", addiert sie wie selbstverständlich.

A.: im Kopf	
Z.: Ja, und was rechnest du im Kopf?	
A.: man braucht das nur zusammenrechnen	
Z.: Ja, sag mir bitte die Aufgabe!	
A.: Vier plus vier ist acht, plus vier ist zwölf.	
Z.: Das stimmt! Fass nun sieben mal in die Dose und nimm jedes Mal wie viel raus? A.: Einen *(alle lachen).* Z.: Wie viel hast du dann?	Nun lasse ich sie doch selbst in die Dose fassen und stelle ihr frei, wie viel Steine sie jedes Mal herausnimmt *(vgl. II.2.6 Geleitete Gedankenführung).* Sie ist clever und nimmt nur einen Stein, was mit einem Lachen belohnt wird.
A.: sieben	
Z.: Richtig, nun fass wieder sieben mal rein und wie viel nimmst du jetzt raus? A.: zwei Z.: Okay, wie viel hast du nun zusammen? A.: sieben ... erst mal sieben, nee, zwei plus zwei ist, dann noch mal plus, ist sechs	Dann nimmt sie jeweils zwei Steine heraus und ich lasse sie ausrechnen, wie viel sie nun herausgenommen hat.
Z.: Pass auf, schreib es auf, damit du nichts vergisst. A.: zwei plus *(schreibt 2 + ... und stockt)* Z.: Ja, wie oft musst du jetzt die zwei schreiben? A.: Sieben mal *(A. setzt die Reihe fort).* Z.: hervorragend, sieben mal A.: ... vier ... *(rechnet leise)* sechs, acht, zehn, zwölf, 14.	Als A. Schwierigkeiten bekommt, 7 • 2 als Addition aufzuschreiben, helfe ich, damit es ihr gelingt *(vgl. II.5.2.4 Die vier Grundrechenarten, Multiplikation).*
Z.: Ja, zwölf, 14, also was kommt raus?	
A.: 14 Z.: Stimmt. Kannst du das noch anders rechnen? Musst du das immer mit plus rechnen? A.: Das hab ich noch nicht ausgerechnet, dann kann man auch wieder mit minus rechnen.	Nachdem A. die Aufgabe 2 • 7 durch Addition mit einem größeren Aufwand richtig gelöst hat, frage ich nochmals nach, ob sie es nicht einfacher rechnen konnte. Es fällt ihr allerdings hierzu kein brauchbares Verfahren ein. Auf „minus rechnen" gehe ich nicht ein.
Z.: Stell dir vor, die Zahlen wären größer, nehmen wir an, wir haben nicht sieben, sondern 20. Fass 20 mal in die Dose und hol jedes Mal drei Steine raus, wie kann man das rechnen? Schreibst du da immer drei plus drei usw. 20 mal oder fällt dir da noch was anderes ein? A.: nee	Nun versuche ich durch Vergrößerung der Anzahl A. zu einer Änderung ihres Vorgehens anzuregen. Das misslingt allerdings.
Z.: Guck mal, wie oft hast du denn hier die Zwei geschrieben *(zeigt auf ihre Zweier-Reihe)?*	Danach versuche ich, ihren Blick auf die Zweier-Reihe des Einmaleins zu lenken.

A.: sieben mal	
Z.: Sieben mal die Zwei, fällt dir was auf? Sieben mal zwei *(A. schweigt)*? Kennst du das Einmaleins?	Erst nachdem ich sie nach dem Einmaleins direkt frage, kommt A. auf die Multiplikation.
A.: ja	
Z.: Das Einmaleins kennst du und ...? A.: Malrechnen?	
Z.: Ja, Malrechnen, versuch's damit. A.: Zwei mal zwei ist vier, mal zwei ist ... och, ich will es lieber aufschreiben.	Um die Situation zu verkürzen, bestätige ich „das Malrechnen". Allerdings wendet sie das „Einmaleins" auch jetzt nicht an.
Z.: Versuch's jetzt mit malnehmen. Du fasst sieben mal in die Dose rein und nimmst jedes Mal zwei Steine heraus. Welche Malaufgabe könnte das sein?	Nun wiederhole ich noch mal die Aufgabe, um ihr für die Multiplikation eine Hilfe zu geben. Sie ersetzt aber lediglich die Pluszeichen durch ein Malzeichen.
A.: *(schreibt 2 • 2 • 2 ...)* Z.: *(unterbricht)* Geht das noch anders? Das, was du jetzt machst, das lernt ihr erst viel später. Kannst du es auch einfacher rechnen? Wie oft hast du denn hier die Zwei stehen *(zeigt wieder auf die Zweier-Reihe)*?	Ehe sie die Potenzreihe fortsetzt, unterbreche ich sie und wiederhole meinen Hinweis auf die ZweierReihe.
A.: sieben mal	
Z.: Sieben mal die Zwei. Wie heißt die Multiplikationsaufgabe? Die kennst du bestimmt! A.: sieben mal zwei	Erst als ich die Aufgabe 7 • 2 direkt nenne, kommt sie zur Einmaleins-Aufgabe, die sie auswendig kann.
Z.: Richtig, schreib es hin und was ist sieben mal zwei? A.: *(schreibt 7 • 2 = 14)* 14 Z.: Das weißt du, das kommt ganz schnell, ohne viel zu rechnen, zwei mal sieben ist 14. Nun eine neue Aufgabe, was ist drei mal sieben? A.: 21 Z.: Und was ist vier mal vier? A.: ähm, ist eigentlich 16	Nachdem sie die Aufgabe mit der „Einmaleins"-Aufgabe gelöst hat, frage ich noch ein paar „Einmaleins"-Aufgaben ab, um zu sehen, wie sie damit umgeht.
Z.: Warum eigentlich? Wie kommst du denn darauf? A.: äh, zwölf Z.: Warum ist vier mal vier 16? Woher weißt du das?	Nachdem sie sich durch meine Fragen irritiert fühlt und ihr erstes Ergebnis schnell ändert, interessiert mich, ob sie vielleicht Ableitungsstrategien verwendet.
A.: weil acht mal zwei ist gleich 16 und acht *(schweigt)* Z.: aber es heißt ja hier vier mal vier	Ob A. wirklich auf das Einmaleins mit der Zwei zurückgeht oder es nur deshalb nennt, weil ich danach frage, wird mir nicht klar. Jedenfalls führt ihre Erklärung zum richtigen Ergebnis.

A.: Ja, aber zwei mal vier ist acht.	
Z.: Ja, und wie kommst du auf 16?	
A.: weil man die Vier dann doppelt nimmt, ist es 16	
Z.: Aha, so hast du das gerechnet. Kannst du auch das Einmaleins mit größeren Zahlen? Was ist acht mal acht? Weißt du das?	
A.: Acht mal acht ist leicht.	Bei der nächsten Aufgabe kennt sie das Ergebnis und versucht es nicht, auf eine kleinere Einmaleinsaufgabe zurückzuführen.
Z.: Ist leicht, warum? Was ist denn acht mal acht?	
A.: 64	
Z.: Machen wir jetzt noch etwas anderes: Wir teilen. Hier hast du Muggelsteine. Du teilst diese Steine unter uns beiden auf. Jeder bekommt die Hälfte. Wie viel hat jeder?	Jetzt beginne ich mit der Division und lasse A. einfache Aufgaben handelnd rechnen, und gebe ihr acht Steine *(vgl. II.5.2.4 Die vier Grundrechenarten, Multiplikation/Division)*.
A.: vier	
Z.: Richtig, nun nimmst du zehn Steine und du teilst sie unter uns beiden auf!	A. nimmt keine Steine, sondern nennt gleich das Ergebnis.
A.: fünf	
Z.: Ja! Jetzt hast du 16 Steine und jeder bekommt die Hälfte? Weißt du, wie man das rechnet?	Jetzt erhöhe ich die Anzahl, um zu sehen, wie sie damit umgeht. Sie greift nun zu der Dose und den Steinen.
A.: *(zählt 16 Steine, die auf dem Tisch liegen)*	
Z.: Teil die mal bitte auf, kannst du das im Kopf? Was musst du da rechnen?	
A.: Ich mach das lieber mit den Steinen.	Bei der Aufgabe 16 : 2 zieht sich A. auf die konkrete Handlung zurück und zählt die Steine ab *(vgl. II. 1.1 Bedeutung des konkreten Handelns)*.
Z.: Gut, rechne es lieber mit den Steinen (*A. teilt den Haufen auf und zählt die Steine*).	
A.: jeder bekommt acht	
Z.: Ja, wenn du 20 hast?	A. nennt das Ergebnis ohne Hilfe der Steine.
A.: zehn	
Z.: Sehr schön. Jetzt hast du zwölf Steine und wie viel bekommt jeder von uns Vieren am Tisch? Wie kannst du das rechnen (*A. zählt die zwölf Steine auf dem Tisch und teilt sie auf*)?	Als ich den Divisor auf vier erhöhe, hilft sich A. wieder mit dem konkreten Material und halbiert die Anzahl der Steine zweimal *(vgl. II.4.1 Erkennen der Schlüsselbereiche mathematischen Lernens)*.
A.: drei	
Z.: Wie hast du das gerechnet?	
A.: zwei mal drei ist sechs	
Z.: ... wir sind aber hier vier.	
A.: ja aber noch zweimal	
Z.: Das stimmt. Nehmen wir an, wir haben 20 Steine und jetzt teilst du die auf uns Vier auf, wie	Die gleiche Vorgehensweise *(zweimal halbieren)* wendet A. bei der Erhöhung des Dividenden an, wie

machst du das?	meine Nachfrage ergibt.
A.: jeder drei	
Z.: Wie rechnest du das?	Meine Frage veranlasst A., ihr spontan genanntes Ergebnis zu überprüfen.
A.: *(zögert)* kriegt jeder fünf	
Z.: Richtig, wie hast du es denn gerechnet?	
A.: Einfach die 20 durchteilen und dann die Fünf, die Zehn, die zwei Zehner.	Um sicher zu sein, wie A. vorgeht, frage ich nochmals nach.
Z.: Hast du erst die Zehn aufgeteilt oder was hast du zuerst gemacht?	
A.: Erst die 20 durchgeteilt und dann die Zehn.	
Z.: Das ist klug. Du hast also erst die 20 geteilt, da hast du zehn bekommen, und dann hast du die zehn nochmals geteilt und hast fünf erhalten, richtig?	
A.: mhm *(bejahend)*	
Z.: Du hast für heute genug geübt. Wie wär's denn, wenn du dich am Boxsack abtobst? Jetzt will ich noch mit deinen Eltern sprechen.	Da ich merke, dass A. müde wird, beende ich die Überprüfung und lasse sie an den Boxsack gehen.

4.   Auswertung des Interviews für die Eltern

Nach der Lernstandsanalyse im Beisein der Eltern führe ich das Beratungsgespräch mit den Eltern weiter.

Z.: Ich glaube, Sie haben selbst gesehen, wo die Probleme Ihre Tochter liegen. A. kann viele Aufgaben richtig rechnen. Es ist jedoch so, dass in der Schule ganz bestimmte Rechenstrategien vom Kind erwartet werden. Das Lösen der vorgegebenen Aufgaben muss meist schnell gehen, und das Kind hat oft nicht so viel Zeit, wie es zur Lösung der Aufgaben benötigt.
(A. kommt wieder ins Zimmer.)

Z.: A. hat zur Lösung der Rechenaufgaben häufig eigene Strategien entwickelt. Wie sie z.B. durch vier teilt (nämlich zwei mal durch zwei) ist richtig, aber es ist eine andere Vorgehensweise als diejenige, die im Unterricht bei einer Mathematikarbeit erwartet wird. Bei 20 : 4 sollte sie das Einmaleins mit der Vier kennen und es auch anwenden.

Doch gehen wir der Reihe nach vor und beginnen mit der Addition und Subtraktion. Es nützt nichts, wenn A. mit Hundertern und Tausendern übt, solange sie nicht weiß, was die Ziffern der Zahlen bedeuten. Ihre Tochter sollte zunächst einmal mit kleineren Zahlen Sicherheit bei den Grundrechenarten erlangen. Sie weiß z.B., dass bei einer Addition Mengen zusammengezählt werden, obwohl A. in der ersten Klasse zu wenig mit Anschauungsmaterial gerechnet hat, wie wir zu Beginn unseres Gesprächs festgestellt haben. Leider hat es die Lehrerin versäumt, A. vom Rechnen mit den Fingern wegzubekommen. Es ist schon in Ordnung, am Schulanfang mit Fingern zu rechnen, aber ab Ende der zweiten Klasse sollte sie nicht mehr darauf angewiesen sein. Da wir nur zehn Finger haben, wird das Rechnen über zehn problematisch, d.h. es ist fehleranfällig und zeitaufwendig. Im Zahlenraum bis zehn kann Ihre Töchter flüssig rechnen, zum Beispiel 3 + 4, 7 + 3, das geht auch ohne Finger. Sobald sie aber über zehn rechnen muss, klappt das nicht mehr so gut und sie verrechnet sich häufig. Versuchen Sie mal, mehrstellige Zahlen mit den Fingern zu addieren. Sie werden viel Zeit dazu benötigen und sich verrechnen. So wie Sie im Kopf rechnen können, muss auch A. das kleine Einspluseins, das sowohl addieren als auch subtrahieren umfasst, bis 20 beherrschen. Andernfalls schafft A. die Addition und Subtraktion größerer Zahlen nicht schnell und sicher genug. Die Lehrerin hätte ihr das eigentlich in den ersten beiden Schuljahren beibringen müssen.

Des Weiteren hat A. auch noch keine ausreichende Vorstellung über die Bedeutung der einzelnen Stellen in unserem Zahlensystem, also welchen Wert die einzelnen Ziffern unserer Zahlen besitzen. Daher weiß sie im Grunde nicht, was sie bei größeren Zahlen rechnet. Sie addiert die einzelnen Ziffern, aber sie weiß nicht, warum bei einer mehrstelligen Zahl die Ziffern an bestimmten Stellen stehen. Wenn z.B. bei 321 die Zwei an der zweiten Stelle steht, dann hat sie natürlich nicht den Wert zwei, sondern 20, und davor hat die Ziffer nicht den Wert drei, sondern 300. Das muss A., wenn sie mit den Zahlen rechnet, wissen. Es nützt nichts, eine Addition nur mechanisch, d.h. ohne Verständnis der ziffernmäßigen Zusammenhänge durchzuführen. Das konnten Sie besonders deutlich bei der Subtraktion feststellen. A. rechnete auch hier ganz mechanisch, so dass sie nicht gemerkt hat, dass sie von einer kleineren eine größere Zahl abziehen wollte. Deshalb muss sie zunächst einmal die Bedeutung des Stellenwertsystems unserer Zahlen im wahrsten Sinne des Wortes begreifen. Dazu gibt es sehr schönes Material, z.B. Mehrsystem-Blöcke (Z. zeigt sie den Eltern). Hiermit hätte z.B. im Unterricht gearbeitet werden können.

Vater: Das haben wir bei den Hausaufgaben gemerkt. Wir haben ihr gesagt, hier schau mal, du kommst jetzt in die nächsten Zehner rein, aber der Begriff Zehner ist ihr einfach nicht bekannt gewesen.

Z.: Ja, das haben Sie gut beobachtet. Viele Lehrerinnen erwarten, dass die Eltern mit den Kindern den Unterrichtsstoff üben oder Nachhilfe geben lassen, ohne dass die Kinder die mathematischen Begriffe und Rechenoperationen ausreichend verstanden haben. Durch eine Nachhilfe wird die Leistung des Kindes häufig dadurch nicht besser, weil das Falsche geübt wird. Um sinnvoll zu helfen, muss der Nachhilfelehrer die Rechenaufgaben so weit vereinfachen, bis das Kind die Aufgaben versteht und selbst rechnen kann. Erst dann kann der Schwierigkeitsgrad erhöht werden. D.h., A. müsste zunächst Kopfrechnen üben ohne zu zählen und bei mehrstelligen Zahlen wissen, was die einzelnen Ziffern in den Zahlen bedeuten. Beim Malnehmen wusste sie sich zu helfen, hat aber die Verbindung von der Addition zur Multiplikation und zum Einmaleins nicht ausreichend verstanden.

Mutter: Die Tausender-Zahlen kann sie, aber die kleinen Zahlen nicht. Das Einmaleins vergisst sie auch immer wieder.

Z.: Ja, es ist wichtig, dass man, bevor etwas auswendig gelernt wird, die Aufgaben erst einmal richtig versteht. Beim Einmaleins muss A. verstehen, was z.B. sieben mal zwei bedeuten kann, nämlich siebenmal in die Dose greifen und je zwei Steine herausnehmen. Erst dann sollte $7 \cdot 2 = 14$ auswendig gelernt werden. A. hat die Aufgaben aus den vier Grundrechenarten im Zahlenraum bis 100, die ich ihr vorgab, auf ihre Art oder mit geringer Hilfe immer richtig gelöst, d.h. sie kann logisch denken. Es fehlen ihr aber noch wichtige Einsichten über mathematische Zusammenhänge, die u.a. mit konkretem Anschauungsmaterial besser erworben werden können. Falls also A. gefördert werden soll, nützt es nichts, nur bei den Hausaufgaben zu helfen. Man muss mit dem Stoff zurückgehen, d.h. Rechenaufgaben der ersten und zweiten Klasse wiederholen, dabei möglichst mit konkretem Anschauungsmaterial arbeiten und versuchen, das nachzuholen, was in den ersten beiden Schuljahren versäumt wurde. Nur dadurch gelingt es, die Wissenslücken, die A. hat, zu schließen. Zum Glück haben Sie relativ früh gemerkt, dass ihre Tochter Probleme hat. Es wäre sicherlich gut, wenn Sie bald jemand finden, der A. fördert und möglichst so arbeitet, wie ich es Ihnen gezeigt habe. Die Person sollte nachfragen, wie A. etwas rechnet, was sie denkt und wie sie zu ihrer Lösung kommt.

Vater: Also, ich denke, es wäre gut, wenn es jemand wie Sie macht, der Fachmann ist und unabhängig von der häuslichen Problematik.

Z.: Ja, das stimmt. Es ist meist schwierig, mit den eigenen Kindern zu arbeiten, weil darunter die Beziehung leiden kann. Wie Sie wissen, sind wir eine private Einrichtung, die sich ohne staatliche Unterstützung finanzieren muss. Es gibt jedoch nach dem Kinderhilfejugendgesetz die Möglichkeit einer Kostenübernahme durch das Jugendamt. Dessen Leistungen sind jedoch an bestimmte Auflagen gebunden.

Vater: Ich habe mich bereits beim Jugendamt wegen A.s Dyskalkulie erkundigt.

Z.: Es wäre gut, wenn Sie von dort finanzielle Unterstützung bekämen. Sie haben ja selbst gesehen, dass Ihre Tochter eine zusätzliche Hilfe braucht, um mit den Rechenschwierigkeiten fertig zu werden. Sie hat Wissenslücken und Verständnisprobleme in verschiedenen Bereichen der Mathematik. Wenn nichts passiert, wenn sie z.b. das Rechnen mit den Fingern beibehält, dann werden sich ihre Leistungen weiter verschlechtern und ihr Selbstwertgefühl darunter leiden.

Vater: Ja, ja, wir müssen etwas tun.

Z.: Zusammengefasst kann man sagen, Ihre Tochter hat einen größeren Entwicklungsrückstand im Rechnen. Sie hat in Bezug zum Lernstoff der vierten Klasse einen Rückstand, der in wichtigen Bereichen bis zu zwei Jahren beträgt. Die Gefahr besteht, dass sich die Misserfolge in Mathematik auch auf andere Fächer ausweiten und die psychische Stabilität ihrer Tochter negativ beeinträchtigt wird. Wenn Sie das mit Dyskalkulie bezeichnen wollen, ist es okay. A. hat jedoch keine Dyskalkulie im Sinne eines gesundheitlichen Defekts, der in ihr zu suchen ist und der sich aus einer Teilleistungsschwäche ergibt.

Mutter: Stimmt. Das meinen wir auch. Aber der Stoff im Rechnen wird immer mehr und A. steht wie vor einem riesigen Berg, den sie allein nicht mehr bewältigen kann.

Z.: Ja, da sehe ich auch die Gefahr, wenn Ihrer Tochter nicht bald geholfen wird.

5.   Externe Diagnose

Nach dem Beratungsgespräch schickten mir die Eltern eine Kopie des psychologischen Untersuchungsberichts der Universitätsklinik Frankfurt, der zu dem Besuch bei uns geführt hat.

Danach sind mit A. verschiedene Tests durchgeführt worden, u.a. mit der Kaufmann-Assessment-Battery (K-ABC). Der Untersuchungsbericht führt dazu Folgendes aus: „Die Analyse der Einzelergebnisse zeigt verschiedene Signifikanzen, die insgesamt zum Bild einer deutlichen Dyskalkulie führen. Im GFT, einem Test zur Bestimmung der Leistung im Bereich der visuomotorischen Koordination, erzielt ... einen Prozentrang von 99,1, d.h. 99,1% der Gleichaltrigen machen weniger Fehler, eine unterdurchschnittliche Leistung". Dieser Bericht gibt zu zwei Feststellungen Anlass:

1. Er lässt völlig offen, weshalb sich ein Bild einer deutlichen Dyskalkulie ergibt, und

2. wenn der Prozentrang mit 99,1 richtig ermittelt wurde, gibt er an, dass nur 0,9% der Vergleichsgruppe weniger Fehler machen, was zu einer weit überdurchschnittlichen Leistung führt (A. Schelten 1997, 45).

Des Weiteren hat A. nach diesem Bericht eine durchschnittliche Intelligenz und folgende Teilleistungsschwächen:

„1. räumliches Vorstellungsvermögen

2. visuomotorische Koordination

3. logisches Denkvermögen".

Im pädagogischen Bereich führen die Teilleistungsschwächen zur Dyskalkulie" (s. Anhang, Anlage 4: Bericht der J. W. Goethe-Universität, Frankfurt).

Im Ergebnis ist dieser Klinikbericht wenig brauchbar, da er eine Begründung für die Behauptung, die genannten Teilleistungsschwächen führen zu einer Dyskalkulie, nicht enthält und die Testergebnisse fehlerhaft erläutert werden.

Empfohlen wird den Eltern, ein Institut für „Dyskalkulie-Behandlung" zu suchen und für den schulischen Bereich eine Nachhilfe im Rechnen. Insgesamt gesehen führte die Etikettierung des Kindes mit den Begriffen „Teilleistungsschwächen und Dyskalkulie" zu einer Verunsicherung der Eltern und war für sie nicht hilfreich.

6. Zur weiteren Entwicklung

Wie uns die Mutter nach ca. zwei Jahren telefonisch mitteilt, habe A. kurz nach dem Beratungsgespräch bei uns einen Therapieplatz bei einer anderen Einrichtung erhalten. Nach der therapeutischen Behandlung hätten sich A.s schulische Leistungen in Mathematik deutlich verbessert und wären ausreichend und besser. A. hätte - wie die Mutter ausdrücklich betont - keine „Dyskalkulie" mehr. Nähere Informationen über die Art der therapeutischen Behandlung liegen uns nicht vor. Nach dem Gespräch mit der Mutter hatte ich den Eindruck, dass bei der Therapie die Lernprobleme und Rückstände im mathematischen Bereich ohne Funktionstrainingsprogramme aufgearbeitet wurden.

7. Zusammenfassende Betrachtung des Beratungsgesprächs

Das Beratungsgespräch gibt Auskunft über die von Ginsburg beschriebenen fünf Schlüsselbereiche des mathematischen Lernens bei der Schülerin A. (vgl. II.4.1 Erkennen der Schlüsselbereiche mathematischen Lernens) und ihre mathematische Kompetenz (vgl. II.5.1 Erstellen eines individuellen Förderkonzepts). Die im Abschnitt II.4.1 gestellten Fragen lassen sich wie folgt beantworten:

- In wie weit sind grundlegende mathematische Begriffe und Symbole erschlossen?
  A. sind grundlegende Begriffe, z.B. Einer, Zehner, Rechnen über den Zehner nicht vertraut.
- Welche fehlerhaften, systematischen Strategien werden verwendet?
  A. benutzt beim kleinen „Einspluseins" beim Rechnen über zehn systematisch die Strategie des Zählens mit dem Finger, die sehr fehleranfällig ist.
- Welche falschen Vorstellungen von der Mathematik bestehen?
  A. hat die Vorstellung, dass mehrstellige Zahlen (z.B. 321) eine Zusammenstellung von Ziffern sind, und berücksichtigt nicht den kardinalen Charakter. Sie kann die Zahl nicht mit einer Anzahl von Personen in Verbindung bringen.
- Werden die Aufgaben durch mechanisches Rechnen gelöst?
  A. rechnet die schriftliche Addition/Subtraktion mehrstelliger Zahlen überwiegend mechanisch. Sie hat keine ausreichende Vorstellung von der Bedeutung des Übertrags. Bei der Subtraktion versucht sie, eine größere Zahl von einer kleineren abzuziehen (innerhalb der natürlichen Zahlen).
- Kann eine Verbindung zwischen formaler und informeller Mathematik hergestellt werden?
  A. kann in der Schule gelernte „Einmaleins"-Aufgaben aufsagen, aber nicht in einem Sachzusammenhang anwenden. Sie löst Divisionsaufgaben zweistelliger, gerader Zahlen (z.B. 20 : 4) durch das ihr geläufige Halbieren.

Bezüglich des Kopfrechnens zeigt die Untersuchung „des Bereichs der nächsten Entwicklung" (vgl. II.4.2), dass A. die Subtraktion (25 – 9), die ihr schriftlich nicht gelingt, mit meiner Hilfe rechnen kann. A. hat demnach das Potential, die Subtraktion und damit auch die Addition über den Zehner in nächster Zeit im Kopf (ohne Benutzung der Finger) zu beherrschen, wenn sie entsprechend angeleitet wird.

Das Ziel der Beratung wurde erreicht. Sowohl dem Kind als auch den Eltern sind Informationen über den Lernstand und die einzelnen Schwierigkeiten im Rechnen gegeben worden. Den Eltern wird eine außerschulische Förderung für ihre Tochter im Rechnen empfohlen, damit deren Rechenschwierigkeiten verringert und ihre psychische Stabilität verbessert werden.

IV.   Dokumentation von Therapien und Stundenverläufen

Im Folgenden werden die im Kapitel II beschriebenen Grundsätze und Bausteine des dargestellten FIT-Konzepts zur Förderung von RS-Kindern an Beispielen illustriert. Es wird dazu in den Abschnitten 1 und 2 je eine Therapie aus meiner praktischen Arbeit in den Jahren 1999 bis 2002 im Einzelnen dargestellt. In beiden Fällen erfolgte die Förderung ohne die Anwendung spezifischer Trainingsmethoden zur Behebung der „Wahrnehmungs-" bzw. „Teilleistungsstörung". Dabei handelt es sich im ersten Fall um ein türkisches Mädchen (S.), das bereits in der ersten Klasse mit Rechenproblemen auffiel, und im zweiten Fall um ein deutsches Mädchen (H.), dem in der vierten Klasse eine Rechenschwäche bescheinigt wurde. Innerhalb der Therapiedarstellungen werden Stundenbeschreibungen eingefügt, in denen die Therapieabschnitte gemäß des Therapieaufbaus genau beschrieben werden. Darüber hinaus wird an den jeweiligen Stellen der Therapiedarstellung auf die verwendeten Grundsätze und Bausteine aus Kapitel II verwiesen. Dadurch wird die Verbindung zwischen dem theoretischen Förderkonzept und der praktischen Förderung hergestellt.

1.   Darstellung der Therapie der Schülerin S.

Die Therapie der Schülerin S. dauerte insgesamt 1 ½ Jahre (130 Stunden) und verlief nach folgendem Zeitplan (Monat/Jahr):

> 4/1999, 9/1999: Beratungen (1./2. Klasse Grundschule)
> 1/2000: Beginn der Therapie (2. Klasse Grundschule)
> 6/2001: Ende der Therapie (Versetzung in 4. Klasse Grundschule).

Eine erste Beratung mit Mutter und Tochter findet im April und eine weitere nach den Schulferien im September 1999 statt (vgl. II.5.1 Erstellen eines individuellen Förderkonzepts) Der Vater, leitender Angestellter, ist nach Aussage der Mutter beruflich verhindert und nimmt an diesen Beratungen nicht teil.

1.1   Anamnese

1.1.1   Allgemeine Informationen über S.

Zum Zeitpunkt der ersten Beratung 4/1999:

Alter: 7;3 Jahre
Geburtsmonat: Januar 1992
Nationalität: türkisch

Schulklasse: 1. Klasse Grundschule.

Frau A., Akademikerin, stellt ihre Tochter auf Anraten der Schule vor. S. besucht seit einem Dreivierteljahr die erste Klasse. Die Klassenlehrerin hat eine Untersuchung wegen vermuteter Wahrnehmungsprobleme und Dyskalkulie empfohlen. Im Hessischen Rahmenplan Grundschule ist vorgeschrieben, dass der Mathematikunterricht den unterschiedlichen Lernvoraussetzungen und Lernmöglichkeiten der einzelnen Kinder durch vielfältige Differenzierungsmaßnahmen und Ermutigungen gerecht werden muss (Hessisches Kultusministerium 1995, 145). Offenbar ist das der Lehrerin nicht gelungen, so dass sie außerschulische Hilfen in Anspruch nehmen will.

S. geht nach der Schule in einen Hort. Die Mutter arbeitet zu diesem Zeitpunkt halbtags und kann sich nachmittags um ihre Tochter kümmern. Die Familie hat die türkische Staatsangehörigkeit und lebt seit langem in Deutschland. S. und ihr älterer zwölfjähriger Bruder wurden in Deutschland geboren. Die Kinder verbringen in der Regel die Ferien bei Verwandten in der Türkei. Die Schülerin sprach, bis sie mit fünf Jahren in den Kindergarten kam, türkisch, seither überwiegend deutsch, noch leicht dysgrammatisch. Zu Hause wird sowohl deutsch (die Mutter spricht es perfekt) als auch türkisch gesprochen.

Gründe für die Beratung

Die Eltern machen sich Sorgen wegen der Probleme ihrer Tochter S. im Rechnen, die von der Lehrerin als massiv bezeichnet werden. S. bestätigt dies im Gespräch sofort und findet, dass die Lehrerin streng sei und viel mit ihr schimpfe. Die Mutter empfindet ihre Tochter als schwierig, da sie ständig ablenke und Aufmerksamkeit suche, z.B. durch „hübsch aussehen" und „Baby spielen" gegenüber dem Vater. In den übrigen Schulfächern seien die Probleme geringer; so liest S. gern, wenn auch langsam.

Entwicklung der frühen Kindheit und am Schulanfang

Die frühkindliche Entwicklung war - bis auf eine einseitige Muskelschwäche im Alter von sechs Monaten - unauffällig. Die Schwäche wurde durch Krankengymnastik ausgeglichen. S. ist Linkshänderin, hat eine funktionsgerechte Handhaltung und schreibt unverkrampft. Sie ist nur sehr selten krank. Sie hat keine besonderen sportlichen Hobbys und betätigt sich sportlich nur, wenn es von ihr verlangt wird.

Die Schülerin besuchte ein Jahr - zwischen dem 5. und 6. Lebensjahr - den Kindergarten und geht seitdem in den Hort. Sie mag - nach Angaben der Mutter - keine Spiele mit Lego-Steinen, malt aber sehr gern, vor allem Selbstporträts. Auch gab es am Schulanfang keine

Besonderheiten wie z.B. Veränderungen in der Familie, längeren Schulausfall oder Lehrerwechsel. Die Schülerin hat viele Freundinnen in ihrer Klasse. Hausaufgaben werden im Hort gemacht. S. verweigert zu Hause zusätzliches Üben.

1.1.2 Diagnostische Ergebnisse

Aufgrund der beiden Beratungen mit Mutter und Tochter ergibt sich Folgendes:

Psychische Auffälligkeiten

Bereits während der ersten Beratung (vgl. II.5.3 Erkennen der psychischen Bedürfnisse) wird die Rivalität zwischen den Geschwistern von der Mutter thematisiert. Ihrem Bericht ist zu entnehmen, dass der Bruder die Schwester niedermache, ihr sage, dass er sie blöd finde. Der Vater behandele S. wie ein Baby, sagt die Mutter. Die besseren Schulleistungen des älteren Bruders und die Eifersucht auf die vermeintlich größere Nähe zum Vater haben offenbar das Selbstwertgefühl von S. negativ beeinflusst. Sie versucht, dies durch kleinkindhaftes Verhalten zu kompensieren, was die Mutter stört. In der Klasse fühlt sich S. minderwertiger als ihre Klassenkameradinnen, die schneller und besser rechnen können. Vor den Klassenarbeiten im Fach Mathematik hat sie Angst. Diese Angst blockiert sie und verhindert, dass sie das Gelernte wiedergeben kann.

Mengeninvarianz

Während der ersten Beratung überprüfe ich kurz (vgl. II.3.1 Erkennen und Erreichen der Mengeninvarianz), ob S. eine wichtige Voraussetzung für mathematisches Lernen besitzt. Ich stelle fest: S. erkennt die Mengeninvarianz bei der Verformung einer Tonkugel (vgl. I.1.1 Piagets Stadien der Denkentwicklung) und begründet sie auf Nachfrage mit der Dicke und Breite der Wurst (Kompensation) und mit der Rückführung in den ursprünglichen Zustand (Reversibilität). Eine weitergehende Untersuchung der Mengeninvarianz (mit diskreten Mengen, Flüssigkeiten) erfolgt aus Zeitgründen nicht, weil für die Mutter die Klärung von allgemeinen Therapiefragen und das Kennenlernen unserer Einrichtung im Vordergrund steht.

Lernstand im Rechnen

Eine zweite Beratung fand im September 1999 statt, weil die Mutter zunächst versuchte, ihrer Tochter allein zu helfen. Da S. nun in der 2. Klasse ist, prüfe ich, inwieweit ihr der

95

Lernstoff der ersten Jahrgangsstufe geläufig ist. Dazu gehören im Zahlenraum bis 20: Anzahlerfassung, Zählen, Zahlen schreiben, Zahlen ordnen, Plus- und Minusaufgaben (mit und ohne Materialien) schreiben und rechnen (vgl. II.5.2.1 Zahlenräume und Zählfähigkeit).

Die Überprüfung ihrer rechnerischen Kompetenz zeigt:

- S. kann die Anzahl kleinerer Mengen (bis sechs) nicht mit einem Blick erkennen.
- Sie zählt die Zahlen bis 20, rückwärts allerdings stockend, und schreibt die entsprechenden Zahlen.
- S. kennt die Zahlenrelationen bis 20 (Welche Zahl kommt vor ..., nach ...?).
- Es bestehen - auch bei Benutzung der Finger - Unsicherheiten bei Plus- und Minusaufgaben im Zahlenraum bis zehn und beim Zerlegen der Zahlen.
- Beim Rechnen im Zahlenraum bis 20 nimmt sie in vielen Fällen die angebotene Hilfe an, mit Anschauungsmitteln, z.B. Muggelsteinen, zu hantieren. Sie kann nach Diktat ohne Probleme die Aufgaben (Addition, Subtraktion) schreiben und rechnet dann mit den Steinen zählend. Sie verwendet verschiedene Zählstrategien (ab Beginn zählen, weiterzählen), wodurch Fehler entstehen.
- S. verwechselt öfter beim Schreiben der Rechenaufgaben die Operationszeichen plus und minus. Sie hat kein ausreichendes Verständnis der Rechenoperationen (z.B. merkt sie nicht, wenn der Subtrahend kleiner ist als der Minuend).
- Im Zeugnis der ersten Klasse wird festgehalten: „Im Mathematikunterricht braucht sie noch sehr viel Unterstützung und Hilfe" (s. Anhang, Anlage 5: Zeugnis der Schülerin S. 1. Klasse).

1.1.3 Beratungsergebnisse

Der Mutter wird von mir nach den Beratungen empfohlen, für ihre Tochter - neben einer schulischen Förderung - eine außerschulische Hilfe zu organisieren, da

- die fehlenden Erfolgserlebnisse im Rechnen ihr Selbstwertgefühl schon negativ beeinflusst haben und bis zur völligen Lernblockade führen können,
- sie eine genaue Passung an ihren Lernstand und unbedingt Unterstützung mit konkretem Anschauungsmaterial benötigt, die sie in der Schule nicht in ausreichendem Maße erhält,
- ihre Schwierigkeiten im Rechnen sich vergrößern können und die Gefahr besteht, dass sich die Lernschwierigkeiten auch auf andere Fächer ausdehnen.

Bereits nach der ersten Beratungsstunde bemühen sich die Eltern um die Bewilligung und Finanzierung einer außerschulischen Maßnahme durch die zuständige städtische Sozialstation. Aufgrund der Beratung möchten die Mutter und die Tochter gerne eine

Therapie in unserer Einrichtung. Da jedoch die zuständige Fachberaterin im Jugendamt eine andere Therapieeinrichtung vorschlägt, die auf der Grundlage von Wahrnehmungsstörungen arbeitet, verzögert sich die Bewilligung. Das Bewilligungsverfahren ist von sehr heftigen Auseinandersetzungen zwischen den Eltern und den Vertretern des Jugendamtes begleitet. Erst neun Monate nach der ersten Beratungsstunde beginne ich - auf Wunsch der Eltern - mit der Therapie, die sie zunächst selbst finanzieren.

1.1.4 Externe Diagnose und Hilfeplan

Auf Veranlassung der Sozialstation wurden mit S. in der Zwischenzeit (Anfang d. Jahres 2000) in einer anderen Frankfurter Einrichtung eine Reihe von Tests durchgeführt, die zu folgenden Diagnosen führten:

- „Wahrnehmungsverarbeitungsstörung - visuelle/motorische Teilleistungsstörung,
- Aufmerksamkeits-, Konzentrationsstörung,
- Geschwisterrivalität,
- Einschränkung der visuellen Verarbeitung in:
  - Augen-Hand-Koordinationsstörung,
  - graphomotorische Störung,
  - Augenbewegung auffällig,
  - Lese-Rechtschreibprobleme,
- erhebliche Rechenprobleme,

bei normaler Intelligenz und schlechter Förderung wie erheblichen Lern- und Leistungswiderständen."

Als Therapievorschlag wird angegeben eine „Med. Überprüfung der visuellen Verarbeitung ...", eine „Lerntherapie/Verhaltenstherapie zur Verbesserung der Aufmerksamkeit und schulischer Fertigkeiten" in Verbindung mit einer „Evtl. Wiederholung der Klasse ..." und einer elementaren Basisförderung für das Rechnen. Das Gutachten lässt offen, weshalb eine medizinische Überprüfung der visuellen Verarbeitung und eine Wiederholung der Klasse bereits eine Therapie darstellen sollen. Abschließend wird im Gutachten festgestellt: Die Schülerin „ist von geistig-seelischer Behinderung bedroht, wenn nicht entsprechende Fördermaßnahmen wie eine Rückstufung in die Wege geleitet werden" (s. Anhang, Anlage 6: Kurzgutachten eines Instituts für Wahrnehmungsstörungen).

Auf massiven Druck der Eltern wird von den zuständigen Vertretern im Sozialamt nach einem Jahr endlich ein Hilfeplangespräch mit den Eltern und mir, dem künftigen Therapeuten, durchgeführt; auf Wunsch der Eltern zunächst ohne das Mädchen, das gesondert befragt wird. Ein solches Gespräch ist Voraussetzung für die finanzielle

Unterstützung einer Maßnahme nach dem KJHG. Ziel des Gespräches ist die Festlegung der Rahmenbedingungen für die Bewilligung einer integrativen Psycho- und Lerntherapie auf der Grundlage des § 27 i.V.m. § 35a KJHG (Kinder- Jugend- Hilfegesetz). Während des Hilfeplangesprächs lassen sich die Vertreter des Amts von der Mutter die Gründe darlegen, weshalb sie eine Therapie beantragt. Hierzu erläutert die Mutter die Probleme ihrer Tochter im Mathematikunterricht und in der Familie. Zu den Zielen der Therapie verweise ich in diesem Gespräch auf die Notwendigkeit, den Entwicklungsrückstand im mathematischen Bereich aufzuarbeiten und die psychische Stabilität zu verbessern.

Es wird schließlich von den Vertretern des Sozialamts ein Hilfeplan erstellt, der vorsieht: S. soll so gefördert werden, „daß sie nicht mehr Unterstützung braucht als andere in der Klasse, daß sie sich gegen ihr Umfeld behaupten kann, mit Mißerfolgen umgehen kann, von Resignation zur kindgemäßen Fröhlichkeit gelangt, daß sich die Schere zwischen Kleinkind- und halberwachsenem Verhalten schließt, daß die Mutter ohne fremde Hilfe mit ... klarkommt".

Als erste konkrete Ziele werden festgehalten,

- „daß ... in ihrer Klasse bleiben kann
- daß ... rechnet ohne zu zählen (Sicherheit im Zahlenraum bis 20)" (s. Anhang, Anlage 7: Hilfeplan des allgemeinen Sozialdienstes v. 10.05.00).

1.1.5 Gespräch mit der Lehrerin

Mit Zustimmung der Eltern setze ich mich gleich bei Therapiebeginn mit der Schule in Verbindung (vgl. II.5.5 Gespräche mit LehrerInnen). Die Klassenlehrerin, die auch Mathematik unterrichtet, bekräftigt den großen Lernrückstand, den S. vor allem im Rechnen habe. Da S. im Rechnen sehr langsam sei, habe sie nur einen deutlich geringeren Teil des Rechenbuches erster Klasse (Nussknacker, Klett) geschafft als die übrigen Kinder. Die von der Lehrerin angeregte Nachhilfe habe leider keine Besserung gebracht. Nach ihrer Meinung habe S. Wahrnehmungsprobleme und wenig Selbstbewusstsein. Ihr Verhalten sei sehr schwierig. Außerdem vermute sie Familienprobleme, die sie darin sehe, dass die Familie Druck auf die Tochter ausübe. Obwohl die Lehrerin davon ausgeht, dass S. eine Wahrnehmungsschwäche hat, d.h. ihre Rechenprobleme auf einen im Kind liegenden Defekt zurückzuführen seien, ist sie dennoch bereit, S. im Rahmen ihrer Möglichkeiten zu unterstützen, damit sie versetzt werden kann. Die Lehrerin erklärt sich bereit, das langsamere Lerntempo von S. zu berücksichtigen. S. soll in Mathematik einen verkürzten Aufgabenkatalog bekommen und die Noten sollen während des Schuljahres nach ihrer individuellen Leistung gegeben werden.

1.2   Therapie

Therapieaufbau

Ab Januar 2000 kommt S., nun 8;0 Jahre alt, einmal wöchentlich zwei Stunden (insgesamt 90 Minuten) zur Therapie. Das entspricht dem normalen Zeitrhythmus, der im Rahmen des FIT-Konzepts üblich ist. Jede Doppelstunde besteht aus den nachfolgenden Abschnitten, deren Reihenfolge und zeitliche Länge - im Rahmen der angegebenen Zeiten und Zeitintervalle - in der Regel gleich verlaufen. Sie können aufgrund besonderer Situationen oder Wünsche des Kindes aber flexibel gehandhabt werden. Ein derartiges Rhythmisieren und verteiltes Üben hat sich in vielen Fällen bewährt (vgl. II.5.4 Elemente der Therapiestruktur).

1. Einführendes Gespräch und Stressabbau
   Besondere Ereignisse der vergangenen Woche zu Hause und
   in der Schule oder Sonstiges,
   Stressabbau am Boxsack, mit Springseil oder Hopsen   ca.   10 Min.

2. Erster Teil der Behandlung mathematischer Themen
   Wiederholung und Durchsicht der häuslichen Übung und
   Beginn neuer Themen   ca. 15 - 20 Min.

3. Entspannungs- und Lockerungsübungen
   z.B. Entspannungsübungen nach Jacobson   ca.   3 Min.

4. Automatisieren der Rechenoperationen
   z.B. „1 + 1" oder „1 x 1" Aufgaben   ca.   6 - 10 Min.

5. Besprechung der Lektüre und Lernorganisation
   Nacherzählung und Diskussion der häuslichen Lektüre   ca.   7 - 10 Min.

6. Zweiter Teil der Behandlung mathematischer Themen
   Weiterführung neuer Themen oder Vertiefung des Geübten   ca. 15 - 20 Min.

7. Gemeinsames Spiel am Tisch oder am Computer
   Auswahl der Spiele nach Wünschen und Bedürfnissen des Kindes ca.   15 Min.

8. Abschließende Besprechung

Ausblick auf die Ereignisse der kommenden Woche, die Übungen

zur nächsten Stunde, Erinnerung an Unterlagen, Termine u.a.   ca.   5 Min.

Hinzu kommen natürlich für den Therapeuten:

- Vorbereitungszeit (Themenauswahl, Kopien der Unterlagen, evtl. Lehrergespräche, Materialbereitstellung) und
- Nachbereitungszeit (Bericht erstellen, regelmäßiger kurzer Austausch mit dem abholenden Elternteil).

Mit den Eltern - vor allem der Mutter - finden neben dem wöchentlichen Kurzaustausch in vier wöchentlichem Abstand ausführlichere Gespräche statt (vgl. II.5.5 Gespräche mit Eltern). Hier wird über den Therapieverlauf gesprochen. Die Eltern erhalten Anregungen zur häuslichen Förderung des Kindes (z.B. Spiele, Lesen, Übung der „1 + 1"- und der „1 x 1"- Aufgaben). Für die Therapie sehr förderlich ist, dass die Mutter bis Jahresende nur halbtags arbeitet und sich intensiv um ihre Tochter kümmern kann. Später muss jedes Mal der Vater oder eine Hausgehilfin S. abholen, die häufig zu spät kommen, was für das Kind mit längeren Wartezeiten und Unruhe verbunden ist. S. hasst es zu warten und nutzt nicht das Buch- und Spielangebot im Wartezimmer. Mit der Klassen- und Mathematiklehrerin bleibe ich nach dem Eingangsgespräch in telefonischem Kontakt. Wir tauschen uns über Lernfortschritte und Veränderungen des Selbstwertgefühls des Mädchens aus.

Therapiestundenverläufe

Im Folgenden werden die Lernziele und -schritte der behandelten mathematischen Themen in den einzelnen Therapieabschnitten beschrieben. Eine ausführlichere Darstellung der angewandten Verfahren würde den Rahmen dieser Arbeit sprengen. Wie die mathematischen Themen im Einzelnen behandelt wurden, ist allgemein im Kapitel II beschrieben (vgl. II.5.2 Förderung der mathematischen Kompetenz). Exemplarisch wird das Vorgehen dargelegt in einzelnen Stundenbeschreibungen. Zur Ergänzung wird zusätzlich auf Literaturstellen verwiesen, die die gleichen mathematischen Themen behandeln. Die dort beschriebenen Rechenverfahren und Vermittlungswege wurden jedoch - sofern bei einer Therapie ergänzend herangezogen - jeweils angepasst an

- den begrenzten Zeitrahmen in der Therapie,
- den individuellen Lernstand,
- die Vorkenntnisse und die individuellen Lernwege des Kindes.

Die Therapie von S., die sich insgesamt über 130 Stunden erstreckte, lässt sich in drei Abschnitte teilen, die jeweils durch die Ferienpausen markiert sind:

1. Januar bis Juni 2000
2. August bis Dezember 2000
3. Januar bis Juni 2001.

Wegen der besonderen Bedeutung, die der Therapiebeginn hat (vgl. II.1.1 Bedeutung der intensiven Anfangsetappe), ist der erste Abschnitt nochmals unterteilt.

Die längerfristigen Lernziele entsprechen den im Rahmenplan Grundschule für das Fach Mathematik festgelegten Zielen (Hessisches Kultusministerium 1995, 150 ff.). Die kurzfristigen Ziele werden aus dem aktuellen Lernstand des Kindes aufgrund der förderdiagnostischen Analyse in den Stunden abgeleitet.

1.2.1 Lernziele und -schritte des ersten Therapieabschnitts (Januar bis Juni)

Die Lernziele und Lernschritte stellen sich in den einzelnen Abschnitten wie folgt dar:
Abbau des zählenden Rechnens, ganzheitliche Zugänge bis zwölf bzw. 20 (Grassmann 1999, 16), Anwendung von Ableitungsstrategien wie Tauschaufgaben, Umkehraufgaben, dekadische Analogien und Automatisierung der „1 + 1"-Aufgaben, Anwendung in Sachsituationen (Gerster 1999, 140-142; Lorenz/Radatz 1993, 127-128; Wittmann/Müller 2000, 66-70).

Lernschritte der ersten 22 Stunden:

- simultane Erfassung von Anzahlen, Zahlerfassung (kardinaler/ordinaler Zahlaspekt), Zerlegung und Bildung von Teilmengen (Wittmann/Müller, 2000, 24-29; Gerster 1996, 144/ 148)

- Addition/Subtraktion ohne Zählen bis zwölf, Zahlzerlegung (Grassmann 1999, 17), Zehnerüberschreitung (Gerster 1996, 149/152; Radatz/Schipper 1983, 69-70)

- weitere Festigung des „1 + 1" (Addition/Subtraktion) bis 20 und Begriffs- und Handlungsverständnis (Lorenz/Radatz 1993, 130-134; Radatz/Schipper 1983, 70; Wittmann/Müller 2000, Bd. 1, 33-40).

Lernschritte der zweiten 22 Stunden:

- Begriffsverständnis und schrittweiser Aufbau der Multiplikation/Division bis 20 (Radatz/ Schipper 1983, 78-81; Lorenz/Radatz 1993, 138-139)

- Erweiterung des Zahlenraumes bis 100, Stellenwertsystem, Zehnerübergänge (Radatz/ Schipper 1983, 93-95; Lorenz/Radatz 1993, 120-121; Wittmann/Müller 2000, Bd. I, 79-80)

- Beginn des kleinen Einmaleins mit zwei, fünf und zehn und danach mit drei, vier und sechs sowie Verdoppeln, Halbieren, Vertauschen und Zerlegen (Lorenz/Radatz 1993, 140-142; Wittmann/Müller 2000, Bd. I, 122-125).

1.2.2 Stundenbeschreibung 2/00

Bei der im Folgenden beispielhaft dargestellten Stundenbeschreibung im Februar 2000 nach dem FIT-Konzept handelt es sich um eine Doppelstunde im ersten Therapieabschnitt. Dabei erfolgt die Beschreibung der Behandlung der mathematischen Themen in protokollarischer Form mit Kommentaren. S. (8;1 Jahre) besucht zu dieser Zeit die 2. Klasse einer Frankfurter Grundschule und kommt seit drei Wochen zur Therapie. Die Therapiestunde ist - wie alle folgenden Stunden - gemäß Kapitel II.5.4 (Elemente der Therapiestruktur) strukturiert.

Einführendes Gespräch und Stressabbau

Während S. die Unterlagen aus ihrer Tasche herausholt, frage ich sie, wie es ihr in der vergangenen Woche ergangen ist. Ich lasse mir berichten, was sie in der Schule erlebt hat. Über den Unterricht berichtet sie relativ teilnahmslos und kurz. Viel interessanter findet sie die Hänseleien zwischen Jungen und Mädchen in der Pause auf dem Schulhof, von denen sie ausführlicher erzählt. Dabei ist ihr der Grund für die Hänseleien entfallen. Wichtig ist ihr, dass ich weiß, dass ihre Freundin diese Auseinandersetzungen auch nicht mag. Nur mit Mühe sei es ihnen gelungen, den Jungen auf dem Hof zu entkommen.
Damit sie sich noch etwas abreagieren kann, gebe ich ihr ein Springseil. Es wundert mich, dass sie die Bewegungskoordination für das Seilspringen noch nicht beherrscht. Nachdem ich ihr die Bewegung, wenn auch etwas ungeschickt, langsam vorgemacht habe, ist sie so angetan, dass sie sofort ihre Schuhe auszieht und es probiert. Zunächst bleibt sie am Seil hängen, sodass ich sie erst einmal über das auf dem Boden liegende Seil hüpfen lasse. Dann schafft sie jedoch zwei Sprünge hintereinander und hat damit ein großes Erfolgserlebnis. Nun ist sie bereit, mit mir am Tisch zu arbeiten.

Erster Teil der Behandlung mathematischer Themen

Wie sich in den vorangegangenen Beratungs- und Therapiestunden gezeigt hat, liegen S.s Schwierigkeiten im Folgenden:

- sie kann kleinere Anzahlen, z.B. von Münzwerten und Muggelsteinen, nicht spontan erfassen,
- sie erkennt nicht den ordinalen und kardinalen Zahlaspekt,
- sie addiert und subtrahiert durch Zählen und benutzt die Finger, wenn ihr kein anderes Anschauungsmaterial zur Verfügung gestellt wird und
- es fällt ihr schwer, die Verbindung zwischen der konkreten Darstellung und der symbolischen Schreibweise einer Operation herzustellen (vgl. II.5.1 Erstellen eines individuellen Förderkonzeptes, förderdiagnostische Analyse).

Entsprechend den Lernzielen des ersten Therapieabschnittes (Lernschritte der ersten 22 Stunden) ist das Lernziel dieser Stunde die simultane Anzahlerfassung und Addition/Subtraktion ohne Zählen mit den Fingern bis zwölf (vgl. II.5.2 Förderung der mathematischen Kompetenz).

Da S. gern mit Geld, möglichst mit „richtigem" rechnen möchte, wie sie es bei den Erwachsenen und anderen Kindern sieht, hole ich eine Dose mit Münzen (vgl. II.2.7 Berücksichtigung der Interessen des Kindes und seiner Motivation).

In den vorangegangenen Stunden hat sie bereits Additionen/Subtraktionen bis zehn mit Muggelsteinen ausgeführt sowie das Erkennen von Punktmengen mit drei großen Schaumstoffwürfeln geübt (vgl. II.1.1 Bedeutung des konkreten Handelns, Prinzip der Stufengemäßheit). In dieser Stunde beginne ich damit, selbst Geldstücke hinzulegen, sodass S. möglichst ohne fremde Hilfe Geldbeträge erkennt und ohne einzeln zu zählen die Ergebnisse nennt.

Protokoll	Kommentar
Z.: Hier ist ein Fünf-Pfennigstück, wie viel sind das jetzt? (*Ich lege eine Fünf-Pfennigmünze und noch zwei Ein-Pfennigmünzen auf den Tisch und lege die Ein-Pfennig-Münzen jeweils wie die Punkte eines sechsseitigen Würfels[10].*) S.: sieben Pfennige	Zunächst lege ich sehr einfache Aufgaben und erhöhe die Anzahl nur langsam (*vgl. II.3.3 Konflikterzeugung durch Vereinfachung*). Durch das schrittweise Vorgehen und die schon etwas vertrauten Punktmuster gelingt es S., den Wert der gelegten Münze ohne zählen zu erkennen (*vgl. II.5.2.1 Zahlenräume und Zählfähigkeit*).
Z.: Ja, das sind sieben. Wie viel sind das nun? (*Ich lege ein weiteres Ein-Pfennigstück dazu.*) S.: acht	S. versteht die Fragen und fühlt sich ermutigt, der Vorgehensweise zu folgen (*vgl. II.2 Grundsätze der lerntherapeutischen Gesprächsführung*).
Z.: Richtig und wie viel sind das? (*Ich lege zwei weitere Ein-Pfennigstücke dazu.*)	Wenn die Schülerin etwas zögert und die richtige Antwort in Frageform kleidet, bestätige ich sofort das Ergebnis, um ihre Sicherheit zu erhöhen.

10

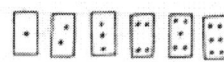

S.: *(zögert etwas)* zehn?	
Z.: Ja, richtig, das sind zehn.	
Z.: Nun, eine neue Aufgabe. Wie viel sind das? *(Ich lege eine Zwei-Pfennigmünze und eine Ein-Pfennigmünze hin.)*	Dann lege ich wieder schrittweise eine Zwei-, eine Ein- und eine Fünf-Pfennigmünze [(2) + (1) + (5)] und mit einem Abstand darunter eine Fünf-, Ein-, Zwei-Pfennigmünze [(5) + (1) + (2)], deren Gleichheit sie ohne weiteres erkennt *(Assoziativität, Kommutativität) (vgl. II.5.2.5 Rechengesetze).*
S.: drei Pfennige	
Z.: Ja. Wie viel Pfennige sind das? *(Ich lege eine Fünfermünze hinzu.)*	
S.: acht	
Z.: Ja, das hier ist wieder eine Fünfermünze, und das ein Einer, das ein Zweier. Wie viel Pfennige sind es zusammen? *(Ich lege darunter ein Fünf-Pfennigstück und ein Ein-Pfennigstück und dann ein Zwei-Pfennigstück.)*	
S.: Äh, auch acht.	
Z.: Ja, völlig richtig und nun nehme ich zwei Einer und drei Einer *(ich lege zunächst zwei Ein-Pfennigstücke und ergänze um weitere drei Ein-Pfennigstücke).*	Nun tausche ich bei der Eingangsaufgabe die Summanden um. Ich lege also zwei Ein-Pfennigstücke, ergänze um weitere drei Ein-Pfennige und dazu ein Fünf-Pfennigstück [5 x (1) + (5)], die sie richtig benennt *(vgl. II.5.2.6.1 Kopfrechnen).*
S.: fünf Pfennige	
Z.: Ja, das sind fünf *(ich lege ein Fünf-Pfennigstück dazu)* und wie viel sind es jetzt?	
S.: zehn	
Z.: Ja, toll, jetzt nehme ich einmal etwas weg, wie viel bleiben übrig? *(Ich nehme das Fünf-Pfennigstück weg.)*	Nun erweitere ich die operative Durcharbeitung der Addition um die Umkehrung *(vgl. I.1.2 Operative Verfahren nach Aebli, Prinzip der operativen Durcharbeitung; II.1.4 Wiederholung der Aufgabenstellung).*
S.: fünf	
Z.: Prima, und wie viel haben wir jetzt? *(Ich lege wieder ein Zwei-Pfennigstück dazu.)*	
S.: neun ... äh sieben	
Z.: Ja, und nun? *(Ich nehme das Zwei-Pfennigstück weg.)*	
S.: fünf	
Z.: Gut, und noch ein letztes Mal lege ich Pfennige dazu, wie viel sind das? *(Ich lege ein Zwei-Pfennigstück und ein Fünf-Pfennigstück dazu.)*	Nun erhöhe ich die Beträge schrittweise [(5) x (1) + (2) + (5)] bis 12, deren Summe sie ohne einzeln zu zählen nennen kann.
S.: zwölf	
Z.: Ja, zwölf Pfennige, ist gar nicht so einfach, den Betrag zu sehen, ohne zu zählen, aber du hast es sehr gut gemacht. Jetzt machen wir erst eine kleine Pause und entspannen uns und dann rechnen wir noch ein bisschen.	Ich bestätige das Ergebnis und gebe eine positive Verstärkung.

Entspannungsübungen nach Jacobson

Zum Einstieg in diese Entspannungstechnik setzen sich S. und ich locker und aufrecht auf unsere Stühle. Ich gebe die Anleitungen vor und wir ballen unsere Fäuste, ziehen sie gegen die Innenseite der Unterarme und halten die Spannung, während wir gemeinsam bis sechs zählen. Danach schütteln wir beide unsere Arme aus und lassen sie locker hängen. Wir wiederholen diese Übung zweimal und ich achte darauf, dass S. tief ein- und ausatmet (Johnen 1999, 52).

Zweiter Teil der Behandlung mathematischer Themen

Nach der kurzen Pause lasse ich S. die von mir jeweils hingelegten Muggelsteine selbst kaufen, d.h., ich verbinde die visuelle Darstellung der Aufgaben mit konkretem Handeln (vgl. II.1.1 Bedeutung des konkreten Handelns und der intensiven Anfangsetappe; II.5.2 Förderung der mathematischen Kompetenz).

Protokoll	Kommentar
Z.: Jetzt kaufst du hier die Muggelsteine mit dem Geld *(gebe ihr eine Dose mit Kleingeld)*. Ein Muggelstein kostet einen Pfennig. Wie viel kosten also diese Muggelsteine? (Ich *lege drei rote Steine, jeweils die Steine einer Farbe nach dem Punktmuster eines sechsseitigen Würfels.)* S.: *(gibt mir drei Pfennige)* Z.: Gut. Und wie viel kosten diese Muggelsteine zusammen *(ich ergänze weiter zwei blaue Steine)? Ich habe schon drei Pfennige.* S.: sechs? ... nein fünf *(gibt mir noch zwei Pfennige)*	Die Anschaulichkeit des Materials verbessere ich durch Verwendung farbiger Muggelsteine *(vgl. II.1.4 Verbesserung der Anschaulichkeit).* Zuerst lege ich drei rote und zwei blaue Steine (3 x (1) + 2 x (1)), die sie richtig bezahlt *(vgl. II.5.2.1 Zahlenräume und Zählfähigkeit).*
Z.: Ja, danke. Wie viel kosten diese zwei roten und drei blauen? *(Ich lege zwei rote und drei blaue Muggelsteine darunter.)* S.: vier ... auch fünf *(gibt mir fünf Pfennige)*	Nun vertausche ich die Reihenfolge und lege zwei rote und drei blaue Steine (2 x (1) + 3 x (1) auf den Tisch *(Kommutativität)*, deren Summe sie nach Verbesserung nennt und entsprechend bezahlt.
Z.: Ja, danke und nun nehmen wir nur blaue Steine. Wie viel kosten diese Muggelsteine? *(Ich lege fünf blaue Muggelsteine hin und zwei blaue Steine dazu.)* S.: sechs ... sieben *(gibt mir sieben Pfennige)* Z.: Richtig! *(Ich nehme die dazu gelegten zwei Steine wieder weg.)* Und wie viel würden diese Muggelsteine kosten? S.: fünf Pfennige	Dann variiere ich zwischen einfarbigen und mehrfarbigen Darstellungen mit den Steinen *(vgl. I.1.3 Darstellungsebenen nach Bruner, Prinzip der Variation der Anschauungsmittel)* und zwischen Hinzufügen *(addieren)* und wegnehmen *(subtrahieren) (vgl. II.5.2.4 Die vier Grundrechenarten, Addition/ Subtraktion).*

Z.: Ja. *(Ich nehme einen blauen Muggelstein weg.)* Wie viel kosten diese Muggelsteine?

S.: *(gibt mir vier Pfennige)* vier Pfennige

Z.: Gut, danke und wie viel kosten diese? *(Ich lege vier rote Steine dazu.)*

S.: acht Pfennige

Z.: Ja, sehr schön. Jetzt schreiben wir mal auf, was wir rechnen. Hast du was zum Schreiben da? S.: nein Z.: Schau, hier hast du einen Dreiecksstift, mit dem schreibt es sich besonders gut. Jetzt schreibe dir die Aufgabe auf und lege dann die passenden Muggelsteine dazu! S.: okay Z.: Erst rechnen wir Plus-Aufgaben, d.h. wir addieren. Wie viel sind vier plus drei ? S.: sieben Z.: Gut, jetzt schreibe und lege das.	Schließlich verbinde ich das konkrete Handeln mit der symbolischen Ziffernschreibweise *(vgl. II.1.5 Bedeutung der flexiblen Übergänge der Darstellungsebenen).* Dabei lasse ich S. die Aufgabe erst aufschreiben und dann konkret darstellen, um zu sehen, wie weit sie die Operationen bereits verinnerlicht hat *(vgl. II.1.2 Erreichen der abstrakt- symbolischen Ebene, Konkretisierung).*
S.: vier und drei *(schreibt 4 + 3 = 7 und legt vier und drei blaue Steine hin)* Z.: Ja *(ich nehme die sieben Steine weg)*. Und wie viel sind drei und vier Steine? S.: Das sind auch sieben *(schreibt 3 + 4 = 7 und legt drei blaue und vier blaue Steine hin)*.	S. versucht nun, auch die Steine wie die Punktmuster eines Würfels zu legen, wobei ich etwas helfe. Wir beginnen mit der Kommutativität (4 + 3, 3 + 4), was problemlos gelingt *(vgl. II.5.2.5 Rechengesetze).*
Z.: Ja, drei und vier sind auch sieben, das hast du richtig geschrieben und hingelegt und gerechnet ohne zu zählen. So, und wie viel sind das jetzt zusammen, wenn du noch zwei rote zu den blauen dazu legst? S.: *(schreibt sieben plus zwei ist neun und legt noch zwei rote Steine dazu)* Z.: Das sind neun ... Pass auf, jetzt kommen noch drei blaue Steine dazu, wie viel sind es dann zusammen ? Schreib' es mal auf!	Dann erhöhe ich die Anzahl der Steine, bis S. an die Grenze ihrer Möglichkeit gelangt, im Kopf zu rechnen (3 x (1) + 4 x (1) + 2 x (1) *(vgl. II.4.2 Untersuchung „der Bereiche der nächsten Entwicklung").*
S.: puh *(ist irritiert)* Z.: Das sind natürlich sehr viel Steine. Leg vielleicht erst einmal die drei Steine noch dazu! S.: Ich hab drei plus ... *(legt drei weitere blaue Steine zu den neun dazu)* Z.: Du hast jetzt zu den neun Steinen noch drei Steine hinzu genommen. Schreib' doch diese Aufgabe bitte auf, die du da gelegt hast! S.: *(schreibt 9 + 3 = 12 als neue Aufgabe hin)* Hab	Nachdem S. die drei Zahlen (drei, vier und zwei als Punktmuster) addiert hat und nun irritiert ist, helfe ich, indem ich das bisherige Ergebnis wiederhole und die Aufgabe dadurch verkürze.

ich doch!

Z.: Ja, das waren viele Steine. Nun machen wir es einfacher: Schreib bitte die Aufgabe sechs plus vier auf und lege die Steine!	Nun vereinfache ich wieder auf zwei Zahlen, um die Motivation zu erhalten und lasse S. die Addition (6 + 4) schreiben und mit Steinen legen. Da sie die Steine nicht ordnet, gelingt ihr die Umkehrung auch nur mit Hilfe des Zählens.
S.: hier sechs ... vier ... *(sie schreibt 6 + 4 =)*	
Z.: Sechs plus vier sind?	
S.: *(zählt sechs und vier Steine hin)* zehn	
Z.: Ja, nimm von diesen zehn Steinen vier Steine weg und schreibe die Aufgabe auf!	
S.: Ja, aber dann machen wir etwas anderes!	S. hat ihr Interesse verloren und möchte aufhören. Deshalb kündige ich das baldige Ende an.
Z.: Wir sind bald fertig! Also noch einmal: Nimm von den zehn Steinen bitte vier weg!	
S.: *(schreibt 10 + 4 und entfernt vier Steine)*	Da S. die vier Steine wegnimmt, aber nicht subtrahiert, frage ich nach.
Z.: Mhm, zehn plus vier?	
S.: Ach, wir rechnen minus! (*Sie radiert das Pluszeichen aus und ersetzt es durch ein Minuszeichen!*)	
Z.: Ja, wie viele Steine liegen hier noch?	
S.: *(zählt die Steine)* nur noch sechs *(schreibt = 6)*	
Z.: Eine neue Aufgabe. Wie viel sind das? (*Ich lege fünf blaue Steine geordnet hin.*)	In der nächsten Aufgabe gehe ich von der Subtraktion aus (5 − 2 = 3) und komme zur Umkehrung (3 + 2 = 5). Auch hier benötigt S. Hilfe (*„Zwei? Schau genau!"*), da die Steine nicht mehr als Punktmuster geordnet sind.
S.: fünf	
Z.: Richtig und jetzt nimm zwei Steine weg *(nimmt zwei Steine weg u. ordnet die restlichen Steine nicht)!*	
S.: Das sind immer noch zwei.	
Z.: Zwei? Schau genau, wie viel sind übrig?	
S.: drei	
Z.: Gut, schreib das bitte auf!	
S.: Fünf minus zwei gleich drei *(schreibt die Aufgabe 5 − 2 = 3)*	
Z.: Richtig, und wenn du wieder zwei Steine dazu legst?	
S.: *(schreibt 3 + 2 = 5 und legt zwei rote Steine zu den drei blauen geordnet hin)*	Bei der Addition hilft sie sich aber dann, indem sie die Steine ordnet und zu den blauen Steinen die roten nimmt. Diese Verbindung des Anzahlerfassens mit dem Ordnungsschema lobe und verstärke ich (*vgl. I.2.2 Didaktische Folgerungen aus dem Äquilibrationsansatz, Ungleichgewicht durch fehlgeschlagene Assimilationsversuche).* So gelingt ihr auch bei der Erweiterung um einen Stein die Anzahl ohne
Z.: Prima, ohne zu zählen! Jetzt nimm noch einen Stein dazu und schreib' es auf!	
S.: Noch einen dazu? *(Ich nicke zustimmend. Sie legt einen roten Stein zu den zwei roten und drei blauen.)*	

	zählen
Z.: Gut, wie viel sind es jetzt?	[(3 x (1) + 2 x (1)] + (1) zu erkennen.
S.: sechs Steine	
Z.: Richtig, wie heißt also die Aufgabe?	
S.: drei plus zwei plus eins	
Z.: Ja, prima, schreib' es auf! *(schreibt 3 + 2 + 1 = 6)*	
Z.: Sehr gut, jetzt nehmen wir einen roten Stein und zwei blaue, wie viel sind das? *(S. legt einen roten und zwei blaue Steine geordnet hin)* S.: drei Z.: Ja, und nun noch drei rote Steine, was kommt dann raus? S.: *(legt drei Steine geordnet hin)* Da bleiben eins plus zwei plus drei sind wieder sechs *(schreibt 1 + 2 + 3 = 6)*. Z.: Völlig richtig, sehr gut! Das langt erst einmal. Komm, wir gehen an den Boxsack! Danach erzählst du mir, was du zu Hause gelesen hast.	Um die Vertauschung darzustellen, nenne ich ihr die Anzahl und die Farben der Steine, die sie selbst legt und wieder ordnet. So gelingt es ihr, die Aufgabe [(1) + 2 x (1)] + 3 x (1) zu schreiben und zu erkennen, dass es gleich viele Steine sind.

Besprechung der Lektüre und Lernorganisation

S. hat das Buch „Michael" von Tony Ross (Lentz Verlag), das sie sich in der Vorwoche selbst ausgesucht hat (vgl. II.5.6 Arbeitsmaterialien). Da Michael sein Versagen überwinden konnte, hat S. das Buch gut gefallen. Um zu sehen, was sie von der Geschichte des Schulversagers Michael verstanden hat, frage ich nach Details. S. kann den Text richtig wiedergeben. Sie kann sich gut in Michaels Situation versetzen, da sie sich im Rechnen auch als Versagerin fühlt. Sie trägt dann den Titel des Buches mit dem Datum in ihren Lesepass ein und streicht das Buch aus ihrer Ausleihkarte. Wir suchen gemeinsam ein neues Buch mit einem ähnlichen Thema aus der Bilderbuchabteilung unserer Bibliothek aus. Diesen Titel notiert sie wieder als ausgeliehen.

Automatisieren der Rechenoperationen

Nach dieser Unterbrechung lasse ich S. im Schaukelstuhl im Kopf rechnen und fordere sie auf, sich die Steine vorzustellen (vgl. II.1.3 Unterscheidung zwischen unmittelbarer und mittelbarer Anschauung; II.5.2 Förderung der mathematischen Kompetenz).

Protokoll	Kommentar
Z.: Fühlst du dich jetzt besser? Wir versuchen mal, ohne Steine zu rechnen ... Setz dich in den Schaukelstuhl! Du stellst dir die Steine einfach vor. Du denkst, du hast vier Steine und nimmst davon einen Stein weg, wie viel bleiben übrig?	Ich beginne mit einfachen Aufgaben *(vgl. II.3.3 Konflikterzeugung durch Vereinfachung)*. Dadurch schafft sie es bei den Aufgaben bis fünf (4 – 1, 4 – 2, 5 – 1), den Ball sofort zurückzuwerfen. *(vgl. II.5.2.6.1 Kopfrechnen)*.
S.: *(schaukelt im Schaukelstuhl und antwortet schnell)* drei	
Z.: Stell dir vor, du hast vier Steine und nimmst zwei Steine weg! *(Ich werfe ihr einen Ball zu.)*	
S.: *(fängt den Ball auf, wirft ihn zurück und nennt die Lösung)* zwei	Durch das Fangen des Balles beim Nennen der Aufgabe kann S. die Finger nicht zum Zählen verwenden.
Z.: Richtig! Du hast fünf Steine und nimmst einen Stein weg ...	
S.: vier	
Z.: ... du hast sechs Steine und nimmst zwei Steine weg ...	
S.: vier? *(S. zögert mit dem Zurückwerfen des Balls, wirft erst, als das Ergebnis von mir durch Nicken bestätigt wird.)*	Bei der Sechs zögert sie schon (6 – 2) und verwechselt die Rechenaufgabe bei der Umkehrung.
Z.: Ja, du hast jetzt sechs Steine und nimmst einen Stein weg!	
S.: sieben	
Z.: *(ich werfe ihr den Ball wieder zurück)* Achtung, du hast sechs Steine und nimmst einen weg! Nicht hinzu!	
S.: *(wirft den Ball schnell zurück)* fünf	
Z.: Jetzt ist es richtig. Was kommt raus, wenn du von acht Steinen zwei wegnimmst?	Ich erhöhe nicht den Schwierigkeitsgrad, um die positive Motivation aufrecht zu erhalten, variiere aber die Beschreibung der Rechenaufgabe *("nimmst drei Steine weg, packst zwei Steine dazu, bekommst zwei Steine dazu")*. S. wirft bei den einfachen Aufgaben (8 – 2, 8 – 3 , 8 + 2, 7 + 3) den Ball schnell zurück und ist mit ihren Ergebnissen zufrieden und fordert ihr „Recht" ein, ein Zeichen ihres gestärkten Selbstbewusstseins *(vgl. II:5.2.4 Die vier Grundrechenarten, Addition/ Subtraktion)*.
S.: *(zögert wieder, wirft dann aber schnell zurück)* sechs Steine	
Z.: Du hast acht Steine und nimmst drei Steine weg. Wie viel bleiben übrig?	
S.: *(wirft dabei rasch den Ball zurück)* fünf Steine	
Z.: Noch eine letzte Runde! Jetzt hast du acht und packst zwei Steine dazu.	
S.: Das sind zehn *(wirft ohne zu zögern)*.	
Z.: Okay. Nun hast du sieben und bekommst drei Steine dazu.	
S.: *(wirft den Ball sofort zurück)* zehn	
Z.: Das war's für heute! Prima, bist du auch zufrieden ?	
S.: Mhm. Aber jetzt wird gespielt.	

Gemeinsames Spiel

S. sucht sich aus dem großen Sortiment an Spielen „Monster-Mix" (Parker) aus, ein Aktions- und Reaktionsspiel (vgl. II.5.6 Arbeitsmaterialien). Wer als erster die jeweils gesuchte Karte findet, die dem vorgegebenen Monster gleicht, versucht diese mit einer Klatsche möglichst schnell zu treffen und nimmt sie an sich. Da sich die 27 Monster nur in Details (Kopf, Rumpf, Füße) unterscheiden, werden Konzentration, Aufmerksamkeit und Merkfähigkeit trainiert. Die sprachliche Ausdrucksfähigkeit wird gleichzeitig verbessert, weil S. die Monster beschreiben muss. Da sie schneller ist als ich, gewinnt sie und freut sich. Ich lasse sie noch feststellen, wie viele Karten sie mehr hat als ich.

Abschließende Besprechung

Als am Ende der Stunde die Mutter (vgl. II.5.5 Gespräche mit Eltern und LehrerInnen) kommt, zeigt S., dass sie Seilspringen gelernt hat und äußert den Wunsch, selbst ein Springseil zu haben Die Mutter verspricht es ihr. Ich erkläre der Mutter, dass das Seilspringen nicht nur für die Motorik, sondern auch für ihr Selbstbewusstsein wichtig ist (S. stand bisher beim Seilspringen anderer Kinder abseits). Außerdem bitte ich die Mutter, das Addieren und Subtrahieren mit dem Ball im Zahlenraum bis Zehn zu üben (vgl. II.3.4 Automatisierung) und erkläre ihr das Vorgehen. Die Arbeitsblätter hierzu hat S. zuvor in ihrem Ordner abgeheftet, während ich nun die Aufgaben und den nächsten Termin zur Erinnerung in ihrem Heft schriftlich festhalte. Außerdem notiere ich, welche Abschnitte des ausgesuchten Buches S. bis zur nächsten Stunde lesen und welche Schulunterlagen sie mitbringen soll.

Zusammenfassende Betrachtung der Stunde

In dieser Stunde hat S. die Anzahlerfassung kleiner Mengen, den Kardinalzahlaspekt einer Zahl und die einfachen Additionen/Subtraktionen von Mengen bis zehn (nicht wie vorgesehen bis zwölf) - ohne mit den Fingern zu zählen - sowie die Verbindung zwischen konkreter Darstellung und symbolischer Schreibweise dieser Operationen verinnerlicht (vgl. II.1.2 Erreichen der abstrakt-symbolischen Ebene; II.5.2 Förderung der mathematischen Kompetenz). Sie kann das auch auf verschiedene Situationen (Rechnen mit Münzen und Muggelsteinen) handelnd, schreibend, sprechend übertragen, d.h. verallgemeinern (vgl. II.2.3.2 Einleitung eines Äquilibrationsprozesses).

Durch weiteres Automatisieren der Rechenoperationen (Addition/Subtraktion) wird das Kopfrechnen bis zehn (vgl. II.3.4 Automatisierung) gefestigt und die Basis für die Erweiterung auf den Zahlenraum bis 20 gelegt.

1.2.3 Zwischenergebnisse nach 44 Stunden

Nach Ablauf von sechs Monaten Therapie ist ein wesentlicher Schritt weg vom zählenden Rechnen erzielt. Das grundlegende Verständnis der Addition/Subtraktion und erste Einsichten in die Multiplikation/Division sind erlangt (vgl. II.5.2.4 Die vier Grundrechenarten). Im Einzelnen beherrscht S. zu diesem Zeitpunkt

- Addition/Subtraktion ohne Zehnerübergang bis 20 relativ sicher und ohne zählen und Unterstützung mit Material ebenso wie
- Addition/Subtraktion mit Zehnerübergang bis 20 zum Teil ohne zählen mit individueller „Blöckchenmethode", d.h. sie rechnet mit den ihr geläufigsten Zerlegungen 5 = 2 + 3, 6 = 3 + 3, 4 = 2 +2

  Beispiele

  Addieren: die Aufgabe 7 + 5 rechnet sie 7 + 2 = 9 und 9 + 3 = 12

  Subtrahieren: die Aufgabe 14 − 6 rechnet sie 14 − 3 = 11 und 11 − 3 = 8, wobei sie den letzten Schritt je nach Zahlengröße zum Teil noch zählt

- den Zahlenraum bis 100 mit seinem Aufbau Zehner/Einer (Stellenwert)
- Addition/Subtraktion mit ganzen Zehnern
- die Multiplikation/Division mit den Einmaleinszahlen zwei, fünf, und zehn bei den übrigen Zahlen (drei, vier und sechs) kann sie die Reihen auswendig aufsagen und hilft sich bei einigen Aufgaben mit Ableitungsstrategien

  Beispiel:

  da 5 • 6 = 30, muss 6 • 6 = 30 + 6 sein.

- Abbau der großen Angst vor „Textaufgaben". Es gelingen ihr Aufgaben, deren Grundstruktur - wie oben beschrieben - ihr geläufig ist. Schwierigkeiten bereiten noch Aufgaben mit Kombinationen von Grundrechenarten.

Des Weiteren konnte ein wesentlicher Teil der ersten konkreten Ziele des Hilfeplans (vgl. IV.1.1.4 Externe Diagnose und Hilfeplan) erreicht werden. S. ist in ihrer Klasse geblieben und hat eine größere Sicherheit beim Kopfrechnen im Zahlenraum bis 20 erreicht. Sie zeigt sich ausgeglichener in ihrem Verhalten, hat zu mir ein vertrauensvolles Verhältnis und keine Lernblockaden mehr.

1.2.4 Lernziele und -schritte des zweiten Therapieabschnitts (August bis Dezember)

Als Lernziele werden - auf Grund der Zwischenergebnisse nach 44 Stunden und der längerfristigen Zielsetzung - die weitere Ausdehnung und Festigung der Grundrechenarten - einschließlich des „1 x 1" - im Zahlenraum bis Hundert bei ständiger Verknüpfung der Rechenoperationen mit Sachsituationen festgelegt.

Im Einzelnen beinhaltet dies:

- Addition/Subtraktion bis 20 ohne „Blöckchenbildung" und Anschauungsmaterial,
- Ausbau der Einsichten in das Stellenwertsystem bis 100 (Lorenz/Radatz 1993, 122-125; Wittmann/Müller 2000, Bd. 1, 79-80),
- Addition/Subtraktion bis 100, zunächst ohne später mit Zehnerüberschreitung (Radatz/ Schipper 1983, 74-75; Lorenz/Radatz 1993, 134-136; Wittmann/Müller 2000, 87-90),
- Anwendung der Addition/Subtraktion auf einfache Sachsituationen und Erkennen geometrischer Figuren wie Quadrat, Kreis und Dreieck (Radatz/Schipper 1983, 129-137),
- Ausbau und Festigung des kleinen Einmaleins mit Ableitungsstrategien, soweit noch nicht automatisiert (Lorenz/Radatz 1993, 140-141; Radatz/Schipper 1983, 83-86; Wittmann/Müller 2000, Bd. 1, 122/123).

1.2.5 Stundenbeschreibung 9/00

Bei der im Folgenden dargestellten Stundenbeschreibung nach dem FIT-Konzept im September 2000 handelt es sich um eine Doppelstunde aus dem zweiten Therapieabschnitt, die wie die übrigen Stunden strukturiert ist (vgl. II.5.4 Elemente der Therapiestruktur). Auch hierbei erfolgt die Beschreibung der Behandlung der mathematischen Themen in protokollarischer Form mit Kommentaren. S., nun 8;8 Jahre, besucht jetzt die 3. Klasse und kommt seit 25 Wochen regelmäßig zur Therapie.

Einführendes Gespräch und Stressabbau

Da S. heute verspätet aus der Schule kommt, hat sie zu Hause nicht gegessen und bringt daher eine Pizza zum Aufbacken mit. Sie nutzt diese Zeit und geht - entgegen ihrer sonstigen Gewohnheit - zum Boxsack in der Diele, streift die Boxhandschuhe über und haut unkontrolliert auf den Boxsack, so dass er sie trifft. Deshalb demonstriere ich ihr, wie sie erreichen kann, dem Boxsack durch gezielte Schläge besser auszuweichen. Sie ist schnell ermüdet und hört bald auf. Auch bei unserem Gespräch beim Essen in der Küche über die Ereignisse der vergangenen Woche fällt mir ihre Müdigkeit auf. Sie erzählt mir, ihre Mutter würde sie abends zu früh ins Bett schicken. Sie könne dann jedoch noch nicht einschlafen, würde lange wach liegen und wäre am Morgen noch müde. Meiner Frage, ob sie vor dem Schlafengehen Zeit zum Spielen oder zum Reden mit den Eltern habe, weicht sie aus. Deshalb nehme ich mir vor, die Mutter daraufhin anzusprechen.

Erster Teil der Behandlung mathematischer Themen

Als wir wieder im Therapiezimmer sind, zeigt mir S. ihre häuslichen Übungen, die aus verschiedenen Aufgaben (Multiplikation/Division) aus dem kleinen Einmaleins mit der Zwei und Vier bestehen. Da S. das kleine Einmaleins und die Umkehrung bei diesen Zahlen gut automatisiert hat, sind zu ihrer Freude alle Aufgaben richtig. Wie sich in der letzten Stunde gezeigt hat, liegen ihre Schwierigkeiten bei der Addition/Subtraktion vor allem darin,

- aus einer Sachsituation die mathematische Aufgabenstellung (Addition oder Subtraktion) zu erkennen,
- eine richtige Lösungsstrategie für die Rechenaufgabe zu finden,
- unter Beachtung der unterschiedlichen Stellenwerte die Aufgaben halbschriftlich zu rechnen.

Ziel dieser Stunde ist entsprechend der Lernziele des zweiten Therapieabschnitts die Verbesserung der Addition/Subtraktion bis 100 mit einfachen Sachsituationen aus Textaufgaben (vgl. II.5.2 Förderung der mathematischen Kompetenz).

Zunächst bitte ich S., von einem Übungsblatt mit typischen Textaufgaben, bei denen die Schüler die Frage selbst finden und formulieren sollen, eine Aufgabe vorzulesen.

Protokoll	Kommentar
S.: *(beginnt vorzulesen)* „Im Laufe einer Woche nimmst du 24 Bonbons aus einer Dose mit 66 Stück" *(guckt zweifelnd um sich)*.	Die Textaufgabe ist durch die Formulierung *(„Im Laufe einer Woche")* erschwert. Wenn S. nicht weiter weiß, helfe ich durch entsprechende Fragestellungen beim Rechnen der Aufgabe *(vgl. II.2 Grundsätze der lerntherapeutischen Gesprächsführung; II.2.6 geleitete Gedankenführung; II.5.2.8 Sachrechnen).*
Z.: Soll ich dir etwas helfen? Überleg' mal, wie viele Bonbons sind erst in der Dose?	
S.: 66 Bonbons	
Z.: Ja, 66 Bonbons, du hast 66 Bonbons in der Dose, und dann?	
S.: Ich esse 24 auf.	Obwohl das nicht ausdrücklich da steht, bestätige ich diese Auslegung, da sie für die Lösung hilfreich ist.
Z.: Ja, das kann ja sein. Was ist die Frage? S.: Wie viele bleiben übrig?	Es gelingt S., so die Aufgaben- und Fragestellung zu erfassen *(vgl. II.2.1 Fragen und Antworten).*

Z.: Richtig, die Frage ist, wie viele bleiben übrig. Wie rechnest du das? Schreib es auf!	Nun verbinde ich gleich die mündliche mit der schriftlichen Aufgabenstellung (vgl. II.5.2.6.2 Halbschriftliches Rechnen, Subtraktion).
S.: *(schreibt und schweigt)* 66 − 24 =	
Z.: Womit fängst du dann an?	
S.: 60 minus 20 *(schreibt 60 − 20 =)*	
Z.: Was sind 60 minus 20?	Allerdings gebe ich ihr durch meine Fragen keine zusätzliche Sicherheit im Vorgehen und bestätige nur das Zwischenergebnis, da ihre Strategie zu vereinfacht ist und die Lösung erschwert *(vgl. I.4 Die remediale Strategie von Case).*
S.: 40 ... *(ergänzt die Lösung 40)*	
Z.: Gut, 40, und dann?	
S.: *(schreibt 6 − 4 =)* sechs minus vier gleich ...	
Z.: Was ist denn sechs minus vier?	Des Weiteren wiederhole ich lediglich die Aufgabenstellung, um ihre Aufmerksamkeit auch bei einfachen Aufgaben zu erhöhen *(vgl. II.2.2 Impulse geben).*
S.: drei	
Z.: Sechs minus vier?	
S.: äh ... zwei *(schreibt die Lösung 2 hin)*	
Z.: Sechs minus vier ist zwei. Und was rechnest du nun?	Als S. im Folgenden ihre vereinfachte Strategie fortsetzt und eine falsche anwendet *(Subtraktion anstelle der notwendigen Addition)*, wiederhole ich auch nur die Aufgabenstellung und frage nach dem Gedankengang *(vgl. II:2.4 Zurückhaltung und Zielstrebigkeit).*
S.: äh, 40 minus ... *(zögert)*	
Z.: Wie viele Bonbons bleiben übrig?	
S.:*(schreibt 40 − 2 = 38)* 38	
Z.: Was hast du gerechnet?	
S.: 40 minus zwei	S. bestätigt die falsche Strategie und begründet sie mit dem Hinweis „Wir rechnen minus", ein häufig anzutreffender Fehlschluss *(vgl. II.2.3.1 Konflikterzeugung; II.3.2 Fehleranalyse und „lautes" Denken).*
Z.: Warum minus?	
S.: Wir rechnen minus.	
Z.: Okay, prüfen wir es mit Muggelsteinen als Bonbons nach. *(S. holt Dose mit Steinen)* Jetzt nehmen wir an, du hast hier 66 Bonbons und du isst 24 auf. Was machst du? *(Sie bekommt 60 blaue Steine, jeweils zu zehn in einer Reihe und sechs rote Muggelsteine hingelegt.)* S.: Ich nehme von 66 jetzt 24 weg.	Nun bitte ich S., das Ergebnis zu überprüfen. Da sie nun ahnt, dass ihre erste Strategie *(erst Zehner, dann Einer rechnen und abziehen)*, wie sie es aus der Schule in Erinnerung hat *(vgl. I.5.1 Fünf Schlüsselbereiche mathematischen Lernens, mechanisches Rechnen)*, offenbar falsch war und sie darüber unzufrieden ist, wendet sie eine zweite Strategie an *(vgl. II.2.3.2 Einleitung eines Äquilibrationsprozesses)*. Diese Strategie, die ihr von der Addition in den letzten Stunden vertraut ist *(„Ich nehme von 66 jetzt vier weg")* erscheint ihr sicherer und sie beginnt ohne Zögern.
Z.: Wie machst du das? S.: Ich nehm' von 66 vier weg, dann bin ich bei 60 *(nimmt vier rote Steine weg)*. Z.: Weniger vier? S.: *(merkt ihren Fehler)* zwei ... 62 Z.: Gut, 62, und jetzt? In einer Reihe sind zehn Steine *(ich zeige auf eine Zehnerreihe).*	Sie bleibt auch bei ihrer neuen Strategie, als ihr die einfache Subtraktion, die sie sonst ohne Stocken rechnet, nicht auf Anhieb gelingt. Wichtig in diesem Zusammenhang ist die fehlerfreie Zerlegung der Zahl 24 *(vgl. II.5.2.3 Dekadischer Aufbau des Zahlensystems).*

114

S.: nehme ich 20 weg *(entfernt sie)*	
Z.: Ja. Also, wie viel bleiben übrig?	
S.: *(zählt die blauen Steine in Zehnerschritten laut)* ... 42 *(vergleicht mit dem Geschriebenen)*	So kommt sie handelnd zum richtigen Ergebnis mit Hilfe der Zehnerreihen, d.h. ohne die Steine einzeln zu zählen *(vgl. II.1.1 Bedeutung des konkreten Handelns(„be-greifen"))*.
Z.: Was stellst du fest?	
S.: Ah, es sind nicht 38, sondern es sind 42.	Ihr „Aha-Erlebnis" ergibt sich, als sie ihren gelegten Steinen mehr glaubt als ihrer vorangegangenen notierten Rechnung. Sie nennt das neue Ergebnis ohne Zögern.
Z.: Prima, dass du das selbst gemerkt hast! Wie hast du das gerechnet? Schreib die ganze Aufgabe noch mal auf!	
S.: 66 weniger vier ist 62 *(schreibt dabei 66 – 4 = 62)*	Danach gelingt ihr auch, die neue Rechnung in symbolischer Darstellung aufzuschreiben *(vgl. II.1.5 Bedeutung der flexiblen Übergänge der Darstellungsebenen)*.
Z.: Und dann? Schreibe bitte weiter!	
S.: *(schreibt 62 – 20 = 42 darunter)* 62 weniger 20 ist 42, so viel bleiben übrig.	
Z.: Ja, 42 ist das richtige Ergebnis.	Zur Überprüfung gebe ich ihr noch eine ähnliche Aufgabe zum Abschluss *(vgl. II.1.4 Wiederholung der Aufgabenstellung;. II.5.2.6.2 Halbschriftliches Rechnen)*.
Z.: Was rechnest du, wenn du 58 Bonbons hast und 26 wegnimmst?	
S.: Genau so *(schreibt 58 - 6 = 52)*.	
Z.: Ja, und dann?	
S.: 52 weniger 20 ist 32 *(schreibt 52 – 20 = 32)*	
Z.: Richtig! Jetzt hast du dir eine Pause verdient.	

Entspannungsübungen nach Jacobson

Für die Entspannungsübungen, die S. bereits vertraut sind, setzen wir uns wieder locker und aufrecht auf unsere Stühle. Diesmal ballen wir unsere Hände zu Fäusten, ziehen sie zur Schulter und spannen die Oberarmmuskeln an, während wir beide bis sechs zählen. Danach lassen wir die Arme fallen und schütteln sie kräftig aus. Wir wiederholen die Übung zweimal, und ich achte dabei darauf, dass wir beide tief ein- und ausatmen (Johnen 1999, 52).

Zweiter Teil der Behandlung mathematischer Themen

Da S. heute schon nach den ersten Rechenaufgaben müde ist und gähnt, verzichte ich im zweiten Teil auf die Behandlung neuer mathematischer Themen. Ich beschränke mich darauf, das Automatisieren des „1 + 1" im Zahlenraum bis 20 und darüber zu wiederholen.
S. setzt sich gern in den Schaukelstuhl, der es ihr ermöglicht, ihre Müdigkeit etwas zu vergessen und ihrem Bewegungsdrang entgegenkommt. Da S. am Anfang der Stunde bei der Lösung der Textaufgabe Unsicherheiten bei der Subtraktion (6 – 4, 66 – 4) aufgewiesen

hat, wiederhole ich das Kopfrechnen von Subtraktionsaufgaben im Zahlenraum bis 20 und darüber hinaus (vgl. II.3.4 Automatisierung). Zuerst nenne ich ihr die Aufgaben und werfe ihr den Ball zu mit der Bitte, ihn sofort zurückzuwerfen, wenn sie das Ergebnis sagen kann. Sie solle sich vorstellen, dass sie mit den Holzklötzchen auf dem Hunderterbrett rechnet, das sie kennt (vgl. II.5.2 Förderung der mathematischen Kompetenz).

Protokoll	Kommentar
Z.: Du hast acht Klötzchen, wie viel behältst du zurück, wenn du drei wegnimmst? *(S. wirft den Ball schnell zurück)* S.: fünf	Zuerst beginne ich mit einfachen Aufgaben *(8 - 3, 9 - 4, 7 - 2)*, deren Differenz fünf ist und die sie noch aus der Zeit kennt, als sie mit ihrer „Blöckchen-Methode" rechnete *(vgl. II.2.2 Impulse geben; II.5.2.6.1 Kopfrechnen)*.
Z.: Richtig, du hast neun und nimmst vier weg? *(S. zögert etwas, bevor sie den Ball zurückwirft)* S.: sind auch fünf	
Z.: Ja, das geht ja toll. Du hast sieben und nimmst zwei weg? *(S. wirft den Ball schnell zurück)*	
S.: auch fünf	
Z.: Ja, es bleiben immer fünf. Nun hast du sieben und nimmst vier weg? *(S. zögert etwas, bevor sie zurückwirft)* S.: ..bleiben drei	Dann ändere ich die Differenz *(7 - 4, 7 - 6)* und reduziere den Subtrahenden schrittweise *(9 - 8, 9 - 7, 9 - 6)*. S. erkennt dabei sofort die Regelmäßigkeit und nutzt sie geschickt aus *(„Du hast davor ‚Ja' gesagt ..., da hab ich einfach noch eins dazu gezählt.")* *(vgl. II.2.6 Geleitete Gedankenführung; II.5.2.4 Die vier Grundrechenarten, Subtraktion)*.
Z.: Ja. Nun hast du sieben und nimmst sechs weg? *(S. wirft schnell zurück)* S.: eins	
Z.: Du hast neun und nimmst acht weg? *(S. wirft schnell zurück)?* S.: eins	
Z.: Nun hast du neun und nimmst sieben weg? *(S. wirft schnell zurück)* S.: zwei	
Z.: Ja, dann bleiben zwei übrig und wenn du von neun jetzt sechs wegnimmst? *(S. wirft den Ball schnell zurück)* S.: drei	
Z.: Wie hast du das gerechnet? Hast du jetzt gezählt? S.: Du hast davor „Ja" gesagt bei der sieben und da hab ich einfach noch eins dazu gezählt.	
Z.: Du bist ein schlaues Mädchen. Nun nimm von neun fünf weg!	Um zu überprüfen, ob ihre Strategie dauerhaft ist, gebe ich ihr noch eine Aufgabe aus dieser Reihe

(S. wirft schnell zurück)	*(vgl. II.1.4 Wiederholung der Aufgabenstellung).*
S.: vier	
Z.: Wie hast du das gemacht?	
S.: Genauso. Du hast ja eben vorher sechs gesagt und dann hab ich einfach noch eins dazu ...	
Z:. Richtig, dann nimm mal von sechs Hölzchen zwei Hölzchen weg! *(S. wirft gleich den Ball zurück)*	Nun gebe ich ihr unregelmäßige Subtraktionen *(6 - 2, 8 - 4)*, die ihr dieses Mal auch gelingen.
S.: sind vier	
Z.: Und von acht nimm vier weg! *(S. wirft schnell zurück)*	
S.: sind auch vier	
Z.: Stimmt, was waren noch sieben weniger vier, hast du dir das gemerkt? *(S. wirft schnell zurück)*	Anschließend übe ich mit ihr dekadische Analogien *(7 - 4, 17 - 4, 8 - 3, 18 - 3)*, die S. ohne weiteres erkennt (*„Da das eigentlich das Gleiche ist, nur ein Zehner mehr"*).
S.: drei	
Z.: Richtig. Was sind dann 17 Klötzchen weniger vier Klötzchen? *(S. zögert etwas, bevor sie zurück wirft)*	
S.: 13	
Z.: Ja, was sind acht weniger drei? *(S. wirft schnell zurück)*	
S.: fünf	
Z.: Ja und 18 weniger drei? *(S. wirft schnell zurück)*	
S.: 15	
Z.: Was merkst du bei diesen Aufgaben?	
S.: Dass, wenn man 18 weniger drei, kann man auch fünf zählen, da das eigentlich das Gleiche ist, nur ein Zehner mehr.	
Z.: Ja, der Zehner kommt noch zu den Einern hinzu. Jetzt rechnen wir über 20.	
Z.: Wie viel ist 34 minus vier? *(S. wirft den Ball schnell zurück)*	Im nächsten Schritt erhöhe ich den Minuenden *(34 - 4, 39 - 4)*, um zu sehen, ob sie die dekadische Analogie auch im Zahlenraum bis 100 anwenden kann *(vgl. II.1.2 Erreichen der abstrakt-symbolischen Ebene(„be -griffen haben")).*
S.: ist 30	
Z.: Ja und 39 minus vier? *(S. wirft wieder schnell zurück)*	
S.: 35	
Z.: Sehr gut. Und noch eine größere Zahl, 66 minus vier? *(S. wirft nach kurzem Zögern zurück)*	Jetzt gelingt ihr auch ohne weiteres die Subtraktion der Aufgabe, bei der sie sich am Anfang der Stunde innerhalb der Textaufgabe

S.: 62	verrechnet hatte *(66 - 4)*.
Z.: Erinnerst du dich an unsere Textaufgabe? *(S. nickt)*	
Z.: Und noch eine Aufgabe, 99 weniger sechs? *(S. wirft schnell zurück)*	
S.: ist 93	
Z.: Ja, siehst du, das kannst du gut im Kopf rechnen.	
Z.: Wie rechnest du 13 weniger sieben?	Da S. durch ihr erfolgreiches Kopfrechnen ihre Müdigkeit etwas überwunden hat, üben wir zum Abschluss noch den Zehnerübertrag, den wir schon in vorigen Stunden behandelten. Sie kann mir bei der Aufgabe (13 weniger sieben) die Vorgehensweise *(„bis zum Zehner ...", „noch vier")* von sich aus erklären, auch wenn sie sich verrechnet.
S.: Bis zum Zehner sind zwei.	
Z.: Von 13 bis zum Zehner sind ...?	
S.: äh, drei	
Z.: Gut, wie viel fehlen noch?	
S.: noch vier	
Z.: Ja und dann ist also 13 weniger sieben?	
S.: sechs	
Z.: Richtig. Jetzt noch einmal mit dem Ball. Was sind 15 Hölzchen weniger sieben *(werfe ihr den Ball zu)?* *(S. zögert etwas, bevor sie zurück wirft)*	Die Aufgabe 15 minus sieben kann sie ohne weiteres nach dem gleichen Verfahren rechnen.
S.: sind acht	
Z.: Ja, wie hast du das gerechnet?	
S.: einfach bis zum Zehner	
Z.: sind?	
S.: fünf und dann noch zwei	
Z.: Ja, sehr gut, so kann man es rechnen. Jetzt erzählst du mir, was du gelesen hast und dann spielen wir.	

Zur häuslichen Übung gebe ich ihr noch Arbeitsblätter mit derartigen Aufgaben mit.

Besprechung der Lektüre und Lernorganisation

S. hat das von ihr ausgesuchte Buch „Immer Ärger mit Mama" von Babette Cole (Herder Verlag) auf einmal gelesen (vgl. II.5.6 Arbeitsmaterialien). Es hat ihr sehr gut gefallen, da S. ihre Mutter als zu streng empfindet und sie sich dann auch über ihre Mutter ärgert. Ich habe ihr freigestellt, das Buch so weit zu lesen, wie sie es möchte. Das Buch beschreibt die Geschichte eines Mädchens, dessen Mama zaubern kann, was allen befreundeten Kindern gefällt, jedoch nicht deren Eltern. Diese phantasievolle Geschichte hat ganz S. Geschmack getroffen. Sie hat den Inhalt völlig verstanden und kann ihn anhand der Bilder des Buches auch chronologisch wiedergeben. Anschließend trägt S. den Titel mit Daten in ihren Lesepass ein und freut sich, bereits über 20 Eintragungen dort zu finden. Wir suchen nun gemeinsam ein neues Buch, das nach ihrer Vorstellung ein ähnliches Thema behandeln soll. S. nimmt sich ein weiteres Buch der selben Autorin mit, nachdem sie den Titel in ihre Ausleihkarte eingetragen hat.

Gemeinsames Spiel

S. sucht sich das Brettspiel mit dem Fantasienamen „Splat" (MB Spiele) aus, bei dem die Spieler die Spielfiguren aus Knetmasse selbst herstellen (vgl. II:5.6 Arbeitsmaterialien). Landet so ein selbst geformter Käfer auf einem besonders gekennzeichneten „Splat-Feld", darf man eine Farbkarte vom Stapel nehmen und alle Käfer, die auf gleichfarbigen Feldern stehen, platt drücken. Dieses Plattdrücken mit der dafür vorgesehenen Plastikhand gibt dem Kind die Möglichkeit des Ausagierens und macht S. jedes Mal viel Freude. Während S. ihre Käfer korrekt nach der gewürfelten Augenzahl weiter zieht, rücke ich unbemerkt einige Felder weniger weit, so dass sie als erste das Ziel erreicht. Abschließend wird die Knetmasse mit den Fingern nochmals kräftig durchgearbeitet.

Abschließende Besprechung

Die Mutter kommt verspätet um ihre Tochter abzuholen (vgl. II.5.5 Gespräche mit Eltern). Im Beisein der Mutter lobe ich S., dass sie trotz der Müdigkeit eine Textaufgabe und viele Kopfrechenaufgaben gelöst hat. Während S. das Spiel wegräumt, spreche ich die Mutter auf das Problem beim Schlafengehen an. Ich bitte sie, darauf zu achten, ihre Tochter nicht zu früh ins Bett zu schicken, und schlage vor, dass sie oder ihr Mann sich von S. aus der mitgenommenen Lektüre ein Stück vorlesen lassen oder ihr abends regelmäßig vorlesen.

Zusammenfassende Betrachtung der Stunde

- S. kann aus einer Textaufgabe mit Hilfe geleiteter Gedankenführung (vgl. II.2.6) die mathematische Aufgabenstellung (Subtraktion) erkennen.
- S. gelingt es mit Hilfe von Anschauungsmaterial die Problemstellung zu erfassen, nachdem sie zunächst eine vereinfachte und dann eine falsche Strategie angewendet hat. Sie kann den Konflikt mit einer neuen Strategie nach einem „Aha"-Erlebnis lösen (vgl. II.2.3.2 Einleitung eines Äquilibrationsprozesses; I.2.2 Didaktische Folgerungen aus dem Äquilibrationsansatz).

- S. verwendet ihre neue Strategie (halbschriftliche Subtraktion) auch bei einer vergleichbaren Aufgabe. Damit ist die Grundlage für die nächste Stunde gelegt, deren Ziel es sein soll, die Methode des halbschriftlichen Rechnens ohne und mit Zehnerübertrag bei ihr zu festigen (vgl. II.5.2.6.2 Halbschriftliches Rechnen, Addition/Subtraktion).

- S. verbessert ihre Fähigkeit im Kopfrechnen bei Subtraktionsaufgaben bis 20 und bei den dekadischen Analogien bis 100, insbesondere ihre Strategie für das Kopfrechnen über den Zehner (vgl. II.3.4 Automatisierung).

1.2.6 Zwischenergebnisse nach 84 Stunden

Am Ende des ersten Jahres hat S. die Automatisierung der „1 + 1"-Aufgaben (Addition/Subtraktion) erreicht und kann die „1 x 1"-Aufgaben (Multiplikation/Division) weitgehend selbstständig lösen. Die Angst vor „eingekleideten Aufgaben" beginnt sie zu verlieren (vgl. II.5.2.4 Die vier Grundrechenarten).

Im Einzelnen kann S. nun:

- die Addition/Subtraktion auch mit Zehnerübergang bis 20 ohne Anschauungsmittel,
- die Addition/Subtraktion von zweistelligen mit einstelligen Zahlen (mit und ohne Zehnerübergang) bis 100 (s. Anhang, Anlage 8: Mathematikarbeit Nr. 2 der Schülerin S.),
- die Multiplikation/Division von „1 x 1"-Aufgaben mit den Zahlen zwei, drei, vier, fünf, sechs und zehn und den übrigen bis zehn mit Ableitungsstrategien (s. Anhang, Anlage 9: Mathematiktest v. 19.12.00 der Schülerin S.),
- Textaufgaben mit einfachen und kombinierten Additions-/Subtraktions-Aufgaben bis 100 (s. Anhang, Anlage 10: Übungsaufgaben v. 19.12.00 der Schülerin S.).

Im emotionalen Bereich beginnt sich S. durch die positiven Einflüsse der Therapie und die zunehmenden Erfolgserlebnisse bei der Lösung mathematischer Aufgaben zu stabilisieren. Nach Auskunft der Mutter hat S. inzwischen ihr kleinkindhaftes Verhalten weitgehend abgelegt und zeigt sich auch gegenüber dem älteren Bruder selbstbewusster. Die Lehrerin berichtet, dass ihr positive Veränderungen bei S. auffallen. Sie sieht erkennbare Fortschritte in Mathematik im Schriftlichen sowie in der mündlichen Mitarbeit.

1.2.7 Lernziele und -schritte des dritten Therapieabschnitts (Januar bis Juni)

Aus den Ergebnissen der ersten beiden Therapieabschnitte und der längerfristigen Zielsetzung werden folgende Lernziele erstellt:

- Wiederholung und Stabilisierung des Rechnens mit allen Grundrechenarten im Raum bis 100,
- Erweiterung des Zahlenraums bis 1000 und darüber,
- Anschluss an den Stoff der 3. Klasse finden (schriftliche Addition und Subtraktion).

Im Einzelnen bedeutet dies:

- Wiederholung und Festigung der Addition und Subtraktion (halbschriftlich) bis 100 ohne und mit Zehnerüberschreitung, Multiplikation und Division von Einmaleins-Aufgaben und Division mit Rest und dazugehörige Sachaufgaben,

- Ergänzungs-/und Zerlegungsaufgaben bis 100,

- Erweiterung des Zahlenraums bis 1000, Stellenwert erkennen, Rechnen mit der Null, Rechnen mit ganzen Zehnern und Hundertern, zerlegen und zusammensetzen (Radatz/ Schipper 1983, 93/98; Wittmann/Müller, 2001, Bd. II, 14-18; Kornmann/Frank u.a. 1999, 86-93),

- Halbschriftliche Addition/Subtraktion bis 1000 (Wittmann/Müller 2001, Bd. II, 20/24; Radatz/Schipper 1983, 76),

- Halbschriftliche Multiplikation/Division mit Zehnerzahlen bis 1000 (Radatz/Schipper 1983, 88; Wittmann/Müller 2001, Bd. II, 60-65),

- Textaufgaben mit allen vier Grundrechenarten mit zeichnerischer Darstellung (Lorenz/ Radatz 1993, 146-149), eigene Rechengeschichten erfinden (Lorenz/Radatz 1993, 150/ 151) und Strukturierung (Radatz/Schipper 1983, 129-136),

- Übergang zur schriftlichen Addition und schriftlichen Subtraktion mit Ergänzungstechnik (Radatz/Schipper 1983, 105-114; Lorenz/Radatz 1993, 155-158).

1.2.8 Stundenbeschreibung 2/01

Bei der im folgenden Abschnitt dargestellten Stundenbeschreibung nach dem FIT-Konzept im Februar 2001 handelt es sich um eine Doppelstunde des dritten und letzten Therapieabschnitts. Auch hierbei erfolgt die Beschreibung der Behandlung der mathematischen Themen in protokollarischer Form mit Kommentar. In der Stunde werden auch die Elemente der Therapiestruktur (vgl. II.5.4) berücksichtigt.

Einführendes Gespräch und Stressabbau

Gleich beim Hereinkommen erzählt S., sie hätte heute ihren Ordner mit den Übungsaufgaben nicht dabei, weil sie aus der Schule direkt abgeholt worden sei. Als Trost für mich holt sie voller Stolz einen Mathematiktest aus ihrer Schultasche, in dem sie eine „2-" geschrieben hat. Es handelt sich um die Wiederholung des kleinen Einmaleins. Für diese positive Leistung lobe ich sie natürlich sehr und wir heften die Arbeit - für alle gut sichtbar - an die Pinnwand (s. Anhang, Anlage 11: Mathematikarbeit v. 22.02.01 der Schülerin S.). Bei der Durchsicht der Arbeit erzählt S., sie sei nicht ganz zufrieden, da sie nicht genug Zeit gehabt hätte, um alle Aufgaben zu schaffen. Sie fühle sich bei Klassenarbeiten immer noch unwohl und unter Zeitdruck. Meine Frage, ob sie vor oder während der Arbeit eine Entspannungsübung gemacht hätte, verneint sie. Deshalb wiederholen wir gleich noch einmal eine Entspannungsübung, die sie auch in der Schule vor oder während einer Arbeit durchführen kann, ohne dass es auffällt.

Entspannungs- und Lockerungsübungen

Als Entspannungsübung für die Schule eignet sich die Übung nach Jacobson (im Sitzen) „Unterarme spannen". Wir setzen uns locker und aufrecht auf unsere Stühle, pressen die Fäuste zusammen und ziehen sie gegen die Unterarme. Wir halten die Spannung bis sechs zählend an. Dann schütteln wir die Arme aus und wiederholen die Übung. Dabei atmen wir ruhig und gleichmäßig. Heute lässt sich S. auch darauf ein, bei der Übung die Augen zu schließen, was die Konzentration erhöht und ein Zeichen von Vertrauen darstellt (Johnen, Muskelentspannung nach Jacobson, 52).

Erster Teil der Behandlung mathematischer Themen

In den letzten Stunden haben wir die schriftliche Addition/Subtraktion ohne Zehnerüberschreitung mit Unterstützung von Materialien bis Tausend (Dienes-Blöcke, farbige Holzblättchen mit aufgedruckten Zahlen eins, zehn, 100) behandelt.
S. fällt es schwer,

- sich bei der schriftlichen Subtraktion durch Ergänzung eine Vorstellung von den Stellenwerten der Ziffern zu machen, d.h. nicht nur mechanisch zu rechnen,
- zu erkennen, dass beim Ergänzungsverfahren zu jeder Stelle des Subtrahenden die gesuchte Zahl addiert werden muss, um den Minuenden zu erhalten,
- den Rechenweg im einzelnen zu beschreiben.

Ziel dieser Stunde ist deshalb, festzustellen, wieweit S. die Umsetzung von Sachsituationen in mathematische Aufgaben und das Stellenwertprinzip beherrscht (vgl. II.5.2 Förderung der mathematischen Kompetenz). Außerdem soll geklärt werden, wie weit ihr die schriftliche Subtraktion nach dem Ergänzungsverfahren vertraut ist (vgl. II.5.2.6.3 Schriftliche Rechenverfahren) bzw. welches Potential sie hinsichtlich der Anwendung dieses Verfahrens besitzt (vgl. II.4 Grundsätze zum Erkennen von Lernschwierigkeiten). S. beschäftigt sich ungern mit „einfachen" Aufgaben, da die anderen Kinder in der Klasse schon mit „größeren" Zahlen rechnen dürfen. Deshalb versuche ich, möglichst rasch den Zahlenraum zu erweitern (vgl. II.2.7 Berücksichtigung der Interessen des Kindes und seiner Motivation). Ich lege ihr ein Übungsblatt mit Subtraktionsaufgaben ohne Zehnerübergang vor (z.T. als Textaufgaben formuliert).

Protokoll	Kommentar
Z. Lies bitte die erste Aufgabe vor! S.: *(liest)* Vier Schüler von 15 Schülern müssen zum Zahnarzt. Wie viel Schüler haben gesunde Zähne? Z.: Wie heißt die Rechenaufgabe? *(S. antwortet ohne Zögern)* S.: 15 minus vier	Ich beginne mit einer Textaufgabe, deren Schwierigkeit darin besteht, dass die Reihenfolge der zu subtrahierenden Zahlen nicht mechanisch übernommen werden kann, wie es S. bei Therapiebeginn stets gemacht hat *(„vier von 15 Schülern")*. Sie muss den Sinn der Aufgabe begreifen, um die mathematische Aufgabe formulieren zu können *(vgl. II.2.1 Fragen und Antworten)*. Dies gelingt ihr auf Anhieb *(vgl. II.5.2.8 Sachrechnen)*.
Z.: Richtig, die Zahl 15 hat wie viel Einer? S.: *(überlegt kurz)* fünf Z.: Und wie viel Zehner? S.: einen Zehner	Auch die Stellenwerte kann sie richtig angeben *(vgl. II.4.1 Erkennen der Schlüsselbereiche mathematischen Lernens)*.
Z.: Gut, und jetzt rechne die Aufgabe durch Ergänzen! *(S. schreibt die Zahlen untereinander)* S.: Vier plus fünf sind neun. Z.: Ja, wir ergänzen aber zur fünf. S.: Mhm	Obwohl S. diese Subtraktion bereits im Kopf rechnen kann, lasse ich sie schriftlich rechnen, damit sie an dieser einfachen Aufgabe erkennen kann, wie sie bei einer Subtraktion im einzelnen rechnet *(vgl. II.3.3 Konflikterzeugung durch Vereinfachung)*. Zur Unterstützung und Ermutigung sage ich ihr, wie zu rechnen ist *(„durch Ergänzen")* *(vgl. II.5.2.6.3 Schriftliche Rechenverfahren, Subtraktion)*, da ihr der Begriff vertraut ist.
Z.: Wie rechnest du das? *(ich setze das Minuszeichen)* S.: von vier bis fünf ... sind ... eins Z.: Ja, schreib die Eins hin, was hast du also gerechnet? Wie viel Einer hast du zu den vier Einern dazu gerechnet? *(S. überlegt kurz)* S.: einen Einer Z.: Ja, du hast eigentlich plus gerechnet. Jetzt rechnest du die Zehner. Wie machst du das?	Des Weiteren gebe ich Unterstützung durch Setzen des Minuszeichens, als sie zunächst Minuend und Subtrahend addiert. Auch bei der Beschreibung des Rechenschritts im einzelnen gebe ich ihr weitere Hilfe. „Wie viel Einer hast du zu den vier Einern dazugerechnet?", wodurch sie zum richtigen Ergebnis gelangt *(vgl. II.4.2 Untersuchung der „Bereiche der nächsten Entwicklung")*.

S.: Von Null bis Eins sind eins.	
Z.: Ja, was hast du also gerechnet? Wie viel Zehner hat diese Zahl? *(ich zeige auf die 4)* S.: null Zehner Z.: Ja, sehr gut, null Zehner. Wie viel musst du dazutun, damit ein Zehner herauskommt? ... Also, was hast du mit den Zehnern gerechnet? *(S. zögert etwas)* S.: null Zehner plus einen Zehner Z.: Sehr gut, jetzt hast du also genau gesagt, was du gerechnet hast. Wiederhol' es noch mal kurz, was hast du gerechnet? S.: Von vier bis fünf sind eins. Z.: Und dann? S.: Von Null bis Eins sind eins, also elf Schüler.	Ihr Entwicklungspotential zeigt S. auch dadurch, dass sie auf Anhieb die Anzahl der Zehner bei der Zahl vier angibt *("null Zehner")*. Die Angabe der Leerstelle im Positionssystem. ist ein wichtiger Aspekt zum Verständnis der Null. *(vgl. II.5.2.3 Dekadischer Aufbau des Zahlensystems).*
Z.: Richtig, jetzt nehmen wir die nächste Aufgabe, wie heißt die? S.: *(liest vor)* „Von 28 Kindern in der Klasse sind 15 Jungen. Wie viel Mädchen sind in der Klasse?" Z.: Wie rechnest du das? S.: *(nach kurzem Überlegen)* 28 minus 15 *(schreibt die Zahlen untereinander)* Z.: Ja, was musst du also rechnen? S.: von fünf bis acht Z.: Das heißt, was musst du zu fünf Einern hinzurechnen? S.: Also, das sind drei Einer. Z.: Richtig, schreib es bitte hin. Das heißt also, von fünf bis acht sind ...? S.: drei Z.: Gut, und weiter ...? S.: Von Eins bis zur Zwei sind drei. Z.: Wie viel sind von der Eins bis zur Zwei? S.: eins Z.: Ja, was kommt also dahin? S.: eins, ähm, 13	Bei der nächsten Aufgabe (28 minus 15) reduziere ich die Hilfe und formuliere nur noch den Ansatz bei der Beschreibung *("Was musst du zu fünf Einern hinzurechnen?")* und wiederhole lediglich die Aufgabe der irrtümlich gerechneten Addition *("Wie viel sind von der Eins bis zur Zwei?").*

Z.: Bitte noch mal, was hast du mit den Zehnern genau gerechnet? (*S. überlegt kurz*)	Ich zeige auf den Zehner und lasse sie nochmals ihr Vorgehen benennen um zu sehen, ob sie es auch verstanden hat.
S.: Ein Zehner plus ein Zehner sind zwei Zehner.	
Z.: Gut, was kommt raus?	
S.: 13, 13 Mädchen	
Z.: Sehr schön! 13 Mädchen sind in der Klasse. Lösen wir nun diese Aufgabe? Lies bitte vor!	
S.: (*liest*) „Im Bus fahren 38 Erwachsene. Davon sind 13 Frauen. Wie viel Männer sind im Bus?" Z.: Ja, bitte? S.: (*ohne zu zögern*) 38 minus 13. Da nehmen wir auch erst mal die drei bis acht, sind fünf ..., dann eins bis zur drei sind zwei. (*S. schreibt die Zahlen richtig untereinander und setzt auch das Minuszeichen.*) Z.: Richtig, und jetzt erklär' mal genau, was du mit den Einern gerechnet hast? S.: Also, drei Einer plus fünf Einer sind acht Einer. Z.: Sehr gut. S.: ... und dann ein Zehner plus zwei Zehner Z.: Ein Zehner plus zwei Zehner sind ...? S.: drei Zehner	Bei der nächsten Aufgabe gleicher Zahlengröße (38 minus 13) reduziere ich die Hilfe weiter. Hier gelingt ihr die Beschreibung der Rechnung im Einzelnen sowohl bei den Einern als auch bei den Zehnern.
Z.: Toll! Jetzt suchen wir eine Aufgabe ohne Text mit größeren Zahlen. Hier: 134 minus 21. Schreib die Aufgabe auf und rechne sie! S.: (*schreibt 134 minus 21 untereinander*) von eins bis vier sind ... drei Z.: Ja, schreib es hin, von eins bis vier sind drei, was rechnest du dann? S.: Von zwei bis drei sind eins. Z.: Ja, und dann die Hunderter. S.: Also ... Null plus Z.: Ja, Null und wie viel sind ein Hunderter? S.: Einer, also kommt 113 raus. Z.: Ja, das hast du richtig gelöst!	Bei der nächsten Aufgabe im Zahlenraum über 100 ist die Subtraktion nicht mehr in eine Textaufgabe gekleidet. Diese Aufgabe bereitet S. auch keine Schwierigkeiten mehr (*vgl. II.5.2.6.3 Schriftliche Rechenverfahren, Subtraktion*).
Z.: Hier eine andere Aufgabe: 286 minus 123. Wie rechnest du das? (*S. schreibt die Zahlen richtig mit Minuszeichen untereinander.*)	Die letzte Subtraktionsaufgabe rechnet S. ohne zu stocken nach dem Ergänzungsverfahren. Die Formulierung der Ergänzung „zwei bis zur acht sind sechs" gelingt ihr ebenso wie die genaue Beschreibung der Addition mit den Hundertern,

S.: Von Drei bis Sechs sind drei. Z.: Gut. S.: Zwei bis zur Acht sind - äh – sechs Z.: Gut, was rechnest du mit den Hundertern? S.: Einhundert bis zur Zweihundert sind - äh - einhundert. Z.: Ja, wie heißt die Zahl also, die raus kommt? S.: 163	auf die ich es zum Schluss beschränke, weil die Konzentrationsfähigkeit nachzulassen beginnt.

Besprechung der Lektüre und Lernorganisation

Da S. häufiger fern sieht, als es ihren Eltern recht ist, habe ich ihr vorgeschlagen, das Buch „Schluss mit der Glotze" von Ph. Dupasqier, übersetzt von J.M. Artel (Carlsen Verlag) zu lesen (vgl. II.5.6 Arbeitsmaterialien). S. liest das Buch innerhalb von zwei Wochen, da sie es in der Vorwoche zu Hause liegen ließ. Am besten habe ihr die Rolle des Vaters in dieser Familiengeschichte gefallen. Er ist zu Beginn der Geschichte gegen Fernsehen und versteckt die „Glotze", da die ganze Familie nur noch vor dem Fernsehgerät gesessen hat. Am Ende der Geschichte, als alle Familienmitglieder sinnvollere Beschäftigungen gefunden haben, ist der Vater der Einzige, der sich vor den Fernsehapparat setzt, den er wieder aufgestellt hat. Das erinnert S. an die Auseinandersetzungen in ihrer Familie. Das Eintragen in den Lesepass, das Austragen des geliehenen Buches und das Notieren des neuen in die Ausleihkartei erledigte S. routinemäßig, ohne hierzu angehalten werden zu müssen.

Zweiter Teil der Behandlung mathematischer Themen

Da wir bereits das kleine Einmaleins durchgenommen haben und es inzwischen von S. weitgehend automatisiert ist, lasse ich sie jetzt eine Textaufgabe mit dem großen Einmaleins von einem Übungsblatt vorlesen und rechnen. Ich beabsichtige diesmal aber nicht, mit Geld zu rechnen, sondern mit farbigen Holzplättchen, die mit den Ziffern 1, 10 und 100 versehen sind, und die für das Erkennen des Stellenwertsystems geeignet sind (vgl. I.1.3 Darstellungsebene nach Bruner, Das Prinzip der Variation der Anschauungsmittel; II.5.2 Förderung der mathematischen Kompetenz).

Protokoll	Kommentar
S.: Rudi bekommt 15 DM Taschengeld im Monat. Er hat acht Monate gespart, nur einmal hat er 20 DM ausgegeben. Wie viel Geld hat er im Sparschwein?	Wie bei der Subtraktionsaufgabe zu Beginn dieser Stunde, muss S. die Aufgabe verstehen, um die zugrunde liegende Multiplikation zu erkennen (vgl. II.2.1 Fragen und Antworten; II.2.2 Impulse geben). Auf Rückfrage gelingt ihr das (vgl. II.5.2.8.

Z.: Mhm, wie rechnest du das? Kannst du das mal hinschreiben?	Sachrechnen).
S.: Ich würde drei mal 15 rechnen.	
Z.: Warum drei mal 15? S.: Ach, acht Monate, acht mal 15	
Z.: Ja, rechne das mal.	
S.: Äh, acht mal 15, das sind 15, 30 (sie rechnet leise), 45 (schweigt). Z.: Wie oft musst du plus 15 rechnen? Kannst du das gleich auf einmal rechnen oder musst du es in mehreren Schritten rechnen? S.: acht mal	S. versucht nun, die Aufgabe durch Zurückführung der Multiplikation auf die Addition zu lösen. Ein an sich richtiges Verfahren, das S. aber schnell aufgibt, als die Additionen schwieriger werden. Mein Hinweis auf ein anderes Vorgehen nimmt S. noch nicht auf (vgl. II.2.2 Impulse geben; Konflikterzeugung; II.5.2.6.2 Halbschriftliches Rechnen, Multiplikation).
Z.: Wie kannst du acht mal 15 noch rechnen? Überleg mal!	
S.: Ah ja, man rechnet erst acht mal eins sind acht und acht mal fünf sind 40 und dann macht man 40 plus acht sind 48. Z.: Jetzt gucken wir mal, ob das stimmt.	Mein wiederholter Hinweis auf ein alternatives Verfahren führt zu einer subjektiven Strategie, die aber leider zu einfach ist (vgl. II.3.2 Fehleranalyse und „lautes" Denken).
S.: ja ...	
Z.: Hol mal bitte diesen Kasten da hier (S. holt einen Kasten mit quadratischen Holzplättchen, von denen die blauen die Ziffer Zehn und die grünen die Ziffer Eins tragen). So, also du hast acht mal 15 zu rechnen. Hier liegen ein blaues und fünf grüne Plättchen, das sind 15. S.: Ja. Z.: Jetzt musst du noch wie viel blaue Plättchen nehmen? S.: acht (legt noch sieben blaue untereinander) Z.: Ja, und jedes Plättchen ist wie viel wert?	Damit S. ihren Fehler selbst erkennt (vgl. II:2.3.1 Konflikterzeugung) und zu einer neuen Strategie gelangt, lasse ich sie die Aufgabe mit Anschauungsmaterial legen (vgl. II.1.1 Bedeutung des konkreten Handelns („be-greifen") und der intensiven Anfangsetappe).
S.: einen Zehner	
Z.: Das sind also acht Zehner. Wie viel grüne Einer brauchst du hier? Das sind fünf (ich zeige auf die fünf blauen Plättchen in der ersten Reihe). S.: auch acht mal Z.: Ja, wie viel blaue Plättchen sind das immer (ich zeige auf die nächsten Reihen)? S.: immer acht, äh, immer fünf (legt jeweils fünf blaue Steine in eine Reihe) Z.: Das sind hier in einer Reihe fünf. So, und jetzt willst du also acht mal 15 ausrechnen?	Hierzu nutze ich ihre Kenntnisse des Stellenwertsystems aus, damit sie zu einer neuen Strategie kommt.
S.: einmal fünfzehn, zwei mal ... (zählt die einzelnen Reihen)	Für S. liegt es weiterhin nahe, die einzelnen Reihen zu zählen, die dann addiert werden

127

	könne.
Z.: Wie viele sind das zusammen?	
S.: Äh ..., aber das kann man gar nicht sagen, dass es acht sind, denn das sind ja viel mehr.	Ohne wieder zu addieren, vergleicht sie das gelegte Material mit ihrer Strategie (8 • 1 und 8 • 5) und stellt fest, dass es ja nicht acht mal eins, sondern acht mal zehn ist *(vgl. II.2.3.2 Einleitung eines Äquilibrationsprozesses „Aha-Effekt")*.
Z.: Ja. Wie viel Fünfzehner sind das hier?	
S.: Acht ... aha, man muss acht mal zehn, nicht acht mal eins rechnen.	
Z.: Ja, hier siehst du es, acht mal zehn. Wie viel von den Blauen sind das also?	
S.: 80	
Z.: Wie viel von den Grünen sind das?	
S.: 40	
Z.: Wie kannst du das rechnen?	
S.: Acht mal fünf, ja, ist doch gar nicht so schwer, dann rechnen wir 80 plus 40 *(schreibt 80 und 40 untereinander)*.	Nachdem S. erkannt hat, es sind 80, fällt es ihr nicht mehr schwer, den Wert der grünen Plättchen zu berechnen und zu addieren *(vgl. II.1.2 Erreichen der abstrakten symbolischen Ebene)*.
S.: Null, vier plus acht sind zwölf, sind 120.	
Z.: Richtig, das hast du schnell erkannt und gerechnet, die grünen Plättchen sind also ...	Um sicher zu sein, dass sie die Verbindung zwischen Material und Zahlen erfasst hat, frage ich noch einmal die Werte einzeln ab und lasse sie das Ergebnis wiederholen *(vgl. II.5.2.3 Dekadischer Aufbau des Zahlensystems)*.
S.: die Einer	
Z.: die Blauen ...	
S.: die Zehner	
Z.: Ja, die Grünen sind die Einer und die Blauen sind die Zehner, also: acht mal 15 sind?	
S.: 120	
Z.: Wie viel Taschengeld hat Rudi in acht Monaten bekommen?	
S.: Äh, er hat 120 DM bekommen.	
Z.: Was musst du jetzt noch machen?	Die Subtraktion im zweiten Teil der Aufgabe fällt ihr leicht und sie rechnet nach dem vertrauten Verfahren.
S.: Er hat 20 Mark ausgegeben.	
Z.: Was musst du da machen?	
S.: Da muss ich 120 minus 20 rechnen.	
Z.: Ja, was ist 120 minus 20?	
S.: zwei Zehner wegnehmen	
Z.: Ja, die nimmst du weg. Wie viel bleiben übrig?	
S.: 100	
Z.: Richtig, das stimmt, jetzt machen wir etwas anderes.	

Gemeinsames Spiel

S. sucht sich das Kugelspiel „Skill" (Parker) aus, das in verschiedenen Variationen gespielt werden kann (vgl. II.5.6 Arbeitsmaterialien) und entscheidet sich für die schwierigere Variante, nach der die farbigen Kugeln in vorgeschriebener Reihenfolge durch die Kugelwand laufen müssen. Das Spiel fördert die Konzentrations- und Beobachtungsfähigkeit und die Fähigkeit, den Überblick bei einem zügigen Spielverlauf zu behalten. S. spielt sehr konzentriert und erkennt schnell den günstigsten Weg für die Kugelbahnen. Sie hält die Reihenfolge der Kugeln ein und gewinnt, ohne dass ich zu ihren Gunsten „korrigieren" muss. Auch bei den Wiederholungen bleibt S. bei der Sache und hat Spaß am Spiel.

Abschließende Besprechung

Da die Mutter wieder ganztägig arbeitet, wird S. von einem Au-Pair-Mädchen abgeholt (vgl. II.5.5 Gespräche mit Eltern). Wie sich herausstellt, gibt es zwischen ihr und den Eltern Missverständnisse hinsichtlich der mitzubringenden Unterlagen. S. ist in letzter Zeit wieder häufig müde und abgelenkt, nachdem das Gespräch mit der Mutter längere Zeit positiv gewirkt hatte. S. gibt für ihre Müdigkeit unterschiedliche Gründe an, z.B. Besuch bei der Freundin über Nacht. Ich bitte deshalb um einen neuen Termin mit der Mutter.

Zusammenfassende Betrachtung der Stunde

- S. gelingt die Umsetzung der Text- in die Subtraktionsaufgabe problemlos und sie hat eine ausreichende Vorstellung vom Stellenwertsystem. Sie erkennt bei der Subtraktion ohne Überträge, wie nach dem Ergänzungsverfahren zu rechnen ist (vgl. II.1.2 Erreichen der abstrakt-symbolischen Ebene; II.5.2 Förderung der mathematischen Kompetenz).

- Mit abnehmender Hilfe kann S. die Beschreibung der Ergänzungsaufgabe für die einzelnen Stellen bis zu dreistelligen Zahlen durchführen. Sie besitzt die Voraussetzung für die Behandlung des Ergänzungsverfahrens mit mehrstelligen Zahlen mit Überträgen.

- S. hat erkannt, dass die Anwendung des kleinen Einmaleins bei der Multiplikation größerer Zahlen schneller und sicherer ist, als die Rückführung auf die Addition. Dadurch ist ihr die Lösung der Textaufgabe mit Hilfe des Einmaleins gelungen (vgl. II.1.1 Bedeutung des konkreten Handelns).

1.3 Beendigung und Ergebnisse der Therapie

Im letzten Vierteljahr der Therapie muss S. weitgehend auf eine Unterstützung zu Hause wegen der Arbeitsbelastung der Mutter und des Vaters verzichten. Die Mutter hält dies für vertretbar, da sich ihre Tochter durch die Therapie emotional stabilisiert habe. Das hat zur Folge, dass oft nur telefonische Gespräche zustande kommen. Darin hebt die Mutter hervor, dass sie und ihr Mann mit den Ergebnissen der Therapie zufrieden seien und die Therapie beenden möchten. Diese Einstellung überträgt sich auf die Tochter, die in den letzten Stunden weniger Anstrengungsbereitschaft zeigt und ihre häuslichen Übungen etwas vernachlässigt. Aufgrund der besseren Noten, die S. in Mathematik bekommt, sieht sie keine Notwendigkeiten mehr, intensiv für die Therapie zu üben. Bei ihrem Satzergänzungstest Nr. 18 beantwortet sie deshalb den Satzanfang, „ich bin froh..." mit der Ergänzung, „dass ich besser in der Schule geworden bin" (s. Anhang, Anlage 12: Satzergänzungstest von S.).

Da demnach für Eltern und Kind die Therapie erfolgreich war, wird sie zum Ende des Schuljahres 2000/01 beendet. Auch mein Hinweis, dass S. das Niveau ihrer Klasse in Mathematik noch nicht völlig erreicht hat, ändert die Meinung der Eltern nicht.

Ergebnisse der Therapie sind:

Zum Lernstand

Die mathematische Kompetenz von S. am Ende der Therapie entspricht weitgehend den Zielen, die vom Hessischen Rahmenplan Grundschule für das Fach Mathematik im Arbeitsbereich Mengen und Zahlen für das 3. Schuljahr vorgegeben werden (vgl. II.5.2 Förderung der mathematischen Kompetenz). Danach werden die für das 1./2. Schuljahr zusammengefassten Ziele von ihr erreicht und die auf das 3. Schuljahr beschränkten Ziele (der Rahmenplan fasst das 3. und 4. Schuljahr zusammen) in wichtigen Teilen. Insoweit hat sie den Anschluss an den Lernstand ihrer Klasse gefunden (Hessisches Kultusministerium 1995, 144 ff.).

Im Einzelnen können die von S. erreichten Lernziele mit den nachfolgend teilweise zitierten Zielvorgaben des Hessischen Rahmenplans beschrieben werden:

Bei der Entwicklung des Zahlenbegriffs

Der Zahlenbegriff und der Zahlenraum reicht nach dem Rahmenplan im 1./2. Schuljahr bis 100 (im 3./4. Schuljahr bis 1 Mio.).
Nach den Planvorgaben lernen und entwickeln die Kinder

- „- das Aufsagen der Zahlwörter vorwärts und rückwärts,
- das Lernen und Lesen von Zahlen in Ziffern und Worten,
- das Darstellen von Zahlen mit Zahlenband und Zahlenstrahl,
- das Vergleichen und Ordnen von Zahlen, ...
- die verschiedenen Aspekte und Verwendungsmöglichkeiten von Zahlen (Kardinalzahl, Ordinalzahl),
- den Aufbau des dekadischen Stellenwertsystems,
- Zahlbeziehungen wie Vorgänger, Nachfolger ..., das Doppelte von Nachbarzehnern, Nachbarhundertern,
- das Runden von Zahlen,
- Größenvorstellungen von Mengen und Zahlen" (Hessisches Kultusministerium 1995, 150).

Beim Addieren und Subtrahieren

Im 1./2. Schuljahr lernen die Kinder

- „- die additiven Grundrechenarten verstehen,
- das ,1 + 1' zunächst handelnd, dann gedächtnismäßig im Zahlenraum bis 100,
- das Lesen und Darstellen der Grundaufgaben in Gleichungsform mit den Symbolen +, -, = ... sowie den entsprechenden Sprechweisen,
- komplexe Aufgaben in Teilschritte aufzulösen und übersichtlich darzustellen (halbschriftliches Rechnen)" (Hessisches Kultusministerium 1995, 153).

Im 3. Schuljahr lernen die Kinder

- „- die erworbenen Grundkenntnisse und Fertigkeiten im erweiterten Zahlenraum anzuwenden und auszubauen, insbesondere mit Hilfe von Analogieschlüssen,
- die schriftlichen Rechenverfahren für die Addition und Subtraktion, zunächst mit zwei Summanden und mit einem Subtrahenden ... und durch Proberechnungen zu überprüfen..." (Hessisches Kultusministerium 1995, 153).

Beim Multiplizieren und Dividieren

Für das 2. Schuljahr sind folgende Ziele vorgegeben:

- „- die arithmetischen Operationen der Multiplikation und der Division mit den entsprechenden Gleichungs- und Operationszeichen ... für „mal" und „geteilt durch", auch das Dividieren mit Rest" (Hessisches Kultusministerium 1995, 155).

Die für das 3. Schuljahr formulierten Ziele

- „- die erworbenen Kenntnisse und Fertigkeiten im erweiterten Zahlenraum und bei der Lösung von Alltagsproblemen anzuwenden ...

- komplexe Aufgaben in Teilschritten aufzulösen und übersichtlich darzustellen (halbschriftliches Rechnen) ..." (Hessisches Kultusministerium 1995, 155)

hat S. bei Abschluss der Therapie sicher nur bei der Anwendung des großes Einmaleins und seiner Umkehrung erreicht.

Zur schulischen Entwicklung

In den letzten Gesprächen im April 2001 äußert die Lehrerin ihre Zufriedenheit mit der Entwicklung der Leistung von S. im Mathematikunterricht. Ihre Kenntnisse hätten sich im Verlauf der Therapiezeit kontinuierlich verbessert und der Anschluss an den Stoff der 3. Klasse sei in wesentlichen Bereichen erreicht. Soweit dies noch nicht der Fall sei, könnten die Lücken mit Hilfe eines neu eingerichteten Förderunterrichts in einer kleinen Gruppe aufgefangen werden. Dort verhalte sich S. aufgeweckter und mitteilsamer als im Klassenverband.

Im Zeugnis am Ende der 3. Klasse erhält S. in Mathematik die Note 3. Sie wird versetzt in die 4. Klasse mit der Anmerkung, dass sich die Mathematiknote „auf ihre individuellen Leistungen und Lernfortschritte bezieht" (s. Anhang, Anlage 13: Zeugnis der Schülerin S. v. 12.6.01).

Zum Erreichen der Vorgaben durch das Sozialamt

Die im Hilfeplangespräch vom Mai 2000 festgelegten Therapieziele sind im wesentlichen erreicht worden. Das dort als kurzfristig genannte Ziel des Verbleibens im Klassenverband ist relativ schnell realisiert worden.

Von den längerfristigen Zielen ist erreicht worden, dass S.

- sich besser gegen ihre Umwelt behaupten und mit Misserfolgen umgehen kann,
- von Resignation zur kindgemäßen „Fröhlichkeit" gelangt ist und
- eine positivere Beziehung zu ihrer Mutter und ihrem Bruder entwickelt hat.

Da S. noch nicht den vollen Anschluss an den Stoff des Mathematikunterrichts der 3. Klasse erreicht hat, wäre es zur Stabilisierung der Therapie gut gewesen, diese um weitere 20 Stunden zu verlängern. Daher wird sie auch nach Abschluss der Therapie mehr Unterstützung benötigen als ihre Klassenkameraden.

Zur psychischen Stabilität

Die zu Therapiebeginn festgestellten psychischen Auffälligkeiten (fehlende Konzentrationsfähigkeit, Ängstlichkeit, Selbstwertproblematik, Lernblockaden, Geschwisterrivalität und kleinkindliches Verhalten) haben sich im Verlauf der Therapie kontinuierlich verringert (vgl. II.5.3 Erkennen der psychischen Bedürfnisse). So hat sich beispielsweise die Beziehung zu ihrem älteren Bruder weitgehend normalisiert und sie ist gern mit ihm zusammen. Im Satzergänzungstest Nr. 5 beantwortet sie den vorgegebenen Satzanfang: „Ich bin sehr traurig", mit der Ergänzung, „wenn mein Bruder ... allein nach der Türkei fährt" (s. Anhang, Anlage 12: Satzergänzungstest von S.). Mit Hilfe von Gesprächen, Spielen, Malen, Bewegung und Entspannungsübungen, Lesen von thematisch passenden Büchern, Ritualen und feststehenden Regeln, Lob und Ermutigung ihrer Leistungen hat sich ihr psychisches Verhalten deutlich stabilisiert. Dabei hat sie auch gelernt, über ihre Probleme zu reflektieren. Vor allem hat es S. geschafft, bei ihr schwierig erscheinenden Rechenaufgaben nicht gleich den Mut zu verlieren, sondern zu versuchen, sich selbst zu helfen, z.B. bei Klassenarbeiten (nochmaliges Durchlesen der Aufgaben, erst die leichteren Aufgaben rechnen und Entspannungsübungen einbauen).

Zur weiteren Entwicklung

Ein Jahr nach Beendigung der Therapie habe ich telefonischen Kontakt zur Mutter aufgenommen und mich nach dem Befinden ihrer Tochter erkundigt. S. habe sich weiterhin positiv entwickelt. Sie sei in der Zwischenzeit problemlos in die fünfte Klasse einer Gesamtschule versetzt worden. Ihre Leistungen in Mathematik würden ohne die Zusatzanmerkung, dass sich die Mathematiknote nur auf ihre individuellen Leistungen bezieht, bewertet. Auch in den übrigen Fächern zeige S. weiterhin stabile Leistungen.

2.   Darstellung der Therapie der Schülerin H.

Die Therapie der Schülerin H. über insgesamt 70 Stunden ist nach folgendem Zeitplan (Monat/Jahr) verlaufen:

4/2001   Beratung

5/2001   Beginn der Therapie (4. Klasse Grundschule)

6/2002   Ende der Therapie (Versetzung in die 6. Klasse einer Integrierten Ge-
            samtschule).

Herr und Frau B., beide einfache Angestellte, kommen gemeinsam mit ihrer Tochter H. zum Beratungsgespräch im April 2001. Die Mutter arbeitet wegen ihrer Kinder halbtags. Obwohl sie in einer Kleinstadt, ca. 30 km entfernt von Frankfurt wohnen, wenden sie sich an unsere Praxis, da ihre ältere Tochter hier bereits eine sehr erfolgreiche Förderung wegen ihrer LRS erhalten hat.

2.1   Anamnese

2.1.1   Allgemeine Informationen über H.

Zum Zeitpunkt der Beratung 4/2001

Alter: 10;2 Jahre

Geburtsmonat: Februar 1991

Nationalität: deutsch

Schulklasse: vierte Klasse einer Grundschule.

Den Angaben der Eltern zufolge hat ihre jüngste Tochter erhebliche Probleme in Mathematik, was sich in mangelhaften Noten zeigt, die wiederum negative Auswirkungen auf ihre Lernmotivation habe. Ihre Schwierigkeiten in Mathematik werden von der Schule nicht durch besondere Maßnahmen (z.B. Differenzierung) berücksichtigt, obwohl die Eltern dies bei der Lehrerin angesprochen haben.

Gründe für die Beratung

Die Eltern machen sich Sorgen um ihre Tochter H. Nach Auffassung der Eltern hat sie bislang keine Zahlenvorstellung und Probleme beim Kopfrechnen. Die Mutter beobachtet die Rechenprobleme bei ihrer Tochter schon seit der 2. Klasse. Eine zusätzliche schulische Förderung hat H. bisher nicht erhalten. Bei den Mathematikaufgaben verhalte sie sich sehr

134

unsicher, unkonzentriert und baue schnell ab. Die Klassenlehrerin, die auch Mathematik unterrichtet, will, dass H. die 4. Klasse wiederholt. H.s momentane Leistungen in Mathematik werden mit „mangelhaft" benotet. Auch in Deutsch sind ihre Leistungen nur schwach ausreichend. H. gehe aber nach wie vor gern zur Schule und sei bei ihren MitschülerInnen beliebt (s. Anhang, Anlage 14: Zeugnis v. 20.6.01 der Schülerin H.).

Die Eltern möchten ihrer Tochter eine Klassenwiederholung ersparen, da H. wegen Umzugs schon einmal die Schule wechseln musste und mit ihren Freundinnen in der Klasse zusammen bleiben möchte.

Entwicklung der frühen Kindheit und am Schulanfang

In der frühen Kindheit hat es - nach Auskunft der Eltern - keine besonderen Entwicklungsprobleme gegeben. Erst später haben sich Auffälligkeiten in der Feinmotorik (verkrampfte Handhaltung beim Schreiben) gezeigt, die aber nicht mehr erkennbar sind. In letzter Zeit würde H. allerdings unter längeren Infekten leiden, die vor allem mit Bauchschmerzen verbunden seien. H. müsse daher häufiger in der Schule fehlen.

Vor der Einschulung hat H. drei Jahre lang einen Kindergarten besucht. Nach dem ersten Schuljahr hat sie - wegen Umzugs der Familie - die Schule wechseln müssen. Wie die Eltern berichten, hat es längere Zeit gedauert, bis H. zu den neuen Lehrerinnen ein gutes Verhältnis entwickeln und sich in die Klassengemeinschaft einleben konnte. Besonders gern mag H. den Sportunterricht und die musischen Fächer. Die Mutter hilft regelmäßig bei den Hausaufgaben. Im Rechnen blockt H. jedoch immer häufiger ab, wenn die Mutter Unterstützung anbietet. Die Mutter sagt, sie könne ihrer Tochter „zur Zeit nichts mehr geben".

2.1.2 Diagnostische Ergebnisse

Aufgrund der Beratung mit den Eltern und der Tochter im April 01 in unserer Praxis hat sich Folgendes ergeben:

Psychische Auffälligkeiten

Im Beratungsgespräch heben die Eltern hervor, dass ihre Tochter H. zunehmend unter ihren schlechten Leistungen in Mathematik leide, obwohl sie sich anstrenge, um besser zu werden. Die Mutter versucht, mit der Tochter den Mathematikstoff nachzuholen, wenn H. wegen Krankheit den Unterricht versäumt hat. Ihre Schwester habe gegenwärtig bessere

Leistungen, vor allem im Rechnen. Hieraus ergeben sich bereits Rivalitäten unter den Geschwistern. H. fühlt sich in der Schule minderwertiger als andere Kinder, die besser im Rechnen als sie seien. Wie sie selbst zugibt, habe sie vor Klassenarbeiten im Rechnen Angst und „wisse dann nichts mehr".

Meine anfängliche Vermutung, dass H. durch Krankheit mehr Aufmerksamkeit erlangen wolle, hat sich bei weiterer Beobachtung nicht bestätigt. Eine von uns dringend angeregte intensive ärztliche Untersuchung hat bei H. eine Unverträglichkeit gegenüber bestimmten Lebensmitteln ergeben.

Lernstand im Rechnen

Da H. zurzeit der Beratung die 4. Klasse besucht, untersuche ich stichprobenweise ihre mathematischen Kenntnisse in Arithmetik, wie sie im Hessischen Rahmenplan Grundschule (Hessisches Kultusministerium 1995, 150) gefordert werden. Da mir ihre Schwierigkeiten bezüglich des aktuellen Schulstoffs aus den schriftlichen Unterlagen weitgehend bekannt sind, konzentriere ich mich in der Überprüfung auf die mathematischen Anforderungen für die ersten drei Schuljahre.

Diese Überprüfung ihrer mathematischen Kompetenz zeigt Folgendes:
-   H. kann im Zahlenraum bis 1.000 vorwärts flüssig und rückwärts etwas stockend zählen, die diktierten Zahlen aufschreiben und der Größe nach ordnen.
-   H. rechnet im Zahlenraum bis 1.000 (Addition/Subtraktion) mechanisch, d.h. ohne ausreichendes Verständnis der Rechenoperation. Die Stellenwerte der einzelnen Ziffern einer dreistelligen Zahl sind ihr nicht ausreichend klar, ebenso nicht der Unterschied zwischen dem ordinalen und kardinalen Zahlaspekt.
-   H. rechnet vor allem beim Zehnerübergang zählend mit den Fingern (Addition/Subtraktion).
-   H. kann einige „1 x 1-Aufgaben" auswendig, jedoch nicht im Sachzusammenhang anwenden.
-   H. hat erhebliche Probleme mit der schriftlichen Multiplikation/Division im Zahlenraum bis 1.000. Die Begriffe halbieren und verdoppeln sind ihr nicht vertraut.

2.1.3 Beratungsergebnisse

Den Eltern empfehle ich nach der Beratung, sich um eine schulische und außerschulische Förderung zu bemühen, da sich bei H. bereits

- ein erheblicher Entwicklungsrückstand im mathematischen Bereich eingestellt hat und die Gefahr besteht, dass
- ihre psychische Situation sich weiter destabilisieren wird, wenn ihr nicht bei der Überwindung ihrer Schwierigkeiten geholfen wird.

Aufgrund der positiven Erfahrungen mit der älteren Tochter und H. gern zu mir kommen will, wird eine außerschulische Förderung bei uns vereinbart. Da ein Therapieplatz kurzfristig zur Verfügung steht, kann die Therapie bereits im Mai beginnen. Die Maßnahme wird zunächst von den Eltern selbst finanziert, da das zuständige Jugendamt eine Kostenübernahme ablehnt. Nach Einschaltung eines Rechtsanwalts und mit unserer Unterstützung gelingt eine teilweise Kostenübernahme für einen begrenzten Zeitraum. Für eine Beteiligung an den Therapiekosten verlangt das zuständige Jugendamt eine zusätzliche medizinisch-psychologische Diagnostik (vgl. IV.2.1.5 Externe Diagnose).

2.1.4 Beratungsgespräch zur Mengeninvarianz

Aufgrund ihrer Gespräche in der Schule befürchten die Eltern, H. könne die notwendige Intelligenz zum Verstehen mathematischer Zusammenhänge fehlen. Deshalb wird mit den Eltern vereinbart, zur Abklärung wichtiger kognitiver Fähigkeiten zu prüfen, wie weit bei H. bereits das Erkennen der Mengeninvarianz mit verschiedenen Materialien ausgeprägt ist (vgl. II.3.1 Erkennen und Erreichen der Mengeninvarianz; II.5.2.2 Kardinalzahlbegriff und Mengeninvarianz).

Nach Piaget ist das Erkennen der Mengeninvarianz eine wichtige Voraussetzung für das Stadium der konkreten Operationen. Um festzustellen, inwieweit das Erkennen der Mengen-invarianz bei H. ausgeprägt ist, wende ich Versuchsanordnungen an, die auf Überlegungen und Untersuchungen von Piaget und Bruner fußen (vgl. I.1.3 Darstellungsebenen nach Bruner). Im Folgenden sind die wesentlichen Teile dieses Gesprächs mit H. protokolliert und kommentiert.

Protokoll	Kommentar
(Ich lege fünf Papierstreifen unterschiedlicher Länge hin.) Z.: Wie viel Streifen sind das? H.: fünf	Zunächst versuche ich festzustellen, wie weit ihre „Kompositionsfähigkeit" vorhanden ist *(vgl. I.1.1 Piagets Stadien der Denkentwicklung)*. Dazu lege ich fünf Papierstreifen unterschiedlicher Länge auf den Tisch und bitte H., sie der Länge nach zu ordnen. Hiermit hat sie keine Probleme.

Z.: Und wie sehen diese Streifen aus?	
H.: Sie sind verschieden lang.	
Z.: Ja, jeder Streifen hat eine andere Länge. Wir legen sie hier in eine Linie. Kannst du sie bitte der Länge nach ordnen?	
H. mhm *(bejahend)* *(H. ordnet die Streifen der Länge nach.)*	
Z.: Sehr gut. Auf der linken Seite ist also ...? H.: der Große	Um sicher zu sein, dass ihr die Größenbeziehung klar ist, frage ich nach der Lage des größten und des kleinsten Streifens.
Z.: Der Größte, und auf der anderen Seite?	
H.: der Kleinste	
Z.: Richtig. Jetzt ein neuer Versuch, ich habe hier zwei Kugeln aus Knete geformt. Was siehst du? *(Ich zeige zwei gleich große Kugeln, eine blaue und eine gelbe.)* H.: zwei gleiche Kugeln	Dann zeige ich H. in einem zweiten Versuch zwei gleich große, verschiedenfarbige Tonkugeln. Aus der einen Kugel forme ich dann eine Wurst, wie es in dem bekannten Versuch von Piaget beschrieben ist.
Z.: Ja, die eine Kugel ist ...?	
H.: blau und diese gelb *(zeigt auf die gelbe)*	
Z.: Stimmt. Und die beiden sind gleich groß, sie haben die gleiche Menge Knete. Aus der einen mach ich jetzt eine Wurst. *(Ich forme aus der gelben Kugel eine Wurst, etwa doppelt so breit wie der Kugeldurchmesser.)* Nun frage ich dich: Besteht diese gelbe Wurst jetzt aus weniger Knete als die blaue Kugel, gleich viel oder aus mehr Knete?	Um ihre Antwort nicht zu beeinflussen, frage ich nach allen Möglichkeiten.
H.: *(zögert etwas)* gleich viel Z.: Warum?	Nach kurzer Überlegung beantwortet H. meine Frage nach der Menge der Knete der verformten Kugel gegenüber der nicht verformten Kugel mit: gleich viel.
H.: Weil beides die gleiche Menge ist und die gelbe nur etwas länger ist. Z.: Ja, beides ist die gleiche Menge. Kann man aus dieser Wurst wieder so eine Kugel machen?	Sie begründet mit dem Hinweis auf die gleiche Menge und die Länge der Wurst. H. bestätigt die Möglichkeit der Rückführung der Wurst in die Kugelform.
H.: ja	
Z.: Mach ich mal *(Ich forme die Wurst wieder zu einer Kugel)* und wie groß ist diese Kugel?	
H.: genauso groß	
Z.: Warum? Was ist das für eine Kugel?	
H.: ist dieselbe Z.: Wie vorher? H.: ja Z.: Richtig. Nun noch ein Versuch.	Da H. sowohl die Kompensation als auch die Reversibilität erkannt hat, ist - nach Piaget - die Ausbildung der Mengeninvarianz bei der Schülerin anzunehmen. Mit ihrer Begründung „dieselbe" erscheint sie die von Bruner geforderte Identität der Mengen erkannt zu haben *(vgl. II.3.1 Erkennen und Erreichen der Mengeninvarianz).*

(Ich stelle zwei schmale Gläser auf den Tisch.) Gieße bitte in beide Gläser die gleiche Menge des gefärbten Wassers - bis hierher *(zeige jeweils auf die Mitte der Gläser).*	Allerdings ist nicht ganz klar, ob H. die Begriffe „die gleiche Menge" und „dieselbe" in der Weise versteht, wie es die Begriffe beinhalten. Ergänzend untersuche ich die Mengeninvarianz noch in einem dritten Versuch in Anlehnung an das von Bruner beschriebene Verfahren der Abschirmung mit *Flüssigkeiten (vgl. I.1.3 Darstellungsebenen nach Bruner).*
H.: *(gießt beide Gläser halb voll Wasser)* So? Noch etwas ... Z.: Ja, nun ist in beiden Gläsern gleich viel Wasser. (Ich *stelle ein breiteres, kürzeres Glas ohne Wasser dazu.)* Was ist das für ein Glas?	Bei dem Abschirmversuch lasse ich H. zunächst zwei Gläser mit der gleichen Menge Wasser füllen und stelle ein Glas davon ein wenig zur Seite und nehme ein breiteres, kürzeres Glas hinzu, das ich anschließend abschirme.
H.: ein breites Z.: Gut. Jetzt mach ich Folgendes: Ich decke dieses Glas ab *(ich stelle eine Heftseite vor das kürzere Glas).* Kannst du es sehen?	
H.: nicht mehr Z.: Jetzt gieß ich das Wasser aus diesem Glas in das verdeckte Glas und frage dich: Ist in dem versteckten Glas jetzt mehr, weniger oder gleich viel Wasser?	
H.: gleich viel Z.: Prima. Wenn ich jetzt das Heft wegnehme *(ich beseitige die Abschirmung)* und das Wasser zurückgieße? Ist es wieder gleich viel, weniger oder ist es mehr geworden? H.: mehr	Nach dem Umgießen bezeichnet H. die Wassermenge in dem breiteren Glas erwartungsgemäß mit „gleich viel". Als ich die Abschirmung beseitige und nach der Wassermenge frage, wenn ich das Wasser in das längere, schmalere Glas zurückgieße, antwortet H. für mich überraschend „mehr".
Z.: Warum ist es mehr?	
H.: Weil das Glas ein bisschen länger ist. Z.: Weil das Glas ein bisschen länger ist? *(Ich gieße das Wasser in das längere Glas zurück.)*	Sie begründet ihre Antwort mit dem Hinweis auf das bisschen längere und nicht breitere Glas.
H.: und nicht breit	
Z.: Jetzt gieße ich das Wasser wieder zurück. *(Ich gieße das Wasser aus dem längeren Glas zurück.)* Nun frage ich dich wieder: Ist jetzt in diesem Glas hier mehr, gleich viel oder weniger Wasser drin, als es in dem anderen Glas war? *(Ich zeige erst auf das breitere und dann auf das längere Glas.)*	Nun möchte ich versuchen, bei H. einen Lernprozess im Piagetschen Sinne einzuleiten. Deshalb gieße ich das Wasser wieder in das breitere Glas zurück.
H.: weniger Z.: Du sagst, es ist weniger, warum? H.: Weil das Glas breiter ist und ein bisschen niedriger.	H. bleibt bei ihrer Auffassung und bezeichnet die Wassermenge in dem breiteren Glas als weniger, da das Glas breiter ist und ein bisschen niedriger.
Z.: Wenn ich es jetzt wieder zurückgieße? *(Ich gieße es ins längere Glas.)*	Erst mit dem weiteren Umgießen in das längere Glas beginnt bei H. der Zweifel und sie schwankt

Ist es jetzt gleich viel, mehr oder weniger geworden? H.: *(zögert)* mehr Z.: Ist es mehr geworden? H.: *(zögert längere Zeit)* also gleich viel, wieder so wie vorhin	zwischen mehr und gleich viel *(vgl. II.2.3.2 Einleitung eines Äquilibrationsprozesses).* Hiernach wird - so nehme ich an - die Reizstärke durch die Breite und die Höhe des jeweiligen Glases und die Wiederholung des Vorganges ausgelöst.
Z.: Du sagst, es ist so wie vorher und warum? H.: *(gibt keine Antwort)*	
Z.: War es vorher weniger oder war es auch gleich viel? H.: weniger Z.: Warum?	H. ist unsicher und unzufrieden über ihren Lösungsversuch.
H.: *(schweigt, gibt keine Antwort)*	
Z.: Wenn ich es wieder umgieße *(gieße es vom längeren in das breitere Glas),* ist es wieder weniger? Oder ist es mehr oder ist es gleich? H.: *(zögert)* weniger Z.: Bist du sicher? Warum? Überleg noch einmal! H.: Weil das Glas breiter ist. Z.: Ja, was hattest du vorhin gesagt, warum ist es weniger? H.: Das Glas ist niedriger. Z.: Weil es niedriger ist, ja, das Glas ist niedriger, aber was ist das Glas noch? H.: breiter Z.: Richtig, es ist auch breiter. Wenn ich es zurückgieße, ist es wieder gleich viel, weniger oder mehr? H.: ja Z.: Was ja? H.: ist wieder gleich viel Z.: Ist wieder gleich viel drin? Jetzt gieß ich es mal wieder zurück. *(Ich gieße vom breiteren in das schmalere Glas.)* H.: ist wieder so viel (ohne Zögern) Z.: Und wenn ich das Wasser wieder in das breitere Glas zurückgieße, was ist dann? H.: *(ohne zu zögern)* wieder gleich viel	Beim nächsten Zurückgießen des Wassers vom längeren in das kürzere Glas helfe ich. „Ja, das Glas ist niedriger, aber was ist das Glas noch?" Nach dieser verbalen Unterstützung kommt H. jeweils zum Ergebnis, dass es wieder gleich viel ist.

Z.: Warum gleich viel? Das Glas ist doch niedriger? H.: Weil von dem Wasser alles drin ist und dann kann es nicht mehr sein.	Trotz meines Hinweises auf das niedrigere Glas bleibt sie bei ihrer Meinung und begründet diese damit, dass von dem Wasser alles drin ist und daher gar nicht mehr sein kann. Diese Begründung lässt auch wieder darauf schließen, dass H. eine Vorstellung von der Identität der Menge besitzt.
Z.: Warum kann es nicht mehr sein? H.: Weil das Glas nur ein bisschen niedriger ist und breiter. Und das hier ist nur dünner und länger.	Auf Nachfrage begründet H. ihre neue Strategie mit den beiden Dimensionen der Gläser. Hiernach gehe ich davon aus, dass ein Äquilibrationsprozess eingeleitet ist und sie die Mengeninvarianz der Flüssigkeiten erkannt hat (vgl. II.3.1 Erkennen und Erreichen der Mengeninvarianz). Vier Wochen später werde ich meine Folgerungen überprüfen (vgl. IV.2.2 Therapie).
Z.: Sehr gut! Packen wir die Gläser weg. Ich nehme jetzt diese Dose, was ist da drin? H.: Muggelsteine Z.: Richtig! Welche Farbe gefällt dir am besten? H.: rot	Zum Abschluss überprüfe ich noch, ob sie die Mengeninvarianz mit diskreten Mengen (Muggelsteine) erkennt.
Z.: Du nimmst die roten Steine, ich nehme die blauen. Ich lege dir hier die roten Muggelsteine in eine Reihe hin und dann die blauen in eine Reihe. (Ich lege die roten und blauen Steine paarweise parallel gegenüber.) Die Roten sind deine und die Blauen sind meine. Jetzt frage ich dich, wer hat mehr Muggelsteine, du oder ich? Oder hat jeder gleich viel? H.: gleich viel	Hierzu lege ich jeweils sechs rote und sechs blaue Steine parallel zueinander hin und frage, welche der drei Möglichkeiten hier zutrifft.
Z.: Ja, wir haben gleich viele Muggelsteine. Jetzt ändere ich mal die Lage meiner Muggelsteine (ich ziehe die Muggelsteine zu einer längeren Reihe auseinander). So, jetzt frage ich dich wieder: Wer hat mehr Muggelsteine? Hast du mehr oder ich, oder haben wir beide gleich viel? H.: gleich viele Z.: Warum? H.: Weil das sechs sind (zeigt auf die blauen Steine) und meine auch sechs sind.	Nachdem H. erkannt hat, dass es gleich viele sind, lege ich die eine Reihe der Steine auseinander. Auch jetzt bezeichnet sie die Menge als gleich viel und begründet dies mit der gleichen Anzahl der Steine.
Z.: Woher weißt du denn, dass es sechs sind? H.: Weil ich immer draufgucke und da sehe ich, dass es sechs sind. Z.: Das siehst du gleich so oder hast du sie gezählt? H.: mhm (verneinend) Z.: Hast du nicht gezählt? Wie kann man denn noch sehen, dass es gleich viele sind?	Nun vermute ich, sie habe die Steine einzeln gezählt. H. verneint jedoch meine diesbezügliche Frage und begründet die Gleichheit damit, dass keiner der Steine übrig bleibt.

H.: Wenn man die hinlegt und wenn keines übrig bleibt, dann ... *(schweigt)*	
Z.: Leg sie mal so hin, dass keiner übrig bleibt. Wie kann man das sehen?	
H.: Ich sehe, dass alle gleich sind.	H. schiebt die Steine ohne weiteres auch wieder zusammen und zeigt, dass es bei paralleler Anordnung gleich viele sind.
Z.: Und wenn ich die Steine jetzt zusammenschiebe? *(Ich schiebe die blaue Reihe enger aneinander als die rote Reihe.)* So, wer hat jetzt mehr? H.: gleich viel	Auch als ich die Steine einer Reihe enger zusammenschiebe, bekomme ich wieder bestätigt, es seien gleich viel, weil die Steine parallel zueinander gelegt werden können. Das überzeugt mich, dass H. die Mengeninvarianz bei diskreten Mengen auch ohne zu zählen erkennt.
Z.: Sind wieder gleich viele Steine. Wie kannst du das wieder feststellen?	
H.: Weil ich ja weiß, dass alle beide gleich sind.	
Z.: Kannst du mir zeigen, dass es gleich viele sind? Was musst du dann mit den Steinen machen? Wie musst du die denn hinlegen, um zu sehen, dass es gleich viele sind?	
H.: so hinüber *(legt die Steine wieder parallel zueinander)*	
Z.: Ja, sind es nun wieder gleich viele Muggelsteine?	
H.: Ja.	
Z.: Danke, das hast du toll gemacht.	

Zusammenfassung des Beratungsgesprächs

- Sowohl mit der von Piaget definierten Kompositionsfähigkeit (Ordnen der fünf Papierstreifen) als auch mit dem Erkennen der Mengeninvarianz bei einem festen Körper (Verformen einer Kugel aus Knete) hat H. keine Schwierigkeiten. Sie argumentiert mit der Kompensation (Länge der Wurst) und der Reversibilität (Rückführung der Kugelform) (vgl. II.3.1 Erkennen und Erreichen der Mengeninvarianz).

- Das Erkennen der Mengeninvarianz bei flüssigen Körpern gelingt ihr - selbst mit Hilfe der von Bruner vorgeschlagenen Abschirmung - spontan nicht. Auch Bruner hat Misserfolge bei seinen Versuchen eingeräumt (vgl. I.1.3 Darstellungsebenen nach Bruner). Erst nach einem Äquilibrationsprozess erkennt sie die Gleichheit der Flüssigkeiten. Dabei wird eine Änderung ihres Denkens nach meiner Auffassung - auch wenn es dafür nach Ginsburg nicht genügend empirische Untersuchungen gibt (vgl. I.2.1 Zusammenhang von Denkentwicklung und Lernen) - durch die „Heftigkeit des Reizes" ausgelöst, wenn die falsche Strategie (Höhe oder Breite des Glases) auffällig ist und sie keine Gewissheit über die gewählte Lösung erfährt (Unbefriedigtheit). Erst die Einbeziehung beider Dimensionen (das Glas ist niedriger und breiter) führt zur Konfliktlösung. H. begründet die Gleichheit der Mengen auch mit der Identität, wie sie von Bruner gefordert wird.

- H. beherrscht spontan die Mengeninvarianz diskreter Mengen, deren Transformation (Auseinanderziehen und Zusammenziehen der Steine) sie ohne zählen durch parallele Anordnung der Steine erkennt (vgl. II.3.1 Erkennen und Erreichen der Mengeninvarianz).

2.1.5 Externe Diagnose

Wie bereits erwähnt, haben die Eltern auf Veranlassung des Jugendamtes nach den Sommerferien (9/2002) H. einem Facharzt für Kinder- und Jugendmedizin/Psychotherapie vorgestellt. Seine Untersuchung erfolgte zur Abklärung der Frage, ob H. aufgrund einer „isolierten Rechenschwäche" einen Anspruch auf eine Dyskalkulietherapie nach dem KJHG hat. Nach dem vorliegenden Bericht (s. Anhang, Anlage 15: Fachgutachten v. 27.9.01 für H.) sind bei dieser Untersuchung das „Prüfsystem für das Bildungswesen" (T-Wert 43) und „der Schweizer Rechentest" (T-Wert unter 20) durchgeführt worden. Zusammenfassend wird in diesem Bericht festgestellt, dass H. eine Teilleistungsstörung habe und eine Förderung innerhalb der Schule „nach Ausmaß der Besonderheit der zugrunde liegenden Funktionsschwächen" nicht ausreiche, sowie „eine (drohende) seelische Behinderung gemäß § 35 a KJHG" vorliege. Zur Behandlung der Rechenschwäche sei eine spezielle Behandlung bei einer entsprechend qualifizierten Fachkraft notwendig. Diese Behandlung soll nach Empfehlung des Arztes als Einzeltherapie über einen Zeitraum von 12 Monaten durchgeführt werden. Eine nähere Begründung für die zeitliche Begrenzung der therapeutischen Maßnahmen wird nicht gegeben. Dieser Untersuchungsbericht veranlasst das Jugendamt, sich an den Kosten für eine Therapie für H. ein Jahr lang zu beteiligen.

2.1.6 Gespräch mit der Lehrerin

Es findet zunächst kein Gespräch mit der Klassenlehrerin statt, da das Schuljahresende und damit der Wechsel von der Grundschule zur weiterführenden Schule unmittelbar bevorstehen. Die Eltern haben sich zu diesem Zeitpunkt bereits gegen eine freiwillige Klassenwiederholung ihrer Tochter entschieden. Aufgrund des Beratungsgesprächs mit den Eltern, das den erheblichen Entwicklungsrückstand ihrer Tochter deutlich gemacht hat, verstärken die Eltern ihre Anstrengung, für ihre Tochter einen Platz in einer Gesamtschule mit Differenzierungsmöglichkeiten im Fach Mathematik zu finden. Daher findet ein erstes Gespräch mit der Lehrerin der Integrierten Gesamtschule im Herbst (10/2001) statt. Leider ist die Lehrerin nicht zur Kooperation und zum Notenschutz während der Therapie analog

LRS zu bewegen. Nur in den Fächern Deutsch und Englisch nimmt sie gemäß Hessischem LRS-Erlass die Rechtschreibung aus der Benotung heraus.

2.2 Therapie

Therapieaufbau und Stundenverläufe

Ab Mai 2001 kommt H. einmal wöchentlich zwei Stunden à 45 Minuten zur Therapie. Jede Doppelstunde ist - wie im Rahmen des FIT-Konzeptes vorgesehen - gemäß Beschreibung im Abschnitt II.5.4 strukturiert und wie bei der Therapie der Schülerin S. (vgl. IV.1.2. Therapie) zeitlich aufgebaut.

Die Therapie von H., die sich insgesamt über 70 Stunden erstreckt, lässt sich in drei Abschnitte unterteilen, die durch den Schulwechsel und die Ferien markiert sind:

1. Mai 2001 - Juni 2001
2. August 2001 - Dezember 2001
3. Januar 2002 - Juni 2002.

Für diese Therapieabschnitte ergeben sich in Analogie zur Therapie von S. (vgl. IV.1.2) für die mathematischen Themen auch Lernziele und -schritte, die aber hier nicht im Einzelnen dargestellt werden. Jedoch wird für jeden Therapieabschnitt eine Stundenbeschreibung nach dem FIT-Konzept beispielhaft angegeben. In den Stundenbeschreibungen wird neben der Behandlung mathematischer Themen (vgl. II.5.2 Förderung der mathematischen Kompetenz) auch die abschließende Überprüfung der Mengeninvarianz (vgl. II.5.2.2 Kardinalzahlbegriff und Mengeninvarianz), ein Gespräch mit der Schülerin und ein Taschengeldspiel (vgl. II.5.4 Elemente der Therapiestruktur) protokolliert und kommentiert. Daneben wird in den Stundenbeschreibungen jeweils auf die verwendeten Grundsätze und Bausteine des Kapitels II verwiesen.

2.2.1 Stundenbeschreibung 6/01

Im Folgenden wird eine Therapiestunde aus dem ersten Therapieabschnitt (Juni 2001) beschrieben. H., nun 10;4 Jahre alt, besucht zu diesem Zeitpunkt die vierte Grundschulklasse und kommt seit vier Wochen zur Therapie.

144

Einführendes Gespräch und Stressabbau

Gleich zu Beginn der Stunde holt H. einen Mathematiktest aus ihrer Tasche (s. Anhang, Anlage 16: Test v. 19.6.01 der Schülerin H.). Zu ihrem großen Kummer ist es wieder eine Fünf. H. ist hiernach mit der Schreibweise und Ordnung von Zahlen (über Tausend) und dem Erkennen von Zahlenfolgen (unter Tausend) völlig überfordert. Um ihre Frustration abzubauen, verbrennen wir gleich in der Küche eine Kopie der Arbeit (vgl. II.5.3 Erkennen der psychischen Bedürfnisse, katharsisches Verbrennen der Arbeit). Danach fühlt sie sich erleichtert, sie erzählt mir von den übrigen Ereignissen in der Schule. In Deutsch hat sie im Test eine „4" geschrieben, mit der sie zufrieden ist.

Überprüfung der Mengeninvarianz im Abstand von 4 Wochen

Anstelle des ersten Teils der mathematischen Übungen überprüfe ich heute meine Hypothese, dass H. die Mengeninvarianz auch bei einer Flüssigkeitsmenge erkennt. Hierzu wiederhole ich die Versuchsanordnung über die Invarianz von Flüssigkeiten (vgl. IV.2.1.4 Beratungsgespräch zur Mengeninvarianz).

Zunächst zeige ich H. die beiden schmalen Gläser, die sie bereits aus dem früheren Versuch kennt (vgl. II.3 Grundsätze spezieller Förderstrategien).

Protokoll	Kommentar
Z.: Gieß bitte eine gleiche Menge Wasser in beide Gläser bis hierher ... *(ich zeige auf die Mitte der Gläser)*	Ich nehme die beiden Gläser und lasse sie von H. halbvoll füllen. Danach stelle ich ein breiteres, niedrigeres Glas dazu und frage nach dem Unterschied in Breite und Höhe.
H.: So, das reicht (füllt die Gläser etwa halbvoll Wasser).	
Z.: Das eine stellen wir mal zur Seite. Jetzt nehmen wir ein neues Glas dazu. *(Ich hole ein niedrigeres und breiteres Glas dazu.)* Was ist das für ein Glas?	
H.: ein breites	
Z.: Ja, und was ist noch anders *(ich zeige auf das breitere Glas)?*	
H.: Es ist niedriger.	
Z.: Was war an den ersten Gläsern anders, in die du das Wasser gefüllt hast?	
H.: Die waren höher.	
Z.: *(verdeckt jetzt das breitere leere Glas mit einem Heft)* Siehst du noch das breitere Glas?	Dann schirme ich das breitere Glas wieder ab, schütte das Wasser um und frage nach der Wassermenge. H. bestätigt - wie beim ersten Mal vor vier Wochen -, dass es gleich viel sei.
H.: nein	

Z.: Jetzt gieß ich das Wasser aus diesem höheren und nicht so breiten Glas in das andere um. Jetzt frage ich dich: Ist das Wasser, das ich hier in das verdeckte Glas gegossen habe, jetzt mehr, weniger oder gleich viel wie vorher?	
H.: gleich viel	
Z.: Richtig erkannt. *(Ich nehme die Abschirmung weg.)* Jetzt siehst du das Glas wieder. Wenn ich aus dem breiten Glas das Wasser in das andere Glas umgieße, ist das Wasser wieder gleich viel, mehr oder ist es weniger?	Dann nehme ich die Abschirmung weg und H. wiederholt die richtige Antwort. Auf meine Frage, warum es gleich ist, wiederholt H. nur - mit etwas anderen Worten - dass in dem Glas gleich viel wie in dem anderen drin ist.
H.: ist gleich viel	
Z.: Warum ist es gleich viel? *(Ich gieße das Wasser in das schmalere Glas.)*	
H.: *(zeigt abwechselnd auf die beiden Gläser)* Weil in dem Glas, eh, weil du es ja als erstes in das Glas umgegossen hast und wenn du es in das tust, dann ist trotzdem gleich viel wie in dem drin.	
Z.: mhm ... *(ich gieße das Wasser noch mal zurück)* und jetzt, ist es wieder mehr oder weniger? H.: gleich viel	Um Klarheit zu erhalten, gieße ich das Wasser nochmals in das breitere Glas zurück und frage erneut nach.
Z.: Warum ist es jetzt auch gleich viel?	
H.: Weil du es aus diesem Glas *(zeigt das schmalere Glas)* reingeschüttet hast, weil das jetzt nur breiter und kleiner ist *(zeigt auf das breitere Glas)*, das heißt ja nicht, dass da anderes Wasser drinnen sein soll.	Nun begründet H. die Gleichheit der Menge mit anderen Worten „weil das jetzt nur breiter und kleiner ist" und fügt hinzu „das heißt ja nicht, dass da anderes Wasser drinnen sein soll". H. hat also nicht nur beide Dimensionen in ihre Betrachtung einbezogen, sondern auch eine Identität (kein anderes Wasser) erkannt.
Z.: Stimmt, da ist kein anderes Wasser drin, das eine Glas ist breiter und kleiner und dieses Glas ist ...? *(Ich zeige erst auf das eine, dann auf das andere Glas.)* H.: länger und dünner Z.: Ja, das ist länger und dünner und es ist immer in beiden gleich viel Wasser drin. Das hast du aber toll gelernt, gut.	Die Berücksichtigung beider Dimensionen überträgt H. auch ohne weiteres auf das nächste Glas (länger und dünner). Damit hat H. sowohl nach Piaget (Kompensation und Reversibilität) als auch nach Bruner (Identität) die Mengeninvarianz erreicht *(vgl. II.3.1 Erkennen und Erreichen der Mengeninvarianz)*.

Entspannungs- und Lockerungsübungen

Ich gehe mit H. in den Flur, in dem ein roter Teppich mit einem Hüpfspiel aus Einzel- und Doppelfeldern mit den Zahlen von eins bis zehn liegt. Auf diese Felder kann man abwechselnd mit einem und mit beiden Beinen springen. Da H. solche Hüpfspiele vertraut sind, muss ich es nicht vormachen. Sie wiederholt dieses Spiel mehrmals, bis sie erschöpft ist.

Besprechung der Lektüre und Lernorganisation

Nach der Lockerungsübung holt H. das Buch „Ich komme dich holen" von Tony Ross (K. Thienemanns Verlag) aus ihrer Tasche (vgl. II.5.6 Arbeitsmaterialien). Das Buch mit vielen bunten Bildern und wenig Text hat H. gut gefallen. Es handelt von einem außerirdischen Monster, das eines Tages auf die Erde kommt, um einen Jungen zu holen. H. gefällt besonders der Schluss der Geschichte, der zeigt, dass Gefahren situationsbedingt sein können. Die Angst und der Schrecken, den das Monster im Weltall hinterlassen hat, relativiert sich auf der Erde. H. trägt den Titel des Buches in ihren Lesepass mit Datumsangabe ein und streicht den Titel aus ihrer Ausleihkarte.

Behandlung mathematischer Themen

In den letzten Stunden haben wir die Zerlegung der Zahlen bis zehn durchgenommen und einfache Tauschaufgaben (Kommutativität) mit Muggelsteinen und Holzperlen auf dem Rechenbrett (vgl. II.1.1 Prinzip der Variation der Veranschaulichungsmittel) behandelt. H. hat Schwierigkeiten

- einstellige Zahlen im Kopf zu addieren, wenn der erste Summand deutlich kleiner ist,
- hierbei eine einheitliche Strategie anzuwenden und
- die Ergebnisse zu reflektieren (vgl. II.5.1 Förderdiagnostische Analyse).

Lernziel dieser Stunde ist deshalb die Addition ohne zu zählen über den Zehner unter Berücksichtigung der Kommutativität (vgl. II.5.2 Förderung der mathematischen Kompetenz). Hierzu lege ich ihr ein Übungsblatt zum Kopfrechnen mit Tauschaufgaben zur Addition vor.

Protokoll	Kommentar
Z.: Fünf plus neun sind? H.: *(ohne Zögern)* 14 Z.: ... und neun plus fünf? H.: sind auch 14 Z.: Fein, warum? H.: ... weil es eine Tauschaufgabe ist Z.: Ja, weil du die Zahlen umtauschen kannst. Nun zur nächsten Aufgabe: Was ist vier plus acht?	Ich lege zunächst ein Blatt mit einfachen Tauschaufgaben bei der Addition vor und beginne mit einer Aufgabe (5 + 9*)* von der ich weiß, dass sie die Zerlegung (5 + 4 = 9) kennt *(vgl. II.5.2.4 Die vier Grundrechenarten).*

H.: Vier plus acht ist *(überlegt längere Zeit, antwortet zweifelnd)* ... 13? Z.: Wie rechnest du das? H.: Erst bis zur Zehn *(guckt verzweifelt und überlegt)*	Schwieriger wird es dann mit der nächsten Aufgabe (4 + 8), bei der sie nur weiß, dass es hilft, wenn sie bis zur zehn rechnet.
Z.: Ja, pass auf, rechne doch erst mal die Tauschaufgabe! Wie heißt sie? H.: acht plus vier Z.: Was kommt da raus? H.: 13 Z.: Wie rechnest du das? H.: Bis zur Zehn sind es zwei Z.: Wie viele hast du dann noch? H.: zwei ... oh ... das sind zwölf Z.: Gut, also: Acht plus vier ist? H.: zwölf Z.: Was ist vier plus acht?	Deshalb helfe ich ihr (rechne doch erst mal die Tauschaufgabe) und führe sie durch meine Fragen *(vgl. II.2.2 Grundsätze des lerntherapeutischen Gesprächs, Impulse geben)* zu einem Widerspruch „oh, das sind zwölf" *(vgl. II.2.3.1 Konflikterzeugung)*.
H.: zwölf	
Z.: Ja, man kann die Zahlen vertauschen. Jetzt rechnen wir sieben plus sechs oder sechs plus sieben. Man kann zwei Möglichkeiten rechnen, ... was meinst du denn, welche Aufgabe einfacher zu rechnen ist? H.: die hier *(zeigt auf die Aufgabe)* sieben plus sechs Z.: Ja, die ist wahrscheinlich leichter als sechs plus sieben. Was ist denn sieben plus sechs?	Bei der nächsten Aufgabe (7 + 6, bzw. 6 + 7) versuche ich, sie zu einer Änderung ihrer bisherigen Strategie (unabhängig von der Größe der Zahlen zu addieren) anzuregen *(vgl. II.2.3.2 Einleitung eines Äquilibrationsprozesses)*.
H. *(ohne Zögern)* 14 Z.: Wie hast du es gerechnet? H.: Habe ich mir gemerkt. Z.: Mit dem Merken von größeren Zahlen ist es natürlich so eine Sache. Sieben plus sechs, was hast du gesagt? Vierzehn? Schreib das mal daneben. Wir machen ein Fragezeichen dahinter und prüfen es. Jetzt hast du hier Steine, wie kann man damit rechnen? Weißt du das noch? Was schaut man sich zuerst an? (gebe ihr eine Dose mit Muggelsteinen) H.: sieben, das sind hier sieben *(nimmt sieben Steine aus der Dose, legt sie auf den Tisch)* Z.: Wie viel nimmst du jetzt?	Da sie sich das Ergebnis der Aufgabe falsch gemerkt hat, gebe ich ihr Muggelsteine zum Rechnen, damit sie selbst feststellen kann, dass ihr Ergebnis nicht stimmt *(vgl. II:1.1 Bedeutung des konkreten Handelns und der intensiven Anfangsetappe)*.

H.: sechs dazu *(nimmt weitere sechs Steine heraus)*	
Z.: Ja, wie viel legst du zuerst dazu?	
H.: drei *(legt drei Steine zu den sieben Steinen)*	
Z.: Dann bist du bei ...?	
H.: ... zehn	
Z.: Wie viel fehlen jetzt noch?	
H.: noch drei *(legt die restlichen Steine dazu)*	
Z.: ... sind?	
H.: 13 *(ohne Zögern)*	Der Übergang auf die Ebene des konkreten Handelns gelingt ihr ohne weiteres (Kardinalzahlaspekt) und sie erkennt ihren Fehler „stimmt denn vierzehn?", „nee" *(vgl. II.1.5 Bedeutung der flexiblen Übergänge der Darstellungsebenen; II.5.2.2 Kardinalzahlbegriff).*
Z.: Stimmt denn 14?	
H.: nee	
Z.: Da hast du dir eine Zahl gemerkt, die nahe daneben liegt, aber sieben und sechs sind 13. Aber du hast gemerkt, wie es leichter geht, wenn du zwei plus neun oder neun plus zwei rechnest - ist ja beides das Gleiche. Wie rechnest du dann leichter?	Dann führe ich ihren Gedankengang weiter, um auch ohne Material die Kommutativität der Addition zur Vereinfachung des Kopfrechnens zu nutzen *(vgl. II.1.4 Grundsatz der Wiederholung der Aufgabenstellung; I.2.2 Prinzip der operativen Durcharbeitung; II.5.2.5 Rechengesetze).*
H.: bis zur Zehn	
Z.: Ja, rechnest du zwei plus neun oder tauschst du die Zahlen um?	Um sicher zu gehen, dass H. mit dem größeren Summanden beginnt, frage ich nach der genauen Position *(vgl. II.2.1 Fragen und Antworten).*
H.: Ich tausch sie um.	
Z.: Ist es besser, wenn du das umtauschst? Wo ist dann die größere Zahl?	
H.: da *(zeigt auf den ersten Summanden)*	
Z.: Steht die Zahl vorne oder hinten?	
H.: vorne	
H.: Wenn vorne die größere Zahl ist, rechnet es sich immer ... *(ich warte)*	
H.: ... einfacher ...	
Z.: ... als wenn vorne ... (ich warte)	
H.: ... die kleine Zahl ist.	
Z.: Ja, wenn du also eine Aufgabe hast, z.B. hier, zwei plus neun, wie rechnest du denn das am schnellsten?	Damit sie die Kommutativität zum Kopfrechnen nutzt, lasse ich H. die Aufgabe (2 + 9) als Tauschaufgabe (9 + 2) rechnen, damit sie feststellt, welcher Rechenweg der leichtere ist *(I.4.2 Fehlstrategie verdeutlichen; II.5.2.6.1 Kopfrechnen).*
H.: neun bis zur zehn und eins	
Z.: Richtig, rechne doch auch mal die	

149

Tauschaufgabe zwei plus neun. Wie rechnest du das, zwei plus neun?	
H.: mhm	
Z.: von zwei bis zur zehn sind?	
H.: (*zögert, zählt im Kopf*) acht	
Z.: Das ist viel. Wie viele kommen dann noch dazu? Acht hast du schon von neun.	
H.: noch einer	
Z.: Ja, aber wenn du es rechnest, wie du es zuerst gesagt hast?	
H.: von neun bis zur Zehn?	
Z.: Sind?	
H.: eins	
Z.: Wie viel fehlen noch?	
H.: Noch einer und dann sind's elf	
Z.: Merkst du was?	H. merkte schnell, dass zwei plus neun wesentlich aufwendiger zu rechnen ist als die Umkehrung.
H.: Das ist einfacher.	
Z.: Gut, also rechnest du neun plus zwei?	
H.: elf	
Z.: Ja, wie rechnest du vier plus neun?	Da ich H. bisher sehr eng an meine Gedankenführung gebunden habe *(vgl. II.2.6 Geleitete Gedankenführung)*, vergewissere ich mich durch die Aufgabenstellungen *(vier plus neun, neun plus vier, drei plus acht und acht plus drei)*, dass sie die neue Strategie richtig anwendet *(vgl. II.1.2 Erreichen der abstrakt-symbolischen Ebene; II.5.2.4 Die vier Grundrechenarten, Addition).*
H.: neun plus vier	
Z.: Richtig, was ist neun plus vier?	
H.: 13	
Z.: Gut, noch eine Aufgabe, drei plus acht. Was ist die Tauschaufgabe?	
H.: acht plus drei	
Z.: Ja, welche Aufgabe rechnest du?	
H.: acht plus drei	
Z.: Ja, was ist acht plus drei?	
H.: mhm, elf	
Z.: Wie hast du das gerechnet?	
H.: Bis zur Zehn sind zwei und dann noch einer.	
Z.: Sehr gut!	

Gemeinsames Spiel

H. sucht sich heute aus dem Spieleregal ein Geschicklichkeitsspiel „Auf der Kippe" (Parker) aus (vgl. II.5.6 Arbeitsmaterialien). Dieses Spiel fördert das physikalische Grundwissen, da es einer Wippschaukel ähnelt, bei der man versuchen muss, den Schaukelpartner auf der anderen Seite des Sitzbalkens „in der Luft" sitzen zu lassen. Hier werden anstelle einer Schaukel neun kleine Schaukelbalken mit Spielsteinen gekippt. Dabei kommt es darauf an, zu erkennen, dass die Steine am äußersten Ende der Kippe mehr bewirken als in der Mitte. H. liest die kurze Spielanleitung und versteht schnell das Ziel des Spieles, nämlich möglichst viele Schaukelbalken auf ihre Seite zu kippen. Wir würfeln abwechselnd und setzen die Steine nach der Anzahl der gewürfelten Augen. Dabei müssen die Steine taktisch geschickt verteilt werden, damit die Schaukelbalken in die eigene Richtung kippen. H. gelingt es bald, ohne Hilfe die Wirkung von Gewicht und Länge der Balken zu erkennen. Es macht ihr Spaß und sie gewinnt natürlich.

Abschließende Besprechung

Als die Mutter H. am Ende der Stunde abholt, teile ich ihr das Ergebnis meiner Überprüfung mit, inwieweit ihre Tochter die Mengeninvarianz erkennt. Es besteht danach kein Anlass für ihre Vermutung, bei H. wären wichtige kognitive Voraussetzungen zum Erkennen arithmetischer Zusammenhänge nicht vorhanden. Danach bespreche ich mit der Mutter die Aufgabenstellung für die nächste Stunde, damit sie mit ihrer Tochter die Addition und Subtraktion bis zwanzig ohne zu zählen üben kann (vgl. II.5.5 Gespräch mit den Eltern).

Zusammenfassende Betrachtung der Stunde

- In dieser Stunde hat sich meine Hypothese bestätigt, dass H. auch die Mengeninvarianz bei flüssigen Körpern beherrscht (vgl. II.3.1 Erkennen und Erreichen der Mengeninvarianz).
- Des Weiteren ist festzustellen, dass H. die Addition ohne zu zählen über den Zehner unter Beachtung der Kommutativität „begriffen" hat (vgl. II.1.2 Erreichen der abstrakten, symbolischen Ebene). Damit diese neue Strategie aber dauerhaft bleibt, ist eine Automatisierung erforderlich, z.B. durch häusliche Übungen (vgl. II.3.4 Grundsatz der Automatisierung; II.5.2 Förderung der mathematischen Kompetenz).

2.2.2 Stundenbeschreibung 10/01

Die folgende Therapiestunde stammt aus dem zweiten Therapieabschnitt (Oktober 2001). H. ist inzwischen 10;8 Jahre alt und kommt seit fünf Monaten relativ regelmäßig einmal in der Woche mit einer sechswöchigen Pause während der Sommerferien und zwei Ausfällen (Krankheit von H., Zeitmangel der Eltern). Sie besucht seit August die fünfte Klasse einer integrierten Gesamtschule am Wohnort.

Einführendes Gespräch und Stressabbau

Wie ich bereits aus dem Beratungsgespräch weiß, hat H. eine zwei Jahre ältere Schwester, von der sie sich dominiert fühlt. Häufig litt sie unter Bauchschmerzen, deren Ursache zunächst psychosomatisch gedeutet wurde, die sich jedoch inzwischen als eine Unverträglichkeit von bestimmten Obstsorten erwiesen hat. Im Folgenden ist das Gespräch mit H. zu Beginn der Stunde protokolliert.

Protokoll	Kommentar
Z.: Was war letzte Woche schön in der neuen Schule? H.: alles	Zunächst beginne ich mit allgemeinen Fragen zu ihren Schulerlebnissen, um zu erfahren, wie sie sich in der neuen Schule eingelebt hat. (vgl. II.5.3 *Erkennen der psychischen Bedürfnisse).*
Z.: Und was war nicht so gut? H.: mhm, Deutsch Z.: Was habt ihr in Deutsch gemacht? H.: Ach, da schreien wir so. Z.: Ihr schreit? H.: Ja und dann müssen wir immer lachen. Z.: Worüber lacht ihr denn? H.: Wenn jemand was falsch gelesen hat oder so.	
Z.: Hast du auch etwas falsch gelesen? H.: ja Z.: Und dann haben sie auch gelacht? H.: Ja, aber nur ein bisschen.	H.s Sicherheitsgefühl ist durch das Verhalten der Schüler in der neuen Klasse im Deutschunterricht nur wenig beeinträchtigt. Das liegt einmal daran, dass H. - was sie auch weiß - in der Klasse recht gut lesen kann und zum anderen, dass einige Freundinnen aus der alten Klasse mit ihr die Schule gewechselt haben und ihr eine gewisse Sicherheit geben.
Z.: Und in Mathe? Ist die Mathe-Lehrerin, die du jetzt hast, nett? H.: Ja, ist ja auch unsere richtige Lehrerin. Z.: Sie ist auch eure Klassenlehrerin?	Da ich vor kurzem mit der Klassenlehrerin, die auch Mathematiklehrerin ist, gesprochen habe *(vgl. IV.2.1.6 Gespräch mit der Lehrerin)* interessiert mich, wie H. die neue Lehrerin beurteilt.

H.: *(nickt)* mhm	
Z.: Mit der kommst du gut aus?	
H.: ja	
Z.: Und wie ist es zurzeit mit deiner Schwester?	Durch die Gespräche mit der Mutter weiß ich, dass H.s Verhältnis zur Schwester zurzeit angespannt ist. Die Eltern bemühen sich aber, beide Kinder möglichst gleich zu behandeln.
H.: *(schüttelt den Kopf)* mhm	
Z.: Na?	
H.: Das geht nicht so ...	
Z.: Nicht so gut?	
H.: Wenn wir was spielen und die hat dann keine Lust mehr und so und dann macht sie doch noch weiter, macht aber alles falsch oder macht was kaputt oder so.	
Z.: Das ist dann nicht so gut?	
H.: Nee - oder wenn sie was falsch macht ... wenn wir Verstecken spielen und man macht irgendeinen Quatsch, dann gibt es Zank.	
Z.: Ist das gegenseitig oder ist die Schwester immer schuld?	Die Erkenntnis, dass beim Streiten beide beteiligt sind, ist wichtig. Dies ist eine Einsicht, die sich erst bei Zehnjährigen bildet (Valtin 1991, 121).
H.: ist gegenseitig	
Z.: Und deine Probleme mit den Bauchschmerzen?	Abschließend frage ich sie noch nach ihren gesundheitlichen Problemen, die immer wieder zu krankheitsbedingten Unterrichtsausfällen geführt haben.
H.: gut	
Z.: Keine Bauschmerzen mehr? Wäre doch toll, wenn du keine Bauchschmerzen mehr hättest? Kopfschmerzen?	
H.: Doch, gestern hatte ich mal ganz kurz.	
Z.: Am Kopf oder am Bauch?	
H.: am Bauch	
Z.: Hast du da was Besonderes gegessen?	
H.: Nee, eigentlich nicht.	
Z.: Und heute geht es dir wieder gut?	
H.: Ja.	
Z.: Schön, dann gehen wir mal an den Boxsack.	H. streift die bunten Boxhandschuhe über und schlägt mehr als sie boxt auf den von der Decke hängenden Boxsack. Deshalb korrigiere ich ihren Schlag und sie freut sich, als sie den Boxsack besser trifft.

Erster Teil der Behandlung mathematischer Themen

Die häuslichen Übungen mit Textaufgaben (s. Anhang, Anlage 17: Übungsblatt 10/01 der Schülerin H., Kleidung 1a, b, c, d), die ich H. in der letzten Stunde mitgegeben habe, bei denen mehrstellige DM-Beträge mit vollen Zehnern zu addieren und subtrahieren sind, hat sie gelöst. In den vorangegangenen Stunden haben wir bereits einfache Textaufgaben zur Addition/Subtraktion behandelt. H. hat deshalb bei den vier Aufgaben aus den Texten die mathematische Aufgabenstellung allein richtig ableiten können, d.h. die Fragestellung verstanden (vgl. II.2.1 Fragen und Antworten), auch wenn sie - worauf ich keinen Wert gelegt habe - die vorgedruckten Fragen - Rechnung - Antwort-Felder nicht vollständig ausgefüllt hat. Um ihr Verständnis zu überprüfen, bitte ich H., mir die Aufgaben nochmals laut vorzurechnen. Dabei stellte ich - wie bereits aus den Aufzeichnungen erkennbar ist - fest, dass sie bei der Addition (vgl. Aufgabe 1 a) halbschriftlich (erst die Hunderter und dann die Zehner) und bei der Subtraktion (vgl. Aufgabe 1 c) schriftlich durch Ergänzung gerechnet hat (vgl. II.5.2.6.2 Halbschriftliches Rechnen; II.5.2.6.3 Schriftliche Rechenverfahren). Des Weiteren bemerkte ich, dass H. beim Addieren und Subtrahieren im Kopf viel schneller und sicherer geworden ist (vgl. II. 5.2.6.1 Kopfrechnen). Um ihre Sicherheit auch im schriftlichen Rechnen zu erhöhen, lasse ich sie, wie sie bei den Aufgaben 420 minus 60 und 770 plus 50 (s. Anhang, Anlage 17: Übungsblatt 10/01 der Schülerin H.) gern demonstriert, sowohl mit Material (Dienes-Blöcke) in eine aufgezeichnete Stellenwerttafel (Hunderter, Zehner, Einer) die Zahlen legen als auch gleichzeitig halbschriftlich rechnen (vgl. II.1.5 Bedeutung der flexiblen Übergänge der Darstellungsebene). Die übrigen Aufgaben (85 + 27, 121 − 65, 122 − 65) hat sich H. selbst ausgesucht (vgl. II.2.7 Berücksichtigung der Interessen des Kindes und seiner Motivation). Dabei achte ich besonders auf die Zerlegung des zweiten Summanden bei der Addition bzw. des Subtrahenden bei der Subtraktion, die H. mit Hilfe des Materials leicht fällt.

Entspannungs- und Lockerungsübung

H. ist mit den Jacobsonschen Übungen vertraut. Zum Einstieg in die Übung setzen wir uns locker und aufrecht auf unsere Stühle, ballen die Fäuste und ziehen sie gegen die Innenseite der Unterarme. Wir halten die Spannung bis sechs zählend und lassen sie dann wieder locker. Dabei achte ich darauf, dass H. tief ein- und ausatmet. Diese Übung wiederholen wir sechsmal (Johnen 1999, 52).

Automatisieren der Rechenoperationen

Um H.s Strategie bei der Addition/Subtraktion im Kopfrechnen bis 20 zu festigen, bitte ich sie, sich auf den Schaukelstuhl zu setzen. Dann werfe ich ihr einen Ball zu und nenne ihr Aufgaben. Da sie das Rechnen über den Zehner schrittweise laut vorrechnet *(bis zehn und darüber)*, dauert es jeweils etwas länger, bis sie den Ball zurückwirft. Bei einigen Aufgaben kann sie die Ergebnisse aber bereits ohne Zwischenschritt nennen (9 + 2, 9 + 3, 11 - 2, 12 - 3*)*. Dann wirft sie den Ball jeweils unmittelbar zurück (vgl. II.3.4 Grundsatz der Automatisierung; II.5.2.6.1 Kopfrechnen).

Gemeinsames Spiel (Taschengeldspiel)

H. hat sich das Spiel „Mein Taschengeld" (Noris, Fürth) zum ersten Mal ausgesucht, baut es gleich auf und beginnt nach Aufforderung, die Spielanleitung laut vorzulesen (vgl. II.5.4 Elemente der Therapiestruktur; II.5.6 Arbeitsmaterialien).

Da H. Schwierigkeiten hat

- eine Spielanleitung als Handlungsanweisung zu verstehen,
- mit Geld zu rechnen (wechseln, herausgeben) und
- mit der Kommaschreibweise bei Geldbeträgen,

bin ich mit der Auswahl einverstanden, obwohl wir die Dezimalschreibweise bei Geldbeträgen bisher noch nicht behandelt haben. H. kennt das Rechnen mit Geldbeträgen aus ihrer Umwelt (Einkaufen gehen, eigenes Taschengeld) und hat bereits in der Therapie die Addition/Subtraktion mit dreistelligen Beträgen behandelt (vgl. erster Teil der Behandlung mathematischen Themen), so dass ich hoffe, dass durch dieses Spiel ein Zusammenhang zwischen informeller und formaler Mathematik (vgl. I.5.1 Fünf Schlüsselbereiche mathematischen Lernens) hergestellt und ihr Interesse für das Rechnen mit Geld geweckt wird (vgl. I.5.5 Rolle des Kontextes; II.5.2 Förderung der mathematischen Kompetenz).

Protokoll	Kommentar
H.: *(liest langsam vor)* „Ziel des Spiels: Jeder Spieler versucht, so viel Geld und Sachwerte wie möglich in den Besitz zu bekommen und so wenig wie möglich Geld auszugeben, was natürlich in erster Linie vom ... Glück abhängt, denn wer zum Schluss den größten Besitz in Bargeld, Sparkarten und Sachwerten hat, ist der Gewinner des Spiels".	H. kann aus dem ersten Teil der Spielanleitung herauslesen, wer bei dem Spiel gewinnt. H. weiß nicht, dass ich das Spiel so gestalten werde, damit sie in jedem Fall gewinnt *(vgl. II.5.3 Erkennen der psychischen Bedürfnisse)*.
Z.: Wer gewinnt also?	
H.: Der das meiste Geld oder die meisten Sachen hat.	

Z.: Wie viel Geld bekommt denn jeder zu Anfang?	
H.: (*sucht, liest dann vor*): „Jeder Spieler bekommt fünf DM als Startkapital"(*guckt fragend.*)	Da H. der Begriff „Startkapital" nicht klar ist, helfe ich und kommentiere die Anleitung, die von ihr weiter vorgelesen wird.
Z.: Also bekommt jeder von uns erst einmal fünf Mark.	
H.: (*holt das Geld aus der Schachtel und zählt*) eins, zwei, drei Mark, vier und fünf)	
Z.: Ich bekomme auch fünf Mark. So, was brauchen wir noch? Hier sind die Spielkarten. Was müssen wir machen? Lies bitte weiter die Anleitung!	
H.: (*liest langsam und ohne zu stocken laut vor*): „Grundsätzlich hat jeder Spieler einen Wurf mit dem Würfel, wenn er an der Reihe ist. Wer eine Sechs wirft, ist noch mal an der Reihe. Nach jedem Wurf zieht der Spieler mit seiner Spielfigur in Richtung gegen den Uhrzeigersinn. Nach jedem Wurf zieht er so viel Felder weiter, wie er Augen geworfen hat. Nach jedem Zug landet man also auf einem der 24 Felder des Rundkurses und handelt entsprechend der Bedeutung des Feldes".	Zunächst frage ich nicht nach, ob H. die Anleitung verstanden hat, sondern beginne gleich mit dem Spiel. Unklarheiten werden in der jeweiligen Spielsituation *beseitigt („Wofür brauchen wir die Karten?").*
Z.: Gut gelesen, fangen wir mal an. Da ist der Start, hier die Würfel, welche Farbe willst du?	
H.: (*nimmt einen gelben Stein*) Und wofür brauchen wir die Karten?	
Z.: Eine Karte muss man ziehen, wenn man auf einem bestimmten Feld gelandet ist und dort steht dann, was das Feld bedeutet.	
H.: (*Würfelt Sechs, zieht mit ihrer Spielfigur sechs Felder und nimmt eine entsprechende Karte.*)	
Z.: Was steht auf der roten Karte?	
H.: (*liest den Text vor*) „Geld ausgeben, Limonade trinken, 59 Mark, äh „95 Mark". Ich darf aber noch mal würfeln, weil ich eine Sechs hatte! Z.: Ach so-	Bereits bei der ersten Karte hat H. Schwierigkeiten mit der Kommaschreibweise bei DM-Beträgen, die sie einfach überliest, und der Unterscheidung zwischen Sprechweise und Schreibweise zweistelliger Beträge, die sie dadurch vertauscht. Sie liest „59 Mark", äh „95 Mark" statt 0,95 DM *(vgl. II.5.2.3 Dekadischer Aufbau des Zahlensystems).*
H.: Ich muss das Geld abgeben, soll ich es in den Kasten legen? Z.: Ja, aber hast du so viel Geld?	Bevor H. versucht, das Geld abzugeben, veranlasse ich sie zu überprüfen, ob sie überhaupt so viel Geld besitzt *(das Startkapital betrug fünf Mark).*
H.: 95 Mark (*betrachtet ihre Münzen und die Spielkarte*), nee, Pfennig Z.: Richtig, das sind Pfennig und keine Mark. Da hast du dich verlesen!	Erst danach erscheint ihr der genannte Betrag zu hoch und sie vergleicht noch einmal die Schreibweise auf der Karte mit dem Geld und stellt fest, „nee, Pfennig *(vgl. II.2.3.1 Grundsätze der lerntherapeutischen Gesprächsführung, Konflikterzeu-gung).*
H.: Jetzt muss ich die 95 Pfennig bezahlen.	H. kann problemlos die 95 Pfennig mit einer Mark bezahlen.

Z.: Ja, du hast eine Mark, wie viel Pfennig bekommst du zurück?	
H.: fünf	
Z.: Ja, du darfst noch einmal würfeln, weil du eine Sechs hattest (*H. würfelt*).	
H.: Eins (*zieht ein Feld weiter und nimmt eine blaue Karte*)	
Z.: Was steht da?	
H.: (*liest vor*): „Sinnvolles kaufen. Inliner-Skates, 19,95 DM". So viel Geld habe ich leider nicht!	
Z.: In der Anleitung steht aber nur: (Ich *lese vor*): „Wer auf diesem Feld zum Stehen kommt, kann eine der blauen Karten erwerben". Du hättest gar keine Karte nehmen müssen.	
H.: (*legt sie wieder weg*) Ich hab eh nicht so viel Geld.	
Z.: Jetzt bin ich dran. Ich habe eine Vier und ziehe mit meiner Spielfigur weiter. Was steht da auf dem Feld?	
H.: (*liest*) „Geld verdienen".	Bei meiner Karte „Geld verdienen" zeige ich ihr die genaue Zusammensetzung des Betrages 2,25 DM.
Z.: Dann nehme ich eine grüne Karte, da steht (*ich lese vor*): „Geld verdienen: Zimmer aufräumen, 2,25 Mark". Ich bekomme also 2,25 Mark. Jetzt nehme ich mir erst mal eine 2-Mark-Münze, dann die 20 Pfennig und noch einen Fünfer.	
H.: (*würfelt eine Eins und geht zum nächsten Feld*)	
Z.: Du kannst, musst aber nicht eine gelbe Karte erwerben.	
H.: (*zieht eine gelbe Karte*) und liest: „Geld sparen, fünf Mark"... (*denkt nach*) Ach so, ich muss fünf Mark sparen.	
Z.: Ja, am Anfang kannst du die fünf Mark sparen, am Spielende bekommst du dann ...?	
H.: (*liest den Text der Karte weiter*) „10 Mark"	
Z.: Richtig. Aus den fünf Mark werden zehn Mark. Hier ist die Sparkarte. (*ich lese vor*) „Wer auf diesem Feld zu stehen kommt, kann eine der gelben Karten erwerben. Die Sparkarten liegen offen. Wer eine Sparkarte während des Spieles wieder verkaufen muss oder will, der kann sie vorzeitig weggeben". Am Anfang sparst du erst einmal die 5 Mark.	Da H. das viele Lesen schwer fällt und damit sie das Interesse nicht verliert, lese ich die Spielanleitung weiter laut vor, lasse sie aber meine Aufgaben, die auf den Karten stehen, ausführen (*vgl. II:2.7 Grundsatz der Berücksichtigung der Motivation*).
H.: Hab ich schon.	

Z.: Das ist deine Sparkarte: Diese Karte bleibt in deinem Besitz. Wenn du bis zum Schluss damit wartest, dann bekommst du zehn Mark. Jetzt bin ich dran *(würfele eine zwei, ziehe eine Karte und lese vor):* „Geld ausgeben, Schokoriegel genascht, 1,90 Mark". Ich habe zwei Mark, die geb' ich in die Kasse. Wie viel bekomme ich wieder raus?

H.: ähm

Z.: 1,90 Mark kostet der Schokoriegel. Ich gebe dir zwei Mark, wie viel Pfennige bekomme ich als Restgeld?

H.: eine Mark?

Z.: (zeigt das Geld) 1,90 Mark hat's gekostet, Wie viel Pfennige bekomme ich wieder, wenn ich zwei Markt bezahle? Wie viel ist es denn von 90 bis 100?

H.: zehn

Z.: Und von 90 Pfennig bis eine Mark?

H.: zehn Pfennige

Z.: Und von 1,90 Mark bis zwei Mark?

H.: auch zehn Pfennig

Z.: Also bekomme ich zehn Pfennig wieder zurück und die zwei Mark sind weg.

H.: *(würfelt eine zwei, zieht vor und liest)* „Happy Birthday, du bekommst von jedem Mitspieler 2,50 Mark".

Z.: Hier hast du 2,50 Mark. Da wir nur zwei Spieler sind, gibt es nicht mehr. Wie viel hättest du denn bekommen, wenn noch einer mitgespielt hätte?

H.: *(denkt nach)* 2,50 und 2,50, das sind vier und eine Mark, also fünf Mark hätte ich bekommen.

Z.: Richtig. Nun bin ich dran. Ich habe eine Vier gewürfelt, eins, zwei, drei, vier *(ziehe vier Felder vor)*. Da sitzt du aber. Pech. Wenn man auf ein Feld kommt, auf dem bereits eine andere Spielfigur steht, dann passiert gar nichts. Du bist dran.

H.: *(würfelt eine Zwei, zieht zwei Felder über die Ecke, in der es Taschengeld gibt und nimmt eine Karte)*

Z.: Hier gibt es extra Taschengeld. Wie viel Augen hast du gewürfelt?

H.: zwei

Bei der nächsten Aufgabe helfe ich ihr, auf zwei Mark herauszugeben, da 1,90 Mark für einen Schokoriegel zu zahlen ist *(vgl. II.4.2 Untersuchung der Bereiche der nächsten Entwicklung; II.5.2.4 Die vier Grundrechenarten, Subtraktion).*

Bei dieser Karte erfinde ich noch einen Mitspieler, damit sie die nächste Aufgabe rechnen *kann („Du bekommst von jedem Spieler 2,50 Mark).* Hierzu addiert H. Mark und Pfennige getrennt, wie sie es auch beim Einkauf mit ihrem Taschengeld tut *(vgl. II.4.1 Informelle Mathematik).*

Z.: Du bist also zwei Felder weiter gegangen. Dein Taschengeld ist 2,50 Mark mal der Würfelaugenzahl, also: 2,50 mal zwei. Wie viel Mark sind das? H.: *(rechnet leise) und legt sich 2,50 plus 2,50 hin)* fünf Mark	Da H. der Begriff „Würfelaugenanzahl" nicht geläufig ist, helfe ich und nenne ihr die Aufgabe. 2,50 mal zwei. Sie nimmt aber diesen Hinweis auf die Multiplikation nicht auf, sondern bleibt bei ihrer Strategie und addiert die vor ihr liegenden Geldbeträge.
Z.: Hier hast du fünf Eine-Mark-Münzen! H.: So viel hab ich verdient?	Damit ihr künftig das Wechseln leichter fällt, gebe ich ihr die fünf Mark in einzelnen Münzen.
Z.: Ja. Jetzt habe ich eine Drei gewürfelt und gezogen. Hier steht „Geld verdienen". Ich muss keine Karte nehmen.	

H.: *(würfelt eine Zwei und zieht eine Karte und liest:* „Sinnvolles kaufen") Z.: Willst du? H.: Muss ich was kaufen? Z.: Du kannst, wenn du willst, musst aber nicht! H.: Kann ich mir die Karte erst anschauen? Z.: Klar! H.: Das kostet 12,50 Mark, nee, zu teuer. Z.: Jetzt bin ich dran, ich habe eine Zwei und gehe zwei Felder vor: „Geld sparen" und das heißt ... H.: Auch ne gelbe Karte! Z.: Also fünf Mark sparen. H.: Und am Ende, was kriegt man dafür? Z.: Zehn Mark, die Karte behalt ich jetzt. Es kann sein, dass ich sie verkaufen muss, wenn ich gar kein Geld mehr habe. H.: *(würfelt eine Drei und zieht entsprechend vor)* wieder Taschengeld	Bei der Karte „sinnvolles kaufen" vereinfache ich die Spielanleitung, indem ich es ihr freistelle, ob sie die Karte kauft oder nicht. Da der Betrag 12,50 Mark, ihre Barschaft, wie sie selbst feststellt, übersteigt, verzichtet sie.
Z.: Du bekommst diesmal drei mal 2,50, was ist das? Zweimal wusstest du schon und dreimal? H.: sechs, nee Z.: drei mal 2,50? Was ist zwei mal 2,50? H.: fünf	Die Aufgabe drei mal 2,50 Mark lasse ich sie schrittweise rechnen, da sie zwei mal 2,50 durch Addition bereits ermittelt hat. *(vgl. II.5.2.4 Die vier Grundrechenarten, Multiplikation)*
Z.: Ja und noch einmal 2,50 dazu? H.: zehn? Z.: fünf Mark und 2,50?	Bei der Rechnung fünf Mark plus 2,50 Mark rät H. zunächst. Dann legt sie das Geld vor sich hin, damit sie die Mark- und die Pfennig-Münze leicht addieren kann *(vgl. II.1.4 Verbesserung der Anschaulichkeit und Wiederholung der Aufgabenstellung).*

H.: sieben *(rechnet leise)*	
Z.: sieben Mark?	
H.: und 50 Pfennig	
Z.: Ja, jetzt musst du dir das Geld nehmen. Nimm dir mal einen Fünf-Mark-Schein und eine Zwei-Mark-Münze. Ist das richtig? H.: nee, dann hätte ich aber nur sieben	Dann prüfe ich ihre Aufmerksamkeit, indem ich sie nur fünf Mark aus der Kasse nehmen lasse und nach dem fehlenden Betrag frage. Ihre Antwort „noch einen Fünfziger" ist richtig, was ich sofort bestätige.
Z.: dann hättest du sieben Mark und....	
H.: noch einen Fünfziger	
Z.: Richtig, du passt auf. Jetzt bin ich dran *(ich würfele eine Fünf und ziehe vor)*, ich bin wieder über das Feld Taschengeld gekommen und bekomme nun zwei mal 2,50; ich kriege jetzt auch fünf Mark. Jetzt bin ich auf „Geld ausgeben" gelandet. Ich schau mal die Karte an, ob ich sie nehme *(liest)* „eine Cola getrunken, 1 DM." Das geht noch. Also: Ich wechsle erst mal die fünf Mark in ...?	
H.: Einer und Zweier	Ihr ist nun auch klar, dass fünf Mark in „Einer und Zweier" gewechselt werden können.
Z.: Ich nehme zwei Zweier-Münzen und eine Einer-Münze und bezahle für die Cola eine Mark. So, du bist dran!	
H.: *(würfelt vier und zieht vor)*	
Z.: Was steht da?	
H.: *(liest vor)* „Geld verdienen"	
Z.: Nimm eine grüne Karte!	
H.: *(liest)* „Papis Auto gewaschen, 2,75 Mark". Das bekomme ich *(nimmt das Geld aus der Kasse)*.	Den Betrag 2,75 Mark kann sie ohne weiteres lesen und aus der Kasse nehmen.
Z.: Bekommst du eigentlich Taschengeld? H.: Ich bekomm im Monat 20 Mark. Z.: Und wenn du was Besonderes machst zu Hause, bekommst du dann Geld für das Abwaschen oder habt ihr eine Spülmaschine? H.: Haben eine Spülmaschine Z.: Und was hilfst du im Haushalt? H.: Wenn Silvester ist, kehr ich morgens die Straße. Z.: Einmal im Jahr? Silvester ist nur einmal im Jahr. Sonst kehrst du nicht *(beide lachen)*? H.: Nur wenn ich Lust hab. Z.: Ach so. Wer ist dran zu würfeln?	Durch meine Fragen nach ihrem Taschengeld erinnere ich noch einmal an die Bedeutung des Rechnens mit Geld für sie *(vgl. II.2.7 Berücksichtigung der Interessen des Kindes und seine Motivation)*, Verbindung zwischen formaler und informeller Mathematik *(vgl. II.4.1 Erkennen der Schlüsselbereiche mathematischen Lernens)* und lockere das für H. anstrengende Spiel etwas auf.

H.: du	
Z.: Was steht da?	
H.: *(liest vor)* „Sinnvolles kaufen"	
Z.: Die Karte muss man nicht nehmen, lass ich mal lieber. Bitte, du bist dran!	
H.: *(würfelt eine Vier und zieht vor)*	
Z.: Du bekommst schon wieder Taschengeld, denn du bist über Start gezogen. Dafür bekommst du wieder fünf Mark. H.: (*H. zieht weiter, nimmt eine Karte und liest*) „Geld ausgegeben, Gummibärchen genascht"	
Z.: Wie viel musst du dafür bezahlen? H.: eine Mark und 15	Als H. bezahlen muss und dazu 50 Pfennig wechseln will, helfe ich nochmals, um das Spiel nicht zu anstrengend werden zu lassen.
Z.: eine Mark und 15 Pfennig... H.: eine Mark... nee, so viele Pfennige hab ich nicht, muss ich wechseln *(H. gibt eine 50-Pfennig-Münze)* Z.: du hast 50 Pfennige, und was willst du dafür haben? H:. fünf mal zehn Pfennige	
Z.: Reicht es, in fünf mal zehn Pfennige zu wechseln? H.: Ich brauche auch fünf Pfennige. Z.: Also: ich geb' dir für eine Zehnpfennig-Münze zwei Fünfpfennig-Münzen, okay? Jetzt hast du gewechselt *(H. legt 1,15 DM in die Kasse).* Wir sollten mal Schluss machen und ausrechnen, wieviel Geld wir haben. Willst du einen Zettel oder rechnest du im Kopf?	Ich gebe ihr fünf Zehnpfennig-Münzen. Mit Hilfe meiner Fragen erkennt H., dass sie noch eine Zehnpfennig-Münze in zwei Fünfpfennig-Stücke zu wechseln hat. H. gibt mir eine Zehnpfennig-Münze zurück.
H.: Ich probier es im Kopf: zehn Mark, 15 Mark, 17 Mark, 19 Mark, 21 Mark, 23 Mark, 25 Mark und 50, 60 ... 62, 63 ... 65 Pfennig. Z.: Ich habe leider nur 14 Mark und null Pfennig. Schreib doch mal auf, wie viel Mark du hast! H.: Aber ich guck erst noch hier nach *(dreht die Sparkarte um).* Z.: Da bekommst du auch Geld? H.: Klar, die zehn Mark. Z.: Also, noch zehn dazu, wie viel Mark waren das, die du hattest? H.: 25 Mark	Zum Schluss lasse ich H. die gesamten verdienten und gesparten Beträge addieren und feststellen, wie viel sie mehr hat. Dabei addiert H. ohne weiteres im Kopf getrennt in Mark und Pfennig und rechnet ihr gespartes Geld hinzu. *(vgl. II.5.2.6.1 Kopfrechnen).* Ich schreibe ihr meinen niedrigeren Betrag auf ein vor uns liegendes Blatt: 14,00 DM.

Z.: ... und zehn dazu, das sind?	
H.: 35 Mark	
Z.: ... und wie viel Pfennige?	
H.: 65 Pfennig	
Z.: Schreib es auf *(H. schreibt: 35,65 DM)*. Das hast du richtig geschrieben. Ich habe nur 14 Mark. Jetzt möchte ich wissen, wie viel du mehr hast? Wie viel Geld hast du mehr als ich?	Sie bedient sich nun der Kommaschreibweise - wie sie es auch auf den Karten gesehen hat, als sie ihr Ergebnis aufschreibt. Damit sie die Frage, wie viel sie mehr hat als ich leichter beantworten kann, habe ich meine gewonnenen Pfennige
H.: Ich muss jetzt minus rechnen.	unterdrückt, aber mein Ergebnis für sie als
Z.: Ja, versuch es mal!	Dezimalzahl aufgeschrieben..
H.: *(schreibt die Beträge richtig untereinander)* 35,65 - 14,00 Z.: ... ist?	H. versucht nun die Differenz im Ergänzungsverfahren zu ermitteln, was ihr zum Teil misslingt *(vgl. II.5.2.6.3 Schriftliche Rechenverfahren, schriftliche Subtraktion)*.
H.: Von Null bis Fünf sind fünf, von Null bis Sechs sind sechs, von Vier bis Fünf sind eins und von der Eins bis zur Drei sind vier, gleich 41 Mark und 65 Pfennig.*(H. schreibt unter dem Strich 41,65)*	
Z.: Wie viel hast du mehr?	
H.: *(betrachtet die Geldbeträge auf dem Tisch, ordnet sie und vergleicht die Beträge)* Ach, ich hab falsch gerechnet! Z.: Ja, du hast die Zehner plus statt minus gerechnet- H.: Von Vier bis Fünf sind eins, von der Eins bis zur Drei sind zwei ... 21 Mark und 65 Pfennig. Ich hab gewonnen. Z.: Richtig, du hast 21,65 Mark mehr als ich. War das Spiel gut, oder hat es dir nicht so gefallen? H.: Doch, war gut, mit Geld zu rechnen. Z.: Dann räumen wir es für heute weg und rechnen in der nächsten Woche weiter.	H. ordnet die Geldbeträge in Mark und Pfennig *(vgl. I.2.2 Didaktische Folgerungen aus dem Äquilibrationsansatz)* und vergleicht die beiden Beträge, die nebeneinander auf dem Tisch liegen, was zu einem Konflikt führt: „ach, ich hab falsch gerechnet" *(vgl. II.1.1 Bedeutung des konkreten Handelns und der intensiven Anfangsetappe)*. Damit wir das Spiel beenden können, sage ich ihr, wo der Fehler liegt. Dadurch kommt sie sehr schnell zum richtigen Ergebnis.

Besprechung der Lektüre und Lernorganisation

H. hat das Buch „He Duda" von J. Blake/A. Scheffler (Beltz & Gelberg) mit lustigen Bildern und wenig Text ganz gelesen und Gefallen an dem Identität suchenden Hasen gefunden. Sein Leben ist - wie ihr eigenes - voller Fragen: Wer bin ich, was esse ich ... Für den Hasen beantwortet sich die Frage, wozu er so große Füße hat, schnell, als er von einem angriffslustigen Wiesel bedroht wird. Diese Fragen zur Identität interessieren H. und sie hat das Buch aufmerksam gelesen. Deshalb kann sie die Geschichte flüssig erzählen.

Anschließend trägt sie den Titel mit Datum in ihren Lesepass ein und streicht ihn aus der Ausleihkartei. H. leiht sich wieder ein Buch mit einer Tiergeschichte aus.

Zweiter Teil der Behandlung mathematischer Themen

Da wir heute viel Zeit für das Taschengeldspiel benötigt haben und mir H.s Aufmerksamkeit für das Rechnen erschöpft scheint, behandeln wir keine weiteren mathematischen Themen. Ich gebe ihr als häusliche Übung ein Übungsblatt mit mehrstelligen Additions-/Subtraktions-Aufgaben mit, die sie schriftlich nach dem zu Beginn der Stunde behandelten Verfahren rechnen soll. Ich lasse mir von ihr jeweils eine der vorgedruckten Aufgaben vorrechnen, um sicher zu sein, dass sie die Aufgaben verstanden hat (vgl. II.2.1 Fragen und Antworten; II.3.4 Automatisierung; II.5.2.6.3 Schriftliche Rechenverfahren).

Abschließende Besprechung

An diesem Tag holt der Vater die Tochter ab (vgl. II.5.5 Gespräche mit Eltern). Ich berichte ihm kurz über den Therapieverlauf. Da die Eltern die vorangegangene Stunde kurzfristig abgesagt haben, weise ich darauf hin, dass Unterbrechungen für den Therapieverlauf ungünstig sind. Aus Sicht der Eltern geht es bei den häuslichen Übungen mit H. schon wesentlich besser. Sie blockiere weniger und arbeite selbstständiger. Sie würden jetzt darauf achten, dass H. die von ihr nicht vertragenen Obstsorten meidet. Ich zeige dem Vater die Eintragung in H.s Terminheft und bitte ihn, H. die häuslichen Übungen über die Woche verteilt allein rechnen zu lassen, damit ich feststellen kann, ob sie die Übungen beherrscht oder nicht.

Zusammenfassende Betrachtung der Stunde

- H. hat ihre Sicherheit im schriftlichen Rechnen sowohl bei der Addition als auch bei der Subtraktion mit dreistelligen Zahlen (untereinander geschrieben) verbessert. Auch die Addition und die Ergänzung über den Zehner und Hunderter gelingen (vgl. II.5.2.6.3 Schriftliche Rechenverfahren). Sie hat keine Probleme mehr, sich selbst entsprechende Aufgaben zu stellen (vgl. II.2.7. Berücksichtigung der Motivation). Eine Festigung dieses Wissens durch Automatisierung ist noch erforderlich (vgl. II.1.4 Wiederholung der Aufgabenstellung).
- Wichtig ist für H., dass sie ein neues Spiel mit Geld kennen gelernt hat. Der Erfolg im Spiel bewirkt, dass sie weiter mit Geld rechnen will. Mir hat das Spiel auch gezeigt, dass H. das Potential und die Motivation besitzt, in den kommenden Stunden ihre

Schwierigkeiten mit der Kommaschreibweise bei Geldbeträgen zu überwinden (vgl. II.4.2. Untersuchung der Bereiche der nächsten Entwicklung; II.2.7 Berücksichtigung der Interessen des Kindes und seiner Motivation). H. hat das Vorgehen beim Herausgeben und Wechseln von Geldbeträgen verstanden (vgl. I.5.5 Rolle des Kontextes).

2.2.3 Stundenbeschreibung 1/02

Die im Folgenden dargestellte Stundenbeschreibung stammt aus dem dritten Therapieabschnitt (Januar 2002).

H., nun 10;11 Jahre alt, besucht die fünfte Klasse einer integrierten Gesamtschule und kommt seit Mai 2001 zur Einzeltherapie. Inzwischen hat sie 50 Stunden erhalten.

Einführendes Gespräch und Stressabbau

H. ist heute etwas früher gebracht worden und reagiert sich am Boxsack ab. Sie zeigt mir, dass sie mit der rechten und linken Hand gleich gut boxen kann. Anschließend erzählt H. von ihren Erlebnissen in der Schule. Sie hat sich heute mit einer ihrer Freundinnen gestritten, was sie nun sehr beschäftigt. Im Mathematikunterricht hat die Lehrerin mit Geometrie begonnen, was ihr leicht fällt. Sie berichtet lebhaft und stolz von ihrem neuen Wissen. Sie kennt z.B. die Begriffe Quadrat und Kubus, Kreis und Zylinder. Ihrem Bericht zufolge steht allerdings den Schülern im Unterricht kein konkretes Anschauungsmaterial zur Verfügung. Deshalb gebe ich ihr einen Kubus und einen Zylinder in die Hand, die sie anschaulich beschreiben kann. H. hat ihre Übungsaufgaben zu Hause vergessen, behauptet jedoch, sie habe sie gemacht.

Erster Teil der Behandlung mathematischer Themen

Es gelingt mir, H. von der für sie leichteren Geometrie zur Arithmetik, die ihr mehr Probleme bereitet (vgl. I.5.2 Verschiedene Lernschwierigkeiten), zu führen. H. ist am stärksten motiviert, wenn wir Themen behandeln, die mit dem Unterricht direkt zusammenhängen, da sie möglichst schnell den Anschluss an das Klassenniveau finden möchte. Obwohl ihre Lücken in Mathematik noch groß sind und sie mit den schulischen Aufgabenstellungen in Arithmetik meist überfordert ist, nutze ich als Einstieg zum Aufbau mathematischer Kompetenz (vgl. II.5.2 Förderung der mathematischen Kompetenz; II.5.2.6.2 Halbschriftliches Rechnen) einen im Unterricht bereits behandelten Aufgabentyp aus ihrem Mathematikbuch „Mathematik heute 5. Schuljahr"(Schroedel 1994, 49).

Nach den Ergebnissen der letzten Stunden hat H. Schwierigkeiten

- die Multiplikation ein- und zweistelliger Zahlen auf die mehrstelligen Zahlen zu übertragen,
- sich eine Vorstellung von der Größenordnung mehrstelliger Zahlen zu machen,
- bei der Multiplikation zweistelliger Zahlen mit 10, 100 und 1 000.

Lernziel dieser Stunde ist daher, eine Aufgabe aus dem Mathematikbuch zu verstehen und die Multiplikation zweistelliger Zahlen mit ganzen Vielfachen von zehn einzuüben. Dazu führe ich sie mit entsprechenden Fragen (ohne Belehrung) durch das Stoffgebiet (vgl. II.2. Grundsätze der lerntherapeutischen Gesprächsführung). Damit sie ein Erfolgserlebnis spürt, vereinfache ich den Stoff so weit, bis er ihrem Niveau entspricht (vgl. I.4.3 Unterrichtsprinzipien) und gehe von der symbolischen Ebene auf die Ebene des konkreten Handelns und der zeichnerischen Darstellung zurück (vgl. II.1.5 Bedeutung der flexiblen Übergänge der Darstellungsebenen).

Protokoll	Kommentar
Z.: Wie rechnest du das? H.: 100 mal 34	H. hat die Aufgabe „100 • 34 =" aus ihrem Mathematikbuch abgeschrieben *(vgl. II.5.2.6.2 Halbschriftliches Rechnen, Multiplikation).*
Z.: Wie rechnest du 100 mal 34? H.: Erst zehn mal drei sind 30 und dann ein mal vier ist vier (*schreibt 30 + 4 = 34*) und dann einfach die Null hier hinten ran tun, und dann hat man 340. Z.: Prüfe bitte mal nach, was du gerechnet hast. Was kommt bei der Aufgabe raus? H.: 340 Z.: Schreib die Aufgabe und das Ergebnis bitte auf!	H. verwendet eine subjektive Strategie ohne Vorstellung von der Bedeutung der Null und der Größenordnung der Zahl *(vgl. II.4.1 Erkennen der Schlüsselbereiche mathematischen Lernens).*
H.: (*ergänzt 100 • 34 = 340*)	Ich lasse H. die Aufgabe so hinschreiben, wie sie es gerechnet hat mit dem falschen Ergebnis, ohne es näher zu kommentieren *(vgl. II.2.3.1 Konflikterzeugung).*
Z.: Wie kannst du feststellen, ob das stimmt? Was bedeutet eigentlich „100 mal 34"? Kannst du dir das irgendwie vorstellen, was könnte das sein, die 34 und die 100?	Da es sich um eine Multiplikationsaufgabe ohne einen Sachzusammenhang handelt, frage ich H. zunächst, ob sie damit eine Vorstellung verbinden kann.
H.: 100 Stifte Z.: Gut, du hast 100 Stifte und was machst du mit den 100 Stiften?	H. hat ganz spontan die Vorstellung, es handele sich um eine Vielzahl von Stiften (*sie sieht viele Stifte auf dem Tisch, wenn auch wesentlich weniger als 100*).
H.: die tu ich noch mal hinzu Z.: Noch mal 100 Stifte, sind 200. Wie oft musst du 100 Stifte nehmen? H.: 34 mal (*schweigt*)	H. erinnert sich, dass Malnehmen damit zusammenhängt, die Anzahl von Gegenständen so oft zu nehmen, wie sie angegeben ist, dass sie die Faktoren vertauschen kann *(vgl. II. 5.2.5 Rechengesetze).* Sie beginnt mit der Größenordnung, die ihrer Vorstellung am nächsten kommt („*Die tu ich noch mal hinzu*").
Z.: Stimmt, aber so viele Stifte haben wir nicht. Pass auf, wir rechnen deshalb nicht mit Stiften,	Weil wir nicht so viele Stifte haben, wechsle ich das Anschauungsmittel und gehe zu Dienes-

wir rechnen mit Holzklötzchen. Wie viel Klötzchen sind das insgesamt? *(Ich hole die Dienes-Blöcke und lege eine Hunderter-Platte auf den Tisch.)*	Blöcken über. H. hat damit keine Probleme, da wir früher damit gerechnet haben *(vgl. II.1.4 Verbesserung der Anschaulichkeit).*
H.: 100	
Z.: Ja, das sind hundert Klötzchen und was heißt jetzt zwei mal 100? H.: zwei mal Z.: Wie viel Klötzchen sind es dann? Schreib es bitte auf!	Nun beginne ich schrittweise mit der Vervielfachung der Holzplatten à 100 Klötzchen und lasse dazu parallel gleich aufschreiben, wie die dazugehörige Multiplikationsaufgabe heißt *(vgl. II.1.5 Bedeutung der flexiblen Übergänge der Darstellungsebene).*
H.: 200 *(schreibt 2 • 100 = 200)*	
Z.: Ja, was hast du hingeschrieben? Kannst du mir die 200 Klötzchen auch zeigen? Warum hast du zwei mal 100 hingeschrieben? Wo sind die 100? H.: hier ist die 100 ... *(zeigt auf die Hunderter-Platte)* Z.: Ja, und wo ist die Zwei? H.: da ... hier *(zeigt unbestimmt auf die einzelnen Klötzchen)* Z.: Das sind nur einzelne Klötzchen. Hier steht aber zwei mal 100. Wo ist eigentlich nun die Zwei? Verstehst du meine Frage?	So verdopple ich zunächst die Anzahl der Klötze und vergewissere mich, ob H. auch weiß, was der Ausdruck „2 • 100" im einzelnen bedeutet *(„wo ist die zwei?")* So ganz klar ist es ihr offensichtlich nicht. Ich vermute, dass sie meine Frage nicht verstanden hat *(vgl. II.2.1 Fragen und Antworten).*
H.: mhm *(verneinend)*	
Z.: Schau, wir gucken mal, ob die 200 stimmen. Hier hast du 100 Klötzchen *(zeigt auf die Hunderter-Platte)* ... jetzt steht aber da, zwei mal 100, was bedeutet denn das, zwei mal 100? H.: noch mal 100 Z.: Ja, sehr gut, zweimal 100, mach's mal *(H. nimmt noch eine 100er-Platte)*, also: das sind eins und das sind zwei mal 100. Was ist denn jetzt drei mal 100? H.: noch mal drei ... noch mal eins dazu *(nimmt eine weitere Platte hinzu)* Z.: Wie viel sind das zusammen? Schreibe es mal hin! H.: Das sind 300. Z.: Ja, schreibe es hin! *(H. schreibt 3 • 100 = 300)* Z.: Und was sind 100 mal drei? H.: auch 300 Z.: Ja, 100 mal drei oder drei mal 100 sind das Gleiche, das weißt du ... und vier mal 100?	Ich formuliere deshalb meine Frage um und zeige auf die Hunderter-Platten. Nun versteht sie die Frage und nimmt sofort mehrere Platten dazu und schreibt die zugehörige Multiplikationsaufgabe problemlos auf. Die Kommutativität ist ihr geläufig *(vgl. I.1.2 Prinzip der operativen Durcharbeitung).*

H.: 400	
Z.: Schreib's bitte hin!	
(*H. schreibt 4 • 100 = 400*)	
Z.: Was sind denn jetzt zehn mal 100?	Als ich nach 4 • 100 nicht schrittweise weitergehe, sondern auf zehn erhöhe, antwortet H. spontan, ohne näher nachzudenken und hat die zugehörige Zahl nicht sofort parat (*„110"*).
H.: 110	
Z.: Schreib's mal hin, zehn mal 100 oder 100 mal zehn, wie viel sind das? (*H. zögert und überlegt etwas*) H.: 1.000 (*schreibt 10 • 100 = 1.000*)	Als ich sie auffordere, die Aufgabe aufzuschreiben, erinnert sie sich, dass 100 • 10 = 1.000 sind. Durch die Verbindung zwischen den konkret daliegenden Platten und der Schreibweise wird ihr der Zusammenhang klar (*vgl. II.1.1 Bedeutung des konkreten Handelns und der intensiven Anfangsetappe*).
Z.: Richtig, guck dir mal an, ob es stimmt. Hol mal diesen Block bitte (*H. holt den Tausender-Würfel*) Wie viel Hölzchen sind das? H.: 1.000	Nun überprüfe ich nochmals ihre Vorstellung von der Multiplikation. Ich gebe ihr dazu einen Tausender-Block und frage, was das ist und wie man aus Hunderter-Platten zu 1.000 Hölzchen kommt (*vgl. II.5.2.1 Zahlenräume*).
Z.: Warum denn? H.: Das sind hier 100 (sie *zeigt auf eine Hunderter-Platte*). Z.: Ja, wie geht es weiter? Zeige es bitte! H.: 200, 300, 400, 500, 600, 700, 800 (*H. zeigt jeweils auf eine Hunderter-Platte*) Z.: Und noch welche? H.: 900, 1.000 Z.: Stimmt's? H.: ja Z.: zehn mal 100 sind? H.: 1.000	
Z.: zehn mal 100 sind 1.000 und jetzt guck mal auf unsere Aufgabe (*zeigt auf die ursprüngliche Multiplikation*)! H.: 100 mal 34 Z.: Ja, schreib bitte auf, was nun 100 mal 34 oder 34 mal 100 ist. Wie viele von den Hundertern brauchst du also?	Nachdem diese Multiplikation problemlos geht, komme ich zur ursprünglichen Aufgabe zurück (*vgl. II.1.2 Erreichen der abstrakten symbolischen Ebene*).
H.: 34 (*schreibt 34 • 100 =*)	
Z.: Weißt du noch, wie man die Hunderter zeichnen kann? H.: ja	Da wir keine 34 Hunderter-Platten haben, lasse ich H. die Aufgabe zeichnen (*vgl. II.1.3 Verwendung zeichnerischer Darstellung*). Wir hatten im Zusammenhang mit dem Erkennen der Stellenwerte die zeichnerische Darstellung von Einer-, Zehner-, Hunderter-Stellen ausführlich behandelt.

Z.: Zeichne doch bitte die 34 • 100 auf (*H. zeichnet ein kleines Quadrat*) ☐ Wie viel Hölzchen sind das? H.: 100	So gelingt es ihr nun ohne weiteres, eine Hunderter-Platte als kleines Quadrat aufzuzeichnen. Es ist ihr auch klar, dass sie bei der vorliegenden Aufgabe 34 Hunderter benötigt („*wie viele brauchst du*").
Z.: Wie viel brauchst du? (*H. zeichnet die Quadrate 34 mal und zählt sie einzeln nach*) H.: 1, 2, 3....... 34	
Z.: Wie viel Hölzchen hast du gezählt? H.: 34 Hunderter	
Z.: Ja, sehr gut, 34 Hunderter. Wenn man eine Zahl, wie hier die 34, mit 100 multipliziert, wie viel Nullen schreibt man dann? H.: zwei (*schreibt 34 • 100 = 3400*)	Damit sie ihr Ergebnis (*34 Hunderter*) aufschreiben kann, erinnere ich an die Schreibweise bei der Multiplikation mit Hundert (*vgl. II.5.2.6.2 Halbschriftliches Rechnen, Multiplikation*).
Z.: Richtig, da hast du das Ergebnis deiner Aufgabe. Wenn du eine Zahl mit zehn multiplizierst, 34 mit zehn? Wie viel Nullen musst du dann schreiben? H.: eine Null Z.: Und was kommt dann raus? H.: 340 (*H. schreibt 34 • 10 = 340*)	Um sicher zu sein, dass ihre Antwort „zwei" kein Zufallsergebnis ist, beginne ich nochmals eine Stufe niedriger mit 10 • 34 und lasse sie diese Aufgabe aufschreiben.
Z.: ... und was hattest du hier raus? (*H. sieht auf ihre ursprüngliche Notiz*) H.: auch 340 Z.: und was muss das Ergebnis sein? H.: 3.400 (*H. zeigt auf das letzte Ergebnis*)	Dann weise ich auf das ursprüngliche Ergebnis, damit H. es mit ihrem neuen Ergebnis vergleichen kann. Sie erkennt nun ihren Fehler und weiß die richtige Lösung (*vgl. II.2.3.1 Konflikterzeugung*).
Z.: Sehr gut. Das heißt, wenn du eine Zahl mit 100 multiplizierst, wie viel Nullen müssen dann hinzu? H.: zwei Z.: Und wenn du mit zehn multiplizierst? H.: eine Z.: Und wenn du mit 1.000 multiplizierst? H.: drei Z.: Also, immer so viele Nullen, wie du mit Zehner multiplizierst. Du musst aufpassen, wenn du 100 mal 34 rechnest. Wie viele Nullen musst du hinzufügen? H.: zwei Z.: Das ist hervorragend! Jetzt ist dir klar, wie du rechnen musst. Du hast die Aufgabe aus deinem Mathematikbuch gelöst. Jetzt spielen wir.	Zum Schluss frage ich die Anzahl der zu schreibenden Nullen bei der Multiplikation mit 100, 10 und 1.000 nochmals ab, um sicher zu sein, dass H. die Multiplikation verstanden hat (*vgl. II.1.2 Erreichen der abstrakten symbolischen Ebene*). Diese Leistung wird durch Lob und den Hinweis auf die gelöste Aufgabe aus dem Mathematikbuch positiv verstärkt (*vgl. II.2.5 Außerintellektuelle Faktoren*).

168

Entspannungs- und Lockerungsübungen

Zur Lockerung und Entspannung nach der konzentrierten Arbeit gebe ich H. ein Springseil, mit dem sie gut umgehen kann. Sie führt mir zunächst vor, wie viel unterschiedliche Hüpfarten sie beherrscht (mit beiden Beinen, auf einem Bein, vorwärts, rückwärts, mit gekreuzten Armen u.a.). Ich verbinde deshalb das Hüpfen mit der Wiederholung der „1 x 1"-Reihen. H. sucht sich zunächst die „1 x 1"-Reihe mit der Fünf aus, die sie sicherer beherrscht als die Reihe mit der Sechs, die ich ihr vorgeschlagen habe. H. springt problemlos in Fünferschritten von Fünf bis 50. Sie demonstriert mir dabei, wie sie abwechselnd mit gekreuzten und nichtgekreuzten Armen springen kann, was ich gebührend bewundere. Zur Beruhigung wiederholen wir danach einige Atemübungen (vgl. Muskelentspannung nach Jacobson bei Johnen, 40).

Automatisierung der Rechenoperationen und gemeinsames Spiel

Heute verbinde ich die Wiederholung des Zehnereinmaleins mit einem gemeinsamen Spiel, da H. bei einigen „1 x 1"-Reihen noch nicht die notwendige Sicherheit besitzt, wie ihre Reaktion beim Seilspringen gezeigt hat. Dazu nehme ich den Kasten mit den Rechenspielen zu dem Unterrichtswerk „Die Welt der Zahl" für das 3./4. Schuljahr (Schroedel) und lege das Spielbrett „Wasserwege" auf den Tisch. Da sie aus dieser Sammlung bereits ein anderes Spiel kennt, an das sie positive Erinnerungen knüpft, beginnt H. sofort mit dem Vorlesen der Anleitung und dem Aufbau des Spiels, einer Seenlandschaft, durch die sich die Spieler bewegen. Ich kündige ihr gleich an, dass wir uns für dieses Spiel mehr Zeit als sonst nehmen können (20 - 30 Min.) (vgl. II.2.7 Berücksichtigung der Interessen des Kindes und seiner Motivation; II.3.4 Automatisierung).

H. entscheidet sich für die roten Plättchen und gibt mir die blauen, die wir als Bälle in den Startsee auf dem Spielplan legen. Ein Stapel Zehnerkärtchen (mit den Zahlen 10, 20 ... 90) und Einerkärtchen (mit den Zahlen 1, 2, 3, ... 9) hat H. neben dem Spielbrett aufgebaut. Abwechselnd zieht jeder von jedem Stapel ein Kärtchen, um die Zahlen miteinander zu multiplizieren. H. vergleicht als erste das Ergebnis ihrer Multiplikation 4 x 90 = 360 mit den Vorgaben des Spielplans und muss sich zwischen drei Seen entscheiden, die mit „größer als 400", „kleiner als 500" und „größer als 300" beschrieben sind. Sie entscheidet sich für „kleiner als 500" und legt ihren Ball auf dieses Feld. H. achtet dabei weniger auf den schnellsten Weg zum Ziel (das Meer), sondern lässt sich davon leiten, welche Beziehung (größer oder kleiner) ihr geläufiger ist. Dadurch erreicht mein Ball als erster das Meer (Ziel). H. berücksichtigt nun bei den folgenden Durchgängen auch diesen Aspekt des Spiels und gewinnt, da ich z.T. auch Umwege benutze. H. rechnet die Zehnermultiplikation 5 • 70 nach dem Verfahren 5 • 7 • 10 = 350, da sie nach dem ersten Teil unserer Stunde weiß, dass das Anhängen einer Null an eine Zahl multiplizieren mit 10 bedeutet (vgl. II.5.2.6.2 Halbschriftliches Rechnen, Multiplikation). Mit diesem Spiel können wir viele Kombinationen des „1 x 1" wiederholen und halten fest, bei welchen Kombinationen sie noch unsicher ist und welche sie z.b. durch Ableitungen errechnen muss. Es sind dies, wie von mir vermutet, vor allem das „1 x 1" mit der „6" und „7", die sie wiederholen muss (vgl. I.5.2.4 Die vier Grundrechenarten, Multiplikation). Ich schlage ihr vor, diese Reihen zu Hause mit dem Springseil zu üben und sich später einzelne Aufgaben von den Eltern abfragen zu lassen.

Besprechung der Lektüre und Lernorganisation

H. erzählt kurz den Inhalt ihrer Wochenlektüre „Hans Magnus Deubelbeiss - der Junge, der immer zu spät kam" von J. Burningham (Sauerländer), dessen Abenteuer auf dem Weg zur Schule sie übertrieben und nicht „wie wirklich" findet. Dass der Junge den schrecklichen Lehrer jedoch am Ende reinlegt, gefällt ihr. Wie eingeübt, überträgt sie den Buchtitel unter Angabe des Datums in ihren Lesepass, stellt das Buch an die richtige Stelle ins Regal zurück und streicht es aus ihrer Ausleihkarte aus.

Zweiter Teil der Behandlung mathematischer Themen

Nachdem wir die Multiplikation mit Zehnerzahlen im ersten Teil und im Rechenspiel ausführlich behandelt haben, verknüpfe ich dies gleich mit der Division mit Zehnerzahlen (vgl. II.1.4 Verbesserung der Anschaulichkeit und Wiederholung der Aufgabenstellung; I.1.2 Prinzip der operativen Durcharbeitung).
H. ist durch die Vorbereitung in den vorangegangenen Stunden bereits in der Lage

- aus den „1x1"-Aufgaben, z.B. 3 • 7 die Ergebnisse der zwei daraus folgenden Divisionsaufgaben zu rechen: z.B. 21 : 3 und 21 : 7 sowie
- eine Divisionsaufgabe durch Aufteilung oder Verteilung zu lösen: z.B. 21 aufteilen in Dreier-Päckchen (siebenmal) oder verteilen auf drei Personen (jede Person erhält sieben) (vgl. II.5.2.4 Die vier Grundrechenarten, Multiplikation/Division).

Durch diese Vorbereitung hat H. keine Probleme mehr, die Division durch Zehnerzahlen mit Hilfe einer zeichnerischen Darstellung aus der Division mit Einerzahlen abzuleiten (vgl. II.1.3 Verwendung zeichnerischer Darstellungen). Wir beginnen mit der Division von Einerzahlen und erweitern sie auf die entsprechende Zehnerzahl (s. Anhang, Anlage 18: Übungsblatt v. 30.1.02 der Schülerin H.). H. gelingt dabei sowohl die Rechnung als auch die zeichnerische Darstellung (vgl. II.1.5 Bedeutung der flexiblen Übergänge der Darstellungsebenen) auf Karopapier, wobei ich ihr bei der Einteilung in Zehnerblöcke zunächst helfe. Die auf dem

170

Übungsblatt angekreuzten Aufgaben behandeln wir gemeinsam, die übrigen erledigt H. als häusliche Übung, die sie mir in der folgenden Stunde vorlegt und richtig erläutert (vgl. II.3.4 Automatisierung).

Abschließende Besprechung

Als die Mutter ihre Tochter abholt, erinnere ich sie nochmals an das Mitbringen des Ordners mit den häuslichen Übungen, den H. heute vergessen hatte. Die Mutter bestätigt, dass ihre Tochter die Übungen selbstständig erledigt habe und sie in Zukunft noch besser auf die Einhaltung achten werde. Die Mutter äußert sich zufrieden über die Fortschritte beim selbstständigen Arbeiten, auch bei den schulischen Aufgaben. Sie bekommt von mir die Aufgabenstellung für das häusliche Üben erläutert genauso wie vorher ihre Tochter.

Zusammenfassende Betrachtung der Stunde

- H. hat mit Hilfe konkreter und ikonischer Darstellungen eine Aufgabe aus dem Mathematikbuch der fünften Klasse „begriffen" (vgl. II.1.1 Bedeutung des konkreten Handelns und der intensiven Anfangsetappe; II.1.3 Verwendung zeichnerischer Darstellungen) und richtig gelöst.
- Die Multiplikation ein- und zweistelliger Zahlen mit ganzen Vielfachen von Zehn (vgl. II.1.2 Erreichen der abstrakten symbolischen Ebene) hat H. verinnerlicht und durch gezieltes Üben in einem Rechenspiel gefestigt (vgl. II.3.4 Automatisierung).
- H. kann Divisionsaufgaben mit Zehnerzahlen (Dividend und Divisor) rechnen und mit Hilfe ikonischer Darstellungen aus der Umkehrung einer „1 x 1"-Aufgabe ableiten (vgl. II.5.2.6.2 Halbschriftliches Rechnen, Multiplikation/Division).

2.3 Beendigung und Ergebnisse der Therapie

Nach Ablauf von insgesamt 70 Stunden am Ende des Schuljahres 2001/02 muss die Therapie beendet werden, da sich die Eltern nicht in der Lage sehen, die Therapie allein zu finanzieren. Das örtliche Jugendamt hat trotz der positiven Therapieergebnisse eine weitere Übernahme eines Teils der Kosten abgelehnt. Zwar hätten die Eltern noch gern eine Verlängerung der Therapie gehabt, sie sind aber mit deren positiven Ergebnissen und der Entwicklung ihrer Tochter zufrieden. Sie sind froh, dass sich die Prognose der Grundschullehrerin nicht bewahrheitet hat, nach der H. die fünfte Klasse nicht schaffen könne. H. fühlt sich in der neuen Schule nicht nur besser, sie hat auch eine positive Einstellung zum Fach Mathematik gewonnen, obwohl sie den vollen Anschluss an das

Klassenniveau noch nicht erreicht hat. Dazu wäre eine Fortsetzung der Therapie um ca. 50 Stunden erforderlich gewesen. Dennoch ist es gelungen, die fehlenden mathematischen Grundkenntnisse so weit aufzuarbeiten, dass H. die Note „ausreichend" in Mathematik am Ende der fünften Klasse erhält (vgl. II.5.2 Förderung der mathematischen Kompetenz).

Ergebnisse der Therapie sind:

Zum Lernstand

Die mathematische Kompetenz der Schülerin H. entspricht bei Therapieende in wesentlichen Teilen den Zielen, die vom Hessischen Rahmenplan Grundschule für das Fach Mathematik im Arbeitsbereich Mengen und Zahlen für das 3./4. Schuljahr (Hessisches Kultusministerium 1995, 150) vorgegeben sind. Sie hat ausreichende Sicherheit im Zahlenraum bis eine Million und notwendigen Einsichten in den Aufbau des Stellenwertsystems erlangt und besitzt darüber hinaus einige Grundkenntnisse im Zahlenraum über eine Million.

Im Einzelnen verfügt H. bezüglich der Grundrechenarten über die nachstehenden Kompetenzen:

Addition/Subtraktion
Das Kopfrechnen ohne zu zählen („1 + 1") und die halbschriftlichen Rechenverfahren im Zahlenraum bis 1.000 sowie über die im Folgenden aus dem Rahmenplan zitierten Anforderungen für das 3./4. Schuljahr:

„- die schriftlichen Rechenverfahren Addition/Subtraktion, zunächst mit zwei Summanden und mit einem Subtrahenden, ... und durch Proberechnungen zu überprüfen".
„- die Anwendung der Rechenverfahren zur Bewältigung in Alltagsproblemen" (s. Anhang, Anlage 19: Übungsblatt 2/02 der Schülerin H.).

Multiplikation/Division
Das Kopfrechnen („1 x 1") und das halbschriftliche Rechnen mit ganzzahligen Vielfachen im Zahlenraum bis 1000 sowie von den Anforderungen aus dem Rahmenplan für das 3./4. Schuljahr:

„- die erworbenen Kenntnisse und Fertigkeiten im erweiterten Zahlenraum und bei der Lösung von Alltagsproblemen anzuwenden" (s. Anhang, Anlage 20: Übungsblatt v. 9.4.02 der Schülerin H.)
„- die schriftlichen Rechenverfahren für das Multiplizieren und Dividieren ..." (s. Anhang, Anlage 21: Mathematiktest von H. ohne Datum ca. 5/02).

Aufgaben der fünften Klasse gelingen H. dann, wenn sie im Wesentlichen auf dem Stoff der vierten Klasse basieren.

Zur schulischen Entwicklung

Obwohl die Anforderungen im Mathematikunterricht der 5. Klasse gegenüber der Grundschule deutlich gestiegen sind, hat H. ihre großen Ängste vor dem Fach verloren. Bei den Klassenarbeiten fühlt sie sich aber weiterhin unsicher, auch wenn sie sich darauf vorbereitet hat. Ihre schriftlichen Leistungen sind meist ausreichend, hingegen wird sie im Mündlichen oft besser benotet. H. hat im ersten Halbjahreszeugnis der fünften Klasse in Mathematik insgesamt die Note „ausreichend". Über diese Zensur hat sie sich - nach der Fünf im Vorjahr - sehr gefreut (s. Anhang, Anlage 22: Zeugnis vom 1.2.02 der Schülerin H.). Die Klassenlehrerin ist mit der Leistungsverbesserung zufrieden. Die Eltern heben hervor, dass H. bei den Hausaufgaben sicherer sei und ihre Leistungen nicht mehr so schwankten.

Zur psychischen Stabilität

Wie die Eltern übereinstimmend berichten, hat H. ihre Minderwertigkeitsgefühle im Verlauf der Therapie weitgehend abgelegt und eine größere Selbstständigkeit erlangt. Sie leide nicht mehr unter Versagensängsten im Rechnen, habe keine größeren Ängste mehr vor den Klassenarbeiten und fühle sich ihren MitschülerInnen nicht mehr unterlegen. Der Notenspiegel unter den Mathematikarbeiten zeigt ihr, dass es andere Kinder in der Klasse gibt, die „schlechtere" Noten als sie haben.

H. fühlt sich ihrer Schwester gegenüber weniger unterlegen, seit ihre Leistung besser geworden ist. Die Rivalität der Geschwister untereinander, die in der Therapie thematisiert worden ist, hat sich verringert. H. klagt nicht mehr über häufige Bauchschmerzen (vgl. IV.2.2.2 Gespräch). Seit der Ernährungsumstellung hat sich ihr Gesundheitszustand wesentlich verbessert. Damit verbunden ist ein regelmäßigerer Schulbesuch und es fällt H. leichter, dem Unterricht in Mathematik zu folgen. Ihr Selbstwertgefühl ist erkennbar stabilisiert, wozu neben den Leistungserfolgen die Gespräche, Lektüre, Entspannungsübungen und Erfolge in den Spielen beigetragen haben.

Zur weiteren Entwicklung

Nach Auskunft der Eltern am Ende des darauf folgenden Schuljahres sind H.s Leistungen in Mathematik auch im Zeugnis der 6. Klasse mit „ausreichend" benotet worden. Ihre

Versetzung in die 7. Klasse war nicht gefährdet. Ihre psychische Stabilität sei weiterhin gut und ihr Verhältnis zur älteren Schwester spannungsarm.

3. Kurzdarstellung von Therapien

Ergänzend zu den im Kapitel IV ausführlich beschriebenen und kommentierten zwei Therapien werden im Folgenden 13 Therapien (acht Mädchen und fünf Jungen) in Form von Kurzdarstellungen vorgestellt. Es handelt sich dabei um RS-Therapien, die ab 1998 von mir nach dem FIT-Konzept durchgeführt wurden. In allen Fällen habe ich anhaltende, subjektive und systematisierbare Fehlleistungen im arithmetischen Grundlagenbereich festgestellt, die einer gezielten Förderung bedurften. Auch habe ich die typischen Charakteristika erkennen können, wie sie Wehrmann in seiner Dissertation (2003) beschrieben hat, nämlich Nominalismus, Mechanismus und Konkretismus[11]. Dabei fiel auf, dass das Phänomen des zählenden Rechnens (Nominalismus) bei einem Teil der Additions-/Subtraktionsaufgaben (z.B. über den Zehner rechnen) vor allem bei GrundschülerInnen mit dem „Verhaftetsein" am Veranschaulichungsmittel Finger (Konkretismus) verbunden ist. Das Phänomen des mechanischen Rechnens (Mechanismus), d.h. die unreflektierte Bearbeitung vor allem von schriftlichen Aufgaben ohne Verständnis der zu Grunde liegenden Zusammenhänge, konnte ich bei Kindern aus allen Schulformen feststellen. Ausgehend von der Vorstellung, dass alle Kinder bei geeigneter Förderung die mathematischen Grundlagen erwerben können, suchte ich ihre Schwierigkeiten darüber hinaus im gesamten mathematischen Lernprozess und in den Lernbedingungen. Bei den meisten Kindern lagen bereits externe Diagnosen vor, die die Ursachen der RS vor allem im Kind sahen, definiert als Wahrnehmungsstörungen, Teilleistungsstörungen oder andere zumeist medizinisch orientierte Auffälligkeiten. Bei den Empfehlungen zur Behebung dieser Störungen stand in der Regel nicht die Förderung des mathematischen Wissens im Mittelpunkt. Bei allen Kindern habe ich - ohne Berücksichtigung dieser den externen Diagnosen zu Grunde liegenden Kausalität von RS und der dort empfohlenen Trainingsprogramme – mit FIT-Konzept gearbeitet. Von zwei Ausnahmen abgesehen konnte bei allen Kindern eine messbare Verbesserung der Leistung in Mathematik erzielt werden. In Ermangelung eines besseren Maßstabes habe ich hierbei zur Feststellung der Leistungsverbesserung auf die Benotung in der Schule (Zeugnisnote) zurückgegriffen. Diese war auch für die Eltern und die Kinder nachvollziehbar und entsprach

---

[11] „Unter Nominalismus des Zahlbegriffs soll die Zuordnung von Zahlname und Ziffer/Symbol ohne quantitative Vorstellung als kognitive Basis verstanden werden." ... „Mechanismus der Rechenverfahren umschreibt die unreflektierte mechanische Bewältigung mathematischer Aufgaben ohne Verständnis der zu Grunde liegenden Verfahrenstechniken." ... „Unter Konkretismus beim handelnden Operieren wird das ‚Verhaftetsein' des Schülers am Veranschaulichungsmittel verstanden, wobei auch die Finger zu den Veranschaulichungsmitteln gehören ..." (Wehrmann 2003, 71).

ihrer Erwartung. Deshalb setzte ich mich über das Problem der „Fragwürdigkeit der Zensurengebung", wie sie Ingenkamp ausführlich dokumentiert hat, hinweg (Ingenkamp 1995, Valtin 2003). Bei den Abschlussgesprächen der Therapien wies ich die Eltern auf das Problem der Benotung hin.

In den folgenden Kurzdarstellungen sind nur die mir wichtig erscheinenden charakteristischen und prägnanten Punkte zusammengestellt, die zur Bewertung der Therapien erforderlich sind. Neben Geschlecht und Nationalität wurde jeweils der familiäre Hintergrund angegeben, d.h. ob beide Eltern oder nur ein Elternteil erziehen, ob und welche Geschwister es gibt und welche Besonderheiten wichtig sind (z.B. Sehbehinderung). Zu Therapiebeginn wurde das genaue Alter (Jahr; Monat) und die Jahrgangsstufe, die das Kind gerade besuchte, notiert. Die Gründe für die Therapie ergaben sich immer aus drei Bereichen: Elternhaus, Schule und außerschulische Institutionen. In der Regel war es hauptsächlich die Initiative der Eltern, die letztlich zu einer FIT-Therapie führte. Die externen Diagnosen wurden zur Verdeutlichung auszugsweise wörtlich übernommen. Aus den von mir durchgeführten (eigenen) Anamnesen wurden für die Kurzdarstellungen nur einige typische Punkte herausgestellt:

-   charakteristische Merkmale der psychischen Befindlichkeit,
-   Hinweise auf die familiäre und schulische Situation sowie des von mir festgestellten Lernrückstands, d.h. des zeitlichen Unterschieds zwischen den aktuellen Leistungsanforderungen der Schule und der tatsächlichen Kompetenz der SchülerInnen in wichtigen mathematischen Teilbereichen,
-   Angaben zu den Phänomenen des zählenden Rechnens (vgl. II.5.2.6.1 Kopfrechnen) und der mechanischen Bewältigung schriftlicher Aufgaben (vgl. II.5.2.6.3 Schriftliche Rechenverfahren) für die auffälligsten Bereiche, z.B. Multiplikation, Division.

In der Regel besaßen die Kinder auch keine ausreichende Kompetenz bezüglich der halbschriftlichen Rechenverfahren (vgl. II.5.2.6.2), die deshalb regelmäßig erarbeitet werden mussten. Alle Kinder hatten auch erhebliche Schwierigkeiten bei der Lösung von Textaufgaben (vgl. II.5.2.8 Sachrechnen), worauf nicht immer ausdrücklich hingewiesen wurde. Unter dem Punkt Therapiedauer wurde noch vermerkt, wie die Therapie finanziert wurde. Des Weiteren wurde hier festgehalten, ob die Therapie durch die Eltern unterstützt wurde, da dies für den Erfolg wesentlich war. Für die Bewertung der Therapieergebnisse ausschlaggebend ist die jeweils angegebene psychische Befindlichkeit und der Lernstand im Rechnen. Zum Lernstand wurde angegeben, ob die Lernziele für die Jahrgangsstufe der SchülerInnen bzw. für den arithmetischen Grundlagenbereich (4. Klasse) erreicht oder weitgehend (in wichtigen Teilen wie z.B. bei der Schülerin S., vgl. IV.1.3) erreicht wurden. Bei den älteren Schülern wurde darüber hinaus vermerkt, ob der Lernrückstand aufgeholt, d.h. ihre Kompetenz in wichtigen Teilbereichen den aktuellen Leistungsanforderungen der jeweiligen Klasse genügt. Da die Eltern den individuellen Lernstand ihres Kindes im Rechnen im Allgemeinen kaum einordnen können, spielt für sie - wie gesagt - die Zeugnisnote, die das Kind nach Therapieende erhält, eine maßgebliche Rolle.

Der letzte Punkt der Kurzdarstellungen, „weitere Entwicklung" der Kinder, ergab sich in der Regel durch telefonische Rückfragen bei den Eltern ca. ein Jahr nach Beendigung der Therapie.

3.1   RS-Therapie von J.

Geschlecht: w

Familiärer Hintergrund: lebt bei beiden Eltern, Schwester (9 Jahre)
Nationalität: deutsch

Zu Therapiebeginn
> **Alter:** 12;9 Jahre
> **Jahrgangsstufe:** 6. Klasse Gymnasium

Gründe für die Therapie seitens
> **der Eltern:** eine Abstufung in Realschule vermeiden, Lernprobleme vor allem in Mathematik
> **der Schule:** letzte Zeugnisnote in Mathematik „mangelhaft", Versetzung gefährdet
> **außerschulischer Institutionen:** Sozial-Pädiatrisches-Zentrum (SPZ) des Klinikums Höchst: „psychogene Leistungsblockaden auf dem Hintergrund einer Rechenschwäche ..., Teilleistungsschwäche"

Eigene Anamnese zu Therapiebeginn: in Mathematik Lernblockaden, ängstlich und misserfolgsorientiert, Lernrückstand im Rechnen 2 - 3 Jahre, mechanisches Rechnen bei schriftlichen Aufgaben (Multiplikation/Division)

Therapiedauer: 150 Stunden (1 ½ Jahre), finanziert vom Jugendamt nach KJHG, beide Eltern unterstützen Therapie

Therapieergebnisse:
> **Psychische Befindlichkeit:** keine Angst vor Mathematik, positive Einstellung zum Lernen
> **Lernstand im Rechnen:** Lernziele für Grundlagenbereich erreicht. Lernrückstand weitgehend aufgeholt, keine Lernblockaden
> **Zeugnisnote:** Mathematik „ausreichend", versetzt in 8. Klasse Gymnasium

Weitere Entwicklung: versetzt in 9. Klasse, Mathematiknote weiterhin „ausreichend"

176

3.2 RS-Therapie von M.

Geschlecht: m

Familiärer Hintergrund: lebt bei beiden Eltern, zwei Geschwister (7 und 11 Jahre)

Nationalität: deutsch

Zu Therapiebeginn
>
> **Alter:** 8;9 Jahre
>
> **Jahrgangsstufe:** 2. Klasse Grundschule (freiwillige Wiederholung der 2. Klasse)

Gründe für die Therapie seitens
>
> **der Eltern:** M. sei unkonzentriert, halte sich für dumm, ihm sei alles egal, sei im Rechnen überfordert, Eltern befürchten weiteren Leistungsabfall
>
> **der Schule:** letzte Zeugnisnote in Mathematik „ausreichend"
>
> **außerschulischer Institutionen:** Kinder-Jugend-Elternberatung Stadt Frankfurt:: „Schwächen im logisch-rationalen Denken und in der visuellen Aufmerksamkeit ..., spezifische Leistungsminderungen in der intellektuellen Organisation".

Eigene Anamnese zu Therapiebeginn: Geschwisterrivalität (Sandwichkind), mangelndes Selbstwertgefühl, Lernrückstand im Rechnen 1 - 1 ½ Jahre, zählendes Rechnen mit den Fingern, mechanisches Rechnen bei schriftlichen Aufgaben (Addition/Subtraktion), LRS, mangelndes Textverständnis.

Therapiedauer: 150 Stunden (1 ½ Jahre), finanziert vom Jugendamt nach KJHG, beide Eltern unterstützen Therapie.

Therapieergebnisse:
>
> **Psychische Befindlichkeit:** Ängstlichkeit abgebaut, selbstbewusst, kann mit der Konkurrenzsituation in der Familie besser umgehen
>
> **Lernstand im Rechnen:** Lernziele der 3. Klasse erreicht
>
> **Zeugnisnote:** Mathematik „gut", Deutschnote ohne Berücksichtigung der Rechtschreibung, Versetzung in 4. Klasse Grundschule

Weitere Entwicklung: Eltern mit psychischer Befindlichkeit bei befriedigenden bis guten schulischen Leistungen zufrieden.

3.3   RS-Therapie von A.

Geschlecht: w

Familiärer Hintergrund: lebt bei beiden Eltern, jüngerer Bruder (8 Jahre)

Nationalität: deutsch

Zu Therapiebeginn
>   **Alter:** 10;10 Jahre
>
>   **Jahrgangsstufe:** 5. Klasse Gesamtschule

Gründe für die Therapie seitens

>   **der Eltern:** A. leide an fehlendem Selbstbewusstsein, schwachen schulischen Leistungen, obwohl sie bereits Förderung durch Pädagogisch-Therapeutisches-Zentrum (PTZ) 2 Jahre lang erhalten hat.
>
>   **der Schule:** letzte Mathematiknote im Zeugnis „mangelhaft"
>
>   **außerschulischer Institutionen:** PTZ:
>   „deutliche arithmasthene und legasthene Störungen aufgrund individueller Wahrnehmungsdefizite, z.B. unzureichende Augen-Hand-Koordination"

Eigene Anamnese zu Therapiebeginn: in Mathematik Lernblockaden und große Unsicherheit, Lernrückstand im Rechnen 2 - 2 ½ Jahre, rechnet vor allem schriftliche Aufgaben (Multiplikation/Division) mechanisch, z.T. zählendes Rechnen mit den Fingern.

Therapiedauer: 106 Stunden (14 Monate), teilweise privat und vom Jugendamt finanziert gemäß KJHG, beide Eltern unterstützen Therapie

Therapieergebnisse:

>   **Psychische Befindlichkeit:** Unsicherheit beseitigt, keine Lernblockaden mehr, „therapiemüde", da bereits seit 3 Jahren gefördert (nachlassende Motivation für zusätzliche Anstrengungen bei verbesserten schulischen Leistungen)
>
>   **Lernstand im Rechnen:** Lernziele für Grundlagenbereich erreicht. Lernrückstand für G-Kurs aufgeholt
>
>   **Zeugnisnote:** Mathematik (G-Kurs) „ausreichend"

Weitere Entwicklung: ausreichende Leistungen im Mathematik-Grundkurs

178

3.4   RS-Therapie von F.

Geschlecht: m
Familiärer Hintergrund: lebt bei beiden Eltern, keine Geschwister
Nationalität: deutsch

Zu Therapiebeginn
    Alter: 9;7 Jahre
    Jahrgangsstufe: 3. Klasse Grundschule

Gründe für die Therapie seitens
    der Eltern: F. hat erhebliche Probleme in Mathematik bei sonst guten Leistungen; Ratlosigkeit, da Nachhilfe ohne Erfolg
    der Schule: letzte Zeugnisnote in Mathematik „ausreichend"
    außerschulischer Institutionen: keine

Eigene Anamnese zu Therapiebeginn: Lernblockaden im Rechnen, mangelndes Selbstwertgefühl, Unselbstständigkeit (Mutter verwöhnt Sohn), Lernrückstand im Rechnen 1 - 1 ½ Jahre, zählendes Rechnen mit den Fingern, mechanisches Rechnen bei schriftlichen Aufgaben (Multiplikation/Division), falsche Vorstellung vom Stellenwertsystem

Therapiedauer: 80 Stunden (1 Jahr), finanziert durch Jugendamt gemäß KJHG, Mutter beendet Therapie vorzeitig, um zu verhindern, dass das Jugendamt mit der Schule in Kontakt tritt, weil sie Nachteile für ihr Kind befürchtet.

Therapieergebnisse:
    Psychische Befindlichkeit: Selbstwertgefühl deutlich verbessert, keine Lernblockaden, etwas größere Selbstständigkeit
    Lernstand im Rechnen: Lernziele für 4. Klasse Grundschule erreicht
    Zeugnisnote: in Mathematik „befriedigend", Lehrerin gibt keine Empfehlung für Gymnasium

Weitere Entwicklung: besucht auf Wunsch der Eltern das Gymnasium, Mathematikleistungen „ausreichend".

3.5 RS-Therapie von P.

Geschlecht: w

Familiärer Hintergrund: lebt bei beiden Eltern, Schwester (6 Jahre)

Nationalität: türkisch

Zu Therapiebeginn

    Alter: 9;8 Jahre

    Jahrgangsstufe: 3. Klasse Grundschule

Gründe für die Therapie seitens

    der Eltern: Sorge wegen Mathematiknote, sonst befriedigende Leistungen

    der Schule: letzte Mathematik-Zeugnisnote „mangelhaft", Deutsch „ausreichend",

    Versetzung gefährdet

    außerschulischer Institutionen: keine

Eigene Anamnese zu Therapiebeginn: sehr motiviertes Mädchen, Lernrückstand im Rechnen 1 - 1 ½ Jahre, zählendes Rechnen z.T. mit Fingern, mechanisches Rechnen der Grundrechenarten (schriftlich),

Angst vor Mathematik, Kopfschmerzen, Geschwisterrivalität

Therapiedauer: 150 Stunden (1 ½ Jahre), finanziert durch Jugendamt nach KJHG,

    Mutter und Vater unterstützen die Therapie

Therapieergebnisse:

    Psychische Befindlichkeit: weitgehend stabilisiert, keine psychosomatischen Auffälligkeiten, leistungsorientiert

    Lernstand im Rechnen: Lernziele für 4. Klasse erreicht, versetzt in 5. Klasse Realschule

    Zeugnisnote: Mathematik „befriedigend"

Weitere Entwicklung: Nach Auskunft der Eltern ist P.s schulische Leistung auch in der Realschule stabil.

3.6 RS-Therapie von I.

Geschlecht: w

Familiärer Hintergrund: lebt bei beiden Eltern, 2 Brüder (15 und 17 Jahre)

Nationalität: deutsch

Zu Therapiebeginn
    Alter: 12;9 Jahre
    Jahrgangsstufe: 5. Klasse (Wiederholung der 4. Klasse) Realschule

Gründe für die Therapie seitens
    der Eltern: schwache schulische Leistungen (Mathematik, Deutsch, Biologie,) Hausaufgabenhilfe reicht nicht aus
    der Schule: letzte Mathematik-Zeugnisnote „ausreichend" mit Hinweis „schwach ausreichend", Deutsch „ausreichend", Benotung der Rechtschreibung ausgesetzt wegen LRS, versetzungsgefährdet
    außerschulischer Institutionen: Facharzt für Phoniatrie und Pädaudiologie, Frankfurt: „Teilleistungsstörung im Bereich der auditiven Wahrnehmung"; Kinder-, Jugend- und Elternberatung, Frankfurt: Bei I. liegt „bei leicht überdurchschnittlicher Intelligenz mit Defiziten in schulischen Teilbereichen eine gravierende LRS vor".

Eigene Anamnese zu Therapiebeginn: Angst vor Klassenarbeiten (Bauchschmerzen), I. ist in der Klasse isoliert, negative Reaktionen der Eltern bei schlechten Noten, gestörte Tochter-Mutter-Beziehung, Lernrückstand im Rechnen 1 ½ - 2 Jahre, rechnet schriftliche Aufgaben mechanisch, Stellenwerte unklar, falsche Strategien bei der Lösung von Textaufgaben; Hilfe in Mathematik ist den Eltern wichtiger als bei der Rechtschreibung, deren Benotung ausgesetzt wird.

Therapiedauer: 100 Stunden (1 Jahr), keine elterliche Unterstützung der Therapie, finanziert durch Jugendamt gemäß KJHG

Therapieergebnisse:
    Psychische Befindlichkeit: keine psychosomatischen Auffälligkeiten, größere Selbstsicherheit, in der Klasse beliebt (Klassensprecherin), jedoch weiterhin gestörte Eltern-Tochter-Beziehung, deren Aufarbeitung sich die Eltern jedoch entziehen.
    Lernstand im Rechnen: Lernziele für arithmetischen Grundlagenbereich weitgehend erreicht. Lernrückstand teilweise verringert, versetzt in 7. Klasse Realschule.
    Zeugnisnote: Mathematik „ausreichend", Zusatzhinweis bei Deutschnote wegen LRS

Weitere Entwicklung: erhält weitere Förderung wegen LRS

3.7 RS-Therapie von L.

Geschlecht: w

Familiärer Hintergrund: als Kleinkind (Frühgeburt) adoptiert, Eltern geschieden, alleinerziehende Mutter, unregelmäßiger Kontakt zum Vater

Nationalität: deutsch

Zu Therapiebeginn

    Alter: 12;10 Jahre

    Jahrgangsstufe: 5. Klasse Gesamtschule

Gründe für die Therapie seitens

    der Eltern: L. hat Lernprobleme (Rechtschreibung, Rechnen), verbunden mit Kopf- und Bauchschmerzen

    der Schule: letzte Zeugnisnote in Mathematik „mangelhaft", Lehrerin beabsichtigt Sonderschulüberprüfung, da Deutsch auch schwach

    außerschulischer Institutionen: Ärztliches Gutachten (beratender Schularzt): „visuelle und auditive Wahrnehmungsstörung, visuomotorische und graphomotorische Koordinationsstörung"

Eigene Anamnese zu Therapiebeginn: Aufgewecktes Mädchen, leidet unter gestörter Mutter-Tochter-Beziehung und Scheidungsfolgen, Frühgeburt mit Entwicklungsverzögerungen, Lernrückstand in Mathematik 2 - 3 Jahre, rechnet schriftliche Aufgaben mechanisch, rechnet zum Teil zählend mit den Fingern, LRS, Mathematik Angstfach, Lernblockaden.

Therapiedauer: 70 Stunden (10 Monate), privat finanziert, keine häusliche Unterstützung der Therapie, weil die Mutter wegen der gestörten Mutter-Kind-Beziehung und der Adoption eine kinderpsychiatrische Behandlung parallel beginnt mit negativen Auswirkungen auf L.s Motivation, deshalb wird die Therapie beendet.

Therapieergebnisse:

    Psychische Befindlichkeit: Nach Aufbau einer Vertrauensbasis weniger Angst vor Mathematik, ungelöste innere Konflikte (s.o.)

    Lernstand im Rechnen: Verbesserung des Verständnisses der Grundrechenarten, sonst weiterhin Schwierigkeiten (z.B. Bruchrechnung)

    Zeugnisnote: in Mathematik keine Notenverbesserung, versetzt in 6. Klasse, keine Sonderschulüberprüfung

Weitere Entwicklung: nicht bekannt

3.8. RS-Therapie von St.

Geschlecht: w

Familiärer Hintergrund: Mutter alleinerziehend, erwachsene Schwester

Nationalität: deutsch

Zu Therapiebeginn

    Alter: 13;9 Jahre

    Jahrgangsstufe: 7. Klasse Hauptschule

Gründe für die Therapie seitens

    der Eltern: Nach LRS-Therapie Verbesserung der mathematischen Leistungen notwendig

    der Schule: letzte Mathematiknote im Zeugnis „mangelhaft"

    außerschulischer Institutionen: keine

Eigene Anamnese zu Therapiebeginn: Erfolgreiche LRS-Therapie, im Rechnen jedoch weiterhin mangelndes Selbstbewusstsein, Lernblockaden und Ängste vor Mathematikarbeiten, Lernrückstand im Rechnen 2 - 3 Jahre, rechnet schriftliche Aufgaben (Subtraktion/Division) mechanisch, zählendes Rechnen ohne Finger, Probleme mit wenig verständnisvollem Mathematiklehrer

Therapiedauer: 125 Stunden (15 Monate), finanziert durch das Sozialamt Frankfurt gemäß KJHG, Unterstützung durch Mutter und ältere Schwester.

Therapieergebnisse:

    Psychische Befindlichkeit: Ängste und Blockaden weitgehend abgebaut, größere Zufriedenheit mit Schulsituation

    Lernstand im Rechnen: die grundlegenden mathematischen Kenntnisse und Fähigkeiten aufgebaut, Lernrückstand aufgeholt

    Zeugnisnote: in Mathematik „ausreichend", in 9. Klasse Hauptschule versetzt

Weitere Entwicklung: St. schafft erweiterten Hauptschulabschluss mit ausreichenden Mathematikleistungen

3.9   RS-Therapie von A.-J.

Geschlecht: w
Familiärer Hintergrund: lebt bei beiden Eltern, keine Geschwister
Nationalität: deutsch

Zu Therapiebeginn
> **Alter:** 11;3 Jahre
> **Jahrgangsstufe:** 4. Klasse Grundschule

Gründe für die Therapie seitens
> **der Eltern:** A.-J. hat schwache Leistungen im Rechnen bei sonst guten Leistungen, durch Nachhilfe keine Besserung
> **der Schule:** letzte Mathematik-Zeugnisnote „ausreichend"
> **außerschulischer Institutionen:** keine

Eigene Anamnese zu Therapiebeginn: misserfolgsorientiert, Lernblockaden im Rechnen, Angst vor Mathematikarbeiten (Bauchschmerzen), zählendes Rechnen zum Teil mit den Fingern, mechanisches Rechnen bei schriftlichen Aufgaben (Subtraktion/Division), fehlende Strategie bei Textaufgaben, Lernrückstand im Rechnen 1 - 1 ½ Jahre

Therapiedauer: 70 Stunden (11 Monate), privat finanziert, beide Eltern unterstützen Therapie, beenden sie jedoch aus finanziellen Gründen

Therapieergebnisse:
> **Psychische Befindlichkeit:** keine psychosomatischen Auffälligkeiten und Lernblockaden
> **Lernstand im Rechnen:** Lernziele der 4. Klasse weitgehend erreicht
> **Zeugnisnote:** in Mathematik „befriedigend", versetzt in 5. Klasse Realschule

Weitere Entwicklung: anhaltende psychische Stabilität, Mathematikleistungen zwischen „befriedigend" und „ausreichend"

3.10   RS-Therapie von G.

Geschlecht: w

Familiärer Hintergrund: als Kleinkind adoptiert, lebt bei beiden Eltern, Schwester (6 Jahre)

Nationalität: deutsch

Zu Therapiebeginn

Alter: 12;4 Jahre

Jahrgangsstufe: 5. Klasse Integrierte Gesamtschule (4. Klasse wiederholt)

Gründe für die Therapie seitens

der Eltern: Sorgen um mangelnde Leistungsbereitschaft, vor allem in Mathematik, Nachhilfe reichte nicht aus

der Schule: letzte Mathematik-Zeugnisnote „mangelhaft", Sonderschulüberprüfung vorgesehen

außerschulischer Institutionen: Kinder-Jugendpsychiatrischer Dienst der Stadt Frankfurt: „Diagnostisch liegt eine Rechenstörung (ICD-10, F 81.2) vor. Die Diagnose basiert auf den multiaxialen Klassifikationsschema für psychische Störungen des Kinder-Jugendalters (MAS)".

Eigene Anamnese zu Therapiebeginn: mangelndes Selbstvertrauen, fehlende Motivation, Angst vor dem Fach Mathematik, zählendes Rechnen (ohne Finger), mechanisches Rechnen bei schriftlichen Aufgaben (Multiplikation/Division), Lernrückstand im Rechnen 2 - 3 Jahre

Therapiedauer: 150 Stunden (1 ½ Jahre), teils privat, teils finanziert vom Jugendamt gemäß KJHG, die Therapie wird durch die Eltern wenig unterstützt

Therapieergebnisse:

Psychische Befindlichkeit: Selbstwertgefühl und Lernmotivation deutlich verbessert, keine Angst vor Mathematik

Lernstand im Rechnen: Lernziele für den arithmetischen Grundlagenbereich weitgehend erreicht. Lernrückstand verringert, benötigt und erhält mehr Zeit bei Mathematikarbeiten

Zeugnisnote: Im Abschlusszeugnis der 6. Klasse Mathematiknote „befriedigend" mit Hinweis auf Berücksichtigung der Dyskalkulie

Weitere Entwicklung: Leistungsbereitschaft hält an, in der Integrierten Gesamtschule weiterhin befriedigende und ausreichende Mathematikleistungen.

3.11 RS-Therapie von Ma.

Geschlecht: m
Familiärer Hintergrund: lebt bei beiden Eltern, keine Geschwister
Nationalität: deutsch

Zu Therapiebeginn
> **Alter:** 10;4 Jahre
> **Jahrgangsstufe:** 4. Klasse Grundschule

Gründe für die Therapie seitens
> **der Eltern:** Sorge wegen Lernprobleme im Rechnen, schwach in Deutsch,
> Lehrerin beabsichtigt Sonderschulüberprüfung
> **der Schule:** letzte Zeugnisnote in Mathematik „mangelhaft"
> **außerschulischer Institutionen:** keine

Eigene Anamnese zu Therapiebeginn: von beiden Eltern überbehütet, Schuldgefühle
> der Eltern wegen Angsttrauma des Jungen mit 4 Jahren, Angst im Umgang mit
> Gleichaltrigen, LRS, zählendes Rechnen ohne Finger, mechanisches Rechnen der
> Grundrechenarten

Therapiedauer: 130 Stunden (2 ½ Jahre wegen Unterbrechung durch Unfall),
> finanziert durch Jugendamt nach KJHG, beide Eltern unterstützen die Therapie,
> zu Beginn parallel LRS-Therapie, in der auch die schwere Krankheit der Mutter bear-
> beitet wird

Therapieergebnisse:
> **Psychische Befindlichkeit:** psychisch weitgehend stabil, trotz zunehmender
> Belastung durch Krebskrankheit der Mutter, größere Selbstständigkeit
> **Lernstand im Rechnen:** Lernziele für arithmetischen Grundlagenbereich erreicht.
> Lernrückstand zur 6. Klasse Gesamtschule aufgeholt.
> **Zeugnisnote:** in Mathematik „befriedigend" (G-Kurs)

Weitere Entwicklung: Vater und Lehrerin mit schulischer Leistung auch in der 7. Klasse zu-
> frieden, trotz des Todes der Mutter.

3.12 RS-Therapie von N.

Geschlecht: m

Familiärer Hintergrund: lebt bei beiden Eltern, Bruder (9 Jahre)

Nationalität: deutsch

Zu Therapiebeginn
    Alter: 10;9 Jahre
    Jahrgangsstufe: 4. Klasse Grundschule (Sprachheilschule)

Gründe für die Therapie seitens
    der Eltern: N.s Leistungsabfall im Rechnen, Denkblockaden, obwohl
    sie seit 3 Jahren Ergotherapie erhält
    der Schule: letzte Zeugnisnote in Mathematik „mangelhaft"
    außerschulischer Institutionen: Sozialpädiatrisches Zentrum des Klinikums Höchst:
    „Verzögerte Sprachentwicklung (Sprachverständnis und -produktion) ..., schwache
    Leistungen der visuellen Wahrnehmung einschließlich Aufmerksamkeit sowie
    visuomotorischen Entwicklungsstand als auch des vorausschauenden Denkens ..."

Eigene Anamnese zu Therapiebeginn: sehr ängstlich, zurückhaltend, spricht und liest
langsam, Frühgeburt, körperlich schwach entwickelt, Lernrückstand im Rechnen 2 – 3
Jahre, z.T. zählendes Rechnen (ohne Finger), rechnet schriftliche Aufgaben der
Grundrechenarten mechanisch, keine Vorstellung vom Stellenwertsystem

Therapiedauer: 100 Stunden (1 Jahr), finanziert vom Jugendamt nach KJHG, Mutter unterstützt die Therapie.

Therapieergebnisse:
    Psychische Befindlichkeit: deutlich erhöhtes Selbstwertgefühl, keine Angst vor
    Mathematik. N. ist mit seinen schulischen Leistungen zufrieden, möchte keine
    Therapie mehr nach insgesamt 4 Jahren außerschulischer Maßnahmen.
    Lernstand im Rechnen: Lernziele für Grundlagenbereich weitgehend erreicht.
    Lernrückstand aufgeholt
    Zeugnisnote: Mathematik „ausreichend", wird in die 6. Klasse versetzt.

Weitere Entwicklung: Lehrerin und Eltern mit ausreichenden Leistungen zufrieden.

3.13   RS-Therapie von D.

Geschlecht: m

Familiärer Hintergrund: lebt bei beiden Eltern, keine Geschwister; D. hatte beidseitige Netzhautablösung bei komplizierter Frühgeburt, dadurch starke Sehbehinderung und Fehlen des räumlichen Sehens.

Nationalität: deutsch

Zu Therapiebeginn
Alter: 7;9 Jahre

Jahrgangsstufe: 3. Klasse Sehbehindertenschule

Gründe für die Therapie seitens

der Eltern: befürchten Ausgrenzung (nicht beschulbar) des sehbehinderten D., der massive Mathematikprobleme hat, Eltern können nicht helfen (Überforderung), nach dem vielfach gefördert durch Woyta-, Ergo- und Sprachtherapie, sowie Motopädie.

der Schule: letzte Zeugnisnote in Mathematik „befriedigend" mit Hinweis: wegen Rechenschwäche nach Rahmenplan der Schule für Lernhilfe unterrichtet.

außerschulischer Institutionen: Pädagogisch-Therapeutisches Zentrum Hofheim: D. hat „deutliche arithmasthene Störungen ... die kognitive Wahrnehmung und Umsetzung der Seitigkeit ist noch nicht automatisiert ...“

Eigene Anamnese zu Therapiebeginn: D. leidet unter seinen Problemen, verliert beim Rechnen schnell die Geduld, Lernrückstand in Mathematik 1 ½ Jahre, mechanisches Rechnen der Grundrechenarten

Therapiedauer: 150 Stunden (1 ½ Jahre), finanziert durch Jugendamt gemäß KJHG, Eltern unterstützen Therapie.

Therapieergebnisse:

Psychische Befindlichkeit: Ängste und Unsicherheiten weitgehend abgelegt, größere Geduld und Selbstsicherheit beim Lösen mathematischer Fragestellungen

Lernstand im Rechnen: Lernziele der 4. Klasse Grundschule erreicht.

Zeugnisnote: im Abschlusszeugnis der 5. Klasse (Sehbehindertenschule) in Mathematik „gut" mit Hinweis, dass diese Note sich auf den Grundschulstoff bezieht.

Weitere Entwicklung: psychische Stabilität hält an, bei „befriedigenden" bis „guten" Leistungen in Mathematik

V. Diskussion der Ergebnisse der Arbeit

Im Folgenden sollen in einer Zusammenschau und Reflexion die Ergebnisse der Arbeit diskutiert und in die vorliegende Literatur eingeordnet sowie Folgerungen für die Praxis gezogen werden.

1. Zur Anlage der Arbeit

Das Anliegen dieser Arbeit ist, ein effektives Förderkonzept für Kinder und Jugendliche mit Rechenschwierigkeiten vorzustellen, das sich in meiner langjährigen Praxis bei mehr als 30 SchülerInnen bewährt hat. Dargestellt habe ich hier alle in einem bestimmten Zeitabschnitt durchgeführten Therapien. Während fast alle in der Fachliteratur beschriebenen Ansätze - wie einleitend erläutert -, von im Kinde liegenden Störungen ausgehen und entsprechende Trainingsprogramme zur Behandlung der Teilleistungs-/Wahrnehmungsstörungen als notwendige Bestandteile einer Förderung sehen, setzt mein integratives psycho- und lerntherapeutisches Vorgehen am individuellen mathematischen Entwicklungsstand des Kindes und seiner seelischen Notlage an. Es baut, wie ausführlich dargestellt, die notwendige mathematische Kompetenz und die für erfolgreiches Lernen erforderliche psychische Stabilität auf. Als wichtige Voraussetzung hierfür erwies sich eine einheitliche Struktur jeder Therapiestunde (II.5.4). Dadurch wurde es dem Kind ermöglicht

- Vertrauen zu fassen und seine Schwierigkeiten zu thematisieren,
- seine individuellen Lernwege ohne zeitliche Vorgaben zu beschreiten,
- Sicherheit zu erlangen ohne Angst vor Klassenarbeiten, Sanktionen durch Benotungen und kritische Anmerkungen der MitschülerInnen sowie
- ohne Überforderung in einem ausgewogenen Rahmen von Gespräch, Spiel und Entspannung lernen zu können.

Die praktische Arbeit mit RS-Kindern erfolgte im Institut für Lernförderung, einer kindertherapeutischen Einrichtung in Frankfurt/Main, die seit 1986 besteht. In den vergangenen 18 Jahren wurden hier ca. 520 LRS-Therapien von den dort tätigen Therapeutinnen (durchschnittlich vier Personen) abgeschlossen. Grundlage des Vorgehens, das zunächst nur für Kinder mit Lese-Rechtschreibschwierigkeiten entwickelt wurde, ist das Frankfurter Integrative Therapiekonzept (FIT). Da eine Reihe von Kindern neben LRS auch mathematische Probleme zeigten, arbeitete ich mich im Zeitraum 1991 bis 1997 in die Thematik ein und kotherapierte die betroffenen Kinder. Dabei stellte sich - wie auch bei späteren Therapien - heraus, dass es nicht möglich ist, Kinder mit LRS und RS in beiden Bereichen gleichzeitig intensiv zu fördern. Gemeinsam mit den Eltern und eventuell den

LehrerInnen muss in solchen Fällen entschieden werden, welche Schwierigkeiten bei dem betroffenen Kind stärker ausgeprägt und zunächst zu therapieren sind.

Die Aussagekraft der Ergebnisse ist abhängig davon, wie verallgemeinerungsfähig die hier dargestellten Fälle von RS sind. Aus diesem Grund soll zunächst danach gefragt werden, ob sich die hier beschriebenen Therapien unterscheiden von den übrigen, in unserem Institut durchgeführten RS-Therapien. Das ist jedoch nicht der Fall, was sich insbesondere zeigt bei den folgenden Merkmalen: Geschlecht des Kindes, Alter bei Therapiebeginn und soziale Herkunft (ablesbar daran, wie die Therapien finanziert werden).

Die 15 in dieser Arbeit beschriebenen Therapien wurden in der Zeit von 1999 bis Mitte 2003 durchgeführt und abgeschlossen. Sie stellen etwa die Hälfte der von mir selbstständig betreuten 32 RS-Therapien dar, die sich auf folgende Zeiträume verteilen:

1998 - 2001: 12 Therapien (ca. 3 - 4 Kinder pro Woche à 2 Stunden),

2002 - Mitte 2004: 20 Therapien (ca. 9 - 10 Kinder pro Woche à 2 Stunden).

Gesondert davon führte ich zwischen 1998 bis Mitte 2004 insgesamt 45 Anamnese- und Beratungsgespräche durch.

Von den Kindern in den 15 vorgestellten RS-Therapien waren

ca. 2/3 Mädchen, besuchten

ca. 2/3 bei Therapiebeginn die Grundschule und wurden

ca. 1/3 der Therapien teilweise oder ganz privat finanziert.

Inwieweit diese Merkmale denen von Kindern entsprechen, die eine RS aufweisen und insgesamt therapeutische Einrichtungen besuchen, ist schwer auszumachen. Gezielte Untersuchungen darüber, wie groß der Anteil von Mädchen an Kindern mit RS ist, habe ich in der Literatur nicht finden können. Die Informationen aus den Internet-Suchmaschinen (Google.de → 75, yahoo.de → 26) sind widersprüchlich mit leichter Tendenz zu der Feststellung, dass mehr Mädchen betroffen seien. Umfassendere Untersuchungen gibt es hingegen bei den öfter beobachteten Leistungsunterschieden bezüglich der mathematischen Fähigkeiten zwischen Jungen und Mädchen. Dabei sind „die Untersuchungsergebnisse der letzten zwanzig Jahre jedoch keineswegs einheitlich und vor allem die Methoden bzw. Tests häufiger umstritten" (Beermann u.a. 1992, 35). Aktuell wurde die Geschlechterverteilung bezüglich der mathematischen Kompetenz von Viertklässlern in sechs Bundesländern im Rahmen der IGLU-Untersuchung (Bos u.a. 2004, 132) analysiert. Die AutorInnen von IGLU ermittelten fünf Stufen mathematischer Kompetenz, die für die Bewältigung unterschiedlich schwieriger Aufgaben nötig sind. Danach ergab sich folgende Geschlechterverteilung: Auf den beiden unteren Kompetenzstufen, auf denen die Kinder erhebliche Defizite in ihren mathematischen Fähigkeiten zeigten, war der Anteil der Mädchen mit insgesamt 22,4% größer als der von Jungen mit insgesamt 14,9%. Auf den oberen Kompetenzstufen, auf denen die Kinder zwar auch noch Mängel in den mathematischen Fähigkeiten zeigten, diese

190

aber auf der Grundlage eines soliden Fundaments konsolidierungs- und ausbaufähig waren, fanden sich weniger Mädchen als Jungen (Anteil der Mädchen 77,6%, Anteil der Jungen 85,1%).

Da der Anteil der Mädchen mit niedrigerer mathematischer Kompetenz unter allen Viertklässlern danach höher ist als der der Jungen, könnte das auch eine Erklärung für den größeren Anteil der Mädchen mit RS bei meinen Therapien sein. Bei der Förderung der mathematischen Kompetenz konnte ich jedoch in den Therapien keine geschlechts-spezifischen Unterschiede feststellen. Diese Erfahrung stimmt mit einer Untersuchung der Universität München Anfang 1990 überein, nach der „bezüglich der allgemeinen intellektuellen Leistungsfähigkeit, d.h. der Fähigkeit zum logischen Denken, zum Problemlösen oder aus Erfahrungen zu lernen ..., keine Geschlechtsunterschiede festgestellt" (Beermann u.a. 1992, 29) wurden. Auch in einer Studie zur mathematischen Kompetenz von Schulanfängern wird als Ergebnis u.a. festgehalten: „Bei den rechnerischen Fähigkeiten haben wir weder zu Beginn noch zum Ende der Klasse 1 signifikante Unterschiede in den Leistungen von Jungen und Mädchen gefunden" (Grassmann u.a. 2003, 65). Es würde den Rahmen dieser Arbeit sprengen, nach Gründen für die unterschiedliche Geschlechterverteilung bei RS-Kindern zu suchen. Nach meinen Beobachtungen gehe ich davon aus, dass dafür keine genetischen oder medizinischen Gründe maßgeblich sind.

In der Literatur konnte ich auch keine Angaben darüber finden, von welchen Jahrgangsstufen an bei Kindern mit RS außerschulische Förderungen als notwendig erkannt bzw. durchgeführt werden. Daher fehlen Angaben, die erklären können, warum bei ca. 1/3 der Kinder die RS erst in der Sekundarstufe auffallen und Fördermaßnahmen gesucht wurden. Die häufigsten mir von den Eltern genannten Gründe betreffen die unterrichtenden LehrerInnen:

- Sie haben uns nicht früher auf die Schwierigkeiten unseres Kindes aufmerksam gemacht.
- Sie haben die Probleme erkannt, aber die Meinung vertreten, „das wächst sich aus" oder „der Knoten platzt von alleine".

Darüber hinaus führten die Eltern an, dass keine adäquaten Förder- oder Therapiemöglichkeiten gefunden werden konnten, bzw. keine finanzielle Unterstützung durch das Jugendamt gewährt wurde.

Rückschlüsse über die familiären Hintergründe bei den beschriebenen RS-Therapien lassen sich zum Teil aus der Art der Finanzierung ziehen. Das Jugendamt unterstützte in den Jahren 1998 bis 2003 den größten Teil der von mir durchgeführten Therapien. Obwohl nach den Bestimmungen des Kinder-Jugend-Hilfe-Gesetzes die Kostenübernahme für eine notwendige Therapie unabhängig vom elterlichen Einkommen sein sollte, waren es in meinen Fällen die einkommensschwächeren Eltern (einfache Angestellte, Arbeiter), die den Weg über das Jugendamt nahmen, der oft sehr langwierig und frustrierend war. Die einkommensstärkeren Eltern (leitende Angestellte, Selbstständige, Akademiker) trugen in der Regel die Therapiekosten ganz oder teilweise selbst. In meinen Therapien konnte ich keine Unterschiede bezüglich der sozialen Herkunft beim Erfolg der Förderung der mathematischen Kompetenz der Kinder feststellen. Von Bedeutung für den Erfolg einer Therapie war jedoch, in welchem Maße sich die Eltern für ihr Kind einsetzten und die Therapie unterstützten.

2. Bewertung der Beratungsgespräche

Aus meinen Erfahrungen mit Beratungsgesprächen lassen sich verschiedene Erkenntnisse ziehen. Diese betreffen:

- Die Bedeutung normierter Tests zur Diagnose einer RS

  Bei Rechenschwierigkeiten von Kindern werden häufig von außerschulischen Institutionen normierte Tests durchgeführt. Ergebnisse derartiger Tests habe ich z.b. in der Dokumentation der Therapien von S. und H. unter den Abschnitten Externe Diagnosen (vgl. IV.1.1.4, 2.1.5) sowie in den Kurzdarstellungen von Therapien (vgl. IV.3.1, 3.2, 3.3, 3.6, 3.7, 3.10, 3.12, 3.13) angegeben. Die Aussagekraft der Ergebnisse dieser Tests hat sich in meiner bisherigen Tätigkeit als wesentlich geringer erwiesen als die Erkenntnisse, die ich aus meinen Beratungsgesprächen gewinnen konnte. Diese können als einmalige Diagnose über das Vorhandensein einer RS dienen, wie es das ausführlich dargestellte Gespräch mit A. und ihren Eltern (vgl. III.) verdeutlicht, oder als Einstieg in eine RS-Therapie, die dann von permanenten förderdiagnostischen Analysen des Lernstandes des Kindes begleitet werden, wie aus den Stundenbeschreibungen der Therapien von S. und H. zu erkennen ist (vgl. IV.1.2.2, 1.2.5, 1.2.8, 2.2.1, 2.2.2, 2.2.3). Die Grundsätze der lerntherapeutischen Gesprächsführung (II.2) haben sich dabei bewährt. In der Beratung wurde vermieden, das Kind zu belehren oder seine Probleme hervorzuheben, was z.B. bei der Untersuchung der Rechenschwierigkeiten von A. erforderlich war (vgl. III.3). Anderenfalls wäre die Motivation des Kindes während des Gesprächs negativ beeinflusst worden.

- Die Bedeutung der Erfassung von Mengeninvarianzen

  Nach Piaget ist das Erfassen der Mengeninvarianz eine wichtige Voraussetzung für das Stadium der konkreten Operationen, in dem sich Grundschüler befinden sollten (II.3.1). Auch nach Inhelder beruht die elementarste Form des logischen Denkens auf dem Prinzip der Mengeninvarianz. Darüber hinaus weist sie darauf hin, dass es gelingen müsse, Kinder in geeigneter Weise zu einer eigenständigen Einsicht dieses Prinzips zu führen. „Nur eine konkrete Aktivität, die zunehmend formaler wird, führt das Kind zu jener

Art geistiger Beweglichkeit, welche den der Sache nach reversiblen Operationen von Mathematik und Logik nahe kommt" (Inhelder zit. nach Bruner 1973, 52). Nach meiner Erfahrung erwies es sich bei jüngeren Kindern (Ende 1., Anfang 2. Klasse) als notwendig, zu überprüfen, ob die Fähigkeit, die Mengeninvarianz zu erkennen (II.3.1), vorhanden war, wie z.b. bei der 7-jährigen S. mit Hilfe der Verformung von Ton- bzw. Knetkugeln (vgl. IV.1.1.2). Bei älteren SchülerInnen kontrollierte ich diese Fähigkeit erst zu Beginn der Therapie, da das Erkennen der Mengeninvarianz bei ihnen sowohl bei der Verformung von Tonkugeln als auch mit diskreten Mengen meist ausreichend ausgeprägt war, was z.b. das Beratungsgespräch zur Mengeninvarianz mit der 10-jährigen H. zeigte (vgl. IV.2.1.4). Sofern ein älteres Kind die Invarianz z.b. von Flüssigkeiten noch nicht erkannte, waren entsprechende pädagogische Maßnahmen in Form der Einleitung eines Äquilibrationsprozesses notwendig, wie dies bei der Schülerin H. durchgeführt (vgl. IV.2.1.4) und im Abstand von vier Wochen wiederholt wurde (vgl. IV.2.2.1). Das von Bruner zum leichteren Erkennen der Mengeninvarianz abgeleitete Prinzip der Abschirmung (I.1.3) erwies sich in einigen Fällen als unwirksam, wie z.b. das Beratungsgespräch (vgl. IV.2.1.4) mit H. zeigt, und wird deshalb von mir seither nicht mehr eingesetzt.

- <u>Wichtige Grundsätze zum Erkennen von mathematischen Lernschwierigkeiten</u>
  Es hat sich als sehr hilfreich erwiesen, die nach Ginsburg abgeleiteten Grundsätze zum Erkennen von mathematischen Lernschwierigkeiten (II.4) in den Mittelpunkt des Beratungsgesprächs zu stellen. Anhand der fünf Schlüsselbereiche mathematischen Lernens, die ich eingehend beschrieben habe (II.4.1), konnten wesentliche mathematische Schwierigkeiten eines Kindes diagnostiziert werden. Hierbei war es u.a. aufschlussreich, welche mathematischen Symbole und Begriffe (z.B. Zahlbegriff) das Kind mit quantitativen Vorstellungen verband, welche fehleranfälligen systematischen Strategien es verwendete - wie das Zählen mit und ohne Finger -, ob es den kardinalen und ordinalen Charakter der Zahlen erkannte und welche Aufgaben das Kind nur durch mechanisches Rechnen löste. In diesen Beobachtungen sind auch die von Wehrmann (2003, 71) beschriebenen charakteristischen Phänomene Nominalismus, Mechanismus und Konkretismus enthalten, die ich in der Einleitung des Abschnitts IV.3 kurz vorgestellt habe. Wehrmann (2003, 183) erläutert den Konkretismus als das „Phänomen des ,Verhaftetseins' von Schülern an bestimmten Veranschaulichungsmaterialien, das Angewiesensein auf konkrete plastische Zählhilfen (häufig sind das die Finger)". Im Gegensatz hierzu konnte ich lediglich feststellen, dass die SchülerInnen zwar häufig die Finger als Zähl-/Rechenhilfe benutzten, aber nicht, dass sie an bestimmten Veranschaulichungsmaterialien „verhaftet" waren. Der Grund dafür dürfte sein, dass die von mir betreuten Kinder in der Schule gar nicht oder nur unzureichend für eine kurze

Zeit mit konkretem Material hantieren konnten. Die Kinder verwendeten konkrete Anschauungsmittel nur dann, wenn ich sie ihnen in den Therapiestunden anbot oder für die häuslichen Übungen ausdrücklich empfahl.

- Untersuchung „der Bereiche der nächsten Entwicklung"
  Die Untersuchung „der Bereiche der nächsten Entwicklung" (II.4.2) gab Auskunft darüber, welches Potential das Kind bei bestimmten mathematischen Themen für die nachfolgenden Entwicklungsschritte besaß. Das zeigte z.B. das Beratungsgespräch mit der Schülerin A. hinsichtlich der Untersuchung ihres Potentials, die Subtraktion und Addition über den Zehner im Kopf (ohne Benutzen der Finger) zu beherrschen (vgl. III.7).

- Einfluss der Rolle des Kontextes
  Auch der Einfluss des Kontextes, d.h. der sozialen und kulturellen Umgebung des Kindes (II.4.3), war für meine Beurteilung von Bedeutung. Hier wurden Hinweise auf die Befindlichkeit und Motivation des Kindes erkennbar. So wirkten sich z.B. der verständnisvolle Umgang der Eltern mit A.s Rechenschwierigkeiten und der von der Schule angebotene Förderkurs positiv auf ihre Motivation aus (vgl. III.2). Für ein Beratungsgespräch nicht realisierbar waren die von Ginsburg für die Untersuchung komplizierter Problemfälle angeführten Methoden der Mikrogenese und der Ethnografie (I.5.3), da die wiederholte Befragung und Beobachtung einzelner Kinder und die detaillierte Beobachtung in der natürlichen Umgebung der Kinder aus organisatorischen Gründen nicht durchführbar waren.

- Zur Bedeutung externer Gutachten
  Zu einem erfolgreichen Beratungsgespräch gehört eine gründliche Vorbereitung auf der Basis der von den Eltern gelieferten Informationen (vgl. II.5.1; Anhang, Anlage 2: Muster eines Schreibens an die Eltern). Es erwies sich als vorteilhaft, wenn zusammen mit dem von den Eltern ausgefüllten Anamnesebogen (vgl. II.5.1; Anhang, Anlage 3: Muster eines Anamnesebogens) ein eventuell vorliegendes externes Gutachten (vgl. III.5; Anhang, Anlage 4: Bericht der J. W. Goethe-Universität, Frankfurt) gleich mit übersandt wurde. Meine anfängliche Sorge, dass mich eine bereits bekannte Diagnose beeinflussen könnte, hat sich nicht bestätigt. Nachteilig erschien eher meine Unkenntnis darüber, über welche Informationen aus früheren Diagnosen und Beratungen die Eltern und das Kind bereits verfügten (II.4.3). Das galt um so mehr, wenn die Verfasser eines Gutachtens falsche Schlussfolgerungen aus den durchgeführten Tests zogen und damit unbegründete Etikettierungen des Kindes vornahmen, wie es z.B. bei dem klinischen Untersuchungsbericht über A. geschehen war (vgl. III.5). Als Folge hatten sich bei den Eltern und beim Kind negative Einstellungen verfestigt, was im Beratungsgespräch deutlich wurde (vgl. III.1). Aus diesem Grund erbitte ich inzwischen im Anschreiben an

die Eltern, dass sie mir entsprechende Gutachten und Berichte vor Therapiebeginn zusenden.

- Zur Rolle der Eltern

Als wünschenswert erwies es sich, dass zum Beratungsgespräch beide Elternteile erscheinen, wie es bei der Schülerin A. der Fall war (vgl. III.1), was aber leider nicht immer üblich ist. Bei der Fülle der zu besprechenden Fragen, der didaktischen Hinweise und der oft unterschiedlichen Wahrnehmungen der Eltern besteht sonst die Gefahr, dass wichtige Aspekte des Gesprächs verloren gehen können. Außerdem gibt die Anwesenheit beider Eltern dem Kind eine größere Sicherheit in der zunächst fremden Umgebung. Während zu den LRS-Beratungen in unserer Praxis in ca. 80% der Fälle nur die Mütter ihre Kinder begleiten, liegt die Anwesenheitsquote beider Elternteile bei RS-Beratungen wesentlich höher (ca. 50%). Wichtig war, dass sich die Eltern während des Gesprächs mit kritischen Äußerungen über ihr Kind zurückhielten. Insoweit war das Beratungsgespräch mit der Schülerin A. ein positives Beispiel. Eltern, die bei falschen Antworten des Kindes Unmutsäußerungen von sich gaben oder gar lachten (was vorkam), verunsicherten das Kind, was bis zu einer völligen Denkblockade führen konnte. Deshalb gebe ich inzwischen zu Gesprächsbeginn den Eltern entsprechende Hinweise.

3. Zusammenfassende Betrachtung der Therapien

Im Folgenden werden die in dieser Arbeit beschriebenen Therapien hinsichtlich der Jahrgangsstufe und Zeugnisnote der Kinder beim Beginn und Ende der Therapie näher beleuchtet. Daneben erfolgt ein Vergleich der Therapiedauer im Verhältnis zu anderen Therapieeinrichtungen.

- Eine tabellarische Übersicht der in dieser Arbeit vorgestellten Therapien ist im Anhang, Anlage 23 zu finden. Danach besuchten zu Therapiebeginn neun von 15 SchülerInnen die Grundschule (2. - 4. Jahrgangsstufe). Von den übrigen sechs SchülerInnen (5. - 7. Jahrgangsstufe) war die Hälfte in der 5. Klasse. Diejenigen, deren Therapie erst in der Sekundarstufe (ab 5. Jahrgangsstufe) begann, hatten durchweg Lernrückstände von ca. 2 bis 3 Jahren, wie aus den Kurzdarstellungen dieser älteren SchülerInnen (vgl. IV.3.1, 3.3, 3.6, 3.7, 3.8, 3.10) erkennbar ist. In allen Therapien stammten demnach die mathematischen Schwierigkeiten aus dem arithmetischen Grundschulbereich. Auch deshalb war die eingangs vorgenommene Beschränkung der Themenbereiche für die Förderung der mathematischen Kompetenz (II.5.2) auf diesen Bereich gerechtfertigt. Das schließt natürlich nicht aus, dass bei älteren SchülerInnen, bei denen der Grundlagenbereich bereits aufgebaut ist, die weitere Förderung sich auch auf mathematische Themen aus dem Sekundarstufenbereich (z.B. Bruchrechnung, Potenzrechnung) bezieht.

- Maßgebend für die Einschätzung einer abgeschlossenen Therapie waren die Ergebnisse zum Lernstand, zur schulischen Entwicklung, zur psychischen Stabilität und zur weiteren Entwicklung, wie es in den Therapien von S. und H. beschrieben wurde (vgl. IV.1.3; IV.2.3). Wie bereits ausgeführt, war jedoch für die Eltern, aber auch für die Kinder, die Zeugnisnote am Ende der Therapie der entscheidende Maßstab für ihre Bewertung des Therapieerfolgs. Wie Anhang, Anlage 23 (Übersicht der vorgestellten Therapien) zeigt, konnten bei allen Therapien, mit Ausnahme von I. und L., Verbesserungen der Mathematiknote erreicht werden. Bei den Therapien von I. und L., deren Zeugnisnoten sich nicht veränderten, lag es an der fehlenden häuslichen Unterstützung und den sehr komplexen familiären Problemen, die nur im Rahmen einer Familientherapie zu lösen wären. Jedoch war bei den übrigen SchülerInnen die Zeugnisnote bei Therapieende zumindest „ausreichend", d.h., die Versetzung in keinem Fall wegen des Fachs Mathematik gefährdet. Bei der Beurteilung dieser auf den ersten Blick bescheiden erscheinenden Verbesserung ist zu berücksichtigen, dass sieben der 15 Therapien aus den verschiedensten Gründen bereits nach ca. 100 Stunden oder weniger vorzeitig beendet werden mussten. Hinzu kommt, dass es in der Regel für SchülerInnen sehr mühsam ist, eine Anhebung der Zeugnisnote zu erreichen, wenn sie über einen längeren Zeitraum mit mangelhaft benotet wurden und eher zu den unbeliebten SchülerInnen gehören. Diese Erfahrung bei der Benotung deckt sich mit einer bei Ingenkamp angeführten Unter-suchung von Hadley, nach der „beliebte Schüler bessere und unbeliebte Schüler schlechtere Noten erhielten, als nach den objektiven Ergebnissen eines Vergleichstests erwartet werden konnte" (Ingenkamp 1995, 71). Diese Problematik bei der Benotung zeigt, wie wichtig es ist, eine Therapie bei Kindern mit RS möglichst frühzeitig zu beginnen, damit sich keine negativen Einstellungen bei den LehrerInnen ausbilden. Darauf weisen z.B. auch die Therapien von S. und M. hin, deren Therapiebeginn jeweils in der 2. Jahrgangsstufe lag und deren Mathematikleistungen am Ende mit „befriedigend" und „gut" benotet wurden.

- Die stabilsten Leistungsverbesserungen in der weiteren Schullaufbahn wurden von den Kindern erzielt, deren Therapien 125 bis 150 Stunden bei wöchentlich zweistündiger Einzeltherapie betrug. Eine Therapiedauer von 150 Stunden, d.h. ca. 1 ½ Jahre, hat sich insgesamt gesehen als angemessen erwiesen, selbst bei Kindern, bei denen der Lernzuwachs z.B. wegen Lernblockaden und Ängstlichkeit zunächst langsamer voranging. In dieser Zeit konnten die Lernziele der Jahrgangsstufe der SchülerInnen erreicht bzw. der Lernrückstand aufgeholt sowie die psychische Befindlichkeit spürbar verbessert werden. Dieses Ergebnis konnte z.B. bei den RS-Therapien von M., P., St.,

Ma. und D., von denen Kurzdarstellungen vorliegen (vgl. IV. 3.2, 3.5, 3.8, 3.11, 3.13), und weitgehend bei der Therapie der Schülerin S. (vgl. IV.1) und den Therapien von A.-J., G., N. (vgl. IV.3.9, 3.10, 3.12) erreicht werden.

In der Literatur konnte ich nur vage Angaben über die Dauer einer Einzeltherapie anderer außerschulischer Einrichtungen finden. An einem Fallbeispiel erläutert z.b. Lorenz (2003, 348), dass „bei manchen, insbesondere älteren Kindern mit gravierenden kognitiven Beeinträchtigungen für die Förderung Zeitspannen von drei Jahren und mehr angesetzt werden müssen". Bei einem weniger gravierenden Fall erwähnt Lorenz (2003, 347) ohne Hinweise auf die insgesamt erforderliche Therapiedauer, dass ein Erwachsener sich ein oder zwei Stunden in der Woche mit dem Kind allein befasst. Das Institut für mathematisches Lernen in Essen (www.beb-team@t-online.de) gibt im Internet an, für Einzeltherapien erfahrungsgemäß zwei bis drei Jahre bei regelmäßig einmaliger wöchentlicher Therapie zu benötigen. Nach Angaben des Zentrums zur Therapie der Rechenschwäche, einem Zusammenschluss mehrerer Institute in den neuen Bundesländern (www.ztr-rechenschwäche.de), dauern die dortigen Therapien durchschnittlich zwischen 1 ½ und 2 Jahre bei wöchentlich einstündigen Therapiesitzungen. Für die Diagnose von RS werden insgesamt acht Stunden veranschlagt. Der Arbeitskreis des Zentrums für angewandte Lernforschung, Osnabrück, ein Zusammenschluss von fünf Praxen, beschreibt auf seiner Homepage (www.OS-Zentrum@t-online.de), dass eine Therapie der Rechenschwäche „für 1 ½ bis 2 ½ Jahre Mühe, Aufwand und Kosten" bedeuten. Nähere Angaben über die Länge der wöchentlichen Therapiezeiten werden nicht gemacht. Wenn mir auch genauere Informationen über die Art der Therapien nicht vorliegen, so weisen die veröffentlichten Angaben darauf hin, dass Zeitspannen von zwei Jahren und mehr durchaus üblich zu sein scheinen, d.h. länger als bei einer FIT-Therapie.

4.   Bewertung der Grundsätze des FIT-Konzepts

Die folgenden Erkenntnisse lassen sich aus den von mir durchgeführten Therapien zu den Grundsätzen aus den verschiedenen Beiträgen zur mathematischen Denkentwicklung (II.1) und zur lerntherapeutischen Gesprächsführung (II.2) gewinnen.

- Zur Bedeutung des konkreten Handelns („be-greifen") und der intensiven Anfangsetappe
  Bei der Erarbeitung der einzelnen Lernschritte und -ziele in den Therapieabschnitten - z.B. der Therapien von S. und H. (vgl. IV.1.2.1, 1.2.4, 1.2.7, 2.2.1, 2.2.2, 2.2.3) - wurden die Grundsätze zur mathematischen Denkentwicklung mit erkennbarem Erfolg, aber in

unterschiedlicher Intensität realisiert. So bestätigte sich, dass der Grundsatz von der Bedeutung des konkreten Handelns (II.1.1) schwerpunktmäßig bei Therapiebeginn und der Grundsatz von der Verwendung zeichnerischer Darstellungen (II.1.3) verstärkt im späteren Verlauf einer Therapie oder bei älteren Kindern zum Tragen kam. Als notwendig erwies es sich, dass die ersten Therapieabschnitte (II.1.1) sehr intensiv durchgearbeitet wurden, und zwar sowohl mit jüngeren Kindern, wie z.B. bei der 8-jährigen S., die die 2. Klasse besuchte (vgl. IV.1.2.2), als auch mit älteren SchülerInnen, wie z.B. bei der Viertklässlerin H. (10 Jahre) (vgl. IV.2.2.1). Es zeigte sich dabei, dass die Kinder den Umgang mit konkretem Material unterschiedlich schnell lernten. Kinder, die bereits im Anfangsunterricht der Schule zumindest zeitweise mit Material hantieren konnten, erkannten dessen Charakter als Repräsentant, z.B. der Anzahl, schneller als die Kinder, die gar nicht damit gearbeitet hatten. Bei der ersten Gruppe war es meist nicht nötig, durch häufigeres Wechseln der Anschauungsmittel zu verdeutlichen, dass es jeweils auf die Eigenschaften der Handlungen und nicht auf das Material selbst ankommt.

- Zur Verwendung zeichnerischer Darstellungen

    Bei der Anwendung des Grundsatzes von der Verwendung zeichnerischer Darstellungen fiel mir auf, dass keines der 15 Kinder - auch nicht die GymnasiastInnen - das Verfahren der „Ikonisierung" (II.1.3) in Form einer selbst entworfenen Zeichnung bzw. Skizze, z.B. als Bearbeitungshilfe bei Textaufgaben kannte. Das erstaunte mich, da dieses Verfahren den LehrerInnen aus der allgemeinen Mathematikdidaktik bekannt sein müsste.

- Zum Erreichen der abstrakt-symbolischen Ebene („be-griffen haben")

    Alle 15 Kinder hatten bei den von ihnen jeweils bewältigten Lernzielen die letzte Stufe der kognitiven Entwicklung erreicht, bei der die Denkleistung der Kinder abstrakt-symbolisch (II.1.2) vollzogen wird. Das gilt z.B. für die Therapieergebnisse, die bei S. (vgl. IV.1.3) und H. (vgl. IV.2.3) als Lernstand beschrieben wurden. Hierzu mussten die Rechenoperationen nach Aebli allein in der Vorstellung auf Grund der symbolisch-sprachlichen Darstellung bzw. nach Bruner als „Abstraktion" bzw. als „Konkretisierung" vollzogen werden können (I.1.2). Die erfolgreiche Anwendung des Grundsatzes vom Erreichen der abstrakt-symbolischen Ebene wurde sowohl bei den Stundenbeschreibungen von S. (vgl. IV.1.2.2, 1.2.5, 1.2.8) als auch von H. protokolliert (vgl. IV.2.2.1, 2.2.2, 2.2.3).

- Zur Verbesserung der Anschaulichkeit und Wiederholung der Aufgabenstellung

    Bei allen Therapien stellte ich bezüglich des Grundsatzes von der Verbesserung der Anschaulichkeit (II.1.4) fest, dass die Anschaulichkeit des Materials durch Farbe, Form und Größe weniger wichtig ist. Von größerer Bedeutung war, dass das Material eine gute Passung an den Lernstoff hatte und dem Kind bereits vertraut war, wie z.B. aus der

Stundenbeschreibung im dritten Therapieabschnitt der 11-jährigen H. hervorgeht (vgl. IV.2.2.3). Demgegenüber erwies sich der Grundsatz von der Wiederholung der Aufgabenstellung (II.1.4) als sehr wirksam, vor allem, wenn die Wiederholungsübungen im Sinne der „operativen Durcharbeitung" (I.1.2) und nicht durch mechanisches Repetieren gleichartiger Aufgaben erfolgten. So wurde z.B. bei H. die Kommutativität der Addition zur Vereinfachung des Kopfrechnens herangezogen (vgl. IV.2.2.1).

- Zum Fragen und Antworten sowie Impuls geben

Desgleichen bewährten sich in jeder der dargestellten Therapien die Grundsätze der lerntherapeutischen Gesprächsführung. Damit ein Kind die Problem- und Fragestellungen verstand (II.2.1), mussten diese möglichst sorgfältig formuliert werden. Das ist erkennbar z.B. bei der Bearbeitung einer Textaufgabe durch S. (vgl. IV.1.2.5) und der Berechnung einer Aufgabe aus dem Mathematikbuch der Schülerin H. (vgl. IV.2.2.3). Selbstverständlich war es nötig, die Arbeit des Kindes fortwährend durch positive Kommentare zu fördern. Vor allem Erfolgserlebnisse ermutigten und motivierten das Kind zur Weiterarbeit (II.2.5). Ich hielt es für den Erfolg einer Therapie außerdem für unerlässlich, dem Kind bei der Behandlung schwieriger mathematischer Themen an geeigneter Stelle einen Impuls zu geben (II.2.2), der in ihm einen Konflikt (II.2.3.1) erzeugte und es zu einer neuen Denkstrategie anregte. Diese Vorgehensweise ist z.B. in der Stundenbeschreibung von S. festgehalten, als sie eine schwierige Textaufgabe mit Hilfe von Anschauungsmitteln bearbeitete (vgl. IV.1.2.8).

- Zur Einleitung eines Äquilibrationsprozesses

Es bestätigte sich, dass aus Piagets Äquilibrationsansatz didaktische Folgerungen für die praktische pädagogische Arbeit mit dem Kind gezogen werden können (I.2.2). Mit anderen, wie z.B. Montada (1970, 28), teile ich die Einschätzung, dass es nicht nötig ist zu warten, bis sich ein bestimmtes Verhalten des Kindes entwickelt hat. So kann ein Ungleichgewicht, das durch eine vom Kind verstandene, aber wie man aus Piagets Untersuchungen ableiten könnte (I.1.1), nicht befriedigend gelöste Aufgabe entsteht, zu einem Äquilibrationsprozess führen (II.2.3.2). Derartige Situationen ergaben sich beispielsweise beim Lösen schwieriger Aufgaben, wenn die Kinder eine zunächst erfolglos angewandte Lösungsstrategie durch eine Erfolg versprechendere ersetzten (I.2.1 a). Bei einem derartigen Prozess half es, wenn das Kind passendes Material zur Verfügung gestellt bekam und es an sein Vorwissen anknüpfen konnte. So gelang es z.B. S., eine Subtraktionsaufgabe mit zweistelligen Zahlen zu lösen, nachdem sie Muggelsteine gelegt und sich an ihre Vorgehensweise bei der Addition erinnert hatte (vgl. IV.1.2.5). Ein Äquilibrationsprozess konnte u.a. auch eingeleitet werden, wenn bei einem Versuch zum Erkennen der Mengeninvarianz mehrere Wiederholungen zu unbefriedigenden Ergebnissen geführt hatten und ich dem Kind verbale Unterstützung gab. So lenkte ich z.B. die Aufmerksamkeit von H. beim Umgießen der Flüssigkeit auf die unter-schiedliche Größe der Gläser (vgl. IV.2.1.4).

- Zur Zurückhaltung und Zielstrebigkeit

  Bei der Gesprächsführung mussten die Kinder sich erst langsam daran gewöhnen, dass „unrichtige Antworten" nicht mit „falsch" sanktioniert wurden (I.2.2), sondern der Rechenweg und die Suche nach neuen Lösungswegen wesentlich waren. Diese Einstellung der Kinder lag daran, dass in der Schule - wie sie mir berichteten - in der Regel das Ergebnis jeder gerechneten Aufgabe als „richtig" oder „falsch" gewertet wird. Die Kinder erwarteten deshalb zunächst ein Zeichen der Zustimmung oder Ablehnung zumindest durch meine Mimik und Gestik. Im Verlauf der Therapie wuchs jedoch die Bereitschaft, eigene Lösungswege zu suchen (II.2.6). Die Kinder akzeptierten recht schnell meine Zurückhaltung (II.2.4) und erkannten mein Bestreben, ihre mathematische Kompetenz zu erhöhen (II.2.7).

- Zum Erkennen der Mengeninvarianz

  Im Rahmen des FIT-Konzepts erwiesen sich die Grundsätze spezieller Förderstrategien als wichtige Instrumente (II.3). In Kapitel I wurde bereits das Thema Mengeninvarianz im Zusammenhang mit der Mengenlehre diskutiert. Bauersfeld weist in einer neueren Anmerkung zu Piaget und dessen Zahlbegriff darauf hin, dass man die „Piaget-Bedingungen eher als Voraussetzungen eines idealen Zahlbegriffs behandeln (sollte), wobei es auf dem langen Weg dahin Zwischenstationen gibt, die bereits effektives und intelligentes Rechnen ermöglichen" (Bauersfeld 2003, 445). Ebenso berichtet Dehaene (1999, 57) ausführlich über „irrtümliche" Interpretationen bezüglich der von Piaget dargestellten Versuche zur Mengeninvarianz mit diskreten Mengen. Er verweist auf Versuche, in denen jüngeren Kindern anstelle von zu transformierenden Reihen von Steinen Reihen von Bonbons (die sie gleich essen durften) vorgelegt wurden. Dabei erkannten die meis-ten Kinder die größere Menge von Bonbons, auch wenn sie nicht die längere Reihe bildeten. Die größten Unsicherheiten zeigten die Kinder zwischen drei und vier Jahren und nicht die jüngeren (ca. zwei Jahre alten). Nach Dehaene ließen sich bei dem Versuch die etwas älteren Kinder durch die Fragestellung des Versuchsleiters irreführen. Wurde der Versuchsleiter z.B. durch einen sprechenden Teddybär ersetzt, der dem Kind die Anweisung gab, ließ die Irritation nach. Dehaene folgerte daraus, dass Piagets Versuchsanordnung nicht dazu geeignet ist, herauszufinden, in welchem Alter ein Kind beginnt, den Zahlbegriff zu verstehen. Ein Zahlbegriff kann bereits bei jüngeren Kindern vorliegen. Dennoch hält auch Dehaene die Versuche zur Mengeninvarianz für sinnvoll. Nach seinen Untersuchungen beherrschen Kinder „die begrifflichen Grundlagen der Arithmetik nur dann wirklich, wenn sie rein logisch herleiten konnten, welche Reihe die meisten Objekte enthielt, indem sie nur darüber nachdachten, zu welchen Folgen die

Operation führte, ohne sich von unbedeutenden Veränderungen in der Reihenlänge oder in der Art der Fragestellung ablenken zu lassen" (Dehaene 1999, 61). In diesem Sinne wurden im Rahmen des FIT-Konzepts die Überprüfungen zur Mengeninvarianz (II.3.1) durchgeführt, um zu erkennen, ob wesentliche begriffliche Grundlagen der Arithmetik zum Beispiel zum Verstehen des kardinalen Zahlaspekts dem Kind zur Verfügung standen. So hatte z.B. die 10-jährige H. mit der von Piaget definierten Kompositionsfähigkeit und dem Erkennen der Mengeninvarianz bei festen Körpern und diskreten Mengen auf Anhieb keine Probleme (vgl. IV.2.1.4). Die Invarianz von Flüssigkeiten erkannte sie auch bei einer Überprüfung im Abstand von vier Wochen (vgl. IV.2.2.1).

- Zur Fehleranalyse und „lautem" Denken
  Die in der Literatur häufig beschriebenen Ansätze der Fehleranalyse und des „lauten Denkens" (II.3.2) erwiesen sich gleichfalls im Rahmen des FIT-Konzepts als sinnvoll. Diese Grundsätze setzte ich sowohl in Beratungsgesprächen ein, wie z.B. bei der Untersuchung der Rechenschwierigkeiten von A. (vgl. III.3), als auch in den Therapien, z.B. der Behandlung mathematischer Themen mit S. (vgl. IV.1.2.5).

- Zur Konflikterzeugung durch Vereinfachung
  Der Grundsatz der Konflikterzeugung durch Vereinfachung (II.3.3) bewährte sich vor allem dann, wenn ein Kind noch Unsicherheiten im mehrstelligen Zahlenraum bei bestimmten Rechenverfahren zeigte, wie aus der Stundenbeschreibung 2/01 der Schülerin S. hervorgeht, die noch Schwierigkeiten mit der schriftlichen Subtraktion mehrstelliger Zahlen aufwies (vgl. IV.1.2.8).

5. Bewertung der Bausteine des FIT-Konzepts

Hier werden wichtige Bausteine bewertet, die im Kapitel II, Abschnitt 5 zur Förderung der mathematischen Kompetenz (II.5.2), der Elemente der Therapiestruktur (II.5.4) und zum Erkennen der psychischen Bedürfnisse (II.5.3) beschrieben sind. Dabei wird zur Erläuterung jeweils auf die dokumentierten Therapien zum Vergleich hingewiesen. Des Weiteren werden die bei der Mehrzahl der Therapien extern diagnostizierten Teilleistungs-/Wahrnehmungsstörungen gewertet.

5.1 Förderung der mathematischen Kompetenz

In der Beschreibung der einzelnen Lernziele und -schritte der drei Abschnitte der Therapie der Schülerin S. habe ich auf Quellen verwiesen, die die gleichen mathematischen Themen behandeln (z.b. bei Radatz/Schipper 1983; Lorenz/Radatz 1993; Padberg 1996; Gerster 1996; Wittmann/Müller 2000, Bd. I und Bd. II; Grassmann 1999). Diese Literaturstellen geben Hinweise, welche Verfahrensweisen und Übungen zu den entsprechenden mathematischen Themen ergänzend herangezogen werden können. Wie die grundlegenden mathematischen Kompetenzen in den einzelnen Therapiestunden nach dem FIT-Konzept gefördert wurden, ist in Kapitel II ausführlich dargestellt (vgl. II.5.2 Förderung der mathematischen Kompetenz).

Aus den Erfahrungen bei der Förderung der mathematischen Kompetenz in den Therapien lassen sich folgende Erkenntnisse ziehen:

- Zur Bedeutung des Zählaspekts

  Nach meiner Erfahrung ist der gegenwärtige Anfangsunterricht in den Schulen immer noch durch eine zu starke Ausrichtung auf den Zählaspekt gekennzeichnet. Zwar ist das Zählen beim Lösen von Rechenaufgaben als Methode nicht direkter Bestandteil des Anfangsunterrichts, doch achten viele Lehrerinnen nicht genügend darauf, dass ihre SchülerInnen das Zählen durch geeignetere Rechenstrategien ersetzen. Gerster (1996, 143) kritisiert zu Recht: „Zählmethoden als einzige Lösungsstrategie über das erste Schuljahr hinaus zu tolerieren, ist unterlassene Hilfeleistung und bewirkt, dass sich Unterschiede zwischen schwächeren und befähigteren Schülern ständig vergrößern". Bei fast allen Grundschulkindern, die mir im Laufe meiner Tätigkeit vorgestellt wurden, habe ich eine ausgeprägte Hinwendung zum zählenden Rechnen mit und ohne Finger festgestellt. In den Kurzdarstellungen von Therapien habe ich unter dem Punkt „eigene Anamnese zu Therapiebeginn" darauf besonders hingewiesen (vgl. IV.3.1 bis 13).

- Zur Behandlung des Kopfrechnens und halbschriftlichen Rechnens

  In der Fachliteratur wird - wie z.B. Schipper ausführt - immer wieder diskutiert, ob es sinnvoll sei, bei Kindern mit RS die schriftlichen Rechenverfahren (II.5.2.6) bereits in das zweite Schuljahr vorzuziehen und somit für diese Kinder eine individuelle Ausnahmeregelung zu schaffen. „Die vorzeitige Behandlung der schriftlichen Addition und Subtraktion schon beim Rechnen bis 100 im 2. Schuljahr kann daher für solche Kinder, die Aufgaben wie 34 + 27 oder 62 – 35 nicht bewältigen können, eine große Hilfe sein" (Fritz u.a. 2003, 114). In der Diskussion um dieses Problem wird - was bei Krauthausen/Scherer kritisch angemerkt wird - wie folgt argumentiert: „Wenn sie (die Kinder, Anm. d. Verf.) schon nicht verstehen, warum das Verfahren funktioniert, dann sollen sie es doch wenigstens durchführen können" (Krauthausen/Scherer 2003, 47). Es ist zwar unbestritten, dass das algorithmische Rechnen mit Ziffern für schwache Schüler oft als Rettungsanker gesehen wird, andererseits bedeuten die Vorzüge dieses Verfahrens auch eine große Gefahr, worauf Gerster (2003, 222) hinweist. Das Ziffernrechnen ist - wie bereits dargestellt (II.5.2.6.3) - ohne Verständnis der Rechenschritte und ohne Vorstellung von der Größenordnung der Zahlen möglich und bedingt dadurch vielfältige Rechenfehler. Ein derartiges Vorgehen bedeutet eine weitgehende Entkopplung vom Kopfrechnen und halbschriftlichen Rechnen. Nach den Ergebnissen dieser Arbeit und meiner praktischen Erfahrung ist eine derartige Vorgehensweise falsch. Ich halte eine gründliche Erarbeitung des Kopfrechnens und des halbschriftlichen Rechnens vor dem Beginn des schriftlichen Rechnens als die beste Hilfe für Kinder mit RS. Bei allen dargestellten Therapien (vgl. IV. Dokumentation von Therapien und Stundenverläufen) wurde dieser Weg beschritten. Das Kind erwirbt so Einsichten, die es ihm im weiteren Verlauf seiner Schulkarriere auch bei komplizierteren mathematischen Fragestellungen ermöglichen, sich weitgehend selbst zu helfen. Sicherheit im Kopf- und halbschriftlichen Rechnen erleichtern es, Anschluss zu finden an das Leistungsniveau der Jahrgangsstufe in Mathematik. Hilfreich zum Erreichen dieses Ziels kann auch die Benutzung des Taschenrechners sein, wenn er nach gründlicher Erarbeitung der arithmetischen Grundlagen - insbesondere des Kopf- und halbschriftlichen Rechnens - sinnvoll eingesetzt wird. Alle Kinder - einschließlich derjenigen mit RS - haben nach meiner Überzeugung nur bei intensiver Behandlung der drei beschriebenen Rechenverfahren (II.5.2.6) im Unterricht die Chance, ausreichende mathematische Kompetenz zu erwerben. Damit könnte die grundlegende Bildung für alle Kinder, wie z.B. im Hessischen Rahmenplan Grundschule (Hessisches Kultusministerium 1995, 7) als eine wesentliche Aufgabe der Grundschule hervorgehoben, wenigstens im Bereich Arithmetik erreicht werden.

- Zur Passung an die Lernausgangslage

Ausgangspunkt der Förderung mathematischer Kompetenz war bei jeder der genannten Therapien die Passung der Lerninhalte an die Lernausgangslage des Kindes. Dazu gaben die durchgeführten Beratungsgespräche mit den Kindern und Eltern erste Anhaltspunkte. Die genaueren Planungen der einzelnen Therapiestunden waren abhängig vom aktuellen Entwicklungsstand des Kindes und den abschnittsweise neu festgelegten Lernzielen. Die einzelnen Lernschritte wurden für jede Stunde neu erarbeitet und mit dem Kind abgesprochen. Lernziele und Lernschritte (vgl. IV.1.2.1, 1.2.4, 1.2.7) waren deshalb bei jedem Kind individuell geprägt. Sobald die Kenntnisse der Kinder sich im Laufe der Therapien dem Lernstoff näherten, der dem Niveau ihrer Jahrgangsstufe entsprach, erwies es sich als erforderlich, die Kinder an das Arbeiten mit ihren Schulbüchern für Mathematik heranzuführen. Keines der Kinder kam von sich aus auf die Idee oder war in der Lage, das Lehrbuch der Schule als Hilfsmittel zu nutzen. Es diente lediglich als Quelle der schulischen Hausaufgaben. Das galt auch für die SchülerInnen in der Sekundarstufe bzw. dem gymnasialen Bereich, deren Lehrbücher und Arbeitshefte ebenfalls für die mathematischen Inhalte im Rahmen der Therapie herangezogen wurden.

- Zur Diagnose Teilleistungs-/Wahrnehmungsstörungen

  Bei der Mehrzahl der 15 vorgestellten Therapien lagen Untersuchungsberichte außerschulischer Institutionen vor (z.B. Facharzt für Kinder- und Jugendmedizin, Institut für Wahrnehmungsstörungen, Sozialpädiatrisches Zentrum, Pädagogisch-Therapeutisches Zentrum u.a.), nach denen die Rechenschwierigkeiten der Kinder auf unterschiedliche, zum Großteil medizinisch orientierte Teilleistungs-/Wahrnehmungsstörungen zurückgeführt wurden. Beispiele derartiger Untersuchungsberichte sind für die Schülerin A. (vgl. III.5; Anhang, Anlage 4: Bericht der J. W. Goethe-Universität, Frankfurt), die Schülerin S. (vgl. IV.1.1.4; Anhang, Anlage 6: Kurzgutachten eines Instituts für Wahrnehmungsstörungen) und die Schülerin H. (vgl. IV.2.1.5.; Anhang, Anlage 15: Fachgutachten v. 27.9.01 für H.) beigefügt. Bei den Kurzdarstellungen der RS-Therapien sind die wesentlichen Untersuchungsergebnisse unter dem Punkt „außerschulische Institutionen" vermerkt. In der Regel empfahlen diese Institutionen, den Störungen durch Funktionstrainings zu begegnen.

  Wie in der Einleitung dieser Arbeit ausführlich dargestellt, werden in der Literatur Teilleistungs-/Wahrnehmungsstörungen unterschiedlich definiert. In der internationalen Klassifikation psychischer Störungen ICD-10 (Dilling/Mombour/Schmidt 1993) finden sich auch für diese Begriffe keine Beschreibungen. Nach einer sorgfältigen Analyse des Phänomens Wahrnehmungsstörung folgert Nußbeck (2003, 26): „Die Diagnose Wahrnehmungsstörungen ist weder theoretisch ausreichend fundiert, noch lassen sich darin begründet Handlungsanweisungen für die Praxis ableiten."

- Zur Förderung ohne Funktionstrainings

  Entgegen den Empfehlungen der verschiedenen außerschulischen Institutionen wurden alle in dieser Arbeit beschriebenen RS-Fälle ohne Eingehen auf die dort diagnostizierten Wahrnehmungsstörungen durchgeführt. Wahrnehmungsleistungen (z.B. im visuell-räumlichen Bereich) werden durch den integrativen Ansatz lediglich implizit mit gefördert. Es ist demnach festzuhalten, dass die Förderung von Kindern mit RS ohne Funktionsübungen zur Beseitigung von Teilleistungs-/Wahrnehmungsstörungen erfolgreich sein kann. Dabei kann in erster Linie auf Wahrnehmungsübungen verzichtet werden, die ohne jegliche Beziehung zu mathematischen Inhalten stehen, wie sie u.a. von Grissemann/ Weber (2000, 74 ff.) und Milz (1997, 121 ff.) als sinnvoll beschrieben werden. Aber auch Funktionsübungen, die an arithmetische Fragestellungen adaptiert werden, wie bei Lorenz (2003, 344), halte ich schon aus zeitökonomischen Gründen für überflüssig.

Aufgrund meiner praktischen Erfahrungen bin ich zu der Auffassung gelangt, dass Trainings zur Beseitigung von Teilleistungs- und Wahrnehmungsstörungen bei der Förderung von RS-Kindern nicht helfen. Ein wissenschaftlicher Beleg für diese Hypothese ist nur durch ein Experiment zu gewinnen. Diesen Nachweis kann ich jedoch nicht liefern, da ich es aus ethischen Gründen für unzulässig halte, Therapien für RS-Kinder mit Funktionstrainings durchzuführen. Es ist Aufgabe der Institute, die im Rahmen ihrer Therapien hiermit arbeiten, die Wirksamkeit ihrer Trainings bei der Förderung von Kindern mit RS nachzuweisen.

5.2 Elemente der Therapiestruktur und Erkennen der psychischen Bedürfnisse

In diesem Abschnitt werden aus den Erfahrungen der durchgeführten Therapien die nachstehenden Erkenntnisse zur Therapiestruktur und dem Erkennen der psychischen Bedürfnisse der Kinder festgehalten:

- Zur Einhaltung der Struktur der Therapiestunden

  Die festgelegte einheitliche Struktur jeder Therapiestunde (II.5.4) gab dem Kind - wie bereits erwähnt - die notwendige Sicherheit und Geborgenheit. Insbesondere die einführenden Gespräche zum Stundenbeginn und die regelmäßigen gemeinsamen Spiele trugen dazu bei, die psychischen Bedürfnisse des Kindes zu erkennen und Lösungsansätze zu finden. So ist im Abschnitt IV.2.2.2 ein einführendes Gespräch mit H. protokolliert, die bereits seit fünf Monaten regelmäßig zur Therapie kam. In den Gesprächen war es von zentraler Bedeutung, aufzuspüren, welche Gründe das Kind für sein Verhalten hatte. Um positive Erfahrungen zu sammeln und neue Motivationen zu erhalten, erwies sich bei den gemeinsamen Spielen für das Kind als äußerst wichtig, dass es gewinnen konnte. Dieses Prinzip wurde auch beim Taschengeldspiel mit H., bei dem das Rechnen mit Geld geübt wurde, beachtet (vgl. IV.2.2.2). Dabei musste das Spiel so sensibel gestaltet werden, damit das Kind nicht merkte, dass ich mich bewusst zurückhielt. Bei älteren Kindern war dies natürlich schwieriger zu erreichen als bei jüngeren, die weniger Erfahrung hatten. Die Spiele trugen in besonderer Weise dazu bei, die Interessen der Kinder - durch geeignete Auswahl der Spiele - zu berücksichtigen und ihre Motivation durch Erfolgserlebnisse zu erhöhen (II.2.7).

- Zur Bedeutung des Leidensdrucks beim Kind

  Wie die beschriebenen Therapien zeigen, gelang es nicht immer, die persönlichen Interessen des Kindes durch die Auswahl der mathematischen Themen, etwa aus ihrem Umfeld, ausreichend zu beachten. Zum Beispiel verlor die 8-jährige S. bei der

Behandlung von Rechengesetzen bald ihr Interesse, obwohl ihr der Kauf von bunten Muggelsteinen Spaß machte und sie gern mit ihnen hantierte (vgl. IV.1.2.2). Es war deshalb für den Erfolg der Therapie eine wesentliche Voraussetzung, dass das Kind selbst die Bereitschaft besaß, an der Beseitigung bzw. der Verringerung seiner Schwierigkeiten mitzuarbeiten. So war ein gewisser Leidensdruck beim Kind unabdingbar, der sich aus den Frustrationserlebnissen im schulischen Lernen und den bisher erfahrenen negativen Reaktionen der Umwelt ergab. Wie ein derartiger Leidensdruck aussieht, zeigt das Abschiedsgedicht einer Viertklässlerin (s. Anhang, Anlage 24: Abschiedsgedicht einer Viertklässlerin), das sie am Ende einer 1 ½-jährigen Therapie während des gemeinsamen Abschlussgesprächs mit der Mutter vortrug. In den Therapiestunden musste das Kind bereit sein, sich zur aktiven Mitarbeit anregen zu lassen und regelmäßig häusliche Übungen anzufertigen.

- Zur Automatisierung durch häusliche Übungen

Nur durch die häusliche Wiederholung passender Aufgaben konnte das Kind eine ausreichende Sicherheit in seinen mathematischen Problemfeldern erlangen. So reichte auch die in den Therapiestunden jeweils begonnene Automatisierung (II.3.4) bestimmter Rechenverfahren nicht aus und musste durch regelmäßige Übungen zu Hause ergänzt werden. Dabei gelang die Automatisierung der Rechenoperationen, z.B. das Einmaleins, in der Therapiestunde besonders gut, wenn sie mit einem gemeinsamen Spiel verbunden werden konnte, wie in der Stundenbeschreibung mit H. (vgl. IV.2.2.3) dargestellt.

- Zur Einarbeitung des Therapeuten in den Einzelfall

Eine weitere Voraussetzung für eine erfolgreiche Förderung war eine gründliche und permanente Einarbeitung des Therapeuten in den Einzelfall, z.B. durch ständige Beobachtung des kindlichen Umfelds sowie durch Eltern- und LehrerInnengespräche. Ferner war es wichtig, ein vertrauensvolles Verhältnis zum Kind aufzubauen, damit es sich dem therapeutischen Vorgehen anvertrauen konnte. Es war ebenfalls wichtig, dass es mir gelang, bei ihm das Interesse, besser noch eine gewisse Begeisterung für das ungeliebte Fach Mathematik zu wecken (vgl. IV.1.2.3).

- Zu den Grenzen der außerschulischen Förderung

Nicht unerwähnt bleiben sollte, dass die Grenzen der außerschulischen Förderung dann erreicht sind, wenn die finanziellen Mittel für eine angemessene Therapiedauer fehlen. So ist z.B. derzeit aufgrund der Sparmaßnahmen der Öffentlichen Hand eine Einschränkung der staatlichen Förderung nach dem KJHG zu befürchten. Ein vorzeitiger Abbruch einer Therapie ist für alle Seiten unbefriedigend. Solche Abbruchgründe waren bei den dargestellten Fällen neben den Therapiekosten (vgl. IV.2 Therapie der Schüler H., IV.3.9 Kurzdarstellung der Therapie von A.-J.) fehlende elterliche Unterstützung (vgl. IV.3.6

Kurzdarstellung der Therapie von I., IV.3.7 Kurzdarstellung der Therapie von L.), Ängste der Eltern vor der Bewertung der Lehrkräfte (vgl. IV.3.4 Kurzdarstellung der Therapie von F.) oder Therapiemüdigkeit der Kinder auf Grund bereits früher erfolgter Maßnahmen (vgl. IV.3.3 und 3.12 Kurzdarstellungen der Therapie von A. und N.).

6. Empfehlungen für die schulische Förderung

Eine grundlegende Erkenntnis dieser Arbeit besteht darin, dass der schulische Anfangsunterricht eine zentrale Bedeutung für die gesamte Schulkarriere eines Kindes besitzt. Bei allen Kindern mit RS, die mir vorgestellt wurden, lag der Beginn ihrer Rechenprobleme in der Zeit des arithmetischen Grundschulunterrichts (1. bis 4. Jahrgangsstufe). Eine wichtige Maßnahme zur Vermeidung von RS besteht deshalb darin, einen qualifizierten und differenzierten mathematischen Unterricht durchzuführen.

Der arithmetische Grundschulunterricht muss darauf ausgerichtet sein - eine Konsequenz aus den Zielsetzungen des FIT-Konzepts -

- die kognitiven Fähigkeiten der Kinder in Mathematik anzuregen,
- sie emotional zu stärken und
- ihre sozialen Beziehungen zu stabilisieren.

Im schulischen Unterricht kann die soziale Dimension des Lernens leichter beachtet werden als in einer außerschulischen Einzelsituation. Im Rahmen des Klassenverbands sind vielfältige Möglichkeiten der sozialen Interaktion möglich, z.B. durch gegenseitige Hilfe der Kinder untereinander und durch die LehrerInnen.

In der Schule sind - analog zum FIT-Konzept - ebenfalls die „außerintellektuellen Faktoren" von ausschlaggebender Bedeutung. Zu diesen Faktoren gehört, dass das Interesse und Wohl des Kindes beachtet, das Selbstvertrauen in seine kognitiven Möglichkeiten gestärkt, seine Ängste vor dem Rechnen reduziert und seine Zuversicht in die eigenen Fähigkeiten erhöht wird.

Für die Förderung der kognitiven Fähigkeiten im arithmetischen Grundschulunterricht, vor allem im Anfangsunterricht, lassen sich aus dem FIT-Konzept Empfehlungen ableiten. Diese helfen die Fähigkeiten zu fördern, auf die in der Grundschule nach den neuesten Empfehlungen der KMK zum Mathematikunterricht Wert zu legen ist: „Die Fähigkeit, Zusammenhänge mit Hilfe von Zahlen zu erfassen, die Fähigkeit zu schlussfolgerndem Denken, die Fähigkeit zur altersgemäßen Darstellung von gegebenen Sachverhalten, Kombinationsvermögen und geometrisches Vorstellungsvermögen" (KMK-Beschluss vom 14.12.2001). Im Einzelnen erscheinen mir die nachfolgenden didaktischen und methodischen Empfehlungen besonders wichtig:

- Im schulischen Unterricht ist - soweit wie möglich - vom „Prinzip der Passung" auszugehen, d.h. das Kind dort abzuholen, wo es in seiner Entwicklung steht. Den Entwicklungsstand kann die Lehrerin feststellen, indem sie - in Analogie zum Vorgehen im Beratungsgespräch beim FIT-Konzept - die Denkstrukturen des Kindes bei der Behandlung mathematischer Fragestellungen beobachtet und analysiert. Dazu eignen sich die mündlichen und schriftlichen Leistungen während des Unterrichts und die vom Kind angefertigten häuslichen Arbeiten. Bei älteren Kindern werden zusätzlich die Klassenarbeiten hinzugezogen. In Zweifelsfällen sind mit den Kindern Einzelgespräche zu führen. Nach dieser Vorbereitung empfiehlt sich eine flexible Differenzierung des Unterrichts, z.B. in Lerngruppen, die nicht fest vorgegeben sind, sondern von den SchülerInnen nach ihren Bedürfnissen selbst bestimmt werden („innere Differenzierung"). Da die meisten Kinder bereits bei Schulbeginn über eine Zählkompetenz verfügen, kann an dieses Wissen angeknüpft werden. Die Zahlen bis 10 können daher relativ schnell behandelt und anschließend bis 20 erweitert werden. Vorteilhaft ist es, möglichst ganze zusammenhängende Zahlräume zu betrachten und nicht zu kleinschrittig vorzugehen.

- Die Aufgabe des Anfangsunterrichts sollte also weniger die Einführung der natürlichen Zahlen als Zählzahlen sein, sondern die Erweiterung des Zahlenverständnisses der SchülerInnen, anknüpfend an ihre individuell unterschiedlichen Vorkenntnisse. Hierzu gehört das intensive Erarbeiten des Kardinalzahl- und Ordinalzahlaspekts, sofern die allgemeinen Zählprinzipien (Eins-zu-Eins-Zuordnung, stabile Ordnung, Abstraktion, beliebige Reihenfolge) bereits bekannt sind. Dabei ist es für die LehrerInnen hilfreich, herauszufinden, ob alle Kinder die Mengeninvarianz zumindest mit diskreten Mengen erkennen können. Wenn im weiteren Verlauf des Unterrichts auch die übrigen Zahlaspekte, z.B. die Maßzahlen und Operatorzahlen, eingeführt werden, übersehen offenbar viele Lehrer/innen, dass eine zu frühe Einführung des Zahlenstrahls mit seinen vielfältigen Zahlaspekten eine Reihe von Kindern überfordert und eine angemessene Differenzierung im Unterricht verlangt.

- Demgegenüber sollte die Bedeutung des Gleichheitszeichens möglichst frühzeitig, nämlich vor der intensiven Erarbeitung der Rechenoperationen (Addition/Subtraktion) allen Kindern vertraut sein. Mit Hilfe geeigneter Materialien (z.B. einer Waage) kann den Kindern verdeutlicht werden, dass dieses Zeichen im Sinne von „auf beiden Seiten gleich viel" angewandt wird. Diese statische Betrachtung erleichtert dem Kind, die Eigenschaften einer Gleichung (Reflexivität, Symmetrie, Transitivität) zu erkennen und vermeidet, das Gleichheitszeichen erst bei Einführung der Rechenoperationen einseitig als „ergibt" zu definieren.

- Bezüglich der Rechenoperationen (Addition/Subtraktion) im Zahlenraum bis 10 und darüber kann z.T. auch an Vorkenntnisse der SchülerInnen angeknüpft werden (weiter zählen, rückwärts zählen). Das zählende Rechnen mit und ohne Benutzen der Finger ist die naheliegende Ausgangsbasis für fast alle Kinder und sollte nicht verpönt werden. Besser ist es, den Kindern die Möglichkeit zu eröffnen, ohne Benutzung der Finger zu rechnen. Dazu muss allen Kindern ausreichend Material zur Verfügung gestellt und geeignete Anleitungen gegeben werden, da die Materialien nicht „selbstredend" sind. Durch ein derartiges Vorgehen kann einer zu starke Fixierung auf das zählende Rechnen entgegengesteuert und durch tragfähigere Rechenverfahren (Kopfrechnen ohne Zählen bis 10 und darüber hinaus) ersetzt werden. Die Kinder müssen selbst feststellen, dass nach diesem Verfahren die Aufgaben schneller und vor allem sicherer gelöst werden.

- Bei der Behandlung der Rechenoperationen im Zahlenraum bis 20 bietet es sich an, mit der Addition zu beginnen, da sie den Kindern in der Regel leichter fällt als die Subtraktion. Ihr enger Zusammenhang ist aber von Anfang an zu verdeutlichen. Besonders gründlich muss die Zehnerüberschreitung sowohl bei der Addition als auch bei der Subtraktion erarbeitet werden. Sie wird durch die systematische Zerlegung aller Zahlen bis 10 gut vorbereitet. Die gedächtnismäßige Beherrschung des kleinen Einspluseins (einschließlich Einsminuseins), auf die häufig im Unterricht nicht genug geachtet wird, ist grundlegend für die Anwendung der schriftlichen Rechenverfahren.

- Bei allen Grundrechenarten empfiehlt es sich, beim Kopfrechnen nicht zu schnell zum Automatisieren überzugehen, sondern erst dann, wenn die zugrundeliegenden Operationen auch „verinnerlicht" sind. Die Einmaleinsreihen auswendig zu können ist für das Kind nur dann nützlich, wenn es das Verständnis dafür entwickelt hat, was die Multiplikation zweier natürlicher Zahlen im konkreten Fall bedeutet. Kopfrechnen beinhaltet auch mehr als das Berechnen von Standardaufgaben wie das Einmaleins, sondern auch Fertigkeiten wie Überschlagrechnen, geschicktes Rechnen mit größeren Zahlen und Erkennen zahlenmäßiger Zusammenhänge.

- Eine wichtige Basis für die Erarbeitung des Zahlenraums bis 100 und darüber hinaus ist die gedächtnismäßige Beherrschung der Einspluseins- und der kleinen Einmaleins-Aufgaben. Nach dem Analogieprinzip kann das Rechnen mit Zehnerzahlen und das Rechnen mit mehrstelligen Zahlen durchgeführt werden. Die Einsichten in das dekadische Zahlensystem werden dabei am sichersten durch das Zerlegen der Zahlen in einzelne Stellen (zunächst Zehner und Einer) gewonnen. Zur Konkretisierung eignen sich besonders gut die Dienes-Blöcke sowie Geldmünzen, da das Hantieren mit ihnen die Entwicklung des Verständnisses vom Bündelungsprinzip mit Zehn und Stellenwertsystem sehr unterstützt. Weniger empfehlenswert ist in der Anfangsphase die Ableitung des dekadischen Zahlensystems durch vergleichende Betrachtung mit anderen Zahlensystemen (z.B. zu den Basen 3 und 4), wie es Padberg (1996, 59) empfiehlt und gelegentlich im schulischen Unterricht anzutreffen ist. Im Anfangsunterricht führt der Vergleich mit anderen Zahlensystemen zu unnötiger Verwirrung der Kinder, die möglichst schnell mit „großen Zahlen" rechnen möchten. Die verschiedenen Bündelungsmöglichkeiten können ohne weiteres auch später behandelt werden. Beim Aufbau des dekadischen Zahlensystems sollte besonderer Wert auf die zugehörige Sprech- und Schreibweise gelegt werden. Wird sie frühzeitig und gründlich behandelt, werden Fehler vermieden, die Kinder durch Vertauschen der Ziffern bei der Schreibweise zweistelliger Zahlen oft machen.

- Arithmetische Aufgaben in einen Kontext einzubetten, der aus der direkten Umwelt der Kinder entnommen wird, z.B. Rechnen mit Taschengeld, ist sicher sinnvoll. Aber auch Textaufgaben, die in der Regel keinen realistischen Umweltbezug haben, spielen eine wichtige Rolle für die mathematische Denkentwicklung der Kinder. Dabei empfiehlt es sich, Textaufgaben nicht nur als Übungsmittel einzusetzen, sondern auch zur Überprüfung des Sprachverständnisses (einschließlich neuer Begriffe und Definitionen) und des mathematischen Verständnisses bei der Erarbeitung neuer Inhalte.

- Ziel bei der Durchführung der verschiedenen Grundrechenarten muss es letztlich sein, dass die Kinder ihre Rechnungen allein in der Vorstellung auf Grund symbolischer, sprachlicher Darstellung nachvollziehen können. Ein großes Gewicht sollte dabei auf die Beherrschung der Multiplikation und Division gelegt werden, da sie den SchülerInnen besonders schwer fallen. Es gilt bei der Multiplikation den zeitlich-sukzessiven und räumlich-simultanen Aspekt sowie bei der Division das Auf- und Verteilen herauszuarbeiten, ohne jedoch die Begriffe bei den Kindern zu verwenden. Das Erreichen dieses Ziels wird durch die Verwendung von konkretem Material (z.B. Muggelsteine, Plättchen) auf den Ebenen der unmittelbaren und mittelbaren Anschauung entsprechender Handlungen wirksam unterstützt.

  Nach meiner Beobachtung werden in den Grundschulen nicht häufig genug Veranschaulichungsmittel in den Mathematikunterricht einbezogen. Nach einer internen Umfrage in unserer Praxis im August 2002 benutzten von 33 befragten Grundschulkindern nur 30% im Unterricht Arbeitsmaterialien (Stäbe, Mehrzweckklötze, Kugeln, Geldplättchen ...), wenn ein neues Thema (neuer Unterrichtsstoff) eingeführt wurde.

- Sowohl für den Anfangsunterricht als auch für den weiteren Unterricht ist nachhaltig zu empfehlen, die verschiedenen Darstellungsmodi (enaktiv, ikonisch, symbolisch) in ihren Wechselbeziehungen zu verwenden. Dabei ist neben der „Abstraktion" die „Konkretisierung" zu pflegen.

- Im Zusammenhang hiermit ist darauf zu achten, dass Wiederholungen von Rechenaufgaben nur dann nützen, wenn sie im Sinne der „operativen Durcharbeitung" durch Variation der Lösungswege erfolgen und nicht schematisch als eine Vielzahl gleichartiger Aufgaben durchgeführt werden.

- Um mathematische Kompetenz bei den GrundschülerInnen aufzubauen, sollten die LehrerInnen die Rechenfehler statt zu sanktionieren eher analysieren, indem sie z.B. durch „lautes Denken" die Strategien der Kinder offen legen lassen. Dadurch kann dem Kind seine subjektive Strategie, die nicht erfolgreich ist, verdeutlicht und damit ein Konflikt erzeugt werden, der eine Strategieänderung einleitet, die zu einem „Aha-Effekt" führen kann. Dieser erzeugt nachhaltigeres Wissen als jede noch so gut gemeinte Belehrung des Kindes durch die unterrichtende Person.

- Vor dem Beginn der Behandlung der vier schriftlichen Rechenverfahren ist neben dem Kopfrechnen das halbschriftliche Rechnen gründlich zu erarbeiten. Andernfalls besteht die große Gefahr, dass durch das reine Ziffernrechnen beim schriftlichen Rechnen die Aufgaben nur „mechanisch" gelöst werden. Das mechanische Rechnen verhindert, die eingangs zitierten mathematischen Fähigkeiten zu erlangen, z.B. ist bei fehlender Vorstellung von der Größenordnung vorgegebener Zahlen schlussfolgerndes Denken nicht möglich.

- Um festzustellen, ob einige Kinder im Unterricht bei bestimmten mathematischen Themen überfordert sind, empfiehlt es sich, durch abgestufte Hilfen den „Bereich der nächsten Entwicklung" nach Wygotski festzustellen.

- Die Ergebnisse dieser Arbeit zeigen, dass für die LehrerInnen, die von außerschulischen Institutionen die Diagnose „Wahrnehmungs-/Teilleistungsstörung" als Erklärung für Rechenschwierigkeiten ihrer SchülerInnen erhalten, wenig hilfreich ist. Aus dieser Diagnose können keine adäquaten pädagogisch-didaktischen Maßnahmen zur Förderung der mathematischen Kompetenz abgeleitet werden.

- Meine Therapieergebnisse unterstützen die Auffassung, dass eine RS-Förderung möglichst frühzeitig einsetzen sollte. Das ergibt sich nicht nur aus dem hierarchisch logischen Aufbau der Arithmetik, sondern auch aus der Gefahr psychoreaktiver, sich auf alles Lernen negativ auswirkender Folgen für das betroffene Kind. Wichtig ist daher eine Aufklärung über Früherkennung von RS vor allem für Eltern und Lehrer/innen (Röhrig 1996, 76; Zimmermann 2001, 172).

- Damit die GrundschullehrerInnen in der Lage sind, den mathematischen Unterricht so zu gestalten, dass möglichst keine SchülerInnen Rechenschwierigkeiten entwickeln, müssen sie angemessen qualifiziert sein. Eine Grundvoraussetzung dafür sind solide

Kenntnisse in Methodik und Didaktik des Mathematikunterrichts, insbesondere des mathematischen Anfangsunterrichts, sowie möglichst eine Zusatzausbildung im Bereich RS. Eine derartige universitäre Ausbildung sollte verbindlich sein und sich in verpflichtender Weiterbildung fortsetzen. Nach meiner Erfahrung besteht hier ein riesiger Nachholbedarf.

VI. Literaturverzeichnis

Aebli, H.: Grundlagen des Lehrens. Stuttgart 1978

Aebli, H.: Grundformen des Lehrens. Stuttgart 1981, 12. Aufl.

Aebli, H.: Über die geistige Entwicklung des Kindes. Frankfurt 1989

Affolter, F.: Fehlentwicklung von Wahrnehmungsprozessen insbesondere im auditiven Bereich. In: Berger, E. 1977, 63-74

Amft, H./Gerspach, M./Mattner, D.: Kinder mit gestörter Aufmerksamkeit. Stuttgart 2002

Ayres, A. J.: Bausteine der kindlichen Entwicklung. Die Bedeutung der Integration der Sinne für die Entwicklung des Kindes. Berlin, Heidelberg, 1984, 2.Aufl.

Bauersfeld, H.: Zur Einführung. In: Eberle, G./Kornmann, R. (Hrsg.), Weinheim 1996

Bauersfeld, H.: Kommentar: Probleme und Chancen der Förderung arithmetisch-mathematischen Wissens. In: Fritz, A./Ricken, G./Schmidt, S. (Hrsg.) 2003

Beermann, L./Heller, Y./Menacker, P.: Mathe: nichts für Mädchen? Bern 1992

Berger, E. (Hrsg.): Teilleistungsschwächen bei Kindern. Arbeiten zur Theorie und Praxis der Rehabilitation in Medizin, Psychologie und Sonderpädagogik 15, Bern 1977

Bettelheim, B.: Der Weg aus dem Labyrinth. München 1975

Bettelheim, B.: Kinder brauchen Bücher. Stuttgart 1982

Bettelheim, B.: Zeiten mit Kindern. Freiburg 1994

Bobrowski, S./Grassmann, M.: Qualitativer Mathematikunterricht. In: Praxis Grundschule, Heft 2/2002

Bobrowski, S./Grassmann, M.: Vom Umgang mit Fehlern im Unterricht. In: Grundschule, Heft 3/2003

Bos, W./Lankes, E.-M./Prenzel, M./Schwippert, K./Walther, G./Valtin, R. (Hrsg.): Erste Ergebnisse aus IGLU. Münster 2003

Bos, W./Lankes, E.-M./Prenzel, M./Schwippert, K./Walther, G./Valtin, R. (Hrsg.): IGLU. Münster 2004

Bruner, J.: Der Prozeß der Erziehung. Berlin 1973, 3. Aufl.

Bruner, J.: Entwurf einer Unterrichtstheorie. Berlin, Düsseldorf 1974

Bruner, J. u.a.: Studien zur kognitiven Entwicklung. Stuttgart 1988, 2. Aufl.

Case, R.: Die geistige Entwicklung des Menschen. Heidelberg 1999 (Hrsg. Holtz/Mund)

Christenson, T. A.: Supporting struggling writers in the elementary classroom. Manuskript: San Francisco 2000

Dehaene, St.: Der Zahlensinn oder: Warum wir rechnen können. Berlin 1999

Dienes, Z.-P.: Aufbau der Mathematik. Freiburg 1969, 3. erw., neu bearb. Aufl.

Dilling, H./Mombour, W./Schmidt, M.H. (Hrsg.): Internationale Klassifikation psychischer Störungen - ICD 10. Bern, Göttingen, Toronto 1992, Nachdruck

Dummer-Smoch, L.: Ratgeber Legasthenie. Mannheim 2000

Eberle, G./Kornmann, R. (Hrsg.): Lernschwierigkeiten und Vermittlungsprobleme im Mathematikunterricht an Grund- und Sonderschulen. Weinheim 1996

Ernst, H.: Empathie: die Kunst, sich einzufühlen. In: Psychologie heute, 5/2001

Floer, J.: Mathematik-Werkstatt. Lernmaterialien zum Rechnen und Entdecken für Klassen 1 bis 4. Weinheim 1996

Fritz, A./Ricken, G./Schmidt, S. (Hrsg.): Rechenschwäche. Lernwege, Schwierigkeiten und Hilfen bei Dyskalkulie. Weinheim, Basel, Berlin 2003

Fritz, A./Ricken, G./Schuck, K.D.: Teilleistungen und Lernprozesse. In: Ricken u.a. (Hrsg.): Diagnose: Sonderpädagogischer Förderbedarf. Lengerich 2003

Frostig, M./Müller, H. (Hrsg.): Teilleistungsstörungen. Ihre Erkennung und Behandlung bei Kindern. München, Wien, Baltimore 1981

Ganser, B. (Hrsg.): Rechenstörungen. Diagnose - Förderung - Materialien. Donauwörth 1995

Gaudig, H.: Freie geistige Schularbeit in Theorie und Praxis 3. Breslau 1928

Gaudig, H.: Die Schule im Dienste der werdenden Persönlichkeit. Leipzig 1930

Gerster, H.-D.: Vom Fingerrechnen zum Kopfrechnen - Methodische Schritte des zählenden Rechnens. In: Eberle/Kornmann (Hrsg.), Weinheim 1996

Ginsburg, H. P.: Mathematics Learning Disabilities: A View From Developmental Psychology. In: *Journal of Learning Disabilities*. 30, (1), S. 20-33, 1997 (übersetzt von M. Wehrmann: Lernschwierigkeiten in Mathematik: Ein Blick aus entwicklungspsychologischer Sicht - Manuskript)

Ginsburg, H. P./Opper, S.: Piagets Theorie der geistigen Entwicklung. Stuttgart 1993, 7. Aufl.

Grassmann, M.: Förderkultur im mathematischen Anfangsunterricht. In: Grundschule 6/1999

Grassmann, M.: Vom Umgang mit Fehlern im Mathematikunterricht. In: Praxis Grundschule 2/2002

Grassmann, M./Klunter, M./Köhler, E./Mirwald, E./Raudis, M./Thiel, O.: Mathematische Kompetenzen von Schulanfängern. Teil 2, Potsdamer Studien zur Grundschulforschung, Universität Potsdam, Heft 31, 2003

Greisbach, M./Kullik, U./Souvignier, E. (Hrsg.): Von der Lernbehindertenpädagogik zur Praxis schulischer Lernförderung. Lengerich 1998

Grissemann, H./Weber, A.: Spezielle Rechenstörungen. Ursachen und Therapie. Bern 1982

Grissemann, H./Weber, A.: Grundlagen und Praxis der Dyskalkulietherapie. Bern 2000, 4. Aufl.

Grissemann, H.: Dyskalkulie heute. Sonderpädagogische Integration auf dem Prüfstand. Bern 1996

Günther, H.: Wahrnehmungsauffällige Kinder in der Grundschule. Leipzig, Stuttgart 1998

Hadley, S. T.: Feststellungen und Vorurteile in der Zensierung. In: Ingenkamp, K. (Hrsg.) 1995

Haller, H.-D./Meyer, H. (Hrsg.): Ziele und Inhalte der Erziehung und des Unterrichts. In: Enzyklopädie Erziehungswissenschaft, Band 3, Stuttgart 1995

Heckhausen, H.: Förderung der Lernmotivation und der intellektuellen Tüchtigkeiten. In: Roth, H. (Hrsg.): Begabung und Lernen. Stuttgart 1969

Heckhausen, H.: Bessere Lernmotivation und neue Lernziele. In: Weinert, F.E. u.a. (Hrsg.): Funk-Kolleg Pädagogische Psychologie. Frankfurt 1982, 10. Aufl.

Hessisches Kultusministerium (Hrsg.): Rahmenplan Grundschule gemäß der 204. Verordnung über Rahmenpläne des Hessischen Kultusministers vom 31.3.1995. Frankfurt 1995

Hessisches Landesinstitut für Pädagogik (HELP): Wegweiser Wahrnehmungsstörungen. Frankfurt 2001

Ingenkamp, K. (Hrsg.): Die Fragwürdigkeit der Zensurengebung. Weinheim 1995, 9. Aufl.

Johnen, W.: Muskelentspannung nach Jacobson. München 2002, 4. Aufl.

Kornmann, R./Frank, A./Holand-Remmer, C./Wagner, H. J.: Probleme beim Rechnen mit der Null. Weinheim 1999

Krauthausen, G./Scherer, P.: Einführung in die Mathematikdidaktik. Heidelberg, Berlin 2003, 2. Aufl.

Klicpera, C./Gasteiger-Klicpera, B.: Psychologie der Lese- und Schreibschwierigkeiten. Weinheim 1995

Kultusministerkonferenz: Beschluß der KMK vom 25.März 1958 über Richtlinien und Rahmenpläne für den Mathematikunterricht. Bundesanzeiger vom 9.4.1958

Kultusministerkonferenz: Empfehlungen und Richtlinien zum Mathematikunterricht in der Grundschule. Beschluß der KMK vom 3.12.1976. Bundesanzeiger vom 15.3.1977

Kultusministerkonferenz: KMK-Beschluß vom 20.4.1978: Grundsätze zur Förderung von Schülern mit besonderen Schwierigkeiten beim Erlernen des Lesens und Rechtschreibens. Zitiert aus: Naegele, I./Valtin, R. (Hrsg.): LRS in den Klassen 1-10. Weinheim 1989, S. 9-11

Kultusministerkonferenz: Empfehlungen und Richtlinien zum Mathematikunterricht in der Grundschule. Beschluss der KMK vom 3.12.1976 i.d.F. vom 14.12.2001). KMK AL 106, Juni 2002

Kultusministerkonferenz: Beschluss der KMK vom 4.12.03: Grundsätze zur Förderung von Schülerinnen und Schülern mit besonderen Schwierigkeiten im Lesen und Rechtschreiben (http://www.kultusministerium_hessen.de)

Kultusministerkonferenz: Beschlussentwurf der KMK vom 23.4.04: Bildungsstandards im Fach Mathematik (Jahrgangsstufe 4), www.kmk.org

Krummheuer, G.: Der mathematische Anfangsunterricht. Weinheim 1995, 2. Aufl.

Kutzer, R./Probst, H.: Strukturbezogene Aufgaben zur Prüfung mathematische Einsichten. 1. und 2. Teil. Druckstück des Instituts für Sonder- und Heilpädagogik, Marburg o.J.

Löffler, I./Meyer-Schepers, U./Naegele, I.: Überlegungen zur Qualitätssicherung in der kombinierten Lern- und Psychotherapie. In: Naegele/Valtin (Hrsg.): LRS - Legasthenie in den Klassen 1-10. Band 2, Weinheim 2001, 2. Aufl., 186 ff.

Lompscher, J.: Psychologie des Lernens in der Unterstufe. Berlin 1975, 3. Aufl.

Lorenz, J. H./Radatz, H.: Handbuch des Förderns im Mathematikunterricht. Hannover 1993

Lorenz, J. H.: Ursachen für gestörte mathematische Lernprozesse. In: Eberle/Kornmann (Hrsg.), Weinheim1996

Lorenz, J. H.: Kinder entdecken die Mathematik. Braunschweig 1997

Lorenz, J. H.: Lernschwache Rechner fördern. Berlin 2003a

Lorenz, J. H.: Einige Informationen zum Thema Rechenschwäche, www.schulpsychologie. de, 2003b

MacCracken, M.: Charlie, Eric und das ABC des Herzens. Frankfurt 1990

McKinnon, S.: Über die Invarianz von festen Gegenständen. In: Bruner u.a.: Studien zur kognitiven Entwicklung. Stuttgart 1988, 2. Aufl.

Maier, H.: Didaktik des Zahlbegriffs. Hannover 1990

Meyers Neues Lexikon, Mannheim 1980

Meyer, St.: Was sagst Du zur Rechenschwäche, Sokrates? Luzern 1993

Milz, I.: Rechenschwächen erkennen und behandeln. Teilleistungsstörungen im mathematischen Denken. Dortmund 1997, 4.Aufl.

Montada, L.: Die Lernpsychologie Jean Piagets. Stuttgart 1970

Müller, G. N./Wittmann, E. Ch. (Hrsg.): Mit Kindern rechnen. Frankfurt 1995

Naegele, I.: Schulschwierigkeiten in Lesen, Rechtschreibung und Rechnen, Weinheim 2001a

Naegele, I.: Das FIT-Konzept. In: Naegele, I./Valtin, R. (Hrsg.): LRS - Legasthenie - in den Klassen 1-10. Band 2, Weinheim 2. Aufl. 2001b

Naegele, I.: Viel gepaukt und nichts behalten. In: Naegele, I./Valtin, R. (Hrsg.): LRS - Legasthenie - in den Klassen 1-10. Band 1, Weinheim 6.Aufl. 2003a

Naegele, I.: Spiele und Spielen mit LRS-SchülerInnen. In: Naegele, I./Valtin, R. (Hrsg.): LRS - Legasthenie - in den Klassen 1-10. Band 1, Weinheim 2003b

Naegele, I.: Wie hilfreich sind die LRS-Erlasse und Richtlinien der Bundesländer? In: Naegele, I./Valtin, R. (Hrsg.): LRS - Legasthenie - in den Klassen 1-10. Band 1, Weinheim 2003c

Nußbeck, S.: Wahrnehmungsstörungen - häufig zitiert, schlecht definiert. In: Frühförderung interdisziplinär. 22. Jahrgang, 1/2003

Otto, B.: Das Problem der Methode in der Schule. Kleine pädagogische Texte, Heft 18. Leipzig 1913

Padberg, F.: Didaktik der Arithmetik. Heidelberg, Berlin, Oxford 1996

Piaget, J./Inhelder, B.: Die Psychologie des Kindes. Frankfurt 1977

Piaget, J.: Psychologie der Intelligenz. Olten und Freiburg. 1972, 5. Aufl.

Piaget, J.: Meine Theorie der geistigen Entwicklung (Hrsg. R. Fatke). Frankfurt 1983

Platon: Menon (Übersetzung nach F. Schleiermacher). In: Sämtliche Werke III. Hrsg. Hülser. Frankfurt 1991

Radatz, H./Schipper, W.: Handbuch für den Mathematikunterricht an Grundschulen. Hannover 1983

Ranschburg, P.: Die Leseschwäche (Legasthenie) und Rechenschwäche (Arithmasthenie) der Schulkinder im Lichte des Experiments. Berlin 1916

Ricken, G./Fritz, A./Hofmann, Ch. (Hrsg.): Diagnose: Sonderpädagogischer Förderbedarf. Lengerich 2003

Röhrig, R.: Mathematik mangelhaft. Fehler entdecken, Ursachen erkennen, Lösungen finden, Arithmasthenie/Dyskalkulie: Neue Wege beim Lernen. Reinbek 1996

Sander, E.: Lernhierarchien und kognitive Lernförderung. Göttingen 1986

Sander, E.: Entwicklungspsychologische Grundlagen kognitiver Lernförderung bei lernbeeinträchtigten Kindern. In: Greisbach, M./Kullik, U./Souvignier, E. (Hrsg.), Lengerich 1998

Schelten, A.: Testbeurteilung und Testerstellung. Stuttgart 1997, 2. Aufl.

Schulz, A.: Lernschwierigkeiten im Mathematikunterricht der Grundschule. Berlin 1995

Schwarz, H.: Gut, dass Du gefragt hast. DGLS. blaues Bändchen extra, Hamburg 2000

Schwarz, M.: Rechenschwäche? Wie Eltern helfen können. Berlin 1999

Selter, Ch./Spiegel, H.: Wie Kinder rechnen. Leipzig Stuttgart 1998

Sondermann, B./Selter, Ch.: Halbschriftliches Rechnen auf eigenen Wegen. In: Müller/Wittmann (Hrsg.): Mit Kindern rechnen. Frankfurt 1995

Steinhausen, H.-Ch.: Hirnfunktionsstörungen und Teilleistungsschwächen. Berlin 1992

Thiel, O.: Rechenschwäche und Basisfunktionen. Volxheim 2001

Valtin, R.: Empirische Untersuchungen zur Legasthenie. Hannover 1972

Valtin, R.: Mit den Augen der Kinder. Reinbek 1991

Valtin, R.: Von der klassischen Legasthenie zu LRS - notwendige Klarstellungen,. In: Naegele/Valtin (Hrsg.): LRS - Legasthenie - in den Klassen 1-10. Band 2, Weinheim 2001, 2. Aufl.

Valtin, R.: Empirische Befunde zur Förderungsmöglichkeit bei LRS. In: Naegele/Valtin (Hrsg.): LRS - Legasthenie - in den Klassen 1-10.Band 1, 2003, 6. Aufl.

Vester, F.: Denken, Lernen, Vergessen. Stuttgart 1975

Walther, G./Geiser, H./Langeheine, R./Lobemeier, K. (Hrsg.): Mathematische Kompetenzen am Ende der vierten Jahrgangsstufe. In: Bos u.a. 2003

Wehrmann, M.: Qualitative Diagnostik von Rechenschwierigkeiten im Grundlagenbereich der Arithmetik. Diss., Berlin 2003

Winter, H.: Mathematikunterricht und Allgemeinbildung. Mitteilungen der Gesellschaft für Didaktik der Mathematik 61. 2003, 37-46

Wittmann, E./Müller, G.: Handbuch produktiver Rechenübungen. Band 1: Vom

Einspluseins zum Einmaleins. Düsseldorf 2000, 2. Aufl.

Wittmann, E./Müller, G.: Handbuch produktiver Rechenübungen. Band 2: Vom halbschriftlichen zum schriftlichen Rechnen. Düsseldorf 2001

Wygotski, L.: Denken und Sprechen. Frankfurt 1991

Wygotski, L.: Denken und Sprechen. Weinheim 2002 (Neubearbeitung)

Zech, F.: Grundkurs Mathematikdidaktik. Weinheim 1986, 5. Aufl.

Zimmermann, K. R.: Rechnen muss man be„griffen" haben. In: Naegele, I.: Schulschwierigkeiten in Lesen, Rechtschreibung und Rechnen. Weinheim 2001

Zimmermann, K. R.: Stellungnahme zum Fragenkatalog der KMK: Schwierigkeiten beim Erlernen des Rechnens. 2002. www.lrs-schulprobleme.de

VII. Anhang

Inhaltsverzeichnis

Anlage 1:   Gutachten eines Instituts für Wahrnehmungsstörungen

██████████ ███ WAHRNEHMUNGSSTÖRUNGEN
████████ STRASS█████████████FRANKFURT/MA.Gutachten

████████ * 0███.87

Das heute 8,9-jährige Mädchen wird wegen erheblicher Rechenstörungen und Verhaltensauffälligkeiten in Form von starker Ängstlichkeit und Schüchternheit im Kinderzentrum für Wahrnehmungsstörungen vorgestellt. ████████ ist äußerlich altersentsprechend entwickelt. Sie ist sehr verschämt, schüchtern und kann sich kaum von ihrer Mutter lösen. Ihre Sprache ist etwas vernuschelt. Nach einer warming-up-Phase wird das Kind offener und berichtet über ihre Beziehung zu ihren Geschwistern, über ihre Hobbies. ████████ weiß um ihre Schwierigkeiten im Rechnen ,Diese seien vor allem beim Ausrechnen,sie brauche hierfür immer sehr lang. Deutsch wäre ihr Lieblingsfach, sie liest viel und gern. Die angegebenen Hobbies sind altersentsprechend.

Es wurden folgende Tests durchgeführt:
1. Familie in Tiere
2. Menschtest
3. Baumtest
4. Hawik R
5. FEW.

Ad 1
Die Zeichnung der Familie ist sehr ärmlich. Die Tiere sehen alle gleich aus, auch wenn sie sehr unterschiedlich sein sollten. ████████ beginnt mit sich selbst als Hund, dann malt sie ihre Schwester ████████, die 1 ½ Jahre jünger ist als sie, als Hase, ihren Bruder als Katze, der er immer böse sei und ihr alles zerstöre, den Vater malt sie als Dinosaurier,der über alles guckend und schauend.Zuletzt malt sie die Mutter als Schaf. Die Beziehung zwischen Mutter und Tochter ist wohl recht belastet durch die ganzen bestehenden Schwierigkeiten.

Ad 2
Der Mensch wird ganz unten links in eine Ecke hineingedrängt, das restliche Blatt bleibt frei. Die Raumaufteilung ist spärlich. Es ist zu vermuten, daß hier eine Raumwahrnehmungsstörung vorliegt. Der gezeichnete Mensch hat drei Finger und sieht ebenfalls recht ärmlich aus. Die Zeichnung ist nicht altersentsprechend.

Ad 3
Der Baumtest zeigt eine geschlossene Krone, d. h. ████████ hat noch eine sehr enge Bindung an die Mutter. Dies ist ebenfalls nicht altersentsprechend. Ein Mädchen mit fast neun Jahren und sollte sich hier schon mehr gelöst haben und eigenständiger sein.

Ad 4
████████ erreicht hier einen Gesamt-IQ von 90. Dies ist im unteren Durchschnittsbereich. Im Verbalteil erreicht sie einen IQ von 99, dies ist absoluter Durchschnitt und im Handlungsteil einen IQ von 80, dies ist unterdurchschnittlich. Die genaue Bewertung des Verbalteils zeigt, daß im Untertest"Allgemeines Wissen ████████ nur einen unterdurchschnittlichen Wert erreicht wird, ansonsten in allen anderen Bereichen durchschnittliche Werte erreicht. Das „Allgemeine Wissen" schneidet deshalb so schlecht ab, weil hier sehr viele Fragen über Raum und Zeit gestellt werden und ████████ keinerlei Vorstellung in diesem Bereich besitzt. Sie weist eine gute Merkfähigkeit wie Speicherfähigkeit auf. Auch die Rechenfähigkeit ist hier in diesem Test gar nicht so schlecht zu bewerten.
Im Handlungsteil weist ████████ in dem Untertest" Bilderergänzen", d. h. Erkennen von unterschiedlich strukturierten visuellen Stimuli wie der Fähigkeit der Figur-Grund-Wahrnehmung , einen unterdurchschnittlichen Wert auf. Noch schwieriger und noch schlechter ist der Untertest „Bilder ordnen". Hier geht es um Erkennen visueller Stimuli, zum anderen aber auch serialer Wahrnehmung.

████ ist nicht in der Lage, Geschichten in richtger Reihenfolge zu erkennen. Dies ist ein eindeutiger Hinweis auf eine seriale Wahrnehmungsstörung, d.h. Struktur und Ordnung in Raum und Zeit sind gestört.Der Mosaiktest ist knapp durchschnittlich.

Die Gesamtbeurteilung des Intelligenztests kann typisches inhomogenes Intelligenzprofil eines wahrnehmungsgestörten Kindes interpretiert werden, nämlich, daß im Verbalteil durchschnittliche Werte und im Handlungsteil unterdurchschnittliche Werte erreicht werden. Wahrnehmungsstörungen,gerade der intermodalen wie serialen Wahrnehmung zeigen sich vorallem im Handlungsteil.

Ad 5

████ weist weit unterdurchschnittliche Werte im Untertest „Formkonstanz" auf,ebenso in visuomotorischen Koordination einen Wert von 23 und im Erkennen von „Räumlicher Beziehungen" einen Wert von 25. Der Gesamttest hat einen Wert von 6. Dies bedeutet: Die schlechte Formkonstanzwahrnehmung führt zu Schwierigkeiten im Abschreiben von der Tafel, Erkennen von Formen ähnlicher Art. Dies müßte zu Schwierigkeiten im Schreiben und im Lesen führen.Auch im Bereich visuomotorischen Koordination zeigt sich ein ärmliche Bild. Ebenso weist das Kind eine defizitäre Raumwahrnehmung im Untertest 5 auf. Insgesamt kann gesagt werden, daß der FEW ein inhomogenes Bild zeigt und als sehr auffällig zu interpretieren ist.Im Rechentest für die 2. Klasse war es ████ möglich konkrete Rechenoperationen mit konkreten Zahlen zu lösen. Sie war nur extrem langsam. Alle Textaufgaben waren zu schwer und für sie nicht mehr lösbar. Dies steht in enger Korrelation mit ihrem absoluten Versagen beim" Bilder ordnen", da es auch hier um Erkennen von Sequenzen und Reihenfolgen geht. In diesem Bereich abstrakter Textaufgaben versagt ████ total.

Diagnose:
1. Minimale cerebrale Dysfunktion.
2. Zentralbedingte visuelle Wahrnehmungsstörungen im Bereich der Figur-Grund-Wahrnehmung wie der Raumwahrnehmung.
3. Seriale Wahrnehmungsstörung.
4. Verhaltensauffälligkeiten in Form von starker Ängstlichkeit, mangelndem Selbstwertgefühl und Zutrauen.

Therapievorschläge:
1. Vorstellung in der Uni Heidelberg zur Abklärung der visuellen Wahrnehmungsstörung.

2. Ergotherapie mit verbundener sensorischer Integrationstherapie.

3. Psychotherapie, um das Selbstwertgefühl des Kindes zu stärken wie seine Ängstlichkeit zu reduzieren.

Schulische Empfehlung:
████ sollte als Integrationskind in eine Klasse, da sie erhebliche Rechenstörungen aufgrund einer Dyskalkulie aufweist, die ihren Hintergrund in einer serialen wie Raumwahrnehmungsstörung hat. Es wird empfohlen ████ in ihrer bisherigen Klasse ,wenn möglich, zu belassen,da sie sich hier im letzten Halben Jahr sehr gut entwickelt hat und gute Lernfortschritte zeigt.

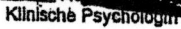

Klinische Psychologin

Anlage 2:   Muster eines Schreibens an die Eltern

Frau

Frankfurt

06.08.01

Sehr geehrte Frau ▓▓▓▓▓,

Sie haben telefonisch einen Beratungstermin vereinbart. Wie besprochen, soll im Mittelpunkt des Gesprächs mit Ihnen und Ihrem Kind seine bisherige Entwicklung mit ihren Stärken und Schwierigkeiten stehen. Die Beantwortung der Fragen des beiliegenden Anamnesebogens hilft Ihnen und mir bei der Vorbereitung auf die Beratung.
Bitte senden Sie den ausgefüllten Fragebogen spätestens eine Woche vor Ihrem Termin an uns zurück.

Zur Beratung bringen Sie bitte die verabredeten Unterlagen mit:
• Kopien aller Schulzeugnisse ab 1. Klasse,
• einen Brief Ihres Kindes an uns, in dem es etwas über seine Vorlieben und das, was es in der Schule gar nicht mag, berichtet. Bitte unkorrigiert und ungelesen mitbringen!
• Mathematikklassenarbeiten des laufenden Schuljahres (Originale),
• Mathematikbuch, Schul- und Haushefte,
• das Beratungshonorar (DM ▓.-) in bar oder als Scheck.

Je mehr Unterlagen Ihres Kindes Sie mitbringen, um so effektiver kann ich Ihnen helfen. Da schulische Lernprobleme in der Regel auch auf das Selbstwertgefühl eines Kindes und die gesamte häusliche Situation wirken, sind mir Ihre Beobachtungen sehr wichtig, die viel mehr als jeder Test aussagen.
Ihr Kind braucht keine Angst vor der Beratung zu haben, denn das Ziel des gemeinsamen Gesprächs ist, festzustellen, was Ihr Kind bereits kann, was noch fehlt und wie ihm geholfen werden könnte.

Ich freue mich, Sie und Ihr Kind am ▓▓▓.01 von 10.00-11.30 Uhr bei uns begrüßen zu können. Bitte informieren Sie mich frühzeitig, falls Sie den Termin absagen müssen

Mit freundlichen Grüßen

(Klaus R. Zimmermann, Dipl. Math.)

Anlage 3: Muster eines Anamnesebogens

Institut für Lernförderung ⬛⬛⬛ Frankfurt
www.lrs-schulprobleme.de
Anamnesebogen für die Beratung

1. Allgemeine Informationen:

➤ ▬▬▬▬▬ , ▬▬▬▬▬
Name des Kindes

➤ ▬▬▬ . *1992*   *4. Schuljahr*
Geburtsdatum   Schulklasse

➤ ▬▬▬▬ , ▬▬▬▬ u. ▬▬▬▬
Name des Vaters / der Mutter / der Erziehungsberechtigten

➤ ▬▬▬▬▬ ▬▬▬▬
Straße

▬▬▬ *Frankfurt*
PLZ   Ort

Gibt es Geschwister? ja / ~~nein~~ Wenn ja, wie viele?   <u>1</u> 2   3   4   5   6

Sind beide Eltern berufstätig?   nein ganztags halbtags zeitweise

Falls ganztags: wer betreut Ihr Kind nachmittags?   *Schichtdienst / Nachtdienst*
                                                      Hort Verwandte Sonstige ist allein

▬▬▬▬ *-Schule, ▬▬▬▬ 2 60529 Frankfurt*
Name und Anschrift der Schule

Klassenlehrer/in: *Frau ▬▬▬▬*

Mathematiklehrer/in: ▬▬▬▬

2. Gründe für die Beratung: **Antworten**

Was macht Ihnen am meisten Sorge? *schulische Leistung / Schulwechsel*

Seit wann beobachten Sie das? *seit ca. einem Jahr*

In welcher Klasse fielen erstmals Rechenprobleme auf?   1.   <u>2.</u>   3.   4.

Wie ist der momentane Leistungsstand Ihres Kindes in Mathematik?   Note 2 <u>3</u> 4 5

Nimmt/Nahm es an einem schulischen Förderkurs teil?   <u>ja</u> nein

Wenn ja, wann und wie oft pro Woche?   Klasse: *2. u. 3.*   <u>1x</u>   2x   3x

Gibt es Probleme in anderen Fächern?   ~~ja~~/ nein

In welchen?   Deutsch/ Sachkunde/ Fremdsprachen / Sonstige

Gibt es Veränderungen in den Leistungen zum Vorjahr?   ja / ~~nein~~

Welche Verhaltensweisen beunruhigen Sie? *unkonzentriert, weint, traut sich wenig zu*

(z.B. unkonzentriert, abgelenkt, Klassenclown, ängstlich, aggressiv, hält sich für dumm, weint, Bauchschmerzen,
überschätzt sich, unruhig, wütend, schweigt, zeigt sich unbeeindruckt .....)

224

3. Schulische Entwicklung

War Ihr Kind im Kindergarten? — ja / ~~nein~~

Wenn ja, in welchem Alter? — von 4 bis 6 Jahren

Welche Dinge hat es dort ungern gemacht oder vermieden? _____

Hat Ihr Kind eine Vorklasse oder Eingangsstufe besucht? _____

Ist es vor der Einschulung zurückgestellt worden? — ~~ja~~-nein

Welche Klasse/n hat Ihr Kind wiederholt? — 0 1. 2. 3. 4. 5. 6.

Fiel längere Zeit viel Unterricht aus? — ~~ja~~/nein Wenn ja: In welcher Klasse?

Hat Ihr Kind in der Grundschule Lehrerwechsel erlebt? — 0 1 2 3 4

Wenn ja, in welchen Schuljahren? — 1. 2. 3. 4.

Gab es einen Schulwechsel? — ~~ja~~ / nein wenn ja, wann?

Hat Ihr Kind zum/r jetzigen Mathelehrer/in ein gutes Verhältnis? — ~~ja~~ ~~nein~~ ja

...und zum/r früheren Mathelehrer/in? — ja nein

Hat Ihr Kind Freunde in seiner Klasse? — ja / ~~nein~~

Welche Fächer/schulischen Aktivitäten mag es? _Sport_

Wo macht Ihr Kind seine Hausaufgaben? _zu Hause im Wohnzimmer_

Wann macht es gewöhnlich die Hausaufgaben? — sofort   nachmittags   abends

Wie viele Stunden benötigt Ihr Kind für alle Hausaufgaben? — ½ Std. 1 2 mehr

Helfen Sie (od. ein anderer) bei den Hausaufgaben? — ja /nein   manchmal

Wie verhält es sich gewöhnlich bei seinen Hausaufgaben für das Fach Mathematik?

"Kann ich nicht, hilf mir"

Gilt das Verhalten auch bei den Hausaufgaben für die anderen Schulfächer? — ~~ja~~ / nein   teils / teils

Wird/Wurde mit dem Kind zusätzlich Kopfrechnen geübt? — ja/ nein   manchmal

Wird/Wurde mit dem Kind zusätzlich schriftl. Rechnen geübt? — ja /nein   manchmal

Wie oft in der Woche? — täglich 1x 2x mehr

Wie viele Stunden jeweils? — ¼ 1/2 1 mehr

Wie reagiert Ihr Kind auf schlechte Noten?
(Bitte beurteilen Sie von: "0=macht ihm nichts" bis: "6=leidet extrem")

0 1 2 3 4 — 5 6

4. Zur Entwicklung Ihres Kindes

Gab es bei der Geburt Schwierigkeiten? — ja ~~nein~~

Wenn ja, welche? _schwere Schulkindentwicklung_

Wann hat Ihr Kind Laufen gelernt? — vor dem 12.Monat zw. 13.-18. danach

Zeigte es Auffälligkeiten in der Grob- und Feinmotorik? — ~~ja~~ nein

War/Ist es deswegen in Behandlung? — ja nein

Bestehen noch Ungeschicklichkeiten? — ja nein

Welche Hand bevorzugt Ihr Kind? — rechts links beide Hände

225

Wann hat Ihr Kind zu sprechen begonnen? mit ca. _1 1/2_ Jahren

Gab / Gibt es sprachliche Auffälligkeiten? ja **nein**

War/Ist das Kind in logopädischer Behandlung? ja **nein**

Hört Ihr Kind richtig? ja nein

Wann wurde das Hören zuletzt überprüft? _____

Sieht Ihr Kind gut? ja / nein

Trägt es eine Brille? **ja** / nein Wenn ja, seit wann?

Vor wie vielen Monaten wurde die Sehfähigkeit zuletzt überprüft? 6 12 länger _2 Mon._

Hatte Ihr Kind schwere Erkrankungen? ja nein

Wenn ja, welche? _Rota-Virus mit 2 Jahren_

Hat Ihr Kind bereits eine außerschulische
Förderung/Therapie erhalten?
Wenn ja, wann und bei wem? **ja** / nein

. _____

_____

_____

Wer hat Sie auf uns aufmerksam gemacht? _____

Der Erhebungsbogen wird ausgefüllt von:

Eltern / <u>Mutter</u> / <u>Vater</u> / Sonstige_____ Datum: ▰▰_01

Bitte senden Sie den Bogen spätestens eine Woche vor dem Beratungstermin an uns.
Vielen Dank!

Institut für Lernförderung
▬▬▬▬▬▬▬▬▬
▬▬▬ Frankfurt

226

Klinikum der
Johann Wolfgang Goethe-Universität
Frankfurt am Main

━━━━━ Kinderheilkunde und Jugendmedizin

Frau ▓▓▓▓

▓▓▓▓ Straße ▓▓
▓▓ Frankfurt

━━━━━━━━━━━━━━━━━
━━━━━━━━
━━━━━━ Dipl. Psych., Klin. Psych. BDP
━━━━━━━, ━━ Frankfurt am Main

☎: 069 ▓▓▓▓▓▓

Sehr geehrte Frau ▓▓▓▓,

wie vereinbart sende ich Ihnen eine Kopie des psychologischen Untersuchungsberichtes über Ihre Tochter ▓▓▓▓.
Falls zu dem Bericht weitere Fragen bestehen, können Sie mich gerne unter der oben angegebenen Telefonnummer erreichen.

<u>Psychologischer Untersuchungsbericht</u>   ▓▓ 01

▓▓▓▓, ▓▓▓▓; geb. 27.05.92

Fragestellung: kognitiver Status
              Teilleistungsschwächen

Erstgespräch: ▓▓ 7.01
Testuntersuchung: ▓▓ .01
Beratungsgespräch: ▓▓ 7.01

▓▓▓▓ wird von ihrer Mutter begleitet. Die Mutter berichtet über den Krankheitsverlauf seit dem November letzten Jahres. ▓▓▓▓ wirke durch die Erkrankung deutlich in ihrer Konzentrationsfähigkeit beeinträchtigt. Sie sei zwar in der Schule anwesend, doch könne sie sich letztlich am Unterricht nicht mehr so gut beteiligen. Die Auffälligkeiten würden auch je nach Tagesform und je nach medikamentöser Einstellung wechseln.
▓▓▓▓ habe die Meilensteine der Entwicklung ohne Besonderheiten durchlaufen. Sie sei ein Kind, daß ruhig und konzentriert über längere Zeit spielen könnte.
▓▓▓▓ habe jetzt die 3. Klasse der Grundschule mit recht guten Noten abgeschlossen. Die Noten würden jedoch dem eigentlichen Leistungsbild nicht richtig entsprechen. Anna-Marie zeige vor allem Probleme im Rechen.
Die Mutter hat auch die Frage, welche Schule ▓▓▓▓ nach Abschluß der Grundschulzeit besuchen kann.

Weiter stellen sich auch psychoemotionale Probleme im Umgang mit dem Anfallsleiden. ~~▪▪▪~~ ~~▪▪▪~~ frage nun vermehrt, warum sie von dieser Erkrankung betroffen sei und Einschränkungen auf sich nehmen müsse. Auch befürchtet die Mutter Probleme mit den Institutionen, so sollte ~~▪▪▪▪▪▪~~ z.B. an einer Fahrradprüfung nicht teilnehmen.

Testverhalten, Testergebnisse

~~▪▪▪▪▪▪▪~~ macht zunächst einen etwas schüchternen Eindruck. Im Testverlauf taut ~~▪▪▪▪▪▪~~ jedoch auf. Sie bearbeitet die Aufgaben mit guter Motivation und gutem Durchhaltevermögen.

~~▪▪▪▪▪▪~~ erreicht in der Kaufman-Assessment Battery (K-ABC) folgende IQ- Werte:

Skala einzelheitlichen Denkens	(SED)	IQ =	96
Skala ganzheitlichen Denkens	(SGD)	IQ =	93
Skala intellektueller Fähigkeiten	(SIF)	IQ =	94
hiervon unabhängig			
Fertigkeitenskala	(FS)	IQ =	98
Sprachfreie Skala	(NV)	IQ =	89

Die Differenzen zwischen den Testteilen sind statistisch ohne Bedeutung.
Die Analyse der Einzeltestergebnisse zeigt verschiedene Signifikanzen die insgesamt zum Bild einer deutlichen Dyskalkulie führen.

Im GFT, einem Test zur Bestimmung der Leistung im Bereich der visuomotorischen Koordination, erzielt ~~▪▪▪▪▪~~ mit einem Prozentrang von 99,1, d.h., 99,1% der Gleichaltrigen machen weniger Fehler eine unterdurchschnittliche Leistung.

Zur Abklärung der psychoemotionalen Situation habe ich mit ~~▪▪▪▪▪~~ einen projektiven Test, „Die verzauberte Familie", durchgeführt.
Die Testergebnisse verweisen auf ein durchaus reichhaltiges und ungehemmtes „Inneres. Erleben". Inhaltlich führt ~~▪▪▪▪▪▪~~ Reaktion auf den Test zu der Hypothese, daß der Umgang mit Schwäche und Hilflosigkeit mittels erheblicher Projektion abgewehrt werden muß. ~~▪▪▪~~ ~~▪▪▪~~ überträgt in dem von ihr gezeichneten Bild alle anderen Familienmitglieder um ein Vielfaches. Die Schwäche, Kleinheit und Hilflosigkeit ist in den anderen Familienmitgliedern untergebracht.

Diagnose

▬▬ verfügt über eine durchschnittliche allgemeine Intelligenz.

Es bestehen folgende Teilleistungsschwächen:

1. Räumliches Vorstellungsvermögen
2. Visuomotorische Koordination
3. Logisches Denkvermögen

Im pädagogischen Bereich führen die Teilleistungsschwächen zur Dyskalkulie.

Diagnose nach ICD 10: F 81.2

Im psychoemotionalen Bereich kann angenommen werden, daß ▬▬ Schwierigkeiten hat Schwäche, Kleinheit, Hilflosigkeit, etc. zu integrieren. Dem Befund kommt zum Zeitpunkt jedoch kein pathologischer Wert zu, da ▬▬ eine massive Abwehr von Schwäche aufgrund der hohen Belastung durch die Erkrankung auch zusteht. Man muß diese Auffälligkeit im Sinne der Krankheitsbewältigung verstehen.

Empfehlung

Ich habe der Mutter geraten mit ▬▬ ein Institut für Legasthenie und Dyskalkulie-Behandlung zu suchen und dort eine Übungsbehandlung für ▬▬ zu beginnen. Für den schulischen Bereich empfiehlt sich eine Nachhilfe im Fach „Rechnen" in diesem Fall am besten durch einen geschulten Pädagogen oder Heilpädagogen.
Bezüglich des Schulwechsels im nächsten Jahr halte ich es für sinnvoll, wenn ▬▬ eine Gesamtschule besuchen könnte, da in dieser die Weichen nicht so früh gestellt werden.
Es läßt sich schließlich zum Zeitpunkt m.E. nicht sagen, ob ▬▬ sich durch eine gute medikamentöse Einstellung weiter erholen wird und in wieweit die Übungsmaßnahmen ihr helfen.
Bezüglich der psychoemotionalen Situation hatte ich nicht den Eindruck, daß zum Zeitpunkt eine psychotherapeutische Hilfe notwendig ist. Auch hier wird man den weiteren Verlauf abwarten müssen. Ich hatte den Eindruck, daß die Mutter mit der Erkrankung und den hieraus folgenden psychischen Belastungen angemessen umgeht. Natürlich kann sich die Mutter, wenn sie Beratungswünsche hat, jederzeit an mich wenden.
Weiter möchte ich vorschlagen mir ▬▬ in ca. 6 Monaten zur Verlaufskontrolle erneut vorzustellen.
Die Mutter erhält von mir eine Kopie des Untersuchungsberichtes.

Mit freundlichen Grüßen

Psychologische Psychotherapeutin

Anlage 5: Zeugnis der Schülerin S. 1. Klasse

STADT ⚜ FRANKFURT AM MAIN   ████████████-SCHULE

Grundschule

Jahrgangsstufe/Klasse **_1 C_**   Schuljahr 19 **_98/99_**

Zeugnis
für
████████████████

ALLGEMEINE BEURTEILUNG:

████ hat sich im Laufe des Schuljahres in die Klassengemeinschaft eingelebt. Sie hat inzwischen zu vielen ihrer Mitschülerinnen Kontakt. Den anfänglich ausschließlichen Bezug auf eine Freundin konnte sie gut überwinden und ist inzwischen mit mehreren Kindern befreundet. Bei gelegentlich auftretenden Rivalitäten kann sie besser und angemessener ihre Bedürfnisse äußern und hat gelernt, mehr die Interessen der anderen zu berücksichtigen.

████ konnte im Laufe des Schuljahres ihr Selbstvertrauen in das eigene Leistungsvermögen steigern. Ihr Arbeitsverhalten ist unterschiedlich und schwankend. Bei Aufgaben, die ihr Spaß machen, arbeitet sie selbständig und ausdauernd, während sie in anderen Bereichen oft mit ihren Gedanken abtriftet und Aufgabenstellungen, die für alle gegeben werden, nicht mitbekommt. ████ sollte sich vornehmen, sich in der Gruppe angesprochen zu fühlen und zuzuhören. Bei Unterrichtsgesprächen könnte sie sich aktiver und aufmerksamer beteiligen.

████ liest einfache Texte langsam. Wörter kann sie meistens lautgetreu schreiben. Ihre eigenen Geschichten sind oft ausführlich, die Wörter sind häufig noch zusammenhängend geschrieben. Im Mathematikunterricht braucht sie noch sehr viel Unterstützung und Hilfe. Ihr Zahlenüberblick im Zahlenbereich bis 10 ist noch schwankend. Oft kann sie die Aufgaben mit Hilfsmitteln rechnen, manchmal ist sie aber blockiert und alles fällt ihr schwer. Insgesamt hat ihre Lernbereitschaft zugenommen. Sie sollte sich aber vornehmen, noch mehr das selbständige Arbeiten zu versuchen.

████ beteiligt sich mit Freude und Ausdauer beim Malen und Basteln. Sie arbeitet phantasievoll und differenziert. Im Sportunterricht kann sie fast alle Bewegungsaufgaben umsetzen. Bei Sportspielen gelingt es ihr meistens die Regeln anzuwenden.

BEMERKUNGEN: _____

_____

_____

VERSÄUMNISSE: _**1**_ Tage (_**1**_ Tage entschuldigt/ _—_ Tage unentschuldigt)

1) *) Dieses Zeugnis berechtigt zum Besuch der Jahrgangsstufe 2.
2) *) ~~Sie/Er wird in die Jahrgangsstufe ____ versetzt/nicht versetzt.~~

Frankfurt am Main ████ _Juni 1999_   Kenntnis genommen:

_____   _____   _____
                                          Datum
Klassenlehrer/in   Schulleiter/in   Elternteil

*) Nichtzutreffendes streichen

230

Anlage 6:   Kurzgutachten eines Instituts für Wahrnehmungsstörungen

WAHRNEHMUNGS-
STÖRUNGEN

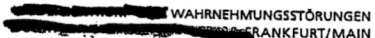 WAHRNEHMUNGSSTÖRUNGEN
FRANKFURT/MAIN

TEL.: 069 /
FAX: 069 /

Kurzgutachten

geb.: 2......1992

Untersuchungsanlass:

Das zum Zeitpunkt der Untersuchung 7;11 jährige Mädchen wird zur Entwicklungsdiagnostik von ihren Eltern bei uns im Kinderzentrum vorgestellt. Ein Bericht des Kinderladens und der Schule liegen vor. besucht zum Zeitpunkt der Untersuchung die 2.Klasse und hat erhebliche Schulschwierigkeiten in allen Fächern aber vor allem in Rechnen. Es besteht der Verdacht einer Dyskalkulie

Die Krankengeschichte wie Kenntnisse über die Meilensteine der Entwicklung dieses Kindes werden als bekannt vorausgesetzt.

Verhaltensbeobachtung:

- Äußeres Erscheinungsbild altersgemäß
- Expressive Sprache und Sprachverständnis sind unauffällig.
- Benötigt ganz viel Ruhe, Führung und Begleitung während der Arbeit in der Untersuchungssituation. Nalin steigt sobald es für sie scheinbar schwierig wird aus der Lernsituation aus. Es bestehen Lernblockaden in Form von Lernwiderständen.
- Permanent mit Fingern im Gesicht und in Bewegung
- Schlechte Aufmerksamkeitssteuerung
- Konkurrenzverhalten zum Bruder

Es wurden folgende Tests durchgeführt:

1. **Familie in Tieren**
   Die dargestellten Tiere und deren Positionen zu einander zeigen die Beziehungsstrukturen im Rahmen der Familie. Nalin ist ihrem Vater emotional sehr nahe.
2. **Menschtest**
   Die Proportionen stimmen nicht ein riesiger Kopf mit kleinem Körper. Die Füße fehlen ganz, ebenso die Haare und die Ohren. Nicht altersgemäß – V.a. eine Körperschemastörung.
3. **Grafomotorik**

FRANKFURT/MAIN   TELEFON 069   TELEFAX 069 /

- Strich- und Stiftführung überschiessend,
- schlechte Zielgenauigkeit-
- Rundungen und Bögen schwierig in der Ausführung

4. Intelligenzstrukturtest K-ABC

- Insgesamt ein homogenes ausgewogenes Bild in den intellektuellen Fähigkeiten, in den Untertests schulischer Fertigkeiten nur knapp durchschnittliche bis weit unterdurchschnittliche Ergebnisse.

  - Der Untertest „Handbewegungen" –ist unterdurchschnittlich -eingeschränkte Kurzzeitspeicherung für visuelle Stimuli
  - Der Untertest „Rätsel" knapp durchschnittlich – Hinweis auf schlechtes assoziatives wie kombinatives Denken – aber auch schlechte Förderung
  - Im Lesen langsam, keine Leseflüssigkeit, monoton, kein Leseverständnis. Schlechte Förderung, mangelnde Übung
  - Rechnen – im Zehnerraum unsicher, Zehnerüberschreiten geht mit Finger zählen, im Zwanzigerraum unsicher, Zahlendreher, Vorläufer-Nachfolger einer Zahl schwierig. Versteht einfache Rechenoperationen nicht
  - Alle Fertigkeitsskalen, die die schulischen Voraussetzungen abtesten, sind knapp bis weit unterdurchschnittlich.

Werte:
- SED: IQ 109
- SGD: IQ 94
- Gesamt-IQ: 100
- FS: IQ 85
- NS: IQ 94

Gesamtbeurteilung :
Bei diesem durchschnittlichen Ergebnis muss die erhebliche Einschränkung der Aufmerksamkeit und Konzentration wie den Leistungswiederstand dieses Kindes mit Berücksichtigung finden.

5. Visuelle Wahrnehmungsverarbeitung
- Augen/Hand – Dominanz:
- DTVP- 2

  Die Untertests: Auge-Hand-Koordination
  Ist schwach bis weit unterdurchschnittlich, starker Schreibdruck, schlechte Tonbusregulierung und Kraftdosierung, hierdurch schnellere Ermüdbarkeit und Einschränkung in der Aufmerksamkeit und Konzentration .

  Beurteilung des Ergebnisse:
  Visuelle Teilleistungsstörung, im Bereich der Augen-Hand-Koordination die die Grundfertigkeiten für Lesen, Schreiben und Rechnen betreffen.

  - Augenbewegungen
    Re.: o.B.
    li. : Sakkarden
    Bin. :o.B.
  - Auge-Hand-Koordination
    Monookular re :schlecht
    Monookular li. schlecht
    Binokular : schlechte Steuerung und Folgen,
  - Ball Fangen/werfen
    Kraftdosierung und Zielgenauigkeit problematisch

  Gesamtbeurteilung: Visuelle Verarbeitungsstörung siehe Beurteilung oben

6. **Auditive Wahrnehmung**
- Wahrnehmungstrennschärfe: o.B.
- Dichotisches Hören: o.B.
- Zahlennachsprechen : altersentsprechend
- Laute verbinden: o.B..
- Sätze nachsprechen – altersgemäß
- Geschichte nacherzählen – gut
- Mottiertest: o.B.
- Wörter Ergänzen: unterdurchschnittlich
- Bremer Lautdiskkriminationstest: o.B.
- DRT 1
  PR = 24 unterdurchschnittlich, er = a, sch = s ,schreibt wie sie hört,hat
  noch keine Wortbilder und Wortklangbilder automatisiert. Schreibt ganz
  langsam, kein Schreibfluss.
- Schweizer Rechentest 1: Zählern vorwärts - rückwärts nur mit Hilfe der
  Finger möglich, keine Zahlen- oder Mengenvorstellung vorhanden, Addition
  oder Subtraktion nicht gesichert.
  Verhaltensbeobachtung: motorisch unruhig, überfordert, kaut
  Fingernägel, steigt aus schaut in der Luft herum, weiß nicht wie sie an
  Aufgabe rangehen soll, enormer Leistungswiderstand, steigt mit
  Konzentration und Aufmerksamkeit aus.
- Gesamtbeurteilung: Keine auditive Teilleistungsstörung
  Erhebliche Schwierigkeiten in den schulischen Grundfertigkeiten.

7. **Fragebogen für Mädchen**
Zentrale Themen waren: wurde nicht durchgeführt

8. **Abklärung der motorischen Entwicklung**

- Grimassieren: o.B.
- Körperschema: o.B.
- Nase-Finger-Tipping: o.B.
- Einbeinstand: offen:o.B. geschlossen: schlechtes inneres Gleichgewicht
- Hampelmann :o.B.
- Rückwärtsbalancieren: großer Abweichwinkel(schlechtes Raumgefühl)

Diagnose:
- Wahrnehmungsverarbeitungsstörung – visuelle/motorische
  Teilleistungsstörung,
- Aufmerksamkeits-/Konzentrationsstörung,
- Geschwisterrivalität
- Einschränkung der visuellen Verarbeitung in:
  - Augen-Hand-Koordinationsstörung
  - Grafomotorische Störung
  - Augenbewegung auffällig
  - Lese-Rechtschreibprobleme
  - Erhebliche Rechenprobleme
  bei normaler Intelligenz und schlechter Förderung wie erheblichen
  Lern- und Leistungswiderständen.

9. **Therapievorschlag:**
- Med. Überprüfung der visuellen Verarbeitung bei Frau ▟▙▛▜▟
  Bad Homburg
- Lerntherapie/Verhaltenstherapie zur Verbesserung d. Aufmerksamkeit
  und schulischer Fertigkeiten

- Event. Wiederholung der Klasse, um so Lernwege und Lernstrategien zu entwickeln
- Rechnen mit konkreten Materialien in der Schule, damit Mengenverständnis entsteht und es dann zu einer Verknüpfung von Mengen mit Zahlen kommen kann. Erst dann sind Rechenoperationen möglich. Hier bedarf es einer elementaren Basisförderung.

- ~~████~~ ist von geistig - seelischer Behinderung bedroht, wenn nicht entsprechende Fördermaßnahmen wie eine Rückstufung in die Wege geleitet werden.

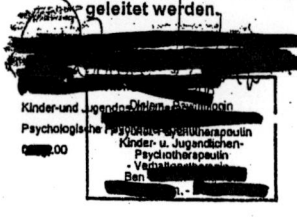

Kinder-und Jugend~~████~~ Diplom-Psychologin

Psychologische Psych~~████~~entherapeutin
Kinder- u. Jugendlichen-
Psychotherapeutin
- Ver~~████~~

Ben~~████~~

Anlage 7: Hilfeplan des allgemeinen Sozialdienstes v. 10.5.00

Hilfeplanverfahren gem. § 36 SGB VIII: - Hilfep

STADT FRANKFURT AM MAIN
DER MAGISTRAT
Sozialamt/Jugendamt
Sozialstation ~~████~~
Allgemeiner Sozialdienst
~~████~~ Main

zuständ. Fachkraft: _Herr_ ~~████~~

Telefon: _212_ ~~████~~ Fax: _212_ ~~████~~

.1. Datum des Hilfeplangesprächs: ~~████~~. _2000_

Name: ~~████~~ Geb. Datum: ~~████~~ _1992_

Vorname: ~~████~~ ☒ weiblich ☐ männlich

Nationalität: _deutsch_ AZ: _LV1_

Geschwister bei SPFH / **Kinder** (Name, Geb. Datum, männl./weibl.) | **Hilfe zur Erziehung:**

~~████~~ * _19.04. 1987 ; männl._

Beteiligte: (Anschrift, Funktion)

Frau ~~████~~ (Dipl. Päd), Institut f. Lernförderung Frau ~~████~~ (ASD)
Herr K.R. Zimmermann (Dipl. Hdl.) " "
Frau ~~████~~
Herr ~~████~~ (ASD)

Nichtanwesende Beteiligte: (Gründe)

~~████~~ (Gespräch fand anschließend in kleinem Rahmen statt)
~~████~~

Pflegeperson / Träger / Einrichtung / Dienst: (Name, Anschrift, Telefon, Fax)

2. Rechtsgrundlage: § _27_ SGB VIII **Ausgestaltung:** § _35?_ SGB VIII

Hilfeart: _integrative psycho- und Lerntherapie (Dys-kalkulie_

☒ Erstbewilligung

☐ Fortschreibung vom: ~~████~~ _00_ bis: ____
(Bewilligungszeitraum)

Termin der nächsten Fortschreibung: _August 2000_

Gesehen und einverstanden: ~~████~~ _00_ ~~████~~
(Datum, Unterschrift SGL)

235

3. Gründe, die eine Hilfe zur Erziehung (weiterhin) erforderlich machen. Die Sichtweise der einzelnen Betroffenen ist differenziert auszuführen.

[handschriftliche Notizen:]

Mu: – ohne therapeutische Unterstützung
findet sie keinen Zugang (Anerkennung)
zur Klassengemeinschaft.
– ... kommt aus der Schule mit
Selbstzweifeln.

LuT: • ~~____~~ wirkt wie unter einer
Glasglocke. – schwaches Selbst-
bewußtsein. – Resignation.
• erheblicher Rückstand ... gegenüber
Klasse in Mathe.
– Zahlenvorstellung fehlt.

4. Entwicklung des jungen Menschen / der Familie, die durch die Hilfe insgesamt gefördert werden soll.

[handschriftliche Notizen:]

– ... daß sie nicht mehr Unterstützung braucht als andere
in der Klasse.

– ... daß sie sich gegen das
Umfeld behaupten kann.
... mit Mißerfolgen umgehen kann

– ... von Resignation zur kindgemäßen
Fröhlichkeit.

– daß sich die Schere zwischen
kind und- und halberwachsenen.
Verhalten schließt. –

– daß die Leute ... ohne
meine Hilfe ... mit ~~____~~ klarkommt.

5. Im Bewilligungszeitraum konkret zu erreichende Ziele und deren Umsetzung
(junger Mensch / Eltern)

- daß ████ in der Klasse bleiben
  kann.
- daß ████ rechnet ohne zu zählen
  (Sicherheit im Zahlenraum bis 20)

6. Aufgaben, die von den Beteiligten übernommen werden, um diese Ziele zu erreichen:
(a. vom Träger, b. vom Jugendamt, c. von den Eltern, d. von dem jungen Menschen)

a. in der Regel..
   1 x / Woche Therapie (2 x 50 min)
   (insgesamt 50 Std).

b.

c. daß die Mutter ████ entsprechend.
   der Vorschlägen von ILT begleitet.
   (begleitende Übungen)... daß der

d. Vater das mitträgt.

7.   Vereinbarungen

7.1 Vereinbarungen zur Durchführung der Hilfe
(Absprachen im Einzelfall, Angelegenheiten der elterl. Sorge, Besuchsregelungen, Urlaubs-
planungen, etc.)

7.2 Vereinbarungen zur Fortschreibung der Hilfeplanung
(gegenseitige Information und Berichterstattung)

• *voraussichtlich August,*
oder nach Bedarf.
in der Praxis des ...

7.3 Kosten   a. Kosten der Regelleistung: _____ ~~____~~ / Std. *(nachträglich zum Telefon. Absprache zum 4.5.2000)*

b. Vereinbarte Zusatzleistungen:
                    -1   DM. ~~___~~ / Std. *Therapie —*
                                (Materialanteil)

c. Vereinbarte Nebenleistungen:

d. Sonstige Absprachen:

7.4 Besondere Vereinbarungen zur Kostenbeteiligung der Eltern / des jungen Menschen:

8.   Unterschriften der Beteiligten / Datum

10.5.00

Anlage 8: Mathematikarbeit Nr. 2 der Schülerin S.

Mathematikarbeit Nr. 2

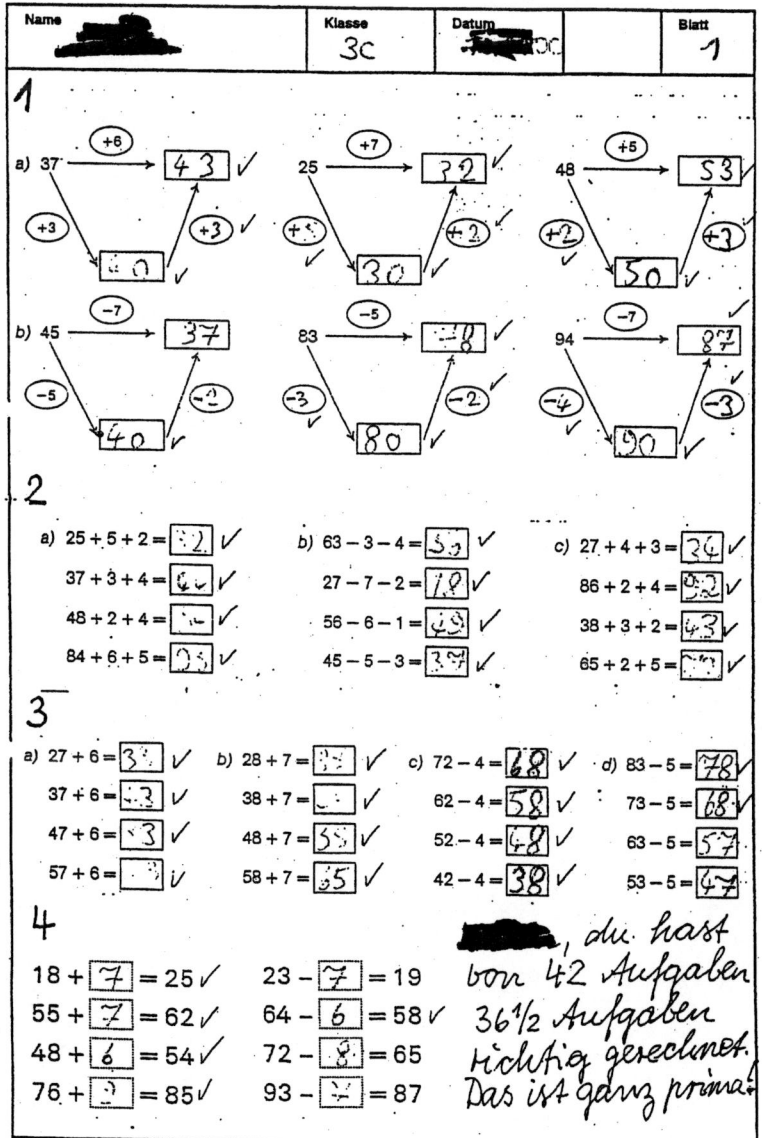

Name		Klasse	Datum		Blatt
		3c			1

1

a) 37 →(+6)→ [43] ✓
(+3)↘ ↗(+3) ✓
[40] ✓

25 →(+7)→ [32] ✓
(+5)↘ ↗(+2) ✓
[30] ✓

48 →(+5)→ [53] ✓
(+2)↘ ↗(+3) ✓
[50] ✓

b) 45 →(−7)→ [37]
(−5)↘ ↗(−3) ✓
[40] ✓

83 →(−5)→ [78]
(−3)↘ ↗(−2) ✓
[80] ✓

94 →(−7)→ [87] ✓
(−4)↘ ↗(−3) ✓
[90] ✓

2

a) $25 + 5 + 2 = $ [32] ✓
$37 + 3 + 4 = $ [44] ✓
$48 + 2 + 4 = $ [54] ✓
$84 + 6 + 5 = $ [95] ✓

b) $63 - 3 - 4 = $ [56] ✓
$27 - 7 - 2 = $ [18] ✓
$56 - 6 - 1 = $ [49] ✓
$45 - 5 - 3 = $ [37] ✓

c) $27 + 4 + 3 = $ [34] ✓
$86 + 2 + 4 = $ [92] ✓
$38 + 3 + 2 = $ [43] ✓
$65 + 2 + 5 = $ [72] ✓

3

a) $27 + 6 = $ [33] ✓
$37 + 6 = $ [43] ✓
$47 + 6 = $ [53] ✓
$57 + 6 = $ [63] ✓

b) $28 + 7 = $ [35] ✓
$38 + 7 = $ [45] ✓
$48 + 7 = $ [55] ✓
$58 + 7 = $ [65] ✓

c) $72 - 4 = $ [68] ✓
$62 - 4 = $ [58] ✓
$52 - 4 = $ [48] ✓
$42 - 4 = $ [38] ✓

d) $83 - 5 = $ [78] ✓
$73 - 5 = $ [68] ✓
$63 - 5 = $ [57]
$53 - 5 = $ [47]

4

$18 + $ [7] $ = 25$ ✓
$55 + $ [7] $ = 62$ ✓
$48 + $ [6] $ = 54$ ✓
$76 + $ [9] $ = 85$ ✓

$23 - $ [7] $ = 19$
$64 - $ [6] $ = 58$ ✓
$72 - $ [8] $ = 65$
$93 - $ [6] $ = 87$

*, du hast
von 42 Aufgaben
36½ Aufgaben
richtig gerechnet.
Das ist ganz prima!*

Kieser Block Bestell-Nr. 07 0015 C Kieser Verlag GmbH 86356 Neusäß

2/ 10/11/00

239

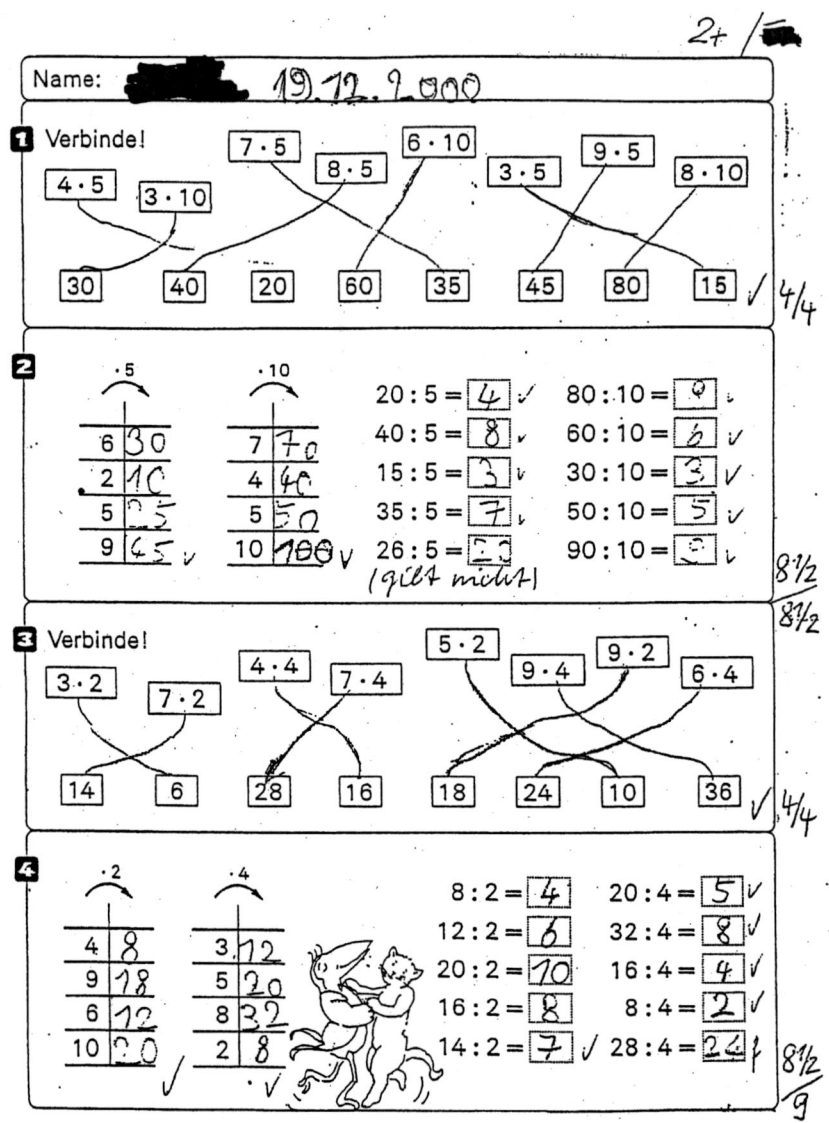

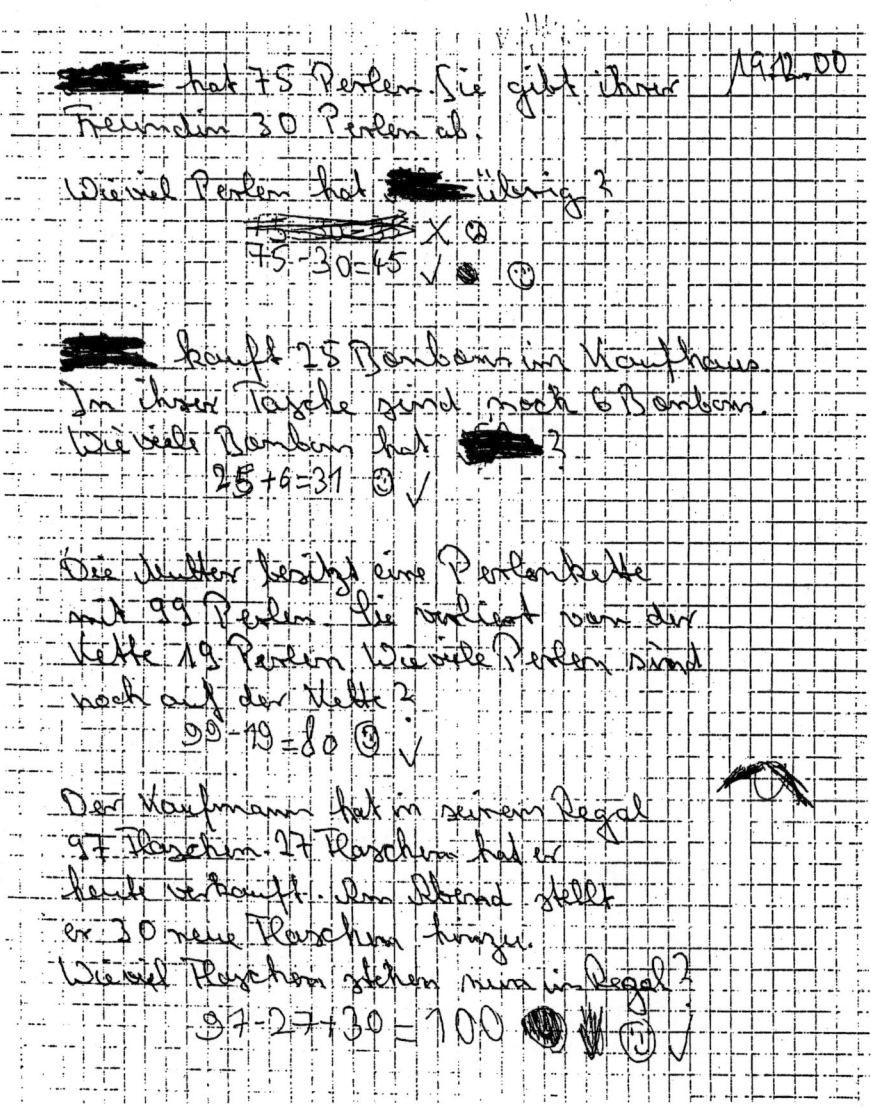

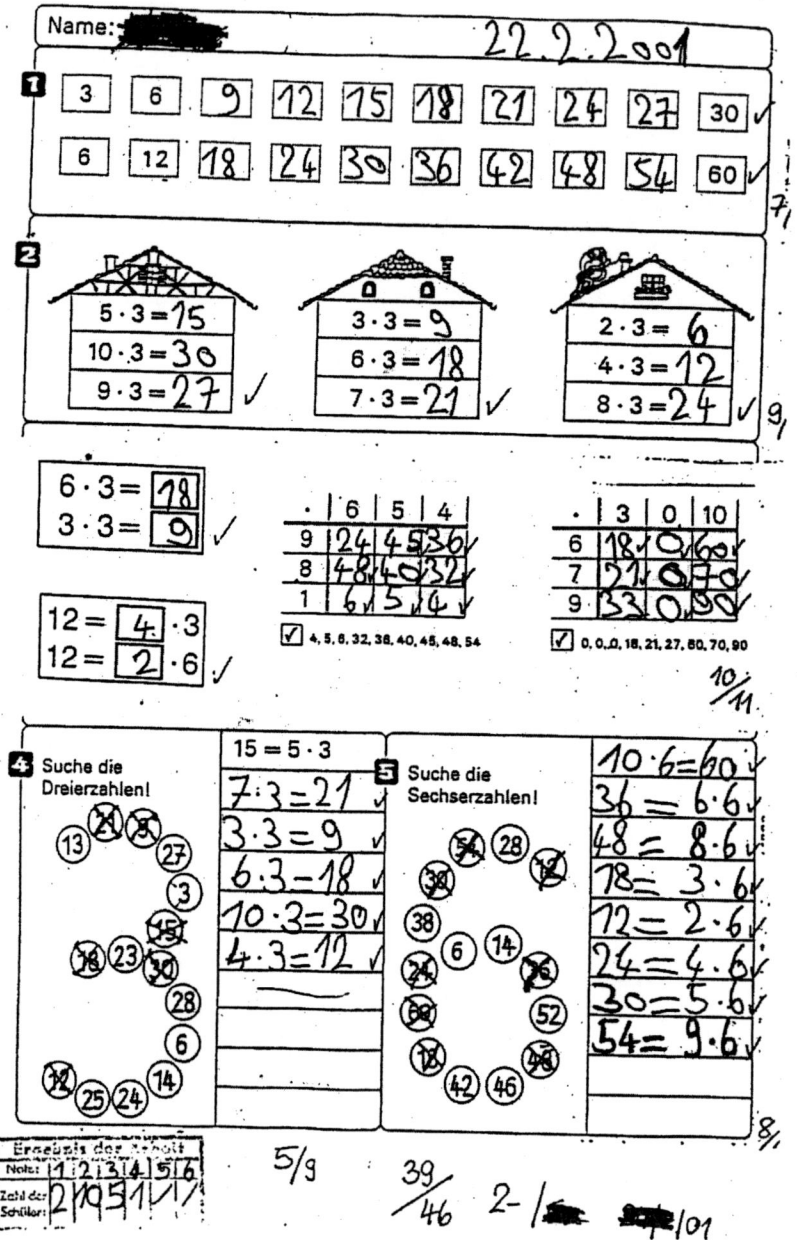

242

Anlage 12: Satzergänzungstest von S.

12.6.01 letzte Stunde

Name: ▓▓▓▓▓▓▓▓▓▓▓
geb.: 7992 ▓▓▓▓▓▓▓

1. Wenn ich groß bin, *dann hol ich mir einen Beruf*

2. Es stört mich, daß *meine Mama mich zu früh ins Bett schickt*

3. Die Schule ist *manchmal schön, und manchmal blöd*

4. Andere Kinder ....

5. Ich bin sehr traurig, wenn *mein Bruder am ▓▓ 2000 nach ▓▓▓▓ fliegt*

6. Der Vater *von meiner Freundin ist doof*

7. Ich versuche *meine Freundin wiederzukriegen*

8. Die Welt *ist schön*

9. Wenn nur meine Eltern *weniger streng wären*

10. Jungen sind *total ▓ und nicht normal wie wir Mädchen*

11. Mädchen sind *nicht total wie die Jungs*

12. Ich träume in der Nacht *manchmal gut, und manchmal schlecht*

13. Verheiratet sein *ist schön*

14. Meine Schulaufgaben ....

15. Die Erwachsenen ....

16. Ich hasse *die Jungs in meiner Klasse*

17. Als ich ganz klein war, ...

18. Ich bin froh, daß *ich besser in der Schule geworden bin*

19. Heimlich ....

20. Andere sagen vielleicht von mir, ...

21. Manchmal ....

22. Ich wollte ....

23. Wenn ich zu Hause bin, ...

24. Ich hoffe, ...

25. Brüder ....

26. Schwestern ....

27. Ich spiele gern ....

28. Wenn nur ....

29. Die Mutter ....

30. Es ist schön, wenn ....

243

Anlage 13: Zeugnis der Schülerin S. v. 12.6.01

STADT ⬛ FRANKFURT AM MAIN   ▨▨▨▨-SCHÜLE
                                              Grundschule

Jahrgangsstufe/Klasse *3c*   Schuljahr 2000/2001 2. Halbjahr

Zeugnis

für
_____ ⬛⬛⬛ _____

PFLICHTUNTERRICHT

Religion .... -   Kunst 2

Deutsch 3   Werken / Textiles Gestalten .... -

Sachunterricht 3   Musik 2

Mathematik 3   Sport 2

⬛⬛⬛ hat am Fremdsprachenunterricht in *Italienisch* teilgenommen

WAHLUNTERRICHT

Unterricht in der Herkunftssprache *Türkisch* ..... *tg.*

BEURTEILUNG DES ARBEITS- UND SOZIALVERHALTENS:

⬛ *Arbeitsverhalten ist beständiger, aber oft sehr langsam. Sie sollte versuchen, immer konzentriert bei ihrer Arbeit zu sein und ihre Zeit so einzuteilen, dass sie alle Aufgaben zuverlässig erledigen kann. Im mündlichen Unterricht sollte sich ⬛ noch um mehr Aufmerksamkeit bemühen und versuchen, sich aktiver mit ihren Gedanken und Meinungen zu beteiligen.*
⬛ *ist zur Zusammenarbeit mit allen Kindern bereit. Sie kann meistens angemessen ihre Meinungen und Vorstellungen einbringen und die der anderen respektieren. Sie kann gut Gruppenregeln und Absprachen einhalten.*

BEMERKUNGEN:

⬛ *Leistungen in Deutsch sind teilweise gut.*
Bei ⬛ wurde eine Wahrnehmungsschwäche in Richtung Dyskalkulie festgestellt. Sie arbeitet deshalb im Mathematikunterricht nach eigenem Zeitrhythmus. Die Mathematiknote bezieht sich daher auf ihre individuellen Leistungen und Lernfortschritte. ⬛ nimmt an einem außerschulischen Förderunterricht teil.

VERSÄUMNISSE: *3* Tage (davon *0* unentschuldigt) und *6* Stunden (davon *0* unentschuldigt)

⬛⬛ wird in die Jahrgangsstufe *4* versetzt.

Frankfurt am Main, *12. Juni 2001*   Kenntnis genommen:

                                                      _____
                                                      Datum

⬛⬛⬛   ⬛⬛⬛   _____
Klassenlehrer/in   Schulleiter/in   Elternteil

Notenstufen:1 = sehr gut, 2 = gut, 3 = befriedigend, 4 = ausreichend, 5 = mangelhaft, 6 = ungenügend
Abkürzung:tg. = teilgenommen, bf. = befreit, m.E.tg. = mit Erfolg teilgenommen, m.g.E.tg. = mit gutem Erfolg teilgenommen

244

Anlage 14: Zeugnis v. 20.6.01 der Schülerin H.

GRUNDSCHULE DES KREISES ████████ ████ IN ████████

Jahrgangsstufe __4__   Schuljahr 20__00__/__01__ __2.__ Halbjahr

Zeugnis
für

████████

Arbeits- und Sozialverhalten:

Allen Kindern gegenüber zeigt sich ████████ in der Regel offen, freundlich, humorvoll und sehr hilfsbereit. Ihre Mitarbeit ist in allen Fächern zur Zeit sehr schwankend.
Aufgrund ihrer häufigen Erkrankungen ist es für sie sehr anstrengend dem Unterrichtsgegenstand (vor allem in Mathematik) zu folgen.
In Partner- und Gruppenarbeiten entwickelt sie viele eigene Ideen und setzt ihre Interessen engagiert um. ████████ Hausaufgaben sind stets vollständig und meist korrekt. Ihr Schriftbild hat sich absolut positiv verändert.
Konflikte bewältigt ████████ verbal, sie zeigt sich einsichtig und nimmt Lösungsstrategien gerne an.

PFLICHTUNTERRICHT

Religion	*gut*	Kunst	⎫ *gut*
Deutsch	*ausreichend*	Werken/Textiles Gestalten	⎬
Sachunterricht	*befriedigend*	Musik	*gut*
Mathematik	*mangelhaft*	Sport	⎭ *gut*

Sie/Er ⁾ hat am Fremdsprachenunterricht in ....Englisch.... teilgenommen.

WAHLUNTERRICHT

Unterricht in der Herkunftssprache ....

BEMERKUNGEN:

VERSÄUMNISSE: _23_ Tage · (_23_ Tage entschuldigt/ _____ Tage unentschuldigt)
_____ Stunden (_____ Stunden entschuldigt/ _____ Stunden unentschuldigt)

Sie/Er ⁾ wird in die Jahrgangsstufe _5_ versetzt/nicht versetzt ⁾.

Kenntnis genommen:

████████ , den _20.6._ 20_01_   _20.6.01_
                                 (Datum)

████████   ████████   ████████
Klassenlehrerin   Schulleitung   Eltern

Anlage 15:   Fachgutachten v. 27.9.01 für H.

DR.MED. R.████
FACHARZT FÜR KINDER- UND JUGENDMEDIZIN
-PSYCHOTHERAPIE-
64521 ████ .
TELEFON:████ ████ FAX:06████
Fachgutachten zur Vorlage beim Kreisausschuß des Kreises
█████,Jugendamt,W████ ████1 ████
H████, 2████.1991
6████ ████u F████h ████ Str. █ -
wurde hier am ██6./██8./2█8./1█.9.2001 zur Abklärung der Frage
isolierte Rechenschwäche vorgestellt.
H████ besucht die Klasse 5 der Martin Buber Schule in ████ ████.
Ein Bericht der Schule liegt nicht vor.
Seh-und Hörstörungen sowie andere körperliche Erkrankungen als
Ursache einer RS wurden hier nicht fachärztlich abgeklärt bzw.
behandelt. Hier gehen Ihnen gesonderte Berichte zu.
Die Untersuchung erfolgte in Anwesenheit der Eltern.
Die Untersuchung umfaßt die Erhebung der Vorgeschichte und des
psychischen Befundes.
Folgende Testverfahren kamen zur Anwendung
Prüfsystem für das Bildungswesen T-Wert 43
Schweizer Rechentest für die 4.Klasse: T-Wert unter 20

Bei ████ liegt die Rechenleistung
erheblich unter den allgemeinen Lern- und Intelligenz-
möglichkeiten (Intelligenzleistung).
Es handelt sich demnach um eine umschriebene
Rechenschwäche (F 81.2).
Zusammenfassung:Eine Förderung innerhalb der Schule reicht
nach Ausmaß und Besonderheit der zugrundeliegenden funktions-
schwächen und der bereits eingetretenen sekundären
Beeinträchtigungen nicht aus.
Es liegt eine (drohende) seelische Behinderung gemäß §35a KJHG
vor.
Die Eltern sind damit einverstanden, daß die Schule von den
vorliegenden Untersuchungsergebnissen unterrichtet wird,um durch
entsprechende schulische Maßnahmen ████ vor weiteren
vermeidbaren Mißerfolgen zu bewahren.
Die durch die oben beschriebene Teilleistungsstörung bedingten
Mißerfolgserfahrungen haben bereits zu psychosomatischen
Beschwerden mit Kopf- und Bauchschmerzen,außerdem Blockaden
bei Überforderungen
geführt und Störungen der Beziehung des Kindes zu seiner
familiären und schulischen Umgebung verursacht.
Die emotionalen und sozialen Auswirkungen der Störungen haben bei
████bereits zu einer nicht nur vorübergehenden seelischen
Behinderung geführt.Dies bedeutet, daß bei H████ nicht nur
eine vorübergehende seelische Behinderung droht.
Zusammenfassend wird festgestellt, daß zur Behebung der
Rechenschwäche und zur Einwirkung auf die dadurch
bedingten emotionalen Lern- und Beziehungsprobleme eine spezielle
Behandlung bei einer entsprechend qualifizierten Fachkraft
notwendig ist.

Diese sollte für 12 Monate unter Einbeziehung von Elternberatung
und Informationsaustausch mit der Schule als
Einzelmaßnahme für wöchentlich 2 Stunde durchgeführt werden.
Eine Einzeltherapie ist notwendig, da H████ in der Gruppe
blockiert und nicht mitarbeitet. Eine 2-stündige wöchentliche
Behandlung ist momentan auf Grund der Schwere der Symptomatik
sinnvoll.
Diese Behandlung soll ████ eine ihrer Begabung
entsprechende Schulbildung ermöglichen.
Zur Überprüfung von Durchführung und weiterer Notwendigkeit der
empfohlenen Maßnahmen schlage ich einen Nachuntersuchungstermin
nach einem Ablauf von 12 Monaten vor.

████ ████,27.09.2001   DR.████L

                    Dr. med. ████ ████
                    Kinderarzt - Psychotherapie
                                         - Str. 2
                    ████
              Tel. 0████   Fax ████

246

▬▬▬▬▬ Mathematik

1. Schreibe deutlich als Zahl!
   a) 5HT 9T 3Z
   b) fünf Millionen achthundertdrei
   c) siebenhundertzwei Millionen sechshundertzweiundachtzigtausendelf

2. Gib Vorgänger und Nachfolger der folgenden Zahlen an.
   a) 876 900
   b) 998 001
   c) 340 999

3. Ordne die Zahlen der Größe nach. Beginne mit der kleinsten!
   800 800,   808 800,   888 008,   80 888,   80 088

4. Zeichne einen Zahlenstrahl bis 16 000 (= 16cm lang) und trage dann ein:
   8 000,   13 000,   2 500,   5 750

5. Setze die Zahlenfolge um vier weitere Zahlen fort.
   a) 198,   208,   218, ...
   b) 215,   240,   230;   ......
   c)   3,   6,   12, ...

6. Gib die Vorschrift dieser Zahlenfolge an.

Anlage 17: Übungsblatt 10/01 der Schülerin H.

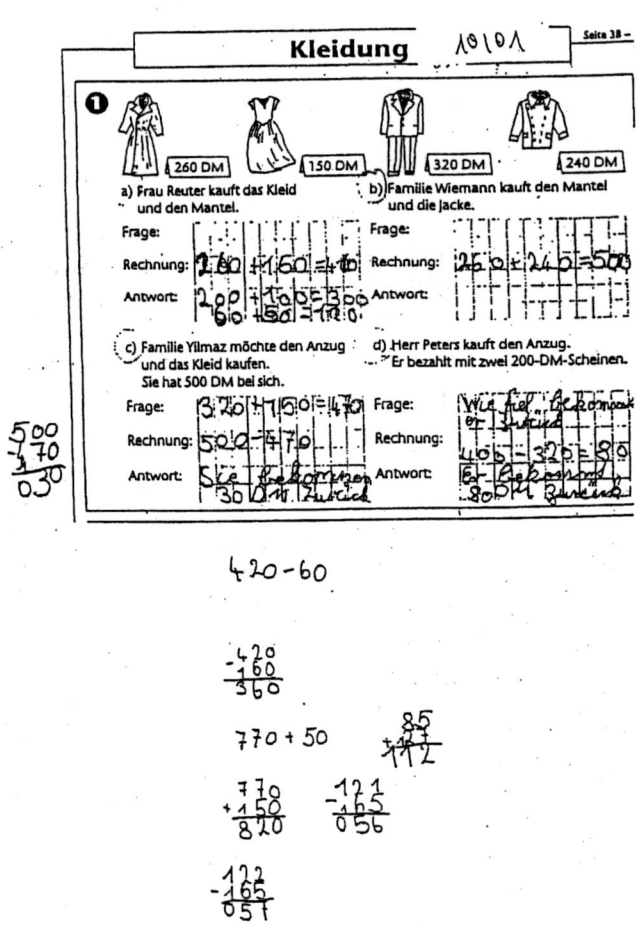

Kleidung   10\01   Seite 38 –

❶

| 260 DM | 150 DM | 320 DM | 240 DM |

a) Frau Reuter kauft das Kleid und den Mantel.

Frage:

Rechnung: 260 +160 = 40

Antwort: 200 +100 = 300
60 +60 = 120

b) Familie Wiemann kauft den Mantel und die Jacke.

Frage:

Rechnung: 260 + 240 = 500

Antwort:

c) Familie Yilmaz möchte den Anzug und das Kleid kaufen. Sie hat 500 DM bei sich.

Frage: 320 + 150 = 470

Rechnung: 500 – 470

Antwort: Sie bekommen 30 D.M. zurück

d) Herr Peters kauft den Anzug. Er bezahlt mit zwei 200-DM-Scheinen.

Frage: Wie viel "Geld" bekommt er zurück

Rechnung: 400 – 320 = 80

Antwort: Er bekommt 80 DM zurück

500
– 70
030

420 – 60

420
–160
360

770 + 50

770
+150
820

85
+1 2
112

121
–165
056

122
–165
051

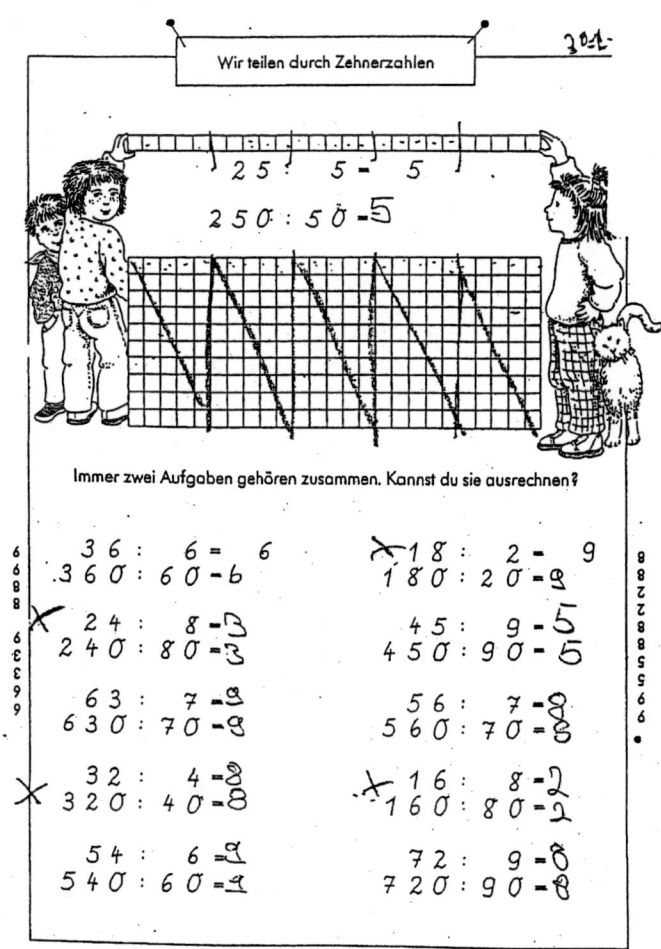

Wir teilen durch Zehnerzahlen

$2 5 : 5 - 5$

$2 5 0 : 5 0 = 5$

Immer zwei Aufgaben gehören zusammen. Kannst du sie ausrechnen?

$3 6 : 6 = 6$
$3 6 0 : 6 0 = 6$

$24 : 8 = 3$
$2 4 0 : 8 0 = 3$

$6 3 : 7 = 9$
$6 3 0 : 7 0 = 9$

$3 2 : 4 = 8$
$3 2 0 : 4 0 = 8$

$5 4 : 6 = 9$
$5 4 0 : 6 0 = 9$

$18 : 2 = 9$
$1 8 0 : 2 0 = 9$

$4 5 : 9 = 5$
$4 5 0 : 9 0 = 5$

$5 6 : 7 = 8$
$5 6 0 : 7 0 = 8$

$1 6 : 8 = 2$
$1 6 0 : 8 0 = 2$

$7 2 : 9 = 8$
$7 2 0 : 9 0 = 8$

2|02

H▬ ist 1,45

Wie viel muss ▬ noch wachsen bis sie
1.75 groß ist.

$$\begin{array}{r} 7 \\ 1,\cancel{45} \\ -\underline{1,45} \\ 0,3\,\text{cm} \end{array}$$

H▬ ist Bereits 1,45 groß sie
wächst in ▬ jahr 12 cm.
Wie viel muss ▬ noch wächst ..., bis sie
so groß ist wie der Papa

Papa   1,85

$$\begin{array}{r} 1,45 \\ +\underline{1\,2} \\ 1,0\,7 \end{array}$$

$$\begin{array}{r} 1,85 \\ -\underline{1,5\,7} \\ 0,\cancel{5}\,8 \end{array}$$

Unterschied

Anlage 20:   Übungsblatt v. 9.4.02 der Schülerin H.

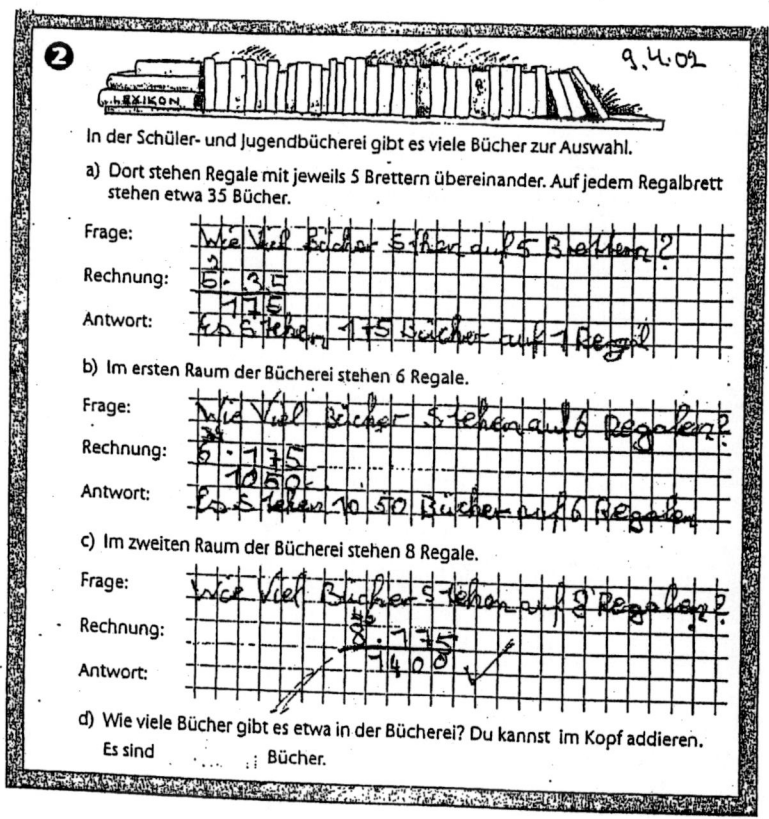

❷   9.4.02

In der Schüler- und Jugendbücherei gibt es viele Bücher zur Auswahl.

a) Dort stehen Regale mit jeweils 5 Brettern übereinander. Auf jedem Regalbrett
stehen etwa 35 Bücher.

Frage: Wie viel Bücher stehen auf 5 Brettern?

Rechnung: 5 · 35
              175

Antwort: Es stehen 175 Bücher auf 1 Regal

b) Im ersten Raum der Bücherei stehen 6 Regale.

Frage: Wie viel Bücher stehen auf 6 Regalen?

Rechnung: 6 · 175
              1050

Antwort: Es stehen 10 50 Bücher auf 6 Regalen

c) Im zweiten Raum der Bücherei stehen 8 Regale.

Frage: Wie Viel Bücher stehen auf 8 Regalen?

Rechnung: 8 · 175
              1400

Antwort:

d) Wie viele Bücher gibt es etwa in der Bücherei? Du kannst im Kopf addieren.
Es sind . . . . . . Bücher.

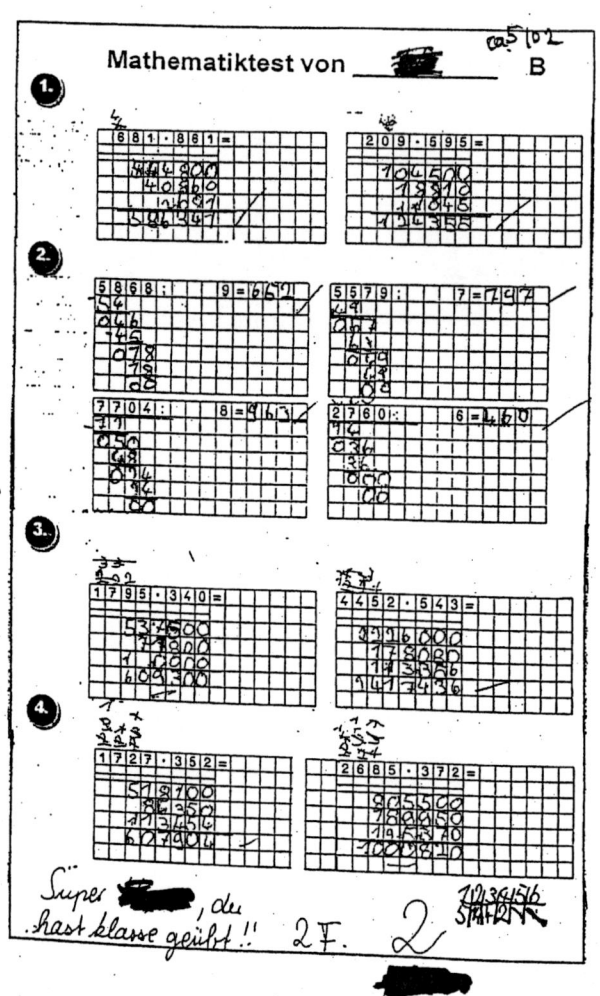

Anlage 22:   Zeugnis v. 1.2.02 der Schülerin H.

Jahrgangsstufe 5	Schuljahr 2001/02 1. Halbjahr

ZEUGNIS

der Schülerin/ des Schülers ████████

Arbeitsverhalten	████████	Sozialverhalten	████████

PFLICHTUNTERRICHT

Religion/Ethikunterricht	████████	Lernbereich Naturwissenschaften:
Deutsch	████████	Biologie ████████
Englisch (1. Fremdsprache)	████████	Sport ████████
Gesellschaftslehre	████████	Lernbereich Ästhetische Bildung:
Mathematik	████████	Kunst ████████
		Musik ████████

FREIWILLIGE UNTERRICHTSVERANSTALTUNGEN/WAHLUNTERRICHT

(Fach/Thema) ████████   (Fach/Thema) ████████

Unterricht in der Herkunftssprache Italienisch/Türkisch ████████

(Fach/Thema)

BEMERKUNGEN: *Die Noten in den Fächern Deutsch und Englisch enthalten keine Bewertung von Leistungen im Rechtschreiben.*

Versäumnisse: __10__ Tage   (__10__ Tage entschuldigt;   ____ Tage unentschuldigt)
                __3__ Stunden   (__3__ Stunden entschuldigt;   ____ Stunden unentschuldigt)

Groß-Gerau,   01. Februar 2002

████████ (Klassenlehrerin 5b)   ████████ A. Haßmann (Studiendirektorin 5/6)

Kenntnis genommen: 4. 2. 02 ████████

Datum und Unterschrift eines Erziehungsberechtigten

Anlage 23: Übersicht der vorgestellten Therapien

Therapie-Name (Geschlecht)	bei Therapiebeginn		bei Therapieende		Therapiedauer in Stunden
	Jahrgangsstufe	Zeugnisnote [o]	Jahrgangsstufe	Zeugnisnote [o]	
S. (w)	2.	k. N. [1]	3.	3	130
H. (w)	4.	5	5.	4	70 (v)
J. (w)	6.	5	7.	4	150
M. (m)	2.	4	3.	2	150
A. (w)	5.	5 [2]	6.	4 [2]	106 (v)
F. (m)	3.	4	5.	3	80 (v)
P. (w)	3.	5	4.	3	150
I. (w)	5.	4 [3]	6.	4	100 (v)
L. (w)	5.	5	6.	5	70 (v)
St. (w)	7.	5	8.	4	125
A.-J. (w)	4.	4	5.	3	70 (v)
G. (w)	5.	5	6.	3 [4]	150
Ma. (m)	4.	5	6.	3	130
N. (m)	4.	5	5.	4	100 (v)
D. (m.)	3. [5]	3	5. [5]	2 [6]	150

w = weiblich
m = männlich
v = vorzeitig beendet

[o] bezieht sich auf Mathematiknote des letzten erhaltenen Zeugnisses

[1] bis 2001 gab es in Hessen keine Zeugnisnote bis zur 2. Klasse

[2] Grundkurs (G-Kurs)

[3] mit Hinweis: schwach ausreichend

[4] mit Hinweis: unter Berücksichtigung der Dyskalkulie

[5] Sehbehindertenschule

[6] mit Hinweis: bezogen auf Grundschulstoff

Danke

In der ersten Klasse fing alles an!
Die zweite Klasse war eine große Rechenplage dann.

Bis Zehn rechnen oder gar bis Zwanzig
Plus- und Minus das war für mich
schon sehr gewaltig

Die Finger reichten nicht, ach oh graus!
Oftmals lachten mich die Kinder aus.

Die Lehrerin sprach mit meinen Eltern
von Rechenschwäche, Dyskalkulie
Ich glaube, das verstand ich nie.

Mir ging es immer schlechter, denn ich strengte mich so an!
War häufig krank, bis das ganze eine Wende nahm.

Im Lerninstitut bei Herrn Zimmermann
nahm ich seine Hilfe an.
Jede Woche eineinhalb Stunden, zwei Jahre lang.

Am Anfang tat ich mir ganz schön schwer.
Denn Äpfelchen an Bäumen zu zählen gehörte in die dritte Klasse
nicht mehr.

Ball werfen und im Schaukelstuhl sitzen.
Das 1x1 üben, wenn andere im Schwimmbad sitzen und schwitzen.

Manchmal hatte ich keine Lust.
Wenn meine Freundinnen schon Ferien hatten,
war für mich die Stunde bei Herrn Zimmermann ein Muss.

Doch bald merkte ich, es ging langsam bergauf.
Und so freute ich mich jeden Freitag drauf.

Die Ruhe dort tat mir sehr gut
Hier gibt es jemand, der gibt mir Mut.

Nun sind zwei lehrreiche Jahre vorbei.
Und ich muss gestehen, es ist mir nicht ganz einerlei.
Jetzt muss ich im Rechnen auf eigenen Beinen stehen und kann nicht
mehr zu Herrn Zimmermann gehen.

Herr Zimmermann, mal ehrlich!
Es hat Spaß gemacht und mir viele Pluspunkte eingebracht!